大学赤本シリーズ

221

青山学院大学

理工学部－個別学部日程

JN077398

教学社

青山学院大学

理工学部－個別学部日程

教学社

は　し　が　き

　おかげさまで，大学入試の「赤本」は，今年で創刊 70 周年を迎えました。
　これまで，入試問題や資料をご提供いただいた大学関係者各位，掲載許可をいただいた著作権者の皆様，各科目の解答や対策の執筆にあたられた先生方，そして，赤本を使用してくださったすべての読者の皆様に，厚く御礼を申し上げます。

　以下に，創刊初期の「赤本」のはしがきを引用します。これからも引き続き，受験生の目標の達成や，夢の実現を応援してまいります。

　本書を活用して，入試本番では持てる力を存分に発揮されることを心より願っています。

編者しるす

＊　　　＊　　　＊

　学問の塔にあこがれのまなざしをもって，それぞれの志望する大学の門をたたかんとしている受験生諸君！　人間として生まれてきた私たちは，自己の欲するままに，美しく，強く，そして何よりも人間らしく生きることをねがっている。しかし，一朝一夕にして，この純粋なのぞみが達せられることはない。私たちの行く手には，絶えずさまざまな試練がまちかまえている。この試練を克服していくところに，私たちのねがう真に人間的な世界がはじめて開かれてくるのである。

　人生最初の最大の試練として，諸君の眼前に大学入試がある。この大学入試は，精神的にも身体的にも，大きな苦痛を感ぜしめるであろう。あるスポーツに熟達するには，たゆみなき，はげしい練習を積み重ねることが必要であるように，私たちは，計画的・持続的な努力を払うことによって，この試練を克服し，次の一歩を踏みだすことができる。厳しい試練を経たのちに，はじめて満足すべき成果を獲得できるのである。

　本書は最近の入学試験の問題に，それぞれ解答を付し，さらに問題をふかく分析することによって，その大学独特の傾向や対策をさぐろうとした。本書を一般の参考書とあわせて使用し，まとはずれのない，効果的な受験勉強をされるよう期待したい。

（昭和 35 年版「赤本」はしがきより）

挑む人の、いちばんの味方

赤本創刊70周年

1954年に大学入試の過去問題集を刊行してから70年。赤本は大学に入りたいと思う受験生を応援しつづけてきました。これからも，苦しいとき落ち込むときにそばで支える存在でいたいと思います。

そして，勉強をすること，自分で道を決めること，努力が実ること，これらの喜びを読者の皆さんが感じることができるよう，伴走をつづけます。

そもそも赤本とは…

受験生のための大学入試の過去問題集！

70年の歴史を誇る赤本は，500点を超える刊行点数で全都道府県の370大学以上を網羅しており，過去問の代名詞として受験生の必須アイテムとなっています。

………… なぜ受験に過去問が必要なのか？ …………

大学入試は大学によって問題形式や頻出分野が大きく異なるからです。

赤本の掲載内容

傾向と対策

これまでの出題内容から、問題の「**傾向**」を分析し、来年度の入試に向けて具体的な「**対策**」の方法を紹介しています。

問題編・解答編

✔ 年度ごとに問題とその解答を掲載しています。

✔ 「**問題編**」ではその年度の試験概要を確認したうえで、実際に出題された過去問に取り組むことができます。

✔ 「**解答編**」には高校・予備校の先生方による解答が載っています。

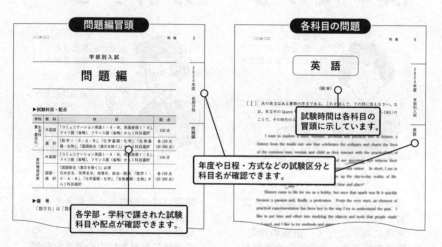

他にも、大学の基本情報や、先輩受験生の合格体験記、在学生からのメッセージなどが載っていることがあります。

2024年度から見やすいデザインに！

● 掲載内容について ●

著作権上の理由やその他編集上の都合により問題や解答の一部を割愛している場合があります。なお、指定校推薦入試、社会人入試、編入学試験、帰国生入試などの特別入試、英語以外の外国語科目、商業・工業科目は、原則として掲載しておりません。また試験科目は変更される場合がありますので、あらかじめご了承ください。

受験勉強は 過去問に始まり,

STEP 1
> なには ともあれ

まずは 解いてみる

しずかに…
今，自分の心と
向き合ってるんだから

ムーン

それは
問題を解いて
からだホン！

過去問は，**できるだけ早いうちに解くのがオススメ！**
実際に解くことで，**出題の傾向，問題のレベル，今の自分の実力が**つかめます。

STEP 2
> じっくり 具体的に

弱点を 分析する

分析の結果だけど
英・数・国が苦手みたい

スリー

必須科目だホン
頑張るホン

間違いは自分の弱点を教えてくれ**る貴重な情報源。**
弱点から自己分析することで，**今の自分に足りない力や苦手な分野**が見えてくるはず！

合格者があかす
赤本の使い方

傾向と対策を熟読
(Fさん／国立大合格)

大学の出題傾向を調べるために，赤本に載っている「傾向と対策」を熟読しました。

繰り返し解く
(Tさん／国立大合格)

1周目は問題のレベル確認，2周目は苦手や頻出分野の確認に，3周目は合格点を目指して，と過去問は繰り返し解くことが大切です。

過去問に終わる。

STEP 3 志望校にあわせて

苦手分野の重点対策

明日からはみんなで頑張るよ！
参考書も！ 問題集も！
よろしくね！

呼んだ？

なにを!?
どこから!?

グッ グッ

参考書や問題集を活用して，苦手分野の**重点対策**をしていきます。**過去問を指針に**，合格へ向けた具体的な学習計画を立てましょう！

STEP 1 ▶ 2 ▶ 3 サイクルが大事！

実践を繰り返す

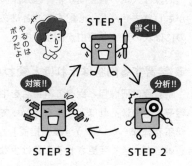

やるのはボクだよ～

STEP 1 解く!!

対策!! 分析!!

STEP 3　　STEP 2

STEP 1～3を繰り返し，実力アップにつなげましょう！
出題形式に慣れることや，時間配分を考えることも大切です。

目標点を決める
(Yさん／私立大合格)

赤本によっては合格者最低点が載っているので，それを見て目標点を決めるのもよいです。

時間配分を確認
(Kさん／私立大学合格)

赤本は時間配分や解く順番を決めるために使いました。

添削してもらう
(Sさん／私立大学合格)

記述式の問題は先生に添削してもらうことで自分の弱点に気づけると思います。

新課程も赤本で
ばっちり！

新課程入試 Q&A

2022年度から新しい学習指導要領（新課程）での授業が始まり，2025年度の入試は，新課程に基づいて行われる最初の入試となります。ここでは，赤本での新課程入試の対策について，よくある疑問にお答えします。

使える？

Q1. 赤本は新課程入試の対策に使えますか？

A. もちろん使えます！

OK

旧課程入試の過去問が新課程入試の対策に役に立つのか疑問に思う人もいるかもしれませんが，心配することはありません。旧課程入試の過去問が役立つのには次のような理由があります。

● 学習する内容はそれほど変わらない

新課程は旧課程と比べて科目名を中心とした変更はありますが，学習する内容そのものはそれほど大きく変わっていません。また，多くの大学で，既卒生が不利にならないよう「経過措置」がとられます（Q3参照）。したがって，出題内容が大きく変更されることは少ないとみられます。

● 大学ごとに出題の特徴がある

これまでに課程が変わったときも，各大学の出題の特徴は大きく変わらないことがほとんどでした。入試問題は各大学のアドミッション・ポリシーに沿って出題されており，過去問にはその特徴がよく表れています。過去問を研究してその大学に特有の傾向をつかめば，最適な対策をとることができます。

出題の特徴の例	・英作文問題の出題の有無 ・論述問題の出題（字数制限の有無や長さ） ・計算過程の記述の有無

新課程入試の対策も，赤本で過去問に取り組むところから始めましょう。

Q2. 赤本を使う上での注意点はありますか？

A. 志望大学の入試科目を確認しましょう。

　過去問を解く前に，過去の出題科目（問題編冒頭の表）と2025年度の募集要項とを比べて，課される内容に変更がないかを確認しましょう。ポイントは以下のとおりです。科目名が変わっていても，実際は旧課程の内容とほとんど同様のものもあります。

英語・国語	科目名は変更されているが，実質的には変更なし。 **▶▶ ただし，リスニングや古文・漢文の有無は要確認。**
地歴	科目名が変更され，「歴史総合」「地理総合」が新設。 **▶▶ 新設科目の有無に注意。ただし，「経過措置」**(Q3参照)**により内容は大きく変わらないことも多い。**
公民	「現代社会」が廃止され，「公共」が新設。 **▶▶ 「公共」は実質的には「現代社会」と大きく変わらない。**
数学	科目が再編され，「数学C」が新設。 **▶▶ 「数学」全体としての内容は大きく変わらないが，出題科目と単元の変更に注意。**
理科	科目名も学習内容も大きな変更なし。

　数学については，科目名だけでなく，どの単元が含まれているかも確認が必要です。例えば，出題科目が次のように変わったとします。

旧課程	「数学Ⅰ・数学Ⅱ・数学A・数学B（数列・ベクトル）」
新課程	「数学Ⅰ・数学Ⅱ・数学A・**数学B（数列）・数学C（ベクトル）**」

　この場合，新課程では「数学C」が増えていますが，単元は「ベクトル」のみのため，実質的には旧課程とほぼ同じであり，過去問をそのまま役立てることができます。

Q3. 「経過措置」とは何ですか？

A. 既卒の旧課程履修者への対応です。

　多くの大学では，既卒の旧課程履修者が不利にならないように，出題において「経過措置」が実施されます。措置の有無や内容は大学によって異なるので，募集要項や大学のウェブサイトなどで確認しておきましょう。

○旧課程履修者への経過措置の例

●旧課程履修者にも配慮した出題を行う。
●新・旧課程の共通の範囲から出題する。
●新課程と旧課程の共通の内容を出題し，共通範囲のみでの出題が困難な場合は，旧課程の範囲からの問題を用意し，選択解答とする。

　例えば，地歴の出題科目が次のように変わったとします。

旧課程	「日本史B」「世界史B」から1科目選択
新課程	**「歴史総合，日本史探究」「歴史総合，世界史探究」**から1科目選択※ ※旧課程履修者に不利益が生じることのないように配慮する。

　「歴史総合」は新課程で新設された科目で，旧課程履修者には見慣れないものですが，上記のような経過措置がとられた場合，新課程入試でも旧課程と同様の学習内容で受験することができます。

新課程の情報はWEBもチェック！
より詳しい解説が赤本ウェブサイトで見られます。
https://akahon.net/shinkatei/

科目名が変更される教科・科目

	旧 課 程	新 課 程
国語	国語総合 国語表現 現代文A 現代文B 古典A 古典B	現代の国語 言語文化 論理国語 文学国語 国語表現 古典探究
地歴	日本史A 日本史B 世界史A 世界史B 地理A 地理B	歴史総合 日本史探究 世界史探究 地理総合 地理探究
公民	現代社会 倫理 政治・経済	公共 倫理 政治・経済
数学	数学Ⅰ 数学Ⅱ 数学Ⅲ 数学A 数学B 数学活用	数学Ⅰ 数学Ⅱ 数学Ⅲ 数学A 数学B 数学C
外国語	コミュニケーション英語基礎 コミュニケーション英語Ⅰ コミュニケーション英語Ⅱ コミュニケーション英語Ⅲ 英語表現Ⅰ 英語表現Ⅱ 英語会話	英語コミュニケーションⅠ 英語コミュニケーションⅡ 英語コミュニケーションⅢ 論理・表現Ⅰ 論理・表現Ⅱ 論理・表現Ⅲ
情報	社会と情報 情報の科学	情報Ⅰ 情報Ⅱ

大学のサイトも見よう

目　次

2024 年度 問題と解答

●一般選抜（個別学部日程）：理工学部A方式

●一般選抜（個別学部日程）：理工学部B方式

2023 年度 問題と解答

●一般選抜（個別学部日程）：理工学部A方式

●一般選抜（個別学部日程）：理工学部B方式

2022 年度
問題 と 解答

基本情報

🏛 沿革

1874（明治 7）	ドーラ・E・スクーンメーカーが東京麻布に女子小学校を開校。のちに東京築地に移転し海岸女学校となる
1878（明治 11）	ジュリアス・ソーパーが東京築地に耕教学舎を開校。のちに東京英学校となる
1879（明治 12）	ロバート・S・マクレイが横浜山手町に美會神学校を開校
1882（明治 15）	美會神学校が東京英学校と合同
1883（明治 16）	東京英学校が東京青山に移転し東京英和学校と改称
1888（明治 21）	海岸女学校の上級生を青山に移し東京英和女学校として開校
1894（明治 27）	東京英和学校は青山学院と改称。海岸女学校が東京英和女学校と合同
1895（明治 28）	東京英和女学校は青山女学院と改称
1904（明治 37）	青山学院と青山女学院が専門学校の認可を受ける
1927（昭和 2）	青山女学院が青山学院と合同
1949（昭和 24）	新制大学として青山学院大学を開校（文・商・工の3学部。

　　　　　　　　　　　工学部は 1950 年関東学院大学に移管）

1953（昭和 28）	商学部を経済学部に改組
1959（昭和 34）	法学部を設置
1965（昭和 40）	理工学部を設置
1966（昭和 41）	経営学部を設置
1982（昭和 57）	国際政治経済学部を設置
2008（平成 20）	総合文化政策学部および社会情報学部を設置
2009（平成 21）	教育人間科学部を設置
2015（平成 27）	地球社会共生学部を設置
2019（平成 31）	コミュニティ人間科学部を設置

校章

　1952 年，図案を学生から公募して決定しました。盾は「信仰を盾として」（新約聖書　エフェソの信徒への手紙 6 章 16 節）からきたもので，信仰の象徴を示しています。山形の A と G は青山と学院の頭文字。その下に，Univ.（大学）があります。盾の発案は青山学院大学校友によるもので，「中央および左右の先端は尖って高峰のごとく，側面の弧は豊かな頬を思わせるふくらみを持ち，全体が均整のとれた 4 つの弧で囲まれているようなもの」を正しい形状と定めています。

学部・学科の構成

大　学

●**文学部**　青山キャンパス

英米文学科（イギリス文学・文化コース，アメリカ文学・文化コース，グローバル文学・文化コース，英語学コース，コミュニケーションコース，英語教育学コース）

フランス文学科（文学分野，語学分野，文化分野）

日本文学科（日本文学コース，日本語・日本語教育コース）

史学科（日本史コース，東洋史コース，西洋史コース，考古学コース）

比較芸術学科（美術領域，音楽領域，演劇映像領域）

●**教育人間科学部**　青山キャンパス

教育学科（人間形成探究コース，臨床教育・生涯発達コース，教育情報・メディアコース，幼児教育学コース，児童教育学コース）

心理学科（一般心理コース，臨床心理コース）

●**経済学部**　青山キャンパス

経済学科（理論・数量コース，応用経済コース，歴史・思想コース）

現代経済デザイン学科（公共コース〈パブリック・デザイン〉，地域コース〈リージョナル・デザイン〉）

●**法学部**　青山キャンパス

法学科

ヒューマンライツ学科

●**経営学部**　青山キャンパス

経営学科

マーケティング学科

●**国際政治経済学部**　青山キャンパス

国際政治学科（政治外交・安全保障コース，グローバル・ガバナンスコース）

国際経済学科（国際経済政策コース，国際ビジネスコース）

国際コミュニケーション学科（国際コミュニケーションコース）

●**総合文化政策学部**　青山キャンパス

　総合文化政策学科（メディア文化分野，都市・国際文化分野，アート・デザイン分野）

●**理工学部**　相模原キャンパス

　物理科学科

　数理サイエンス学科

　化学・生命科学科

　電気電子工学科

　機械創造工学科

　経営システム工学科

　情報テクノロジー学科

●**社会情報学部**　相模原キャンパス

　社会情報学科（社会・情報コース，社会・人間コース，人間・情報コース）

●**地球社会共生学部**　相模原キャンパス

　地球社会共生学科（メディア／空間情報領域，コラボレーション領域，経済・ビジネス領域，ソシオロジー領域）

●**コミュニティ人間科学部**　相模原キャンパス

　コミュニティ人間科学科（子ども・若者活動支援プログラム，女性活動支援プログラム，コミュニティ活動支援プログラム，コミュニティ資源継承プログラム，コミュニティ創生計画プログラム）

（備考）コース等に分属する年次はそれぞれで異なる。

大学院

文学研究科 / 教育人間科学研究科 / 経済学研究科 / 法学研究科 / 経営学研究科 / 国際政治経済学研究科 / 総合文化政策学研究科 / 理工学研究科 / 社会情報学研究科 / 国際マネジメント研究科 / 会計プロフェッション研究科

📍 大学所在地

青山キャンパス

相模原キャンパス

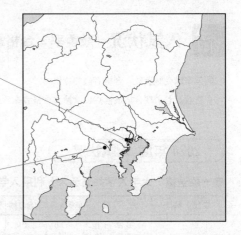

青山キャンパス　〒150-8366　東京都渋谷区渋谷 4-4-25
相模原キャンパス　〒252-5258　神奈川県相模原市中央区淵野辺 5-10-1

入 試 デ ー タ

 ## 入試状況（競争率・合格最低点など）

○競争率は受験者数÷合格者数で算出。

○合格者数および合格最低点には補欠合格者を含む（※印で表示）。

2024 年度　入試状況

●一般選抜・大学入学共通テスト利用入学者選抜

学部・学科		方　　式	募集人員	志願者数	受験者数	合格者数	競争率	合格最低点/満点
文	英 米 文	全 学 部 日 程	約5	194	189	28	6.8	260.0/350.0
		個別学部日程 A 方 式	約70	430	408	※260	1.6	318.0/500.0
		個別学部日程 B 方 式	約40	395	358	122	2.9	218.0/300.0
		個別学部日程 C 方 式	約40	536	492	137	3.6	213.0/300.0
		共通テスト利用	約15	464	463	150	3.1	325.0/400.0
	フランス文	全 学 部 日 程	約15	342	331	68	4.9	244.0/350.0
		個別学部日程 A 方 式	約40	334	314	122	2.6	#1/500.0
		個別学部日程 B 方 式	約10	131	122	28	4.4	#2/400.0
		共通テスト利用	約10	715	714	215	3.3	390.0/500.0
	日 本 文	全 学 部 日 程	約8	169	163	30	5.4	287.0/400.0
		個別学部日程 A 方 式	約55	444	399	※156	2.6	264.5/350.0
		個別学部日程 B 方 式	約10	197	182	30	6.1	196.0/250.0
		共通テスト利用	約5	205	205	34	6.0	509.0/600.0

（表つづく）

学部・学科		方　式	募集人員	志願者数	受験者数	合格者数	競争率	合格最低点/満点
文	史	全学部日程	約20	278	267	59	4.5	291.0/400.0
		個別学部日程	約52	736	682	218	3.1	318.0/450.0
		共通テスト利用（3科目型）	約10	381	381	87	4.4	498.0/600.0
		共通テスト利用（6科目型）		67	66	23	2.9	647.0/800.0
	比較芸術	全学部日程	約5	195	185	17	10.9	312.0/400.0
		個別学部日程	約45	280	258	83	3.1	322.5/450.0
		共通テスト利用	約5	239	239	22	10.9	533.0/600.0
教育人間科	教育	全学部日程	約70	1,013	989	※235	4.2	243.0/350.0
		個別学部日程	約20	476	437	65	6.7	#3/300.0
		共通テスト利用	約10	480	480	※127	3.8	411.0/500.0
	心理	全学部日程	約58	626	601	※178	3.4	243.0/350.0
		個別学部日程	約15	323	277	※49	5.7	#4/300.0
		共通テスト利用	約10	425	423	※79	5.4	381.0/450.0
経済	経済	全学部日程	約30	654	626	109	5.7	260.0/350.0
		個別学部日程 A方式	約180	3,044	2,587	※478	5.4	165.0/250.0
		個別学部日程 B方式	約100	1,973	1,616	※250	6.5	144.0/250.0
		共通テスト利用	約10	595	484	160	3.0	404.0/500.0
	現代経済デザイン	全学部日程	約10	119	114	16	7.1	253.0/350.0
		個別学部日程 A方式	約50	895	761	110	6.9	165.0/250.0
		個別学部日程 B方式	約25	459	407	56	7.3	136.0/250.0
		共通テスト利用	約10	187	123	20	6.2	404.0/500.0
法	法	全学部日程	約80	1,502	1,448	351	4.1	246.0/350.0
		個別学部日程 A方式	約80	634	522	186	2.8	289.0/400.0
		個別学部日程 B方式	約25	286	213	76	2.8	263.0/400.0
		共通テスト利用（3科目型）	約10	624	624	270	2.3	273.0/350.0
		共通テスト利用（5科目型）		201	201	98	2.1	549.0/700.0

（表つづく）

学部・学科		方　式	募集人員	志願者数	受験者数	合格者数	競争率	合格最低点/満点
法	ヒューマンライツ	全学部日程	約25	870	844	146	5.8	245.0/350.0
		個別学部日程A　方　式	約20	126	111	44	2.5	279.0/400.0
		個別学部日程B　方　式	約10	87	69	31	2.2	256.0/400.0
		共通テスト利用（3科目型）	約5	601	601	118	5.1	280.0/350.0
		共通テスト利用（5科目型）		59	59	23	2.6	541.0/700.0
経営	経　　営	全学部日程	約25	879	841	※130	6.5	256.0/350.0
		個別学部日程A　方　式	約160	1,547	1,347	※527	2.6	287.8/400.0
		個別学部日程B　方　式	約40	297	263	※144	1.8	275.3/400.0
		共通テスト利用	約10	1,121	1,118	※175	6.4	252.0/300.0
	マーケティング	全学部日程	約15	519	503	※63	8.0	256.0/350.0
		個別学部日程A　方　式	約80	589	515	※176	2.9	295.0/400.0
		個別学部日程B　方　式	約20	88	78	※40	2.0	276.1/400.0
		共通テスト利用	約5	405	404	※60	6.7	252.5/300.0
国際政治経済	国際政治	全学部日程	約5	162	152	※27	5.6	275.0/350.0
		個別学部日程A　方　式	約64	325	285	※138	2.1	141.3/200.0
		個別学部日程B　方　式	約6	39	31	7	4.4	157.9/200.0
		共通テスト利用（3科目型）	約10	404	404	※104	3.9	338.0/400.0
		共通テスト利用（4科目型）	約10	58	58	19	3.1	500.0/600.0
	国際経済	全学部日程	約5	106	102	26	3.9	262.0/350.0
		個別学部日程	約70	200	179	89	2.0	139.1/200.0
		共通テスト利用（3科目型）	約10	325	323	111	2.9	322.0/400.0
		共通テスト利用（4科目型）	約10	76	76	38	2.0	490.0/600.0

（表つづき）

学部・学科		方　式	募集人員	志願者数	受験者数	合格者数	競争率	合格最低点/満点
国際政治経済	国際コミュニケーション	全学部日程	約5	126	120	24	5.0	270.0/350.0
		個別学部日程A方式	約27	278	245	75	3.3	140.8/200.0
		個別学部日程B方式	約20	146	121	31	3.9	148.2/200.0
		共通テスト利用	約10	219	219	49	4.5	341.0/400.0
総合文化政策		全学部日程	約55	856	832	※172	4.8	260.0/350.0
		個別学部日程A方式	約70	393	362	※124	2.9	235.0/300.0
		個別学部日程B方式	約50	501	435	※101	4.3	257.5/350.0
		共通テスト利用（3科目型）	約10	787	772	※103	7.5	345.0/400.0
		共通テスト利用（4科目型）		30	30	3	10.0	433.0/500.0
		共通テスト利用（5科目型）		103	103	※11	9.4	517.0/600.0
理工	物理科	全学部日程	約12	132	125	37	3.4	248.0/400.0
		個別学部日程A方式	約35	550	526	156	3.4	298.0/450.0
		個別学部日程B方式	約28	329	305	104	2.9	360.0/500.0
		共通テスト利用	約8	415	415	242	1.7	444.0/600.0
	数理サイエンス	全学部日程	約6	122	117	41	2.9	225.0/400.0
		個別学部日程A方式	約20	285	270	94	2.9	261.0/450.0
		個別学部日程B方式	約13	179	166	52	3.2	337.0/500.0
		共通テスト利用	約4	140	140	46	3.0	486.0/600.0
	化学・生命科	全学部日程	約13	115	104	20	5.2	262.0/400.0
		個別学部日程A方式	約50	782	750	267	2.8	263.0/450.0
		個別学部日程B方式	約20	346	321	102	3.1	375.0/500.0
		共通テスト利用	約10	277	276	80	3.5	492.0/600.0

（表つづく）

学部・学科		方　式	募集人員	志願者数	受験者数	合格者数	競争率	合格最低点/満点
理　工	電気電子工	全 学 部 日 程	約13	170	162	※50	3.2	222.0/400.0
		個別学部日程 A 方 式	約40	492	471	※151	3.1	262.0/450.0
		個別学部日程 B 方 式	約20	254	242	※89	2.7	320.0/500.0
		共通テスト利用	約10	248	247	※77	3.2	473.0/600.0
	機械創造工	全 学 部 日 程	約15	131	124	29	4.3	233.0/400.0
		個別学部日程 A 方 式	約40	699	668	271	2.5	261.0/450.0
		個別学部日程 B 方 式	約20	229	217	71	3.1	340.0/500.0
		共通テスト利用	約10	228	226	117	1.9	455.0/600.0
	経 営 システム工	全 学 部 日 程	約10	149	138	※33	4.2	256.0/400.0
		個別学部日程 A 方 式	約35	519	504	※173	2.9	276.0/450.0
		個別学部日程 B 方 式	約20	210	198	※66	3.0	346.0/500.0
		共通テスト利用	約10	201	201	36	5.6	417.0/500.0
	情 報 テクノロジー	全 学 部 日 程	約10	154	143	15	9.5	265.0/400.0
		個別学部日程 A 方 式	約35	672	618	※174	3.6	275.0/450.0
		個別学部日程 B 方 式	約20	298	278	※78	3.6	354.0/500.0
		共通テスト利用	約10	244	241	30	8.0	426.0/500.0
社 会 情 報		全学部日程 A 方 式	約17	237	225	29	7.8	253.0/350.0
		全学部日程 B 方 式	約10	130	124	22	5.6	285.0/400.0
		個別学部日程 A 方 式	約45	471	437	※114	3.8	291.0/400.0
		個別学部日程 B 方 式	約25	425	402	※88	4.6	209.0/350.0
		個別学部日程 C 方 式	約35	343	327	※89	3.7	272.0/450.0
		個別学部日程 D 方 式	約15	110	102	※21	4.9	222.0/400.0

（表つづく）

学部・学科	方　式	募集人員	志願者数	受験者数	合格者数	競争率	合格最低点/満点
社　会　情　報	共通テスト利用（3科目型）	約15	305	305	30	10.2	253.0/300.0
	共通テスト利用（4科目A型）		99	97	10	9.7	335.0/400.0
	共通テスト利用（4科目B型）		71	71	7	10.1	347.0/400.0
	共通テスト利用（5科目型）		42	40	4	10.0	444.0/500.0
地球社会共生	全学部日程	約45	460	448	100	4.5	242.0/350.0
	個別学部日程	約30	352	278	※99	2.8	193.7/300.0
	共通テスト利用	約20	577	574	89	6.4	329.0/400.0
コミュニティ人　間　科	全学部日程	約50	634	617	※131	4.7	237.0/350.0
	個別学部日程	約34	437	411	※137	3.0	214.0/300.0
	共通テスト利用（3科目型）	約12	195	194	※70	2.8	376.0/500.0
	共通テスト利用（4科目型）		30	30	※19	1.6	377.0/500.0
	共通テスト利用（5科目型）		51	51	※25	2.0	377.0/500.0

（備考）

• 合格最低点について #1〜4 は以下参照。

#1　総合点 348.0 点以上で「総合問題」120.0 点以上かつ「外国語」140.0 点以上。

#2　「総合問題」110.0 点以上かつ「外国語」154.0 点以上。

#3　大学入学共通テストの「英語」,「国語」の点数をそれぞれ 50％に圧縮した合計点が 130.0 点以上かつ「小論文」の点数が 69.0 点以上。

#4　大学入学共通テストの「英語」の点数を 50％に圧縮したものが 70.0 点以上かつ総合点が 221.5 点以上。

2023 年度 入試状況

●一般選抜・大学入学共通テスト利用入学者選抜

学部・学科		方　式	募集人員	志願者数	受験者数	合格者数	競争率	合格最低点/満点
文	英 米 文	全 学 部 日 程	約 5	143	138	17	8.1	279.0/350.0
		個別学部日程 A 方 式	約 70	432	418	※ 215	1.9	346.0/500.0
		個別学部日程 B 方 式	約 40	448	415	※ 120	3.5	196.0/300.0
		個別学部日程 C 方 式	約 40	511	476	※ 112	4.3	208.0/300.0
		共通テスト利用	約 15	407	403	136	3.0	321.0/400.0
	フランス文	全 学 部 日 程	約 15	195	192	70	2.7	253.0/350.0
		個別学部日程 A 方 式	約 40	271	252	※ 120	2.1	#1/500.0
		個別学部日程 B 方 式	約 10	73	63	24	2.6	#2/400.0
		共通テスト利用	約 10	174	173	80	2.2	374.0/500.0
	日 本 文	全 学 部 日 程	約 8	180	167	30	5.6	309.0/400.0
		個別学部日程 A 方 式	約 55	397	349	143	2.4	272.0/350.0
		個別学部日程 B 方 式	約 10	157	152	29	5.2	192.0/250.0
		共通テスト利用	約 5	158	157	30	5.2	494.0/600.0
	史	全 学 部 日 程	約 20	293	280	※ 77	3.6	304.0/400.0
		個別学部日程	約 52	586	541	※ 221	2.4	309.0/450.0
		共通テスト利用 （ 3 科 目 型 ）	約 5	204	204	83	2.5	465.0/600.0
		共通テスト利用 （ 6 科 目 型 ）	約 5	68	66	20	3.3	642.0/800.0
	比 較 芸 術	全 学 部 日 程	約 5	218	202	22	9.2	312.0/400.0
		個別学部日程	約 45	241	216	※ 105	2.1	299.0/450.0
		共通テスト利用	約 5	171	170	28	6.1	516.0/600.0

（表つづく）

学部・学科		方　式	募集人員	志願者数	受験者数	合格者数	競争率	合格最低点/満点
教育人間科	教　育	全学部日程	約70	1,147	1,117	※241	4.6	266.0/350.0
		個別学部日程	約20	379	352	63	5.6	#3/300.0
		共通テスト利用	約10	575	575	102	5.6	408.0/500.0
	心　理	全学部日程	約58	635	622	141	4.4	268.0/350.0
		個別学部日程	約15	215	181	※74	2.4	#4/300.0
		共通テスト利用	約10	402	400	56	7.1	373.0/450.0
経済	経　済	全学部日程	約30	792	751	101	7.4	278.0/350.0
		個別学部日程 A　方　式	約180	3,250	2,735	394	6.9	158.0/250.0
		個別学部日程 B　方　式	約100	1,792	1,481	217	6.8	162.0/250.0
		共通テスト利用	約10	685	548	161	3.4	404.0/500.0
	現代経済デザイン	全学部日程	約10	93	88	15	5.9	267.0/350.0
		個別学部日程 A　方　式	約50	828	703	115	6.1	153.0/250.0
		個別学部日程 B　方　式	約25	396	341	58	5.9	154.0/250.0
		共通テスト利用	約10	58	41	15	2.7	391.0/500.0
法	法	全学部日程	約80	1,354	1,302	379	3.4	265.0/350.0
		個別学部日程 A　方　式	約80	589	445	※180	2.5	286.0/400.0
		個別学部日程 B　方　式	約25	282	190	※107	1.8	262.0/400.0
		共通テスト利用（3科目型）	約10	920	920	196	4.7	282.0/350.0
		共通テスト利用（5科目型）		260	259	99	2.6	542.0/700.0
	ヒューマンライツ	全学部日程	約25	287	281	112	2.5	256.0/350.0
		個別学部日程 A　方　式	約20	142	107	40	2.7	282.0/400.0
		個別学部日程 B　方　式	約10	73	44	22	2.0	262.0/400.0
		共通テスト利用（3科目型）	約5	142	142	55	2.6	267.0/350.0
		共通テスト利用（5科目型）		28	28	14	2.0	533.0/700.0

（表つづく）

学部・学科		方　式	募集人員	志願者数	受験者数	合格者数	競争率	合格最低点/満点
経営	経　営	全学部日程	約25	696	664	※108	6.1	273.0/350.0
		個別学部日程 A方式	約160	1,150	965	※459	2.1	278.3/400.0
		個別学部日程 B方式	約40	355	307	※162	1.9	275.0/400.0
		共通テスト利用	約10	709	707	169	4.2	241.0/300.0
	マーケティング	全学部日程	約15	517	498	※50	10.0	279.0/350.0
		個別学部日程 A方式	約80	652	578	※197	2.9	291.5/400.0
		個別学部日程 B方式	約20	267	225	※61	3.7	281.5/400.0
		共通テスト利用	約5	311	310	53	5.8	243.0/300.0
国際政治経済	国際政治	全学部日程	約5	146	134	27	5.0	283.0/350.0
		個別学部日程 A方式	約64	331	277	※137	2.0	147.6/200.0
		個別学部日程 B方式	約6	35	28	9	3.1	157.5/200.0
		共通テスト利用 （3科目型）	約10	302	300	87	3.4	335.0/400.0
		共通テスト利用 （4科目型）	約10	211	211	62	3.4	495.0/600.0
	国際経済	全学部日程	約5	94	88	16	5.5	283.0/350.0
		個別学部日程	約70	443	390	※112	3.5	145.8/200.0
		共通テスト利用 （3科目型）	約10	222	221	58	3.8	331.0/400.0
		共通テスト利用 （4科目型）	約10	129	126	51	2.5	484.0/600.0
	国際コミュニケーション	全学部日程	約5	124	116	17	6.8	283.0/350.0
		個別学部日程 A方式	約27	268	213	※84	2.5	145.3/200.0
		個別学部日程 B方式	約20	88	76	26	2.9	156.8/200.0
		共通テスト利用	約10	201	200	45	4.4	341.0/400.0

（表つづく）

学部・学科		方　式	募集人員	志願者数	受験者数	合格者数	競争率	合格最低点/満点
総合文化政策		全学部日程	約55	758	734	※156	4.7	272.0/350.0
		個別学部日程 A 方式	約70	296	268	83	3.2	227.0/300.0
		個別学部日程 B 方式	約50	369	308	※95	3.2	259.0/350.0
		共通テスト利用（3科目型）	約10	378	373	96	3.9	332.0/400.0
		共通テスト利用（4科目型）		12	12	2	6.0	426.0/500.0
		共通テスト利用（5科目型）		54	54	20	2.7	501.0/600.0
理工	物理科	全学部日程	約12	143	139	45	3.1	270.0/400.0
		個別学部日程 A 方式	約35	471	450	215	2.1	255.0/450.0
		個別学部日程 B 方式	約28	218	207	105	2.0	344.5/500.0
		共通テスト利用	約8	407	404	200	2.0	467.0/600.0
	数理サイエンス	全学部日程	約6	166	164	53	3.1	265.0/400.0
		個別学部日程 A 方式	約20	350	331	※121	2.7	257.0/450.0
		個別学部日程 B 方式	約13	135	129	※55	2.3	309.0/500.0
		共通テスト利用	約4	209	207	56	3.7	491.0/600.0
	化学・生命科	全学部日程	約13	119	112	19	5.9	286.0/400.0
		個別学部日程 A 方式	約50	808	765	307	2.5	261.0/450.0
		個別学部日程 B 方式	約20	338	318	128	2.5	321.0/500.0
		共通テスト利用	約10	504	504	83	6.1	510.0/600.0

（表つづく）

学部・学科		方式	募集人員	志願者数	受験者数	合格者数	競争率	合格最低点/満点
理工	電気電子工	全学部日程	約13	136	128	※38	3.4	258.0/400.0
		個別学部日程 A 方式	約40	479	457	※155	2.9	261.0/450.0
		個別学部日程 B 方式	約20	220	206	※76	2.7	307.0/500.0
		共通テスト利用	約10	249	248	58	4.3	491.0/600.0
	機械創造工	全学部日程	約15	189	178	28	6.4	274.0/400.0
		個別学部日程 A 方式	約40	973	936	※272	3.4	264.0/450.0
		個別学部日程 B 方式	約20	354	343	※116	3.0	311.5/500.0
		共通テスト利用	約10	620	620	104	6.0	500.0/600.0
	経営システム工	全学部日程	約10	144	136	22	6.2	292.0/400.0
		個別学部日程 A 方式	約35	560	534	172	3.1	265.0/450.0
		個別学部日程 B 方式	約23	220	206	55	3.7	337.0/500.0
		共通テスト利用	約10	336	336	52	6.5	419.0/500.0
	情報テクノロジー	全学部日程	約10	160	148	14	10.6	296.0/400.0
		個別学部日程 A 方式	約35	810	760	※195	3.9	278.0/450.0
		個別学部日程 B 方式	約20	358	342	※111	3.1	327.0/500.0
		共通テスト利用	約10	436	432	48	9.0	442.0/500.0
社会情報		全学部日程 A 方式	約17	272	259	※47	5.5	266.0/350.0
		全学部日程 B 方式	約10	117	112	※26	4.3	279.0/400.0
		個別学部日程 A 方式	約45	367	330	※122	2.7	280.0/400.0
		個別学部日程 B 方式	約25	276	253	※65	3.9	300.0/400.0
		個別学部日程 C 方式	約35	278	270	※82	3.3	262.0/400.0
		個別学部日程 D 方式	約15	212	203	※51	4.0	308.0/400.0

（表つづく）

学部・学科	方　式	募集人員	志願者数	受験者数	合格者数	競争率	合格最低点/満点
社　会　情　報	共通テスト利用 （3科目型）	約15	187	185	19	9.7	256.0/300.0
	共通テスト利用 （4科目A型）		58	58	6	9.7	334.5/400.0
	共通テスト利用 （4科目B型）		41	41	5	8.2	350.0/400.0
	共通テスト利用 （5科目型）		27	20	3	6.7	419.0/500.0
地球社会共生	全学部日程	約45	364	348	109	3.2	256.0/350.0
	個別学部日程	約30	321	250	※66	3.8	218.6/300.0
	共通テスト利用	約20	230	228	61	3.7	320.0/400.0
コミュニティ 人　間　科	全学部日程	約50	692	669	※164	4.1	256.0/350.0
	個別学部日程	約34	266	245	※127	1.9	200.0/300.0
	共通テスト利用 （3科目型）	約12	246	246	57	4.3	389.0/500.0
	共通テスト利用 （4科目型）		47	47	10	4.7	389.0/500.0
	共通テスト利用 （5科目型）		66	64	13	4.9	389.0/500.0

(備考)
• 合格最低点について #1〜4 は以下参照。
　#1　総合点 360.0 点以上で「総合問題」130.0 点以上かつ「外国語」140.0 点以上。
　#2　「総合問題」101.0 点以上かつ「外国語」141.0 点以上。
　#3　大学入学共通テストの「英語」,「国語」の点数をそれぞれ 50% に圧縮した合計点が
　　　125.0 点以上かつ「小論文」の点数が 57.0 点以上。
　#4　大学入学共通テストの「英語」の点数を 50% に圧縮したものが 68.0 点以上かつ総合点が
　　　201.5 点以上。

2022年度　入試状況

●一般選抜・大学入学共通テスト利用入学者選抜

学部・学科		方　式	募集人員	志願者数	受験者数	合格者数	競争率	合格最低点/満点
文	英米文	全学部日程	約5	285	269	15	17.9	297.0/350
		個別学部日程A方式	約70	549	517	※238	2.2	345.5/500
		個別学部日程B方式	約40	431	385	※124	3.1	271.0/400
		個別学部日程C方式	約40	710	623	※96	6.5	200.0/300
		共通テスト利用	約15	506	505	150	3.4	330.5/400
	フランス文	全学部日程	約15	488	470	67	7.0	282.0/350
		個別学部日程A方式	約40	278	235	※97	2.4	#1/500
		個別学部日程B方式	約10	84	68	※21	3.2	#2/400
		共通テスト利用	約10	667	666	150	4.4	401.0/500
	日本文	全学部日程	約8	135	129	31	4.2	321.0/400
		個別学部日程A方式	約55	508	452	165	2.7	276.0/350
		個別学部日程B方式	約10	151	143	32	4.5	167.0/250
		共通テスト利用	約5	203	202	46	4.4	500.0/600
	史	全学部日程	約20	219	214	※66	3.2	312.0/400
		個別学部日程	約55	656	570	※184	3.1	315.0/450
		共通テスト利用	約5	505	504	96	5.3	507.0/600
	比較芸術	全学部日程	約5	150	150	23	6.5	323.0/400
		個別学部日程	約45	231	202	※88	2.3	315.0/450
		共通テスト利用	約5	202	201	35	5.7	517.0/600
教育人間科	教育	全学部日程	約70	1,013	989	※236	4.2	276.0/350
		個別学部日程	約20	439	404	※76	5.3	#3/300
		共通テスト利用	約10	492	492	103	4.8	403.0/500
	心理	全学部日程	約58	705	685	129	5.3	283.0/350
		個別学部日程	約15	287	245	※51	4.8	#4/300
		共通テスト利用	約10	331	331	67	4.9	370.0/450

（表つづく）

学部・学科		方　式	募集人員	志願者数	受験者数	合格者数	競争率	合格最低点/満点
経済	経　　済	全学部日程	約30	590	555	93	6.0	283.0/350
		個別学部日程A方式	約180	3,453	2,921	※487	6.0	#5/250
		個別学部日程B方式	約100	1,856	1,494	※227	6.6	143.0/250
		共通テスト利用	約10	711	578	157	3.7	399.0/500
	現代経済デザイン	全学部日程	約10	179	170	20	8.5	283.0/350
		個別学部日程A方式	約50	1,164	1,038	※113	9.2	169.0/250
		個別学部日程B方式	約25	381	321	51	6.3	138.0/250
		共通テスト利用	約10	182	143	20	7.2	398.0/500
法	法	全学部日程	約80	1,624	1,550	※390	4.0	280.0/350
		個別学部日程A方式	約80	682	548	※201	2.7	291.0/400
		個別学部日程B方式	約25	211	145	※69	2.1	270.0/400
		共通テスト利用	約10	676	675	198	3.4	280.0/350
	ヒューマンライツ	全学部日程	約25	742	717	※128	5.6	282.0/350
		個別学部日程A方式	約20	272	239	※52	4.6	299.0/400
		個別学部日程B方式	約10	154	132	※39	3.4	285.3/400
		共通テスト利用	約5	265	265	54	4.9	280.0/350
経営	経　　営	全学部日程	約25	974	932	※76	12.3	293.0/350
		個別学部日程A方式	約160	1,364	1,125	※473	2.4	283.5/400
		個別学部日程B方式	約40	263	212	※114	1.9	247.3/400
		共通テスト利用	約10	931	928	104	8.9	252.5/300
	マーケティング	全学部日程	約15	460	444	※54	8.2	292.0/350
		個別学部日程A方式	約80	538	447	※192	2.3	285.5/400
		個別学部日程B方式	約20	85	70	※45	1.6	238.0/400
		共通テスト利用	約5	366	365	33	11.1	256.0/300

（表つづく）

学部・学科		方　式	募集人員	志願者数	受験者数	合格者数	競争率	合格最低点/満点
国際政治経済	国際政治	全学部日程	約5	199	189	23	8.2	296.0/350
		個別学部日程A方式	約64	419	346	※116	3.0	127.8/200
		個別学部日程B方式	約6	22	19	8	2.4	119.8/200
		共通テスト利用（3教科型）	約10	326	323	89	3.6	345.0/400
		共通テスト利用（4教科型）	約10	129	128	51	2.5	460.0/600
	国際経済	全学部日程	約5	129	120	16	7.5	297.0/350
		個別学部日程	約70	272	236	※130	1.8	127.8/200
		共通テスト利用（3教科型）	約10	267	264	52	5.1	345.0/400
		共通テスト利用（4教科型）	約10	123	123	38	3.2	470.0/600
	国際コミュニケーション	全学部日程	約5	168	161	16	10.1	297.0/350
		個別学部日程A方式	約27	348	273	※71	3.8	149.3/200
		個別学部日程B方式	約20	175	144	25	5.8	159.9/200
		共通テスト利用	約10	241	238	46	5.2	351.0/400
総合文化政策		全学部日程	約55	948	922	※156	5.9	290.0/350
		個別学部日程A方式	約70	441	406	※86	4.7	250.0/300
		個別学部日程B方式	約50	499	432	※100	4.3	275.5/350
		共通テスト利用	約10	605	602	58	10.4	352.0/400
理工	物理科	全学部日程	約12	231	221	※71	3.1	275.0/400
		個別学部日程A方式	約35	762	723	※190	3.8	278.0/450
		個別学部日程B方式	約28	237	224	※87	2.6	326.8/500
		共通テスト利用	約8	785	783	172	4.6	442.0/600

（表つづく）

学部・学科		方　式	募集人員	志願者数	受験者数	合格者数	競争率	合格最低点/満点
理 工	数　理 サイエンス	全 学 部 日 程	約6	155	149	※56	2.7	244.0/400
		個別学部日程 A 方 式	約20	288	271	※122	2.2	252.0/450
		個別学部日程 B 方 式	約13	97	94	42	2.2	289.8/500
		共通テスト利用	約4	212	212	56	3.8	443.0/600
	化 学 ・ 生 命 科	全 学 部 日 程	約13	136	128	28	4.6	274.0/400
		個別学部日程 A 方 式	約50	836	795	※348	2.3	250.0/450
		個別学部日程 B 方 式	約20	209	190	109	1.7	311.0/500
		共通テスト利用	約10	291	289	60	4.8	456.0/600
	電気電子工	全 学 部 日 程	約13	182	165	※41	4.0	269.0/400
		個別学部日程 A 方 式	約40	608	579	※177	3.3	267.0/450
		個別学部日程 B 方 式	約20	174	161	※70	2.3	295.2/500
		共通テスト利用	約10	239	238	56	4.3	450.0/600
	機械創造工	全 学 部 日 程	約15	148	141	30	4.7	270.0/400
		個別学部日程 A 方 式	約40	749	717	299	2.4	252.0/450
		個別学部日程 B 方 式	約20	148	132	69	1.9	291.1/500
		共通テスト利用	約10	270	270	99	2.7	432.0/600
	経　営 システム工	全 学 部 日 程	約10	188	183	34	5.4	290.0/400
		個別学部日程 A 方 式	約35	649	620	207	3.0	273.0/450
		個別学部日程 B 方 式	約23	174	162	58	2.8	316.7/500
		共通テスト利用	約10	264	264	51	5.2	379.0/500
	情　報 テクノロジー	全 学 部 日 程	約10	188	175	19	9.2	294.0/400
		個別学部日程 A 方 式	約35	769	717	177	4.1	280.0/450
		個別学部日程 B 方 式	約20	206	185	86	2.2	312.0/500
		共通テスト利用	約10	477	477	49	9.7	396.0/500

（表つづく）

学部・学科	方　　式	募集人員	志願者数	受験者数	合格者数	競争率	合格最低点/満点
社　会　情　報	全 学 部 日 程 Ａ　方　式	約17	239	228	※43	5.3	276.0/350
	全 学 部 日 程 Ｂ　方　式	約10	164	154	※29	5.3	300.0/400
	個別学部日程 Ａ　方　式	約45	413	378	※111	3.4	299.0/400
	個別学部日程 Ｂ　方　式	約25	314	307	※67	4.6	302.5/400
	個別学部日程 Ｃ　方　式	約35	311	293	※80	3.7	273.5/400
	個別学部日程 Ｄ　方　式	約15	190	178	※42	4.2	310.5/400
	共通テスト利用	約15	539	538	44	12.2	260.0/300
地球社会共生	全学部日程	約45	440	429	※140	3.1	272.0/350
	個別学部日程	約30	323	291	※101	2.9	224.0/300
	共通テスト利用	約20	390	390	85	4.6	337.0/500
コ ミ ュ ニ テ ィ 人　　間　　科	全学部日程	約50	879	845	※197	4.3	269.0/350
	個別学部日程	約34	179	154	※104	1.5	197.0/300
	共通テスト利用	約12	127	126	24	5.3	391.0/500

（備考）

・合格最低点について #1〜5 は以下参照。

　#1　総合点 328.0 点以上で「総合問題」114.0 点以上かつ「外国語」144.0 点以上。

　#2　「総合問題」103.0 点以上かつ「外国語」158.0 点以上。

　#3　大学入学共通テストの「英語」,「国語」を各々 50％に圧縮した合計点が 127.5 点以上,
　　　かつ「小論文」56 点以上。

　#4　大学入学共通テストの「英語」を 50％に圧縮した点数が 70 点以上, かつ総合点 221.0 点
　　　以上。

　#5　総合点 168 点以上および総合点 167 点かつ「英語」111 点以上。

募集要項（出願書類）の入手方法

　一般選抜および大学入学共通テスト利用入学者選抜は Web 出願です。出願に関する詳細は，11 月中旬以降に大学公式ウェブサイトに公表する入学者選抜要項で各自ご確認ください。

問い合わせ先

　青山学院大学　入学広報部
　〒 150-8366　東京都渋谷区渋谷 4-4-25
　　　　　　　☎（03）3409-8627
　公式ウェブサイト　https://www.aoyama.ac.jp/

 青山学院大学のテレメールによる資料請求方法

スマートフォンから　QRコードからアクセスしガイダンスに従ってご請求ください。
パソコンから　　　　教学社 赤本ウェブサイト(akahon.net)から請求できます。

合格体験記
募集

　2025 年春に入学される方を対象に，本大学の「合格体験記」を募集します。お寄せいただいた合格体験記は，編集部で選考の上，小社刊行物やウェブサイト等に掲載いたします。お寄せいただいた方には小社規定の謝礼を進呈いたしますので，ふるってご応募ください。

● 応募方法 ●

下記 URL または QR コードより応募サイトにアクセスできます。
ウェブフォームに必要事項をご記入の上，ご応募ください。
折り返し執筆要領をメールにてお送りします。

※入学が決まっている一大学のみ応募できます。

☞ **http://akahon.net/exp/**

● 応募の締め切り ●

総合型選抜・学校推薦型選抜	2025年2月23日
私立大学の一般選抜	2025年3月10日
国公立大学の一般選抜	2025年3月24日

受験にまつわる川柳を募集します。
入選者には賞品を進呈！
ふるってご応募ください。

応募方法　**http://akahon.net/senryu/**　にアクセス！ ☞

気になること、聞いてみました！

在学生メッセージ

大学ってどんなところ？　大学生活ってどんな感じ？
ちょっと気になることを，在学生に聞いてみました。

以下の内容は 2020〜2023 年度入学生のアンケート回答に基づくものです。ここで触れられている内容は今後変更となる場合もありますのでご注意ください。

メッセージを書いてくれた先輩　●青山キャンパス　：[文学部] Y.H. さん
　　　　　　　　　　　　　　　　　　　　　　　　 [法学部] A.M. さん
　　　　　　　　　　　　　　　　　　　　　　　　 [経営学部] R.M. さん
　　　　　　　　　　　　　 ●相模原キャンパス：[理工学部] K.N. さん
　　　　　　　　　　　　　　　　　　　　[コミュニティ人間科学部] H.T. さん

Message from current students

 ## 大学生になったと実感！

　制服を着て参考書を読んでいる高校生を通学の際によく見かけます。そのときに，かつては自分もそうだったがもう制服を着ることはないのだと実感します。また，自分で授業を決めて時間割を作る履修登録が高校との大きな違いだと思います。(H.T. さん／コミュニティ人間科)

　通学する洋服が自由で，化粧 OK，髪型が自由など，全体的に自由度が増しました。また，空きコマに友達とカフェに行ったり，授業終了後に自由に好きな場所に寄って帰ることができるなど，高校生のときに比べたらできることが増えたと思います。(A.M. さん／法)

Message from current students

　自分の責任で行動しなければならないことが多く，大学生になったなと感じます。自由な時間が増えるので，自分の好きなように予定を入れることができますが，その分課題を計画的に終わらせなければならないので，勉強と自由時間をうまく調節して効率よくこなすのが大変だなと思います。（K.N. さん／理工）

大学生活に必要なもの

　パソコンは必須です。大学からのお知らせを受け取ったり，オンライン授業を受けたり，レポートを提出したり，多くのことをパソコンで行います。パソコンのケースやパソコンが入るリュックも用意しました。（H.T. さん／コミュニティ人間科）

この授業がおもしろい！

　第二外国語の授業です。私は韓国語の授業を選択しています。韓国語の授業を受けることで，K-POP のハングルの歌詞が読めるようになったり，韓国ドラマで聞き取れる単語が増えたり，と異国の文化をもっと楽しめるようになりました。（H.T. さん／コミュニティ人間科）

大学の学びで困ったこと＆対処法

　自分で決めなければいけないことがとても多いことです。入学してすぐ，履修登録でとても苦労しました。選択肢がたくさんあり，抽選の授業などもあります。私は大学でできた友達と，気になる授業の内容，日程，評価基準などを確認して決めました。友達と一緒に協力して決めるのはよいと思います。（H.T. さん／コミュニティ人間科）

部活・サークル活動

　いくつかのサークルや委員会に入っています。学部内での親交を深めるためにイベントを企画したり，ボランティア活動として大学付近のゴミ拾いをしたり，今までやったことのない新しいことに挑戦しています。(H.T. さん／コミュニティ人間科)

 ## 交友関係は？

　入学式やオリエンテーションで近くにいた人に話しかけてみました。また授業が多くかぶっている人とは自然と仲良くなりました。先輩とはサークル活動を通して仲良くなりました。(H.T. さん／コミュニティ人間科)

 ## いま「これ」を頑張っています

　サークルでの活動を大学以外の人にも知ってもらうために広報活動に力を入れています。大学付近のお店に行ってインタビューをするなど，大学での活動をきっかけとして町全体を盛り上げられるように努力しています。(H.T. さん／コミュニティ人間科)

　経営学部公認の学生団体に所属して，学校のために，学生のために，地域のために，様々な点に目を向けて活動しています。高校の生徒会などとは規模が圧倒的に違う場所で活動できることがおもしろくて，いま熱中してなにかができないかなと思考してます。(R.M. さん／経営)

Message from current students

普段の生活で気をつけていることや心掛けていること

　大学の授業のない日や休日はすることがなく，家でダラダラとした生活を送ってしまいがちなので，規則正しい生活を送ることを心掛けています。特に早寝早起きを意識しています。（H.T. さん／コミュニティ人間科）

　毎朝ランニングを 1 時間半しています。ランニングをすると目も覚めますし，課題の効率も上がるのでかなりおすすめです。体力もつきますし，免疫力も上がると思います。僕は毎朝のランニングで性格が明るくなった気もします。外見だけではなく内面をも変えてくれると思うので，おすすめです。（Y.H. さん／文）

 ## おススメ・お気に入りスポット

　相模原キャンパスにはとても広い芝生があります。授業のない時間にくつろいでいる学生もいます。天気の良い日は，芝生でピザパーティーをしたり，昼食を食べたり，お昼寝したり，とても快適です。（H.T. さん／コミュニティ人間科）

 ## 高校生のときに「これ」をやっておけばよかった

　パソコンのスキルをもっと身につけておくべきでした。レポートではWord，プレゼンでは PowerPoint などを使う機会が多く，今までパソコンをあまり使ってこなかった私は使い慣れるまでとても苦労しました。（H.T. さん／コミュニティ人間科）

入学してよかった！

　今まで関わったことのないタイプの人と，たくさん関わることができることです。留学生と交流できる機会も多いので，様々な国の人と話すことができます。また，スポーツ推薦で来ている駅伝選手など，大学の名前を背負って優秀な成績を収めている人と身近に関わることができます。（H.T. さん／コミュニティ人間科）

　自分の将来をしっかり考えて努力している人がとても多いところです。自分が勉強を怠けてしまっているとき，同級生の努力している姿を見ると自分も頑張らなければという気持ちにさせてもらえます。また，大学の周りにおしゃれなお店がたくさんあるところもよいです！（A.M. さん／法）

合格体験記

　みごと合格を手にした先輩に，入試突破のためのカギを伺いました。
入試までの限られた時間を有効に活用するために，ぜひ役立ててください。

　（注）ここでの内容は，先輩方が受験された当時のものです。2025 年
　　　度入試では当てはまらないこともありますのでご注意ください。

・アドバイスをお寄せいただいた先輩・

　K.N. さん　理工学部（経営システム工学科）
　個別学部日程（Ａ方式）2020 年度合格，東京都
　出身

　私は周りの人のことを気にせずに自分のペースで勉強するように心がけていました。最初はアプリで勉強時間を記録していて，そこでは友達の勉強記録を見ることもできたのですが，「友達はこんなに進んでいるのに私はなぜできないんだろう」と思ってしまい，落ち込むことが多々ありました。しかし，これではいけないと思い，アプリで記録することをやめて自分の手帳に記録し，友達のことは気にしないようにしました。そのおかげで自分のペースでしっかり勉強できたと思います。

その他の合格大学　成蹊大（経済）

入試なんでも Q & A

受験生のみなさんからよく寄せられる，
入試に関する疑問・質問に答えていただきました。

 Q 「赤本」の効果的な使い方を教えてください。

A 赤本は時間配分や傾向を把握するために利用していました。私は
よく，「この問題は絶対解ける」と自分で思ったものはわからなく
ても考え込んでしまい，時間だけが過ぎていくことが多かったので，大問
ごとに時間を決めて，その時間が過ぎたら終わっていなくても飛ばす，と
いうことにしていました。本番でも焦ることなく，時間内にすべての問題
に触れることができたので，この方法はよかったと思います。また，問題
の傾向は急に変わることはないので，赤本で慣れておくことが重要だと思
います。

Q 青山学院大学を攻略するうえで，特に重要な科目は何ですか？
また，どのような勉強をしましたか？

A 年によって違うかもしれませんが，私は数学のおかげで受かった
と思っています。数学は基礎が本当に大事です。基礎ができていれ
ばどの問題でも解けるでしょう。夏は主に基礎固めをすると思いますが，
そのときに使ったテキストを入試直前に見ると，「そういえばそうだった
な」と思うことが意外とあります。標準レベルの問題集を解くことはもち
ろん大事ですが，それは焦ってやることでもないので，時間がかかっても
基礎を完成させるべきだと思います。

普段の生活のなかで気をつけていたことを教えてください。

A 　睡眠は 6 〜 7 時間取るようにしていました。「今日は全然勉強できていない」と焦ることもありましたが，睡眠時間を削ってしまうと，次の日に影響します。実際，私も睡眠時間が少なかった日は 1 日中眠くてあまり勉強に集中できませんでした。何があっても次の日に備えて十分な睡眠を取ってください。また，ストレスフリーに過ごすこともとても大切だと思います。私の友達のなかには「受験生だからそんなことしている時間はない」と言って自分の好きなことを封印している人もいましたが，時間を決めて自分の好きなことをするのは気持ちもリフレッシュできてよいと思います。

 試験当日の試験会場の雰囲気はどのようなものでしたか？
緊張のほぐし方，交通事情，注意点等があれば教えてください。

A 　私は他の人に比べて多くの大学を受けましたが，試験会場の雰囲気はどこも変わらなかったので，あまり緊張せずに受けることができました。模試も実際に大学に行って受けていたので，それも本番で緊張しなかった理由の一つだと思います。また，私は集合時間の 1 時間前には試験会場に着くようにしていました。試験当日は受験生が多いので，道が混雑して予定よりも着くのが遅くなることもありますが，余裕を持って行くと時間を気にすることなく過ごせるので，早めに行くようにするとよいでしょう。

 受験生へアドバイスをお願いします。

A 　自分では頑張っているつもりなのに全く成績が上がらない，過去問を解いて自分で採点したら明らかに合格点に届いていなかった，などの理由で「どこにも受からないかもしれない」と思ってしまうこともあると思います。私も実際にありました。しかし，受験が終わった今感じ

ていることは，努力は必ず報われる，ということです。受験生のときには，「そんなのは一部の人だけで私は報われないのかもしれない」と思っていましたが，本当に報われました。泣きたくなることがあっても諦めずに頑張れば必ずよい結果が待っています。最後まで頑張ってください。

科目別攻略アドバイス

みごと入試を突破された先輩に，独自の攻略法や
おすすめの参考書・問題集を，科目ごとに紹介していただきました。

（ 英 語 ）

青山学院大学理工学部の英語は，理系であることもあってそんなに難し
くないと思います。自分が持っている単語帳，文法書をきちんとやってい
れば点が取れるでしょう。日本語の意味を見て英単語を答えられるように
する訓練をするといいと思います。

（ 数 学 ）

基礎が大切だと思います。また，少し解いて難しいと感じたものは後回
しにするとよいです。時間配分には気をつけましょう。

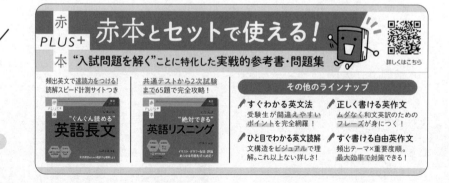

TREND & STEPS

傾向 と 対策

　科目ごとに問題の「傾向」を分析し，具体的にどのような「対策」をすればよいか紹介しています。まずは出題内容をまとめた分析表を見て，試験の概要を把握しましょう。

=== 注　意 ===

　「傾向と対策」で示している，出題科目・出題範囲・試験時間等については，2024 年度までに実施された入試の内容に基づいています。2025 年度入試の選抜方法については，各大学が発表する学生募集要項を必ずご確認ください。

英　語

年度		番号	項　目	内　容
2024 ◐	A方式	〔1〕	読　　解	英文和訳，主題，内容説明，同意表現
		〔2〕	文法・語彙	定義に当てはまる語（頭文字・最後の文字・字数指定）
		〔3〕	文法・語彙	空所補充
		〔4〕	会　話　文	空所補充，内容真偽
		〔5〕	文法・語彙	語句整序
	B方式	〔1〕	読　　解	英文和訳，主題，内容説明，同意表現
		〔2〕	文法・語彙	定義に当てはまる語（頭文字・最後の文字・字数指定）
		〔3〕	会　話　文	空所補充，内容真偽
		〔4〕	文法・語彙	語句整序
2023 ◐	A方式	〔1〕	読　　解	英文和訳，主題，内容説明，同意表現
		〔2〕	文法・語彙	定義に当てはまる語（頭文字・最後の文字・字数指定）
		〔3〕	文法・語彙	空所補充
		〔4〕	会　話　文	空所補充，内容真偽
		〔5〕	文法・語彙	語句整序
2022 ◐	A方式	〔1〕	読　　解	英文和訳，主題，内容説明，同意表現
		〔2〕	文法・語彙	定義に当てはまる語（頭文字・最後の文字・字数指定）
		〔3〕	文法・語彙	空所補充
		〔4〕	会　話　文	空所補充，内容真偽
		〔5〕	文法・語彙	語句整序

（注）　●印は全問，◐印は一部マークシート法採用であることを表す。

読解英文の主題

年度	番号	主　題
2024	A〔1〕	気象と気候の違い
	B〔1〕	嗅覚と健康
2023	〔1〕	我々はどれだけ早く不健康になるのか
2022	〔1〕	在宅勤務改革を先導する企業

読解英文は分量の多い長文が1題出題

01 出題形式は？

　試験時間は 80 分，A方式は大問 5 題，2024 年度より実施のB方式は大問 4 題の出題である。英文和訳，定義に当てはまる語が記述式で，その他はマークシート法による選択式である。設問文はすべて日本語となっている。

02 出題内容はどうか？

　A方式・B方式とも〔1〕は長文読解問題で，自然科学系のテーマや時事問題に絡んだテーマが取り上げられている。A方式は 2024 年度が気象と気候の違いについて，2023 年度は健康や体力の衰えについて，2022 年度はポストコロナのアメリカで企業の勤務形態に変化が起こり始めているということについて，2024 年度のB方式は嗅覚と健康についての文章であった。内容は平明で，構文もさほど複雑ではないが，かなり分量がある。注釈がついている語は多いが，それでも専門用語を含めて高い語彙レベルが求められている。設問は，英文和訳，選択式の内容説明，主題，同意表現等が出題されている。短時間で段落ごとに要旨をつかんでいく読解力が求められている。

　文法・語彙問題は，A方式・B方式とも〔2〕が英語で与えられた語の定義をもとに英単語を解答する形式である。解答する英単語は基本的なものが多いが，スペリングを正しく綴る必要がある。A方式では〔3〕で短文の空所補充問題，A方式の〔4〕，B方式の〔3〕は会話文問題で，短めの会話から文脈を把握して空所を埋め，かつ内容真偽で会話の内容把握をみる問題である。A方式は〔5〕で，B方式は〔4〕で語句整序問題が出題されている。

03 難易度は？

　長文読解問題は，設問は標準レベルであるが，かなりの量の長文を読ん
で解答することを考えると，段落ごとに素早く内容を把握していくことが
求められる。自然科学系の長文の出題もあり，語彙レベルは標準よりやや
高い。文法・語彙問題は基礎〜標準レベルといってよい。Ｂ方式〔２〕は
Ａ方式よりも設問数が少ない（Ａ方式 10，Ｂ方式５）ので時間的な余裕
は多少あるかもしれない。会話文問題は口語に独特な表現の知識が求めら
れることがあるが，その他は平易といってよい。

　全体としては受験生の学力の有無がそのまま反映される標準的な出題と
いえる。

対 策

01 速読の力を伸ばす

　長文読解問題は分量が多く，設問は文章の内容が把握できているかどう
かをみることに重点がおかれている。したがって，読みながらその場で内
容をつかんでいくことが重要である。設問は，主題などを除いて原則，文
章の流れの順番で設けられており，順に解答していって構わない。段落ご
との話題はその冒頭に述べられていることが多いので，それを意識しなが
ら流れを追うこと。その際に，代名詞や指示語の内容を確認しながら読む
ようにしたい。わからない語句は印をつけながら読むとよい。初めは前後
の文脈から意味を類推する努力をし，１つの段落を読み終えたら必ず辞書
を使って，その語句の意味を確認しておくこと。論理力，類推力を鍛える
上での重要な練習となる。

　読み通す力の土台になるのはやはり語彙や文法・構文の知識である。語
彙に関してはやや高いレベルを求められているので，単語帳を１冊仕上げ
た上で，長文の勉強をするたびに初めて出合う単語・熟語はノートにまと
めていくようにしよう。構文の知識は，英文解釈の参考書を使って身につ
けるとよい。入試で頻出の文構造を詳しく解説している『大学入試 ひと

目でわかる英文読解』（教学社）などで精読の訓練を積み，正確に読む力をつけよう。また，出題される英文の内容からすると，自然科学系の知識や近年話題にのぼったテーマ，あるいは議論がなされているテーマにも興味をもつように心がけるとよいだろう。背景知識をもっておくことは，内容理解を深める一助となる。『大学入試 ぐんぐん読める英語長文』（教学社）など，入試頻出の英文を取り上げた問題集を活用するのもよいだろう。

　文法・語彙問題や会話文問題の難度がそれほど高くないことを考えると，長文読解問題に 30〜40 分程度はかけられるよう，文法・語法的知識は確実に定着させておきたい。文法・語法問題集を 1 冊仕上げることは不可欠である。

02　和訳の記述練習を怠らない

　例年出題されている英文和訳はそれほど難しいものではないが，英文内容を理解することと，それをきちんと書き表すこととは別である。書く練習は不可欠である。英文構造を正確に把握すること，文脈に沿った単語の訳を考えること，頻出する熟語・イディオムを身につけること，この 3 つを常に意識しながら，書くという作業を通して身につけた知識をアウトプットしていく。間違った箇所があったら，なぜその箇所を間違ったのかをきちんと明らかにする。こうした試行錯誤を繰り返して初めて記述力は身につくのである。

03　文法・構文・語彙・会話文問題

　文法・構文対策としては，文法・語法問題集を 1 冊仕上げること（語句整序も含んでいるものがよい）。細かな知識を問う出題はないが，広い範囲にわたっての出題が特徴である。苦手な箇所は何度も繰り返し練習してほしい。

　語彙の問題は記述式なので，単語のスペリングを正確に書く練習をしておこう。難しい単語が出題されることは少ないとはいえ，語の定義から正しい単語を思い浮かべるには練習が必要である。単語の意味を調べるときに英和辞典を引いたら，同じ単語を英英辞典でも引いてみるのもよい練習

になるはずである。

　会話文問題は，会話の流れを追うことができなければ得点が難しい。さらに会話文中の空所補充は，空所に入る品詞を特定することによって大幅に解きやすくなるので，品詞を常に意識して練習しよう。

── **青山学院大「英語」におすすめの参考書** ──　Check!

　✓ 『大学入試 ひと目でわかる英文読解』（教学社）
　✓ 『大学入試 ぐんぐん読める英語長文』（教学社）

数　学

年　度	番号	項　目	内　容
2024 ◑	A方式	〔1〕確　率	完全順列（i番目の数がiでない順列）の確率
		〔2〕微・積分法	法線の方程式，面積，体積
		〔3〕2次関数，図形と方程式	2次方程式，領域，解と係数の関係　　⊘図示
		〔4〕数　列	3項間漸化式，2項間漸化式
		〔5〕微・積分法	関数の増減・極値・変曲点・グラフの概形，面積，定積分と不等式を利用した極限値　　⊘図示
	B方式	〔1〕整数の性質	1次不定方程式
		〔2〕複素数平面	複素数の絶対値・偏角，ド・モアブルの定理
		〔3〕ベクトル	重心の位置ベクトル，ベクトルの長さと内積計算
		〔4〕微　分　法	分数関数の値域，微分法と最大・最小
		〔5〕積　分　法，数　列	定積分で表された関数，定積分の部分積分法，特性方程式と漸化式
2023 ◑	A方式	〔1〕ベクトル	内積，三角形の面積，共線・共面条件，四面体の体積
		〔2〕確　率	確率の計算，反復試行の確率，条件付き確率
		〔3〕微　分　法，図形と方程式	接線の方程式，2点間の距離，点と直線の距離，最大値
		〔4〕微　分　法	関数の増減・極値・グラフの概形，方程式の実数解の個数　　⊘図示
		〔5〕数列，極限，積　分　法	定積分の部分積分法，不等式の証明，Σ計算とはさみうちの原理　　⊘証明
	B方式	〔1〕高次方程式，2次関数	4次の相反方程式，2次方程式と実数解の個数
		〔2〕積　分　法	定積分の計算，三角関数の半角の公式・積和の公式・相互関係
		〔3〕ベクトル，積　分　法	空間座標，区分求積法
		〔4〕2次関数	絶対値のついた2次関数のグラフ，放物線と直線の共有点の個数　　⊘図示
		〔5〕微・積分法	接線の方程式，x軸またはy軸のまわりの回転体の体積

2022	A方式	〔1〕	確　　　率	さいころと確率，整数となる条件
		〔2〕	ベクトル，2次関数	空間ベクトル，内積計算，重心，垂直条件，ベクトルの大きさの最小値
		〔3〕	微　分　法	三角関数の微分法，増減表，極値
		〔4〕	積　分　法	定積分の部分積分法と関数 $f(x)$ の決定
		〔5〕	図形と方程式，積　分　法	円と直線の共有点，中点の座標，軌跡，体積　⊘図示
	B方式	〔1〕	場合の数	三角形の個数と組合せ
		〔2〕	2次関数，微　分　法	2次関数と最小値，合成関数と不等式，2次関数と直線の交点，微分の計算
		〔3〕	ベクトル，図形と計量	余弦定理，三角比の相互関係，位置ベクトルと垂直条件，三角形の面積
		〔4〕	図形と方程式	円と直線の共有点，判別式，整数
		〔5〕	微・積分法	定積分の計算，グラフの概形，曲線の長さ　⊘図示

(注)　●印は全問，◐印は一部マークシート法採用であることを表す。

出題範囲の変更

　2025 年度入試より，数学は新教育課程での実施となります。詳細については，大学から発表される募集要項等で必ずご確認ください（以下は本書編集時点の情報）。

2024 年度（旧教育課程）	2025 年度（新教育課程）
数学Ⅰ・Ⅱ・Ⅲ・A・B（数列，ベクトル）	数学Ⅰ・Ⅱ・Ⅲ・A・B（数列）・C（ベクトル，平面上の曲線と複素数平面）

旧教育課程履修者への経過措置

　2025 年度の一般選抜においては，旧教育課程の履修者にも配慮した出題を行う。

傾向　微・積分法，ベクトルが必出
煩雑な計算も確実に処理できる力を

01　出題形式は？

　A方式・B方式とも例年大問 5 題で，うち 2 題はマークシート法による空所補充形式，3 題は記述式となっている。試験時間は 100 分である。記述式の解答用紙は大問 1 題につき B 4 判 1 枚となっており，スペースは十分である。

02　出題内容はどうか？

　項目別にみると，微・積分法，ベクトルが例年必ず出題されている。次いで，確率，数列がよく出題されている。また，図示問題もよく出題されている。

03　難易度は？

　基本から標準程度までの問題が中心である。しかし，計算力や数学的な思考力を要する問題も出題されているので注意したい。

対　策

01　基礎事項の学習

　定理や公式などの基本事項を，教科書の例題や問い，練習問題などを通して学習し，それらの意味や考え方・使い方を自分のものとし，どのような場面でも使いこなせるようにしておくこと。さらに，日頃からその周辺の事柄にも関心をもつようにしたい。苦手分野は絶対に放っておかないこと。

02　計算力の養成

　例年，空所補充形式が2題出題されているが，マークシート法だけに，ここでの計算ミスは合否を左右しかねないので注意したい。計算力は日常の学習の中で繰り返し練習することで身につく。どのような計算も省略したりせず，丁寧に行うこと。また，複雑な計算では，先の見通しを立てながら処理できるようにしておきたい。

03　答案作成練習

　記述式の問題では，要領を得た簡潔な答案が作成できるようにしておくことも大切である。日頃の問題演習にあたっては，実際の試験の答案を書くつもりで，思考過程を論理的に整理し，要領よく記述するよう心がけたい。また，図示問題に対しては日頃から正確な図を描くよう努めることが大事である。

04　頻出分野の強化

　出題範囲全体にわたって学習しておくことはもちろんであるが，仕上げの段階では，過去の問題を振り返るとともに出題頻度の高い分野を中心に同タイプの問題演習をするよう心がけたい。分野としては，微・積分法を特に重点的に，次いで，確率，ベクトル，数列，三角比・三角関数，図形と方程式，複素数平面などを中心に十分な演習をしておきたい。

物　理

年　度	番号	項　目	内　容
2024 ◗	A方式 [1]	力　　学	斜面をすべる物体の運動と垂直な板との衝突
	[2]	電　磁　気	直線電流がつくる磁場，ソレノイドの自己誘導と相互誘導 ⊘図示
	[3]	波　　動	2つのスピーカーによる音波の干渉，音速と気温
	B方式 [1]	力　　学	台車からの荷物の射出とロケットからの燃料の噴射
	[2]	電　磁　気	長方形コイルの上を通過する磁石の運動
	[3]	波　　動	ホイヘンスの原理，容器中の光源から出る光の進路
2023 ◗	A方式 [1]	力　　学	密度の異なる液体中に入れた物体に働く浮力
	[2]	電　磁　気	2つの点電荷による静電気力，2つの電流が作る磁場
	[3]	熱力学・波動	ピストンで封入した気体の状態変化，ドップラー効果のベルトコンベヤによるモデル
	B方式 [1]	力　　学	液体中につり下げられた棒に働く浮力
	[2]	電　磁　気	ソレノイドの自己インダクタンス，電気振動回路，ローレンツ力による円運動
	[3]	波　　動	弦の基本振動とうなり，3本の弦による和音
2022 ◗	A方式 [1]	力　　学	トラックの荷台の両端で弾性衝突する小球の運動
	[2]	電　磁　気	サイクロトロンの仕組み
	[3]	波　　動	正弦波の式と波の重ね合わせ
	B方式 [1]	力　　学	万有引力による楕円軌道の運動
	[2]	電　磁　気	電池の内部抵抗と消費電力，平行板コンデンサー
	[3]	波　　動	光の屈折と全反射，マイケルソン干渉計

(注)　●印は全問，◗印は一部マークシート法採用であることを表す。

レベルの高い力学・電磁気が主軸

01 出題形式は？

　両方式とも，試験時間は 80 分，大問 3 題の出題である。解答形式は，マークシート法と記述式の併用。記述式も結果のみが問われる。また，2024 年度は図示問題が出題され，過去には描図問題が出題されたこともある。

02 出題内容はどうか？

　出題範囲は「物理基礎，物理」で，原子を含む全分野から出題されている。

　力学・電磁気は毎年出題され，残りの 1 題は波動ないし熱力学からが多い。2022・2024 年度は A 方式・B 方式ともに波動，2023 年度は A 方式で熱力学と波動，B 方式で波動から出題された。力学・電磁気はレベルの高い内容も含まれ，幅広い分野から出題されている。

03 難易度は？

　基本から標準レベルの，よく練られた問題が出題されており，現象の正しい理解と正確な解析能力が求められている。問題量も多いので，80 分の試験時間に余裕があるとは言えない。設問の難易度を素早く見極めることも大事である。

01 教科書中心に基礎を身につける

　各大問の前半では，物理の基本的な考え方や基本法則の導出などの問題がよく出題される。教科書をよく読み，例題や章末問題などを利用して演習を行い，公式をしっかりと理解することが有効である。

02 計算力・描図力をつける

　大問の後半では，やや踏み込んだ応用問題が出題される。試験時間と出題量から考えて，正確で迅速な計算力が必要である。特に，マークシート法では計算ミスは許されない。また，描図問題や適切なグラフを選ぶ問題などが出題されることもあるので，グラフや図を日頃から意識して描くように心がけておこう。参考書として『大学入試 ちゃんと身につく物理』（教学社）に取り組むとよいだろう。

化　学

年　度	番号	項　　目	内　　容
2024 ◑	A方式	〔1〕　変　　化	加水分解の反応速度，固体を含む化学平衡 ⊘**計算**
		〔2〕　変化・無機	銅の電解精錬，接触法，硫黄を含む化合物，乾燥剤 ⊘**計算**
		〔3〕　有　　機	$C_6H_{12}O$ の構造決定，元素分析，エステルの加水分解 ⊘**計算**
	B方式	〔1〕　変化・構造	反応熱，結合エネルギー，原子の構造，イオンの生成 ⊘**計算**
		〔2〕　変　　化	ハーバー・ボッシュ法，化学平衡，塩の反応と液性 ⊘**計算**
		〔3〕　有　　機	元素分析，ヨードホルム反応，オゾン分解 ⊘**計算**
2023 ◑	A方式	〔1〕　理論・有機	有機化合物のエステル化とヨードホルム反応 ⊘**計算**
		〔2〕　変化・無機	鉄の局部電池と白金の錯体
		〔3〕　有　　機	有機化合物の構造決定 ⊘**計算**
	B方式	〔1〕　状態・変化	混合気体と蒸気圧，天然ガスの平均分子量と燃焼反応 ⊘**計算**
		〔2〕　変化・無機	鉛とスズの電気分解と硫化水素の性質と反応 ⊘**計算**
		〔3〕　有　　機	芳香族化合物の構造決定
2022 ◑	A方式	〔1〕　変化・状態	Na_2CO_3 と $NaHCO_3$ の生成と中和反応，N_2O_5 の分解反応と反応速度 ⊘**計算**
		〔2〕　無機・理論	金属イオンの系統分離，塩化銀の溶解度積，銅の結晶格子 ⊘**計算**
		〔3〕　有　　機	アルコールの構造異性体と不斉炭素原子，トルエンの反応と芳香族炭化水素の構造異性体
	B方式	〔1〕　変　　化	塩化アンモニウム水溶液の電離平衡，メタンとアンモニアからの水素生成と燃焼反応 ⊘**計算**
		〔2〕　無機・理論	酸化還元滴定によるオゾンの定量，塩化ナトリウムの結晶構造と溶融塩電解 ⊘**計算**
		〔3〕　有　　機	エステルの構造決定，エステルの加水分解とアルコールの酸化反応

（注）　●印は全問，◑印は一部マークシート法採用であることを表す。

化学反応式・構造式の記述問題頻出
計算力が必要

01 出題形式は？

　例年，大問 3 題で，試験時間は 80 分。問題ごとにマークシート法と記述式が指定されている。マークシート法の計算問題の答えは，有効数字 2，3 桁で □.△×10$^{○}$ のように書き表したときの □ と △ と ○ の数字をマークする形式である。記述式では化学知識，組成式，構造式，化学反応式，計算問題の答えなどが求められている。

02 出題内容はどうか？

　出題範囲は「化学基礎，化学」である。

　理論・有機を中心とした出題である。無機は，理論・有機と比較して出題が少なく難問はあまりみられない。理論では，化学平衡の分野に関して難度の高いものが出題されている。中和滴定，気体の状態方程式，分圧の法則，蒸気圧，電離平衡，熱化学，電気分解，電池などの出題頻度が高い。有機では，構造決定の問題で構造式に関連した設問が多い。特に，異性体を問う問題が多くみられる。有機化合物の合成法と検出法などもよく出題されている。

03 難易度は？

　全体として標準問題が多いが，相当な化学知識，応用力を必要とする問題もある。計算問題も多く，かなりの計算力を求める問題もみられる。試験時間は適当であるが，難度の高い問題から取り組むと時間が不足する。教科書章末問題レベルの出題もあるので，まず解きやすい問題を確実に解くといった対応が大切になる。

01 理 論

　気体の法則，全圧と分圧，気体の溶解度，酸・塩基の中和滴定，pH，ファラデーの法則，ヘスの法則，結晶格子と原子量，酸化還元滴定，平衡定数などの計算問題をマスターしておきたい。そのためには問題演習を数多く行う必要がある。計算量も多いので，確実に速く計算できるようにしておくこと。日頃から計算は電卓を使わないで筆算で行うようにしよう。また，問題文を十分に理解しないと解法を見つけることが難しい，思考力を求める問題も出されている。その他として，酸化剤と還元剤の半反応式を組み合わせて，化学反応式をつくることに習熟しておきたい。

02 有 機

　化合物の名称と化学式，特に構造式を確実に覚えておく。次に，それらの製法と性質を理解しておくこと。検出反応を一覧表などにまとめてみると理解が確実になる。元素分析と構造決定に関する問題が多いので，問題集での演習で習熟しておく必要がある。また，分子式から構造異性体やシス-トランス異性体を確実に書けるように練習しておきたい。不斉炭素原子をもつ鏡像異性体が問われることも多い。過去問で十分に演習してほしい。

03 無 機

　教科書に記載されている沈殿反応，気体の発生反応，酸化還元反応などの化学反応式をノートにまとめて，確実に書けるようにしておこう。金属イオンの系統分離については，水溶液や沈殿物の色などをよく整理しておきたい。アンモニアソーダ法，オストワルト法，酸化アルミニウムの融解塩電解など，工業的製法については十分に演習しておくこと。また，錯体の異性体についても注意したい。

2024
年度

問題と解答

一般選抜（個別学部日程）：理工学部 A 方式

問 題 編

▶**試験科目・配点**

学　科	テスト区分	教科	科　　　　目	配点
物理科学科	独自問題	外国語	コミュニケーション英語Ⅰ・Ⅱ・Ⅲ，英語表現Ⅰ・Ⅱ	150 点
		数　学	数学Ⅰ・Ⅱ・Ⅲ・A・B	150 点
		理　科	物理基礎・物理	150 点
化 学 ・生命科学科	独自問題	外国語	コミュニケーション英語Ⅰ・Ⅱ・Ⅲ，英語表現Ⅰ・Ⅱ	150 点
		数　学	数学Ⅰ・Ⅱ・Ⅲ・A・B	150 点
		理　科	化学基礎・化学	150 点
その他の学　科	独自問題	外国語	コミュニケーション英語Ⅰ・Ⅱ・Ⅲ，英語表現Ⅰ・Ⅱ	150 点
		数　学	数学Ⅰ・Ⅱ・Ⅲ・A・B	150 点
		理　科	「物理基礎・物理」，「化学基礎・化学」から1科目選択	150 点

▶**備　考**

- 合否判定は総合点による。ただし，場合により特定科目の成績・調査書を考慮することもある。
- 「数学B」は「数列・ベクトル」から出題する。
- 試験日が異なる学部・学科・方式は併願ができ，さらに同一試験日であっても「AM」と「PM」で異なる試験時間帯に実施される学部・学科・方式は併願ができる。

試験日	試験時間帯	学　部	学　科（方　式）
2月10日	終日	理　　工	物理科（A） 数理サイエンス（A） 化学・生命科（A） 電気電子工（A） 機械創造工（A） 経営システム工（A） 情報テクノロジー（A）

英　語

（80分）

---

1 次の文を読み，以下の問いに答えなさい。

Contrary to popular opinion, science is not divided on the issue of climate change. The overwhelming majority (97 percent) of scientists agree that global warming is real, and that it is largely caused by human activity. And yet we seem to be experiencing record-breaking cold winters; in January 2019, a polar vortex plunged parts of North America into Arctic conditions. It may seem counterintuitive but cold weather events like these do not disprove global warming, because weather and climate are two different things.

Weather refers to the short-term conditions of the lower atmosphere, such as precipitation, temperature, humidity, wind direction, wind speed, and atmospheric pressure. It could be sunny, cloudy, rainy, foggy, cold, hot, windy, stormy, snowing ... the list goes on.

The sun drives different types of weather by heating air in the lower atmosphere at varying rates. Warm air rises and cold air rushes in to fill its place, causing wind. These winds, along with water vapor in the air, influence the formation and movement of clouds, precipitation, and storms.

The atmospheric conditions that influence weather are always fluctuating, which is why the weather is always changing. Meteorologists analyze data from satellites, weather stations, and buoys to predict weather conditions over the upcoming days or weeks. These forecasts are important because weather influences many aspects of human activity. Sailors and pilots, for example, need to know when there might be a big storm coming, and farmers need to plan around the weather to plant and harvest crops. Firefighters also keep track of daily weather in order to be prepared for the likelihood of forest fires. Weather forecasts are also useful for military mission planning, for features of trade, and for warning people of potentially dangerous weather conditions.

While weather refers to short-term changes in the atmosphere, climate refers to atmospheric changes over longer periods of time, usually defined as 30 years or more. This is why it is possible to have an especially cold <u>spell</u> ₁₂ even though, on average, global temperatures are rising. The former is a weather event that takes place over the course of days, while the latter indicates an overall change in climate, which occurs over decades. In other words, the cold winter is a relatively small atmospheric perturbation within a much larger, long-term trend of warming.

Despite their differences, weather and climate are interlinked. As with weather, climate <u>takes into account</u> precipitation, wind speed and direction, ₁₃ humidity, and temperature. In fact, climate can be thought of as an average of weather conditions over time. More importantly, a change in climate can lead to changes in weather patterns.

Climate conditions vary between different regions of the world and influence the types of plants and animals that live there. For example, the Antarctic has a polar climate with subzero temperatures, violent winds, and some of the driest conditions on Earth. The organisms that live there are highly adapted to survive the extreme environment.

By contrast, the Amazon rainforest enjoys a tropical climate. Temperatures are <u>consistently</u> warm with high humidity, plenty of rainfall, and ₁₄ a lack of clearly defined seasons. These stable conditions support a very high diversity of plant and animal species, many of which are found nowhere else in the world.

The global climate has always been in a state of flux. However, it is changing much faster now than it has in the past, and this time human activities are to blame. One of the leading factors contributing to climate change is the burning of fossil fuels such as coal, gas, and oil, which we use for transport, energy production, and industry.

Burning fossil fuels releases large amounts of carbon dioxide (CO_2) into the atmosphere; CO_2 is one of a group of chemicals known as greenhouse gases. They are so named because they allow heat from the sun to enter the atmosphere but stop it from escaping, much like the glass of a greenhouse.
A
The overall effect is that the global temperature rises, leading to a phenomenon known as global warming.

Global warming is a type of climate change, and it is already having a measurable effect on the planet in the form of melting Arctic sea ice, retreating glaciers, rising sea levels, increased frequency and intensity of extreme weather events, and a change in animal and plant ranges. The planet has already heated by about 0.8℃ (1.4°F) in the last century, and temperatures have continued to rise.

Scientists cannot directly attribute any specific extreme weather event to climate change, but they are certain that climate change makes extreme weather more likely. In 2018, at least 5,000 people were killed and 28.9 million more required aid as a result of extreme weather events. The Indian state of Kerala was devastated by flooding; California was ravaged by a series of wildfires; and the strongest storm of the year, supertyphoon Mangkhut, crashed into the Philippines. It is likely that more frequent and more severe weather events are on the horizon.
15
Climate change is not a new concept, and yet little seems to have been done about it on a global scale. The greenhouse effect was first discovered in the 1800s, but it was not until 1988 that the global community galvanized to form the Intergovernmental Panel on Climate Change (IPCC). Since then, leaders from around the world have committed to a series of goals to combat climate change, the latest of which is the Paris Agreement in which 185 countries have pledged to stop global temperatures from rising by more than 2℃ (3.6°F) above preindustrial levels. In 2015, all United Nations member states agreed to the 17 Sustainable Development Goals (SDGs) designed to

"provide a shared blueprint for peace and prosperity for people and the planet, now and into the future." SDG 13 in particular commands member states to "take urgent action to combat climate change and its impacts."

Part of the reason the global community has been so slow to act on climate change could be the confusion surrounding distinctions between weather and climate. <u>People are reluctant to believe that the climate is changing when they can look outside their window and see for themselves that the weather appears typical.</u>
_B

Notes:

vortex　渦, counterintuitive　反直観的な, precipitation　降水, meteorologist　気象学者, vapor　蒸気, buoy(s)　海洋気象ブイ, perturbation　摂動, flux　流動

[１]　下線部Ａ，Ｂを日本語にしなさい。ただし，下線部Ａは代名詞が示す対象を明示し，訳に入れること。（**解答用紙その２**）

[２]　１〜15の質問に対して**英文の内容から判断し**，最も適切なものを一つ選び，その番号をマークしなさい。（**解答用紙その１**）

　　1.　What is the best title for this passage?

　　(1)　Global Warming ... Real or Fake?

　　(2)　Weather or Climate ...What's the Difference?

　　(3)　Global Warming Is Not Climate Change

　　(4)　Weather and Climate Are the Same Thing

　　2.　Weather is defined as

　　(1)　short-term atmospheric conditions of the lower atmosphere.

　　(2)　long-term conditions of the lower atmosphere.

　　(3)　medium-term conditions of the upper atmosphere.

(4) current atmospheric conditions of the upper atmosphere.

3. Climate is defined as

(1) short-term variations in the atmosphere.

(2) medium-term shifts in the atmosphere.

(3) long-term changes in the atmosphere.

(4) immediate atmospheric conditions in the upper atmosphere.

4. The living beings in the Antarctica are

(1) poorly suited to survive the extreme context.

(2) not adapted to sustain the challenging conditions.

(3) fitted to die in the moderate settings.

(4) highly adjusted to pull through the extreme environment.

5. Which statement is NOT true regarding the Amazon rainforest?

(1) Temperatures remain warm accompanied by high humidity.

(2) It has a tropical climate lacking clearly defined seasons.

(3) Stable climatic conditions limit the diversity of plant and animal species.

(4) It has a characteristic of abundant rainfall.

6. What is a leading cause of climate change?

(1) Leaving fossil fuels underground.

(2) Burning fossil fuels.

(3) Transporting fossil fuels.

(4) Giving up fossil fuels.

7. Approximately how much has earth's temperature increased during the last one hundred years?

(1) 0.8°F.

(2) 3.6°F.

(3) 2°C.

(4) 1.4°F.

8. Which of the following statements are scientists certain about regarding the relationship between climate change and extreme weather events?

(1) Specific extreme weather events can be attributed to climate change.

(2) Climate change does not make extreme weather more likely.

(3) There is no relationship between climate change and extreme weather.

(4) Extreme weather is made more likely by climate change.

9. The discovery of the greenhouse effect first took place in

(1) 1988.

(2) the 1800s.

(3) 2015.

(4) the 1900s.

10. What could be part of the reason for the global community's slow response to taking action on climate change?

(1) A solid comprehension of similarities between weather and climate.

(2) Accuracy regarding distinctions between weather and climate.

(3) Uncertainty about differences between weather and climate.

(4) A clear understanding of the resemblance between weather and climate.

11. The term "fill its place" is closest in meaning to

(1) take its position.

(2) create an absence.

(3) empty the place.

(4) abandon its spot.

12. The term "spell" is closest in meaning to

(1) charm.

(2) task.

(3) period.

(4) temperature.

13. The term "takes into account" is closest in meaning to

(1) turn a blind eye to.

(2) miss out on.

(3) take for granted.

(4) factor in.

14. The term "consistently" is closest in meaning to

(1) occasionally.

(2) constantly.

(3) irregularly.

(4) unevenly.

15. The term "on the horizon" is closest in meaning to

(1) on the way.

(2) out of sight.

(3) off the radar.

(4) in the clear.

2 以下のそれぞれの定義に従って，最初と最後の文字が与えられた最も適切な英単語を書きなさい。ただし，1下線に1文字が入る。**（解答用紙その2）**

（解答例）

someone who is trained in science, especially someone whose job is to do scientific research

⇒(s _ _ _ _ _ _ _ t)　　　　　　　　　　　　　　　正解(s c i e n t i s t)

1. an object, machine, or piece of equipment that has been made for some special purpose

⇒(d _ _ _ _ e)

2. the normal state of being awake and able to understand what is happening around you

⇒(c _ _ _ _ _ _ _ _ _ _ _ s)

3. the act of finding out who someone is or what something is

⇒(i _ _ _ _ _ _ _ _ _ _ _ n)

4. the act of achieving something that was planned or hoped for

⇒(r _ _ _ _ _ _ _ _ n)

5. a general agreement about something: an idea or opinion that is shared by all the people in a group

⇒(c _ _ _ _ _ _ _ s)

6. a high or extra value

⇒(p _ _ _ _ _ m)

7.　something that is owned by a person, business, etc.

⇒(p _ _ _ _ _ _ y)

8.　the order in which things happen or should happen

⇒(s _ _ _ _ _ _ e)

9.　the act or process of entering information about something in a book or system of public records

⇒(r _ _ _ _ _ _ _ _ _ _ n)

10.　the natural force that tends to cause physical things to move towards each other: the force that causes things to fall towards the Earth

⇒(g _ _ _ _ _ y)

3　下線部に最も適切なものを一つ選び，その番号をマークしなさい。(**解答用紙その1**)

16.　I can't help ＿＿＿＿ popcorn.

(1)　eating

(2)　to eat

(3)　eat

(4)　eaten

17.　Tom gave his friend a ＿＿＿＿ home after school.

(1)　point

(2)　hand

(3)　ride

(4)　view

18. We can choose _____ date we like, since none of them has been filled.

(1) whenever

(2) whichever

(3) however

(4) wherever

19. After all of the steps are completed, a confirmation email will be sent _____ a few days.

(1) at

(2) by

(3) on

(4) in

20. Never _____ seen so much snow.

(1) the children

(2) have the children

(3) the children have

(4) the children had

21. James is _____ to have his haircut tomorrow.

(1) cutting

(2) designing

(3) planning

(4) wearing

22. Lucy wrote her resume carefully _____ she was going to have a job interview.

(1) yet

(2) but

(3) or

(4) as

23. I knew Adam was very talented; _____ I would not have selected him.

(1) otherwise

(2) because

(3) if

(4) unless

24. The artist is said to _____ last year.

(1) die

(2) having died

(3) dying

(4) have died

25. He _____ in Tokyo for 20 years before he came back to the UK.

(1) lives

(2) had lived

(3) has lived

(4) is living

26. My neighbor heard my friends _____ "Happy Birthday to You" at my birthday party.

(1) sang

(2) sung

(3) sing

(4) song

27. She has been to Italy. So _____.

(1) have I

(2) I am

(3) do I

(4) am I

28. The house inspection has been postponed until next month _____ that the water work can be completed.

(1) also

(2) so

(3) than

(4) when

29. No one is allowed to enter the laboratory _____ protective glasses.

(1) following

(2) regarding

(3) unless

(4) without

30. The shop is located on King Street, directly _____ the city hall.

(1) opposite

(2) among

(3) apart

(4) on

31. _____ of the laboratory include maintaining cleanliness and safety.

(1) Priority

(2) Prioritizing

(3) Priorities

(4) Prioritized

32. Computer engineers are responsible for ensuring that applications conform to the _____ system.

(1) establish

(2) established

(3) establishing

(4) establishes

33. Due to road construction, workers will _____ need to find alternative routes.

(1) probable

(2) probabilities

(3) probability

(4) probably

34. _____ students affected by the train delay should watch the online presentation.

(1) Every

(2) Much

(3) Those

(4) Which

35. Visitors must obtain guest passes _____ the security office.

(1) upon

(2) from

(3) toward

(4) between

4　次の会話文を読んで，以下の問いに答えなさい。

Anne: How are you today?

Risa: Pretty good. (　36　)?

Anne: Doing great. So, where are you from?

Risa: I'm from Osaka.

Anne: Really? That's so cool. I've got a cousin who lives there.

Risa: What a coincidence! For work?

Anne: I'm not sure what she does, but she says she is having a (　37　) there. Are you looking for anything in particular today?

Risa: I wanted to (　38　) the new hoodies that are on sale.

Anne: What size are you?

Risa: In America, I usually wear extra small.

Anne: Did you have a color (　39　)?

Risa: (　40　). What's in style now?

Anne: I would say the navy blue or black ones are really popular now for teens.

Risa: I like those colors. Do you have a fitting room?

Anne: This way.

[1]　下の選択肢1～0の中から，空欄36～40に最も適切なものを一つ選び，その番号をマークしなさい。ただし，同じ語句を複数回選択してはならない。また，文頭にくる語句も語頭は小文字で表している。(**解答用紙その1**)

1. and me	6. discount
2. fun	7. check out
3. in mind	8. just curious
4. blast	9. originally
5. how about yourself	0. your image

[2]　次の文で，会話文の内容と一致するものは1を，一致しないものは2をマークしなさい。(**解答用紙その1**)

41.　Risa and Anne have been friends for a long time.

42.　Anne used to live in Osaka.

43.　Anne is a server in a café.

44.　Risa wants to become small.

45.　Risa is going to try on some hoodies.

5　次の日本語の文を表す英文を，与えられた語句を用いて完成させた場合，2番目と4番目になる語句の組み合わせを一つ選び，その番号をマークしなさい。ただし，文頭にくる語句も語頭は小文字で表している。(**解答用紙その1**)

46.　より一生懸命に勉強していたら，試験に合格していただろう。

　　□□ studied harder, I □□□□.
　　　　2番目　　　　　　　　　　4番目

A. could　　　　　　B. had　　　　　　C. have

D. I　　　　　　　　E. passed　　　　　F. the exam

　1) D－C　　　2) B－C　　　3) C－B　　　4) D－B

47.　海外に留学すると学生の学問的視野を広げる助けとなるだろう。

Studying abroad □□□□□
　　　　　　　　　　2番目　　　　　　　4番目
perspective.

A. academic　　　　B. expand　　　　C. help

D. would　　　　　E. students　　　　F. their

　1) B－C　　　2) C－E　　　3) C－B　　　4) B－E

48. ケーキの四分の三は，私が食べる前になくなってしまった。

Three ☐ ☐ ☐ ☐ I could ☐ ☐ .
　　　　　　2番目　　　　4番目

A. a piece　　　　　　B. quarters of　　　　C. before

D. even get　　　　　　E. was gone　　　　F. the cake

1) A－C　　　　2) F－C　　　　3) F－A　　　　4) A－F

49. 研究によると，遺伝子と食習慣の両方が長寿において重要な役割を果たしている。

According ☐ , ☐ ☐ ☐ ☐ ☐
　　　　　　　　　2番目　　　　4番目
longevity.

A. in　　　　　　　　B. to studies　　　　C. a crucial role

D. both genes　　　　E. and diets　　　　F. play

1) C－A　　　　2) C－D　　　　3) D－A　　　　4) D－F

数　学

（100分）

注　意

　　問題3，4，5の解答については，論述なしで結果だけ記しても，正解とは見な
さない．

マーク・シート記入上の注意

1　解答は，解答用紙の問題番号に対応した解答欄にマークすること．

2　問題の文中の　1 ，　2　3　などには，特に指示がないかぎり，符号
（−），数字（0〜9）又は文字（a〜d）が入る．1，2，3，… の一つ一つは，こ
れらのいずれか一つに対応する．それらを解答用紙の1，2，3，… で示された
解答欄にマークして答えよ．

　　例　　1　2　3　に −83 と答えたいとき

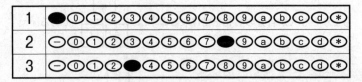

　　なお，同一の問題文中に　1 ，　2　3　などが2度以上現れる場合，2度
目以降は，　1 ，　2　3　のように細字で表記する．

3　分数形で解答する場合，分数の符号は分子につけ，分母につけてはいけない．

　　例えば，$\dfrac{\boxed{4}\ \boxed{5}}{\boxed{6}}$ に $-\dfrac{4}{5}$ と答えたいときは，$\dfrac{-4}{5}$ として答えよ．

　　また，それ以上約分できない形で答えること．

　　例えば，$\dfrac{3}{4}$ と答えるところを，$\dfrac{6}{8}$ のように答えてはいけない．

4　根号あるいは対数を含む形で解答する場合は，根号の中や真数に現れる自然数
　が最小となる形で答えよ.

　　例えば，$\boxed{7}\sqrt{\boxed{8}}$ に $4\sqrt{2}$ と答えるところを，$2\sqrt{8}$ のように答えては
　いけない. また，$\boxed{9}\log_2\boxed{10}$ に $6\log_2 3$ と答えるところを，$3\log_2 9$ のよ
　うに答えてはいけない.

5　分数形で根号を含む形で解答する場合，$\dfrac{\boxed{11}+\boxed{12}\sqrt{\boxed{13}}}{\boxed{14}}$ に $\dfrac{3+2\sqrt{2}}{2}$

　と答えるところを，$\dfrac{6+4\sqrt{2}}{4}$ や $\dfrac{6+2\sqrt{8}}{4}$ のように答えてはいけない.

$\boxed{1}$　解答を解答用紙（その1）に記入せよ.

　　A，B，C，D，E の5人の名札が1枚ずつある. この5枚の名札を各人に1枚
　ずつでたらめに配る.

(1)　5人全員が自分の名札を受け取る確率は $\dfrac{\boxed{1}}{\boxed{2}\,\boxed{3}\,\boxed{4}}$ である.

(2)　ちょうど3人が自分の名札を受け取る確率は $\dfrac{\boxed{5}}{\boxed{6}\,\boxed{7}}$ である.

(3)　ちょうど2人が自分の名札を受け取る確率は $\dfrac{\boxed{8}}{\boxed{9}}$ である.

(4)　自分の名札を受け取る人が1人もいない確率は $\dfrac{\boxed{10}\,\boxed{11}}{\boxed{12}\,\boxed{13}}$ である.

2　解答を解答用紙(その1)に記入せよ.

$f(x) = \tan x$ とする. また, 曲線

$$C : y = f(x) \quad \left(-\frac{\pi}{2} < x < \frac{\pi}{2}\right)$$

上の点 $\left(\dfrac{\pi}{6},\ f\left(\dfrac{\pi}{6}\right)\right)$ における法線を ℓ とする.

(1) 法線 ℓ の方程式は $y = \dfrac{\boxed{14}\ \boxed{15}}{\boxed{16}}\, x + \dfrac{\boxed{17}}{\boxed{18}}\, \pi + \dfrac{\sqrt{\boxed{19}}}{\boxed{20}}$ である.

(2) 曲線 C と x 軸および法線 ℓ で囲まれた図形の面積は

$$\log a + b \quad \left(a = \frac{\boxed{21}\sqrt{\boxed{22}}}{\boxed{23}}, \quad b = \frac{\boxed{24}}{\boxed{25}}\right)$$

である.

(3) (2)で定めた図形を x 軸のまわりに1回転してできる回転体の体積は

$$\frac{\boxed{26}\ \boxed{27}}{\boxed{28}}\pi^2 + \frac{\boxed{29}\ \boxed{30}\sqrt{\boxed{31}}}{\boxed{32}\ \boxed{33}}\pi$$

である.

3 　解答を解答用紙（その2）の 3 欄に記入せよ．

p, q を実数の定数とし，x についての2次方程式

$$x^2 + px + q = 0 \quad \cdots\cdots \quad (*)$$

を考える．2次方程式$(*)$が異なる2つの実数解α, β $(\alpha < \beta)$をもち，かつα, βが

$$\frac{\alpha}{2} \leq \beta \leq 2\alpha$$

を満たすとき，以下の問に答えよ．

(1) 点(p, q)のとりうる範囲を座標平面上に図示せよ．

(2) α, βがさらに

$$(\alpha + 1)(\beta + 1) \leq 3$$

を満たすとする．このとき，p の値が最小となるような(p, q)を求めよ．

(3) (2)で求めた(p, q)に対して，2次方程式$(*)$の解α, βを求めよ．

4　解答を解答用紙（その3）の **4** 欄に記入せよ.

初項が1, 第10項が3である数列 $\{a_n\}$ が

$$a_{n+2} - 3a_{n+1} + 2a_n + 1 = 0 \quad (n = 1, 2, 3, \cdots)$$

を満たしている. $b_n = a_{n+1} - a_n$ $(n = 1, 2, 3, \cdots)$ とおくとき, 以下の問に答えよ.

(1)　b_{n+1} を b_n を用いて表せ.

(2)　b_n を n と b_1 を用いて表せ.

(3)　b_1 を求めよ.

(4)　数列 $\{a_n\}$ の一般項を求めよ.

5　**解答を解答用紙（その4）の 5 欄に記入せよ.**

以下の問に答えよ.

(1)　関数 $y = \dfrac{x}{x^2+1}$ の増減，極値，グラフの凹凸および変曲点を調べて，そのグラフを描け.

(2)　k を自然数とする．曲線 $y = \dfrac{x}{x^2+1}$ と x 軸および2直線 $x = k$，$x = k+1$ で囲まれた図形の面積を k を用いて表せ.

(3)　無限級数

$$\frac{1}{1^2+1} + \frac{2}{2^2+1} + \frac{3}{3^2+1} + \cdots + \frac{n}{n^2+1} + \cdots$$

の収束，発散を調べよ.

物　理

（80分）

1　以下のⅠ・Ⅱは斜面上を運動する質量 m の小さい物体に関する問題である。物体は常に斜面上にあり運動は紙面内に限られ，斜面の水平面との角度は変えることができる。斜面の下端の点Ｏには斜面に対して常に垂直な面を持つ板が固定されている。重力加速度の大きさを g とする。空欄(ア)〜(キ)の解答は**解答用紙（その２）**の所定の欄に適切な式または数字を記せ。空欄(1)から(9)の解答は，最も適切なものをそれぞれの解答群より選び，**解答用紙（その１）**の該当する記号をマークせよ。

Ⅰ.

図１—１のように，水平面に対する角度が30°の表面がなめらかな斜面上の物体の運動を調べた。最初に，点Ｏから斜面に沿って距離 ℓ だけ上方の点Ｐより，時刻 $t = 0$ において物体を斜面に沿って下向きに速さ v_0 で打ち出した。板に衝突する直前の物体の速さは $2v_0$ であった。物体が板に衝突した時刻 t_1 は v_0, g を用いて，$t_1 = $ 　(ア)　と表すことができる。移動した距離 ℓ は，v_0, g を用いて，$\ell = $ 　(イ)　と表せる。斜面上を降りてきた物体は板の面と完全弾性衝突し斜面に沿って上方に進んだ。この衝突において物体が板の面に与えた力積の大きさは 　(ウ)　である。板の面で跳ね返った物体は時刻 t_2 に点Ｐを通過し，時刻 t_3 に最高点に達しふたたび時刻 t_4 に点Ｐを通過してから，板に完全弾性衝突した。最初に板の面で跳ね返った物体が時刻 t_2 に点Ｐを速さ 　(エ)　で通過してから，最高点に達するまでに要した時間は，$t_3 - t_2 = $ 　(オ)　 $\times t_1$ である。また，最高点は斜面に沿って点Ｏから 　(カ)　 $\times \ell$ の距離にあり，時刻 t_4 は，$t_4 = $ 　(キ)　 $\times t_1$ である。このあと，物体は板と最高点の間で周期 t_4 の往復運動を行った。

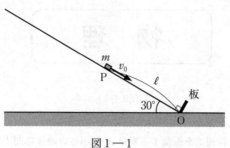

図１－１

Ⅱ．

　図１－２のように，摩擦がある斜面上の物体の運動を，水平面に対する傾斜角度 θ を変えながら調べた。位置エネルギーの原点は斜面下端の点 O である。

　点 O から斜面に沿って距離 ℓ だけ上方の点 P より，物体を斜面下方に速さ v_0 で打ち出す実験を繰り返し行ったところ，$\theta = \theta_1$ のとき，物体は斜面上を点 O まで速さ v_0 で等速運動し，板と完全弾性衝突した。この斜面と物体の間の動摩擦係数 μ は 　(1)　 である。板から跳ね返った物体は斜面に沿って上方に進み，やがて静止した。はね返った後の物体の運動の向きを正とすると，板から跳ね返って斜面上で静止するまでの物体の加速度は負で，その大きさは 　(2)　 である。点 O から静止した位置までの斜面に沿った距離を ℓ_1 とすると，$\ell_1 =$ 　(3)　 と表せる。

　θ を θ_1 から少しずつ小さくしながら物体を斜面に沿って下方に速さ v_0 で打ち出す実験を繰り返し行ったところ，$\theta = \theta_2$ のとき，物体は点 O で静止した。物体が打ち出されてから点 O で静止するまでの時間 t_5 は，ℓ，v_0 を用いると，$t_5 =$ 　(4)　 である。この運動の間に摩擦によって失われたエネルギーは，物体が打ち出されたときの位置エネルギーと運動エネルギーの和に相当すると考えると 　(5)　 と表せる。

　次に $\theta = \theta_2$ のまま物体を速さ $2v_0$ で斜面に沿って下方に打ち出した。摩擦によって失われるエネルギーが物体の速さによらないことから，物体が板に衝突する直前の速さは 　(6)　 であり，打ち出されてから板に衝突するまでの時間 t_6 は，$t_6 =$ 　(7)　 であった。板に完全弾性衝突した物体は斜面に沿って上方に進み，やがて静止した。はね返った後の物体の運動の向きを正とすると，板から跳ね返って斜面上で静止するまでの物体の加速度は負で，その大きさは 　(8)　 であり，

点 O から静止した位置までの斜面に沿った距離 ℓ_2 は，$\ell_2 = \dfrac{\boxed{(9)}}{\boxed{(8)}}$ であった。

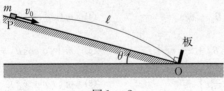

図 1－2

(1)の解答群

① 1　　　　　② $\sin\theta_1$　　　　　③ $\cos\theta_1$　　　　　④ $\tan\theta_1$

⑤ $1/\sin\theta_1$　　　⑥ $1/\cos\theta_1$　　　⑦ $1/\tan\theta_1$　　　⑧ $\sin^2\theta_1$

⑨ $\cos^2\theta_1$　　　⓪ $\tan^2\theta_1$

(2)の解答群

① $g\sin\theta_1$　　　　　　　　　② $2g\sin\theta_1$

③ $g\cos\theta_1$　　　　　　　　　④ $2g\cos\theta_1$

⑤ g　　　　　　　　　　　　　⑥ $2g$

⑦ $g(\cos\theta_1 - \sin\theta_1)$　　　　⑧ $2g(\cos\theta_1 - \sin\theta_1)$

⑨ $g(\sin\theta_1 + \cos\theta_1)$　　　　⓪ $2g(\sin\theta_1 + \cos\theta_1)$

(3)の解答群

① v_0/g　　　　　　② $2v_0/g$　　　　　　③ $v_0/2g$

④ $v_0/4g$　　　　　　⑤ $v_0/g\sin\theta_1$　　　⑥ $v_0/2g\sin\theta_1$

⑦ $v_0/4g\sin\theta_1$　　⑧ $v_0^2/g\sin\theta_1$　　⑨ $v_0^2/2g\sin\theta_1$

⓪ $v_0^2/4g\sin\theta_1$

(4)の解答群

① ℓv_0　　　② $2\ell v_0$　　　③ $\ell v_0/2$　　　④ ℓ/v_0　　　⑤ $2\ell/v_0$

⑥ $\ell/2v_0$　　⑦ $4\ell/v_0$　　⑧ $\ell/4v_0$　　⑨ ℓ/v_0^2　　⓪ $2\ell/v_0^2$

(5)の解答群

① $m\ell g \sin\theta_2$

② $m\ell g \cos\theta_2$

③ $m(\ell g \sin\theta_2 + v_0{}^2)$

④ $m(\ell g \cos\theta_2 + v_0{}^2)$

⑤ $m\left(\ell g \sin\theta_2 + \dfrac{1}{2} v_0{}^2\right)$

⑥ $m\left(\ell g \cos\theta_2 + \dfrac{1}{2} v_0{}^2\right)$

⑦ $m\left(\ell g + \dfrac{v_0{}^2}{2}\right)$

⑧ $m(\ell g + v_0{}^2)$

⑨ $mv_0{}^2$

⓪ $mv_0{}^2/2$

(6)の解答群

① v_0　　　② $2v_0$　　　③ $\dfrac{2v_0}{3}$　　　④ $\dfrac{3v_0}{2}$　　　⑤ $3v_0$

⑥ $\sqrt{2}\,v_0$　　　⑦ $\sqrt{3}\,v_0$　　　⑧ $\dfrac{\sqrt{2}\,v_0}{2}$　　　⑨ $\dfrac{\sqrt{3}\,v_0}{2}$　　　⓪ 0

(7)の解答群

① $\dfrac{2\ell}{v_0}$

② $\dfrac{3\ell}{v_0}$

③ $\dfrac{4\ell}{v_0}$

④ $\dfrac{(2-\sqrt{3})\ell}{v_0}$

⑤ $\dfrac{(2-2\sqrt{3})\ell}{v_0}$

⑥ $\dfrac{(4-\sqrt{3})\ell}{v_0}$

⑦ $\dfrac{(4-2\sqrt{3})\ell}{v_0}$

⑧ $\dfrac{(2+\sqrt{3})\ell}{v_0}$

⑨ $\dfrac{(2+2\sqrt{3})\ell}{v_0}$

⓪ $\dfrac{(2+\sqrt{3})\ell}{2v_0}$

(8)の解答群

① $g \sin\theta_2$

② $g \cos\theta_2$

③ $g(\sin\theta_2 - \cos\theta_2)$

④ $g(\sin\theta_2 - \mu\cos\theta_2)$

⑤ $g \sin\theta_2(1 + \mu)$

⑥ $g \cos\theta_2(1 + \mu)$

⑦ $g \sin\theta_2(1 + \mu\cos\theta_2)$

⑧ $g \sin\theta_2(\sin\theta_2 + \mu)$

⑨ $g(\sin\theta_2 + \cos\theta_2)$

⓪ $g(\sin\theta_2 + \mu\cos\theta_2)$

(9)の解答群

① $v_0/2$　　② $2v_0/3$　　③ v_0　　　④ $3v_0/2$　　⑤ $2v_0$

⑥ $v_0^2/2$　　⑦ $2v_0^2/3$　　⑧ v_0^2　　⑨ $3v_0^2/2$　　⓪ $2v_0^2$

$\boxed{2}$　以下の文章の空欄(10)～(21)にあてはまるもっとも適切な式または語句をそれぞれの解答群から選び，**解答用紙（その１）**の該当する記号をマークせよ。また，空欄(ア)から(ウ)は，最も適切な式を**解答用紙（その３）**の所定の欄に解答し，最後の（問Ⅰ）の解答は，**解答用紙（その３）**の図２—５に解答せよ。

　　十分に長い導線を流れる直線電流のまわりには同心円状の　(10)　ができる。その向きは電流の向きを　(11)　の進む向きに合わせたときに，　(11)　を回す向きに一致する。　(10)　の強さは，電流の大きさの　(12)　し，導線からの距離の　(13)　する。　(10)　の強さの単位は　(14)　と表される。

(10), (11)の解答群

① ローレンツ力　　　② クーロン力　　　③ 電場

④ 磁場　　　　　　⑤ 誘導起電力　　　⑥ ジュール熱

⑦ 左ねじ　　　　　⑧ 右ねじ　　　　　⑨ 左手

⓪ 右手

(12), (13)の解答群

① １乗に比例　　　　　　　② ２乗に比例

③ １乗に反比例　　　　　　④ ２乗に反比例

(14)の解答群

① $A^2 \cdot m^2$　　② A^2/m^2　　③ m^2/A^2　　④ $A \cdot m^2$

⑤ A^2/m　　⑥ A/m^2　　⑦ $A \cdot m$　　⑧ A/m

⑨ m/A　　⓪ m/A^2

図2−1に示すように，$\sqrt{3}\,a \times 2a\,(a>0)$の大きさを持つ長方形 ABCD の頂点を通り，紙面に垂直な方向に流れる4本の直線電流を考えよう。各頂点を通る直線電流の大きさを I とする。点 A と点 C を通る直線電流は紙面の表から裏の向きに，点 B と点 D を通る直線電流は紙面の裏から表の向きに電流が流れている場合，長方形の中心に位置する点 O に生じる ⑽ の強さは ㈠ となる。一方，辺 AB の中点に位置する点 M に生じる ⑽ の強さは ㈡ となり，その向きは ⒂ となる。

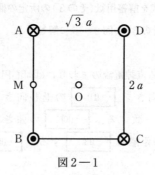

図2−1

⒂の解答群

① 図の上向き   ② 図の下向き   ③ 図の左向き

④ 図の右向き   ⑤ 図の斜め左上向き   ⑥ 図の斜め右上向き

⑦ 図の斜め左下向き   ⑧ 図の斜め右下向き   ⑨ 図の裏から表向き

⓪ 図の表から裏向き

次に導線を円筒状の鉄芯に密に巻いた，十分に長いソレノイドコイルを考えよう。コイルの巻数を N，コイルの長さを L，コイル断面の面積を S とする。コイルに大きさ I の定常電流が流れているとき，ソレノイド内部に生じる ⑽ は，コイルの両端を除き，向きが ⒃ で，大きさは場所によらず，⒄ となる。一方，コイルに流れる電流が ΔI だけ変化すると，コイルを ⒅ の変化を ⒆ 起電力が生じる。コイルを ⒅ が変化する時間を Δt とし，鉄芯の透磁率を μ とすると，コイルに生じる起電力 V は

$$V = -\boxed{\text{㈢}} \times \frac{\Delta I}{\Delta t} \qquad (2.1)$$

と表される。ここで，右辺の負の符号はコイルを　(18)　の変化を　(19)
起電力が生じることを表す。

(16)の解答群

① コイルに巻かれた導線に沿った向き

② コイルの軸に垂直で外向き

③ コイルの軸に垂直で内向き

④ コイルの軸に平行

(17)の解答群

① NI　　② NIL　　③ NI/S　　④ IL/N　　⑤ I/L

⑥ NI/L　　⑦ IS/L　　⑧ NIL/S　　⑨ NIS/L　　⓪ IS/NL

(18)の解答群

① 取り囲む磁束　　　　　　　② 打ち消す磁束

③ 貫く磁束　　　　　　　　　④ 流れる磁束

⑤ 取り囲む電気力線の数　　　⑥ 打ち消す電気力線の数

⑦ 貫く電気力線の数　　　　　⑧ 伸ばす電気力線の数

⑨ 縮める電気力線の数

(19)の解答群

① 増大させる向きに渦　　　　② 打ち消す向きに渦

③ 増大させる向きに誘導　　　④ 打ち消す向きに誘導

⑤ 増大させる向きに熱　　　　⑥ 打ち消す向きに熱

⑦ 増大させる向きに電池　　　⑧ 打ち消す向きに電池

　図2−2のように，同じ鉄芯に2つのソレノイドコイル（コイル1とコイル2）
を互いに同じ向きに巻きつけた場合を考えよう。ただし，コイル1の長さと巻数
を L_1 と N_1，コイル2の長さと巻数を L_2 と N_2 とし，コイル断面の面積は共に S
である。この場合，コイル1を　(18)　とコイル2を　(18)　は互いに一致
すると考えてよい。

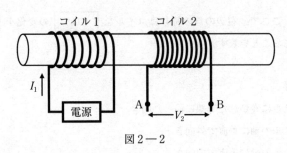

図 2 ― 2

　コイル 1 に定常電流 I_1 が流れているとき，コイル 1 内部の磁束密度は
　(20)　となる。このとき，コイル 1 に流れる電流が ΔI_1 だけ変化すると，コ
イル 2 を　(18)　も変化し，次式で表される起電力がコイル 2 に生じる。

$$V_2 = + \boxed{\text{(21)}} \times \frac{\Delta I_1}{\Delta t} \qquad (2.2)$$

　ここで，Δt はコイル 2 を　(18)　が変化する時間を表し，電圧 V_2 はコイル
2 の点 A の電位が点 B の電位より高いとき正とする。

(20)の解答群

① $N_1 I_1$　　　　② $N_1 I_1 L_1$　　　　③ $\mu N_1 I_1$　　　　④ $\mu N_1 I_1 L_1$

⑤ $N_1 I_1 / L_1$　　⑥ $\mu N_1 I_1 / L_1$　　⑦ $L_1 I_1 / N_1$　　⑧ $\mu L_1 I_1 / N_1$

⑨ $I_1 / N_1 L_1$　　⑩ $\mu I_1 / N_1 L_1$

(21)の解答群

① $N_1^2 L_1^2$　　　　　　② $N_2^2 L_2^2$　　　　　　③ $N_1 N_2 L_1 L_2$

④ $N_1 N_2 / L_2$　　　　⑤ $N_1 N_2 / L_1$　　　　⑥ $\mu N_1^2 S / L_1$

⑦ $\mu N_2^2 S / L_2$　　　　⑧ $\mu N_1 N_2 S / L_1$　　⑨ $\mu N_1 N_2 S / L_2$

⑩ $\mu N_1^2 L_1 / S$　　　　ⓐ $\mu N_2^2 L_2 / S$　　　ⓑ $\mu N_1 N_2 / S$

(問 I)

図2—3のように，同じ鉄芯に3つのソレノイドコイル(コイル1，コイル2，コイル3)を互いに同じ向きに巻きつけた場合を考える。コイル1とコイル3に流れる電流 I_1 と I_3 が各々，図2—4のように時間変化するとき，コイル2に生じる電圧 V_2 の時間変化を**解答用紙(その3)**の図2—5に図示せよ。ここで，電流 I_1 と I_3 の向きは，図の矢印の向きを正とし，電圧 V_2 はコイル2の点Aの電位が点Bの電位より高いとき正とする。また，コイル1とコイル2の相互インダクタンスを 1×10^{-3} H，コイル2とコイル3の相互インダクタンスを 2×10^{-3} H とする。

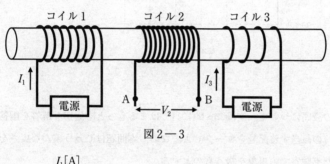

図2—3

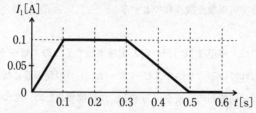

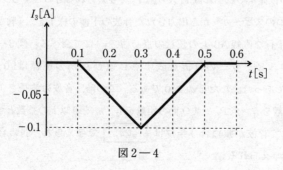

図2—4

〔解答欄〕

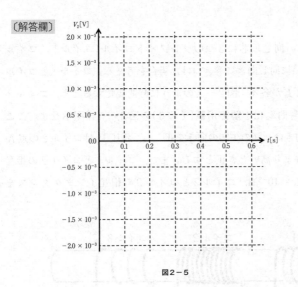

図2-5

3　以下の設問について，空欄⑳～㉙に当てはまるもっとも適切な解答を**解答用紙**
（その1）の該当する記号をマークせよ。なお，本問題はじゅうぶんな広さをもつ
限られた実験室での事象を扱うものとする。

　図3-1の様に，室温 $T[℃]$ が一定の実験室内で2つのスピーカー S_1 と S_2 が
y 軸上に並べられている。2つのスピーカーは，1つの発振器に接続され，発振
器と同じ振動数で同位相の音波を出力する。以後簡単のため，2つのスピーカー
S_1 及び S_2 の位置はそれぞれ点 P_1 及び点 P_2 で与えられるものとする。

　まず，2つのスピーカーから出力された音波の干渉の様子を，y 軸との距離が
l で y 軸に平行な直線 AB 上の任意の点 $Q(l, y)$ にて調べる。図3-1の様に
それぞれのスピーカーの位置を表す点 P_1 及び点 P_2 の座標は $(0, d_0)$ 及び
$(0, -d_0)$ であった。ただし $d_0 > 0$ である。この時，音波の波長を λ，点 P_1 と
点 Q 間の距離を l_1，点 P_2 と点 Q 間の距離を l_2，m を0以上の整数とすると，点
$Q(l, y)$ にて音波が強め合う条件は ⑳ で与えられ，弱め合う条件は
㉓ で与えられる。

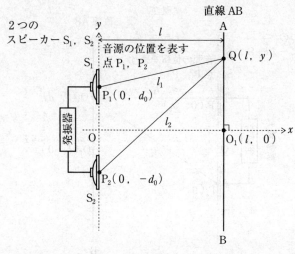

図 3 — 1

(22), (23)の解答群

① $|l_2 - l_1| = m\dfrac{\lambda}{2}$ 　　　　② $|l_2 - l_1| = \left(m + \dfrac{1}{2}\right)\dfrac{\lambda}{2}$

③ $|l_2 + l_1| = m\dfrac{\lambda}{2}$ 　　　　④ $|l_2 + l_1| = \left(m + \dfrac{1}{2}\right)\dfrac{\lambda}{2}$

⑤ $|l_2 - l_1| = m\lambda$ 　　　　　⑥ $|l_2 - l_1| = \left(m + \dfrac{1}{2}\right)\lambda$

⑦ $|l_2 - l_1| = m^2\lambda$ 　　　　⑧ $|l_2 - l_1| = \left(m + \dfrac{1}{2}\right)^2\lambda$

⑨ $|l_2 - l_1| = 2m\lambda$ 　　　　⓪ $|l_2 + l_1| = 2m\lambda$

　ここで実験室の室温を $T_0[℃]$ に，発振器の振動数を $f_0[\mathrm{Hz}]$ に固定した。図
3—2 の様に $l = \dfrac{8}{3}d_0$ とした場合，直線 AB 上の点 $Q_1(l,\ d_0)$ にて音波の強め
合うことが観測された。さらに線分 Q_1O_1 上で音波を測定したところ，点 Q_1 の
他に強め合う音波が測定された位置は点 O_1 だけであった。この時の音波の波長
は　(24)　に等しい。

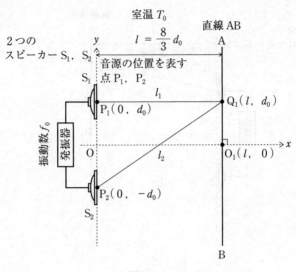

図 3—2

(24)の解答群

① $\dfrac{1}{4}d_0$ ② $\dfrac{1}{3}d_0$ ③ $\dfrac{2}{3}d_0$ ④ $\dfrac{1}{2}d_0$ ⑤ d_0

⑥ $2d_0$ ⑦ $\dfrac{3}{2}d_0$ ⑧ $3d_0$ ⑨ $\dfrac{4}{3}d_0$ ⓪ $4d_0$

　実験室内では音波の速さ $V[\text{m/s}]$ は室温 $T[℃]$ によって変化する。実験室の室温を T_0 から $10 \sim 20 ℃$ 程度の温度幅 ΔT だけ変化させ $T = T_0 + \Delta T$ とした後、再び同様の観測を行った。その結果、音の強め合う点 Q_1 の y 座標が変化した。この時 y 座標について 　(25)　 が成り立っていた。

(25)の解答群

① $\Delta T > 0$ の時 $y < d_0$、$\Delta T < 0$ の時 $y > d_0$

② $\Delta T > 0$ の時 $y = d_0$、$\Delta T < 0$ の時 $y > d_0$

③ $\Delta T > 0$ の時 $y > d_0$、$\Delta T < 0$ の時も $y > d_0$

④ $\Delta T > 0$ の時 $y < d_0$、$\Delta T < 0$ の時 $y = d_0$

⑤ $\Delta T > 0$ の時 $y = d_0$、$\Delta T < 0$ の時も $y = d_0$

⑥ $\Delta T > 0$ の時 $y > d_0$，$\Delta T < 0$ の時 $y = d_0$

⑦ $\Delta T > 0$ の時 $y < d_0$，$\Delta T < 0$ の時も $y < d_0$

⑧ $\Delta T > 0$ の時 $y = d_0$，$\Delta T < 0$ の時 $y < d_0$

⑨ $\Delta T > 0$ の時 $y > d_0$，$\Delta T < 0$ の時 $y < d_0$

室温が $T = T_0 + \Delta T$ の時において，今度は発振器の振動数 f を f_0 から Δf だけ変化させ $f = f_0 + \Delta f$ とした。その結果，点 Q_1 の位置は再び $(l,\ d_0)$ となった。この時，ΔT と Δf の関係は [(26)] であった。

(26)の解答群

① $\Delta T > 0$ の時 $\Delta f < 0$，$\Delta T < 0$ の時 $\Delta f > 0$

② $\Delta T > 0$ の時 $\Delta f = 0$，$\Delta T < 0$ の時 $\Delta f > 0$

③ $\Delta T > 0$ の時 $\Delta f > 0$，$\Delta T < 0$ の時も $\Delta f > 0$

④ $\Delta T > 0$ の時 $\Delta f < 0$，$\Delta T < 0$ の時 $\Delta f = 0$

⑤ $\Delta T > 0$ の時 $\Delta f = 0$，$\Delta T < 0$ の時も $\Delta f = 0$

⑥ $\Delta T > 0$ の時 $\Delta f > 0$，$\Delta T < 0$ の時 $\Delta f = 0$

⑦ $\Delta T > 0$ の時 $\Delta f < 0$，$\Delta T < 0$ の時も $\Delta f < 0$

⑧ $\Delta T > 0$ の時 $\Delta f = 0$，$\Delta T < 0$ の時 $\Delta f < 0$

⑨ $\Delta T > 0$ の時 $\Delta f > 0$，$\Delta T < 0$ の時 $\Delta f < 0$

ここで音波の速さ V[m/s]を室温 T[℃]を変数として次式，

$$V(T) = \alpha + \beta T^{\gamma} \qquad (3.\ 1)$$

で表せるとする。ただし，式中の α，β，γ は定数であり，これらの値を以下の実験の結果を用いて導出しよう。この実験では，室温 T を T_0 から ΔT だけ変化させると同時に発振器の振動数 f を f_0 から Δf だけ変化させた場合に，音波は常に点 $Q_1(l,\ d_0)$ にて強め合ったままであった(図3―3参照)。なお $l = \dfrac{8}{3}d_0$ である。この時の T の値，及びその時の Δf の絶対値 $|\Delta f|$ を表3―1に示す。ただし，$T_0 = 30.0$ ℃，$f_0 = 7.00 \times 10^2$ Hz，$d_0 = 0.75$ m とする。これらの値を用いて室温 T[℃]に対する音速 $V(T)$[m/s]を表したグラフを図3―4に示す。これ

より式（3．1）中の各定数は，$\alpha = $　(27)　，$\beta = $　(28)　，$\gamma = $　(29)
であることがわかる。

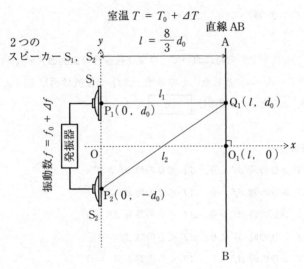

室温 $T = T_0 + \Delta T$

直線 AB

2つの
スピーカー S_1, S_2

$l = \dfrac{8}{3} d_0$

A

振動数 $f = f_0 + \Delta f$

発振器

S_1

$P_1(0,\ d_0)$

l_1

$Q_1(l,\ d_0)$

O

l_2

$O_1(l,\ 0)$

x

$P_2(0,\ -d_0)$

S_2

B

図 3 ― 3

表 3 ― 1

$T[℃]$	10.0	20.0	30.0	40.0
$\lvert \Delta f\rvert\,[\mathrm{Hz}]$	24.0	12.0	0.0	12.0

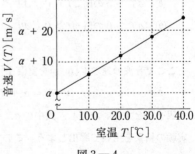

音速 $V(T)\,[\mathrm{m/s}]$

$\alpha + 20$

$\alpha + 10$

α

O

10.0　20.0　30.0　40.0

室温 $T[℃]$

図 3 ― 4

(27)の解答群

① 312　　② 317　　③ 322　　④ 327　　⑤ 332

⑥ 337　　⑦ 342　　⑧ 347　　⑨ 352　　⓪ 357

(28)の解答群

① 0.3　　② −0.3　　③ 0.6　　④ −0.6　　⑤ 1.2

⑥ −1.2　　⑦ 1.6　　⑧ −1.6　　⑨ 2.1　　⓪ −2.1

(29)の解答群

① −4　　② −3　　③ −2　　④ −1　　⑤ 0

⑥ 1　　⑦ 2　　⑧ 3　　⑨ 4　　⓪ 5

化　学

（80分）

Ⅰ　次の問1，問2の答をマーク・シート解答用紙に記入せよ。

問1　以下の文を読み，下線①～④の値を有効数字3桁で求め，$\boxed{2}$ ～ $\boxed{17}$ にあてはまる最も適切な数値を，マーク・シート解答用紙の同じ番号の解答欄にマークせよ。また，$\boxed{1}$ にあてはまる最も適切な指示薬と $\boxed{18}$ にあてはまる最も適切な数値を，それぞれ，語群から選び同じ番号の解答欄にマークせよ。ただし，$\log_e 2 = 0.693$，$\log_e 5 = 1.609$ とする。また，反応による溶液の体積変化はないものとする。

　　希塩酸を触媒として，温度を一定に保ちながら，十分な量の酢酸エチルを用いて，その加水分解を行った。

$$CH_3COOC_2H_5 + H_2O \rightarrow CH_3COOH + C_2H_5OH$$

反応開始後，40分ごとに反応溶液から 1.00 mL を取り出し，反応を止め，$\boxed{1}$ を指示薬として 2.00×10^{-2} mol/L の水酸化ナトリウム水溶液で終点（中和点）まで中和滴定を行い，下の表を得た。

反応時間 t（分）	0	40	80	120	∞（反応完了時）
滴定量（mL）	20.0	25.0	29.0	32.2	45.0

ただし，$t = \infty$ では，すべての酢酸エチルが加水分解しているものとする。

上の表から，反応溶液中の塩酸の濃度は $\boxed{2}$. $\boxed{3}$ $\boxed{4}$ $\times 10^{-\boxed{5}}$ mol/L ① とわかる。また，酢酸エチルの $t = 0$ 分における濃度（初濃度）を求めると ② $\boxed{6}$. $\boxed{7}$ $\boxed{8}$ $\times 10^{-\boxed{9}}$ mol/L，$t = 120$ 分における濃度を求めると ③ $\boxed{10}$. $\boxed{11}$ $\boxed{12}$ $\times 10^{-\boxed{13}}$ mol/L と計算される。

酢酸エチルの濃度を C，時間 t から $(t + \Delta t)$ の間における酢酸エチルの濃度変化を ΔC とすると，この加水分解反応の Δt の間の平均反応速度 $\overline{v}$ は，次式で表される。

$$\overline{v} = -\frac{\Delta C}{\Delta t}$$

この式の Δt を限りなく 0 に近づけると，時間 t における反応速度 v は，

$$v = -\lim_{\Delta t \to 0} \frac{\Delta C}{\Delta t} = -\frac{dC}{dt}$$

となる。一方，この反応の反応速度 v は酢酸エチルの濃度 C に比例し

$$v = -\frac{dC}{dt} = kC \qquad k : \text{速度定数}$$

と表される。この式を変形して両辺積分すると，酢酸エチルの初濃度を C_0 として，次式が得られる。

$$\log_e \frac{C}{C_0} = -kt$$

この式を使って，この加水分解反応の速度定数 k を求めると
④

$\boxed{14}$. $\boxed{15}$ $\boxed{16}$ $\times 10^{-\boxed{17}}$ /分となる。また，反応の完了を，酢酸エチルの濃度が初濃度の $1/1000$ を下回ったときとすると，反応開始から少なくとも $\boxed{18}$ 時間以上経てば，反応が完了したとみなせることがわかる。

[語群]

$\boxed{1}$

① メチルオレンジ ② メチルレッド

③ フェノールフタレイン

$\boxed{18}$

① 1 ② 6 ③ 11

④ 16 ⑤ 21 ⑥ 26

⑦ 31 ⑧ 36 ⑨ 41

問 2　以下の文を読み，設問(1)～(3)の $\boxed{19}$ ～ $\boxed{27}$ にあてはまる最も適切な数
　　　値を同じ番号の解答欄にマークせよ。ただし，気体はすべて理想気体とし，
　　　コークスの体積は無視でき，気体の吸着は起こらない。また，気体定数は
　　　$8.3 \times 10^3\,\mathrm{Pa \cdot L/(mol \cdot K)}$，原子量は C 12，O 16，Ca 40 とする。

　　　　容積を変えることのできる真空容器の中に二酸化炭素 $a\,\mathrm{(mol)}$ を入れ，
　　　　　　　　　　　　　　　　　　　　　　　　①
　　　$300\,\mathrm{K}$ に保ったところ，容積 $V\,\mathrm{(L)}$ のとき圧力は $5.0 \times 10^5\,\mathrm{Pa}$ であった。容
　　　　　　　　　　　　②
　　　器の中に十分な量のコークス(炭素)を加え，容積を $V\,\mathrm{(L)}$，温度を $T\,\mathrm{(K)}$ に
　　　保ったところ，次の可逆反応が起こり平衡に達した(平衡 A)。
　　　　　　　$\mathrm{C(固)} + \mathrm{CO_2(気)} \rightleftarrows 2\,\mathrm{CO(気)}$
　　　このとき容器内の気体の物質量の和は $1.5\,a\,\mathrm{(mol)}$ であった。この容器の中に
　　　さらに $0.5\,a\,\mathrm{(mol)}$ の二酸化炭素を加え，容積を $0.8\,V\,\mathrm{(L)}$，温度を $T\,\mathrm{(K)}$ に保
　　　ったところ，上の可逆反応が起こり再び平衡に達した(平衡 B)。平衡 B に
　　　おける容器内の一酸化炭素の濃度は，平衡 A における一酸化炭素の濃度の
　　　1.5 倍であった。ここで，反応を完全に止め，気体を水酸化カルシウム水溶
　　　液に通じたところ，二酸化炭素は反応して白色の沈殿となりすべて回収さ
　　　れ，十分乾燥させた沈殿の質量は $90\,\mathrm{g}$ であった。

⑴　下線①の二酸化炭素の物質量を有効数字 2 桁で求め，以下の形式で示
　　せ。
　　　$\boxed{19}$. $\boxed{20}$ $\times$ $10^{\boxed{21}}$ mol

⑵　下線②の容積を有効数字 2 桁で求め，以下の形式で示せ。
　　　$\boxed{22}$. $\boxed{23}$ $\times$ $10^{\boxed{24}}$ L

⑶　温度 $T\,\mathrm{(K)}$ における平衡定数 $K = [\mathrm{CO}]^2/[\mathrm{CO_2}]$ を有効数字 2 桁で求
　　め，以下の形式で示せ。ただし，$[\mathrm{CO}]$ および $[\mathrm{CO_2}]$ はそれぞれ一酸化炭
　　素および二酸化炭素のモル濃度(mol/L)である。
　　　$\boxed{25}$. $\boxed{26}$ $\times$ $10^{-\boxed{27}}$ mol/L

II 次の問 1 の答を記述式解答用紙に，問 2 の答をマーク・シート解答用紙に記入
せよ。

問 1 以下の文を読み，設問(1)～(5)の答を記述式解答用紙の解答欄に記入せよ。

ファラデー定数は 9.65×10^4 (C/mol)，原子量は Cu 64 とする。なお，粗銅
に含まれる各金属の物質量の比は電気分解の前後で変わらないものとする。
また，流れた電気量は，全て酸化還元反応に用いられ，水溶液の体積と温度
は電気分解の前後で変わらないものとする。

銀と亜鉛のみを不純物金属として含む粗銅，および純銅をそれぞれ電極と
して用いて，硫酸酸性の硫酸銅(II)水溶液 1.0 L 中で低電圧の電気分解を行
った。その結果，電極として用いた純銅の質量は 64.0 g 増加した一方で，
もう片方の電極として用いた粗銅の質量は 65.1 g 減少した。また，電気分
解後，水溶液中の銅(II)イオンの濃度は 5.0×10^{-2} mol/L 減少し，陽極泥
が 1.0 g 堆積した。

(1) 陰極で起こる反応を e^- を用いたイオン反応式で示せ。

(2) 陽極泥に含まれる金属を全て元素記号で示せ。

(3) この反応で流れた電気量(C)を有効数字 2 桁で求めよ。

(4) 用いた粗銅 100 g 中に含まれる銅の質量(g)を有効数字 2 桁で求めよ。

(5) 電気分解後の水溶液の亜鉛濃度(g/L)を有効数字 2 桁で求めよ。

問 2 以下の文を読み，設問(1)～(3)の答をマーク・シート解答用紙の指定された
番号の解答欄にマークせよ。原子量は H 1，S 32，O 16 とする。なお，
ア と イ には適切な化合物の名称が入る。また， ウ と エ と オ
に入る語句は，発煙硫酸，希硫酸または濃硫酸のいずれかである。

硫酸は工業的に次の①，②の過程を含む接触法を経てつくられる。

① 硫黄の燃焼で得られた ア を酸化バナジウム(V)V_2O_5 を触媒として空
気中の酸素で酸化し， イ をつくる。

② イ を ウ に吸収させて エ とし，これを オ と混合し ウ にする。

(1) 純粋な硫黄から接触法を経て硫酸を得た。硫黄が完全に硫酸に変えられたとすると，1.6 kg の硫黄から理論上得られる 98 %（質量パーセント濃度）硫酸の質量(kg)を有効数字 2 桁で求め，以下の形式で示せ。

$$\boxed{28} . \boxed{29} \times 10^{\boxed{30}}\ \text{kg}$$

(2) 次の文 a～f の記述が正しい場合は①，誤っている場合は②をそれぞれマークせよ。

a ア が水に溶けると弱い酸性を示す。 31

b ア は硫化水素に対して還元剤としてはたらく。 32

c ア は紙や繊維などの漂白剤として用いられる。 33

d 加熱した ウ は銀を溶かし， イ を発生する。 34

e エ は常に ア の蒸気を発する。 35

f 白金電極を用いて オ の電気分解を行うと，陽極から O_2 が発生する。 36

(3) ウ は気体の乾燥剤として用いられる。塩素，アンモニア，酸素，硫化水素の 4 つの気体をそれぞれ乾燥する際， ウ を乾燥剤として用いることができる場合は①を，用いることができない場合は②をマークせよ。

塩素 37

アンモニア 38

酸素 39

硫化水素 40

Ⅲ　　以下の文を読み，設問(1)～(4)の答を解答欄に記入せよ。構造式は例にならって
示せ。ただし，原子量はそれぞれ H 1.0，C 12.0，O 16.0 とする。

　　　構造式の例

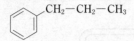

　　　分子式 $C_6H_{12}O$ である化合物Aがある。Aに十分な量のヨウ素と水酸化ナトリ
ウム水溶液を加えて加熱すると，黄色沈殿が得られた。Aには不斉炭素原子が存
在した。化合物Bを，硫酸酸性の二クロム酸カリウム水溶液と反応させるとAが
生じた。Bの分子内脱水反応によって化合物Cと化合物Dが得られた。Cには不
斉炭素原子が存在し，Dには不斉炭素原子が存在しなかった。

　　炭素，水素，酸素よりなる分子量 334 のエステルEがある。元素分析によるE
の成分元素の質量組成は，炭素 71.9 ％，水素 9.0 ％であった。水酸化ナトリウム
水溶液を用いて，Eを加水分解した。この水溶液にエーテルを加えて抽出を行っ
たところ，エーテル層からはBのみが得られた。水層を希塩酸によって，中和し
た後，再度エーテルを加えて抽出すると，エーテル層からは化合物Fが得られ
た。1モルのEを完全に加水分解すると，2モルのBと1モルのFが得られた。
Fを加熱すると分子内脱水反応が進行した。Fは芳香族炭化水素Gを酸化するこ
とによっても得られる。Fの炭素数とGの炭素数は同じであった。

(1)　化合物Eの分子式を記せ。
(2)　化合物A～Gの構造式を例にならって示せ。ただし，シス-トランス異性体
　　を区別して示す必要はない。
(3)　化合物Fの芳香環の水素原子の一つだけを臭素原子に置換することを考え
　　る。考えられる生成物がいくつあるか記せ。
(4)　化合物Gの構造異性体の中でベンゼン環を有するものがいくつあるか記せ。
　　Gは含めないで数えること。

解 答 編

英 語

① 解答

[1] 全訳下線部A，B参照。

[2] 1—(2)　2—(1)　3—(3)　4—(4)　5—(3)
6—(2)　7—(4)　8—(4)　9—(2)　10—(3)　11—(1)　12—(3)　13—(4)
14—(2)　15—(1)

────────────── 全訳 ──────────────

《気象と気候の違い》

① 一般的な考えとは違い，科学界は気候変動問題に関して意見が割れていない。科学者の圧倒的多数（97%）は，地球温暖化は事実であって，その原因の大部分は人間活動にあることに同意している。しかし私たちは記録的な寒さの冬を経験しているようにも見える。2019年1月には，極渦によって北米の地域は突如として北極のような状態になってしまったのだ。直観に反するように思えるかもしれないが，このような寒冷化現象は地球温暖化を否定するものではない。気象と気候は別ものだからである。

② 気象とは，降水量，気温，湿度，風向，風速，気圧など下層大気の短期的な状態を指す。晴れ，曇り，雨，霧，寒さ，暑さ，風，嵐，雪など枚挙にいとまがない。

③ 太陽が下層大気の空気を温める速さが異なると気象の種類も変わってくる。暖気が上昇すると，冷気が流入してその場所を埋めるので風が生じる。これらの風は，空気中の水蒸気とともに雲，降水，嵐の形成や移動に影響を及ぼす。

④ 気象に影響を与える大気の状態は常に変動しているので，気象は常に移り変わる。気象学者は人工衛星，気象観測所，海洋気象ブイからのデータを分析して向こう数日間ないし数週間の気象状況を予測する。気象が人間

活動の様々な側面に影響を与えるため，こうした予測は重要である。例えば，船乗りやパイロットはいつ大きな嵐がやってくるかを知る必要があるし，農家は作物の植えつけや収穫を天候にあわせて計画する必要がある。消防士も森林火災の可能性に備えるために毎日の天気を把握している。天気予報は，軍事作戦の立案，商取引の特性，危険な状況をもたらす可能性のある気象状況を人々に警告すること，などにも役立つ。

⑤　気象が短期的な大気の変化を指すのに対し，気候は通常 30 年以上と定義される長期的な大気の変化を指す。このため地球の平均気温が上昇しているにもかかわらず，特別に寒い期間が発生することがある。前者は数日単位で起こる気象現象であり，後者は数十年単位で起こる全体的な気候の変化を示している。言い換えれば，寒い冬は，温暖化というはるかに大きな長期的傾向の中では比較的小さな大気の乱れなのである。

⑥　そういった違いがあるにもかかわらず，気象と気候は相互に関連している。気象と同様に，気候においても降水量，風速と風向，湿度，気温が考慮される。実際に気候は長期における平均的な気象状態と考えることができる。さらに重要なのは，気候の変化が気象パターンの変化につながるということだ。

⑦　気候条件は世界の地域によって異なり，そこに生息する動植物の種類に影響を与える。例えば南極は，氷点下の気温，暴風，そして地球上で最も乾燥した状態になることもある極域気候である。そこに生息する生物は極限の環境を生き抜くべく高度に適応している。

⑧　対照的に，アマゾンの熱帯雨林は熱帯気候に恵まれている。気温は常に高温なうえ多湿で降水量も多く，季節の明確な区別もない。このような安定した条件が非常に多様な動植物種を支えており，そういった種の多くは他の地域には見られないものである。

⑨　地球の気候はこれまでずっと流動的な状態にあった。しかし，現在は過去に比べてはるかに変化が速く，その原因は人間の活動にある。気候変動をもたらす主な要因の1つは，石炭，ガソリン，石油などの化石燃料を燃やすことである。我々はそれらを輸送，エネルギー生産，産業に使うのだ。

⑩　化石燃料を燃やすと大量の二酸化炭素（CO_2）が大気中に放出される。二酸化炭素は温室効果ガスとして知られる化学物質の1つである。温室効果ガスは，温室のガラスによく似ており，太陽からの熱を大気中に取り入

れるものの熱を外に逃がさないことから，このように呼ばれている。全体的な影響としては，地球の気温が上昇し，地球温暖化として知られる現象が起こる。

⑪　地球温暖化は気候変動の一種であり，北極における海氷の融解，氷河の後退，海面上昇，異常気象の頻発と激化，動植物の生息域の変化という形で既に地球にかなりの影響を及ぼしている。地球は既に前世紀に摂氏 0.8 度（華氏 1.4 度）ほど温暖化しており，気温は上昇し続けている。

⑫　科学者は，特定の異常気象の原因を気候変動に直接結びつけることはできないが，気候変動が異常気象が生じる可能性を高めていることは確実だと思っている。2018 年には異常気象の結果，少なくとも 5,000 人が死亡し，さらに 2,890 万人が支援を必要とした。インドのケララ州は洪水で壊滅的な被害を受け，カリフォルニア州は一連の山火事で荒廃し，その年最強の暴風雨である超大型台風マンクットがフィリピンを襲った。頻度でも程度でもさらに深刻な気象現象が間近に迫っている可能性が高いのである。

⑬　気候変動は新しい概念ではないが，地球規模での対策はまだほとんど取られていないと思われる。温室効果が最初に発見されたのは 1800 年代のことだが，1988 年になってようやく国際社会は慌てて「気候変動に関する政府間パネル（IPCC）」を結成した。それ以来，世界中の指導者たちは気候変動と闘うための一連の目標に取り組んできた。その最新のものがパリ協定であり，185 カ国が世界の気温が産業革命以前の水準から摂氏 2 度（華氏 3.6 度）以上上昇するのを防止することを約束した。2015 年，すべての国連加盟国は，「現在そして将来にわたって人類および地球の平和と繁栄のための共通の計画を提供する」ことを目的とする 17 の持続可能な開発目標（SDGs）に合意した。特に持続可能な開発目標の第 13 項は，「気候変動とその影響に対処するために緊急行動を取る」ことを加盟国に課している。

⑭　国際社会が気候変動に対してなかなか行動を起こさない理由の 1 つは，気象と気候の区別をめぐる混乱にあるのかもしれない。窓の外に目をやって普通の天気のようだと確認できる時には，人は気候が変化しているなどと考える気にはならないのである。

出典追記：Weather or Climate ... What's the Difference?, National Geographic

===== 解説 =====

[1] A. 代名詞の指示内容を明示することが求められているが, そのような場合には意味内容だけでなく単数か複数かなどの形式面にも留意して判断したい。また, named や much like the glass of a greenhouse という語から当該文の内容が温室効果ガスの名称の由来について言及するものであると捉えることもポイント。they は複数形の名詞を受けるので, 直前のセミコロン以下にある greenhouse gases「温室効果ガス」を指すとわかる。また, it が heat「熱」を指すことも理解できる。文構造については, They are so named という短い主節に長い because 節が後続する形になっており, その because 節内の構造を正しく把握することが答案の成否を分けることになる。because 節内では, but が allow *A* to *do*「*A* が～するのを可能にする」, stop *A* from *doing*「*A* が～するのを妨げる」という 2 つの動詞句を並列し, これらの句を much で強調された like の前置詞句が修飾している。

B. 下線部は, People … changing が主節であり, これに when 以下の副詞節が後続する構造になっている。主節では be reluctant to *do*「～することに気が進まない」という重要表現を押さえつつ, さらにこれを when 以下が修飾する形で答案を作成したい。この when は内容的に「～な場合には」くらいの条件節的な解釈が自然であり, また, 節内の and は look と see の 2 つの動詞句を並列している。なお, ここでの see は「わかる」の意味であって, for *oneself* とあわせて「～を確かめる」くらいに訳すとよい。

[2] 1.「この文章に対する最も適切な題名は何か」

(1)「地球温暖化は真実か虚偽か」

(2)「気象と気候の違いとは何か」

(3)「地球温暖化は気候変動ではない」

(4)「気象と気候は同じものである」

　本文の論旨は, 気象と気候の区別を確認したうえで, 温暖化は気候の変動であることを理解しなければならないと主張する展開になっていることを踏まえると, 正解は(2)である。

2.「気象は, …と定義される」

(1)「下層大気の短期的な空気の状態」

(2)「下層大気の長期的な状態」

(3)「上層大気の中期的な状態」

(4)「上層大気の現在の空気の状態」

　第2段第1文（Weather refers to …）の定義より，気象は大気の下層部分の短期的な状態を示すことがわかるので，正解は(1)である。

3.「気候は，…と定義される」

(1)「短期的な大気の変化」

(2)「中期的な大気の変化」

(3)「大気の長期的な変化」

(4)「上層大気における空気の当面の状態」

　第5段第1文（While weather refers …）に気象と対比する形で気候が説明されており，この定義に従えば，正解は(3)となる。

4.「南極大陸の生物は，…」

(1)「厳しい状況を生き抜くのに適していない」

(2)「困難な条件に耐えるのに適していない」

(3)「穏やかな環境では死ぬようになっている」

(4)「過酷な環境を乗り切るのにとても適している」

　第7段に南極大陸に生息する生物の記述があるが，同段最終文（The organisms that …）の内容から，南極大陸の生物は南極の過酷な環境にうまく適応していることがわかるので，(4)が正解である。その他の選択肢は，表現の違いはあれど，環境に適応していないという趣旨なのでいずれも正しくない。

5.「アマゾンの熱帯雨林について正しくない記述はどれか」

(1)「高温多湿の状態が続く」

(2)「明確な季節の区別がない熱帯気候である」

(3)「変化しにくい気候条件のせいで動植物種の多様性が制限されている」

(4)「降水量が多いという特徴がある」

　第8段最終文（These stable conditions …）から，アマゾンの安定した環境が生物多様性を育んでいることが読み取れるので，本文内容に合致しない選択肢は(3)である。

6.「気候変動の主な要因は何か」

(1)「化石燃料が地中に埋蔵されていること」

(2)「化石燃料を燃やすこと」

(3)「化石燃料を輸送すること」

(4)「化石燃料を廃棄すること」

　第9段最終文（One of the …）に温暖化の主な要因の1つは化石燃料の燃焼であると述べられていることを踏まえて，正解は(2)である。

7.「地球の気温はこの100年で大体どれくらい上昇したか」

(1)「華氏0.8度」　(2)「華氏3.6度」　(3)「摂氏2度」　(4)「華氏1.4度」

　第11段最終文（The planet has …）の前半部の内容より，ここ100年での気温上昇は摂氏0.8度（華氏1.4度）ほどなので，正解は(4)である。

8.「気候変動と異常気象の関係について科学者たちが確実だと思っていることは，次の記述のうちどれか」

(1)「特定の異常気象の原因は気候変動であると考えられる」

(2)「気候変動によって異常気象の可能性が高まることはない」

(3)「気候変動と異常気象は関係がない」

(4)「気候変動によって異常気象が起こりやすくなる」

　第12段第1文（Scientists cannot directly …）の後半では，科学者たちが，気候変動によって異常気象が起こる可能性が高まることは確実だと考えていることが説明されているので，正解は(4)である。

9.「温室効果の発見は，…のことであった」

(1)「1988年」　(2)「1800年代」　(3)「2015年」　(4)「1900年代」

　第13段第2文（The greenhouse effect …）に温室効果が発見されたのは1800年代のことであると紹介されているので，(2)が正解である。

10.「気候変動に対して国際社会の動きが鈍い理由になっている可能性があるものは何か」

(1)「気象と気候の類似点についてのしっかりとした理解」

(2)「気象と気候の違いについての精度」

(3)「気象と気候の違いがよくわからないこと」

(4)「気象と気候の類似性についての明確な理解」

　最終段第1文（Part of the reason …）から，国際社会において気候変動への対応が遅れている要因として，気象と気候の混同があると判断できるので，(3)が正しい。

11.「fill its place という表現に最も意味が近いのは…である」

(1)「その場所に入る」

(2)「不在を作り出す」

(3)「場所を空ける」

(4)「その場を離れる」

　fill its place「その場所を満たす」は風が発生する仕組みを説明する文の一部であり，ここでは，暖かい空気が上昇するとその場所に冷たい空気が流入することが述べられている。この文脈を踏まえると最も意味が近いのは(1)である。

12.「spell という表現に最も意味が近いのは…である」

(1)「魅力」　(2)「仕事」　(3)「期間」　(4)「温度」

　spell は多義語で様々な意味があるが，本問では，直前文で気象と気候の差異がその変化の間隔という観点から論じられていることを踏まえれば，cold とあわせて寒い「期間」の意味になると推定することができるので，正解は(3)である。なお，日本語だけで考えれば(4)も正しそうに見えるが，temperature を修飾するなら cold ではなく low とすべきであるから，語法的に不適切である。

13.「takes into account という表現に最も意味が近いのは…である」

(1)「～に対して盲目になる」

(2)「～を逃す」

(3)「～を当然と思う」

(4)「～を計算に入れる，～を要因の1つに含める」

　take A into account「A を考慮に入れる」は重要表現であるが，ここでは目的語の A が後置された形になっていることに注意したい。受験生にはなじみが薄いかもしれないが，factor には「～を要因として考慮する」という動詞としての用法があるので，本問では(4)が最も近い意味である。

14.「consistently という表現に最も意味が近いのは…である」

(1)「時々」

(2)「絶えず，いつも」

(3)「不規則に」

(4)「不均等に，水平ではなく」

　consistently は「一貫して，いつも」という意味なので，正解は(2)である。

15. 「on the horizon という表現に最も意味が近いのは…である」

(1)「近づいて，～しつつある」

(2)「見えなくなって」

(3)「意識されずに，忘れられて」

(4)「無実で，問題がない状態で」

　on the horizon は，太陽が「地平線上に」あることから転じて，何らかの事象が発生する直前かまたは進行中であることを示す慣用句である。したがって，これに最も意味が近いのは(1)となる。

2 **解答**　　**1.** device　**2.** consciousness　**3.** identification
4. realization　**5.** consensus　**6.** premium
7. property　**8.** sequence　**9.** registration　**10.** gravity

===== 解説 =====

1.「何らかの特定の目的のために作られた物体，機械，もしくは設備」⇒「装置，器具」

2.「眠っておらず，身のまわりで何が起こっているかを理解できる通常の状態」⇒「意識」

3.「ある人が誰なのか，ある物が何であるかを知るという行為」⇒「確認，識別」

4.「計画したことや望んだことを達成するという行為」⇒「実現」realisation も可。

5.「何かについての一般的な同意，または特定の集団のすべての成員が共有する考えや見解」⇒「合意」

6.「高い価値もしくは付加された価値」⇒「高級，割増金」

7.「個人や企業などが所有するもの」⇒「資産」

8.「物事が生起するもしくは生起すべき順序」⇒「連続するもの，一連の順序」

9.「何かについての情報を台帳や公的な記録システムに入力する行為または過程」⇒「登録」

10.「物体同士がお互いを引きあうようにさせる自然の作用，または物体を地球に落下させる力」⇒「重力，引力」

③ 解答　16―(1)　17―(3)　18―(2)　19―(4)　20―(2)　21―(3)
22―(4)　23―(1)　24―(4)　25―(2)　26―(3)　27―(1)
28―(2)　29―(4)　30―(1)　31―(3)　32―(2)　33―(4)　34―(3)　35―(2)

===== 解説 =====

16.「私はポップコーンが食べたくて仕方ない」
can't help *doing*「～せずにはいられない」

17.「学校が終わってからトムは車で友人を家まで送ってあげた」
give *A* a ride「*A* を（乗り物に）乗せる」

18.「どの日も空いているので，私たちは好きな日を選ぶことができる」
空所直後が date Ｓ Ｖ という語順になっていることに着目すると，本問で名詞の date を修飾できる複合関係詞は whichever しかない。

19.「すべての手順が完了したら，数日後に確認のメールが送られます」
「（今から）～後に，～が経てば，～したら，～のうちに」の in が最も自然である。

20.「その子どもたちはそんなにたくさんの雪は見たことがない」
否定の副詞 never が文頭に出ているので，倒置（疑問文の語順）になっている(2)が正しい。

21.「ジェームズは明日髪を切ってもらう予定だ」
be planning to *do*「～するつもりである，～する予定である」

22.「就職面接があるのでルーシーは慎重に履歴書を書いた」
いずれの選択肢も接続詞としての用法はあるが，ここでは文意から as を「理由」の接続詞と解釈するのが最も自然である。

23.「アダムにとても才能があるのはわかっていた。そうでなければ彼を選ぶことはなかっただろう」
セミコロン以下の文が仮定法になっているので，空所には otherwise「そうでなければ」を入れて仮定の条件を示すのが内容的にも形式的にも適切である。その他の選択肢はいずれも接続詞であるから，ＳＶがもう一組ないと文構造が成立しない。

24.「その芸術家は昨年亡くなったと言われている」
芸術家が亡くなったとされるのは去年のことであり，そのように言われているのは，is からわかるように現在のことである。両者には明確な時差があるので本問では完了不定詞を用いるのが正しい。

25.「イギリスに戻るまでに彼は20年東京に住んでいた」

　before 節内が過去時制になっており，東京に住んでいたのはその前の20年間ということになるので，ここでは過去完了形で表現することになる。

26.「私の誕生日会で友人たちが『ハッピーバースデー』を歌うのを近所の人が聞いていた」

　知覚動詞 heard に着目すると，my friends は「ハッピーバースデー」を歌う立場なので原形不定詞 sing を入れるのが適切である。

27.「彼女はイタリアに行ったことがあるし，私もある」

　前文が現在完了形になっているので，本問では So have I. という語順で I have been to Italy, too. とほぼ同じ意味になる。

28.「水道工事が完了できるように家屋調査は来月に延期された」

　so that S can *do* で「Sが〜できるように」という「目的」を表すことができる。

29.「防護眼鏡を着用しないと実験室に入ることはできない」

　空所直後が名詞であることと文意をあわせて考えると，前置詞 without が正解となる。なお，⑶の unless は接続詞なので節内は S V の構造が必要になり，本問では文法的に正しくない。following「〜の後で」も regarding「〜について」も前置詞的な用法はあるものの，ここでは意味内容の面で不自然である。

30.「その店はキング・ストリート沿いの市役所の真向かいにある」

　直後が名詞なので副詞の⑶apart は排除される。残った前置詞の中から opposite「〜の向かい側に」が位置関係を叙述する本文の内容に最も適当だと判断できる。

31.「実験室の重要事項には清潔と安全の維持が含まれる」

　全体の文構造から空所には include の主語となるべき名詞が入ることになる。さらに include に「3単現のs」がないことから複数名詞になっている⑶Priorities が正解である。

32.「コンピュータエンジニアはアプリを既成のシステムに必ず適合させる責任がある」

　直後の system を修飾できるのは分詞になっている⑵established か⑶establishing である。ここでは established「確立された，定着した」の方

がより自然な文意になる。

33.「道路工事のために，労働者はおそらく別の道を探す必要が出てくるだろう」

　空所には直後の動詞 need を修飾する語が入ることになるので，正解は副詞の(4)probably である。

34.「電車の遅れの影響を受けた学生はオンラインの発表を見た方がよい」

　直後の students を修飾できるものが正解となるが，消去法で解くのがわかりやすい。(1)の every と(2)の much は複数形に対して用いることはできないし，(4)の which を「人」に使うこともないので，いずれも不適切である。よって，残った(3)Those が正解である。

35.「訪問客はセキュリティオフィスでゲストパスを入手しなければならない」

　ゲストパスはセキュリティオフィスを「起点」として訪問客の手に渡ると考えるのが自然であるから，本問での適切な前置詞は from である。例えば，order a book from a bookstore「書店に本を注文する」のような表現では，本の出所は書店なので，「起点」を示す from が正しい。日本語の助詞「に」に引きずられて to などとすることはできない。

④　**解　答**　　[1] 36－5　37－4　38－7　39－3　40－8
　　　　　　　　[2] 41－2　42－2　43－2　44－2　45－1

・・・・・・・・・・・・・・・・・・・・・・・・・・・・・　全　訳　・・・・・・・・・・・・・・・・・・・・・・・・・・・・・

《衣料品店での会話》

アン：ご機嫌はいかが？

リサ：とてもいいわ。あなたはどうなの？

アン：とってもいい感じよ。ところでどこから来たの？

リサ：大阪よ。

アン：本当？　すごい。私のいとこが大阪にいるのよ。

リサ：奇遇だね。仕事で大阪にいるの？

アン：彼女が何をしているかはよくわからないけど，大阪では楽しくやっていると言っているわ。今日は何かお探しかしら？

リサ：新発売のパーカーを見てみたかったの。

アン：あなたのサイズは？

リサ：アメリカでは大体いつもエクストラスモールを着ているわ。

アン：色は決めているの？

リサ：ちょっと気になるんだけど。今はどんなのが流行っているの？

アン：今ならネイビーか黒が10代に大人気かな。

リサ：私もそういう色は好きよ。試着室はある？

アン：こっちよ。

=== 解　説 ===

[1] 36. How about yourself?「あなたはどうなの？」 空所直後の Doing great. は How are you? などの挨拶に対する返答として用いられるので，ここでは挨拶として使える表現がふさわしい。

37. have a blast「楽しむ，盛り上がる」

38. check out ～「～を見てみる，～を確かめる」

39. have *A* in mind「*A* を念頭に置く，*A* を考えている」

40. 後続の発言で何が流行りかを聞いている。この流れに合うのは just curious「ちょっと気になる」

[2] 41.「リサとアンの付き合いは長い」

アンは第2発言の後半でリサに出身地を問うていることから，両者の交友関係は長くないと推定される。

42.「アンはかつて大阪に住んでいた」

アンの第3発言より，アンのいとこが大阪に住んでいることはわかるが，アン自身が大阪に住んでいたかどうかは本文中に記述がない。

43.「アンはカフェの従業員である」

リサの第4発言でリサが新発売のパーカーに言及しており，それに対してアンが，第5発言でリサのサイズを確認しようとしているので，アンはカフェではなく衣料品店の従業員だと考えるのが合理的である。

44.「リサは小さくなりたいと思っている」

リサの第5発言に small という語が出てくるが，これは服のサイズのことであり，自分自身が小さくなりたいというような意味ではない。

45.「リサはパーカーを何着か試着するつもりである」

最終発言でリサはアンに試着室があるか尋ねていることを踏まえると，パーカーを試着する意図があると判断できる。

⑤　**解答**　46—1）　47—3）　48—2）　49—4）

解説

46. Had I (studied harder, I) could <u>have</u> passed the exam(.)

　仮定法の条件節 If I had studied harder において，If が省略され倒置が起こっていることを見抜く。

47. (Studying abroad) would <u>help</u> students <u>expand</u> their academic (perspective.)

　help *A do*「*A* が〜するのを助ける」　expand *one's* perspective「〜の視野を広げる」

48. (Three) quarters of <u>the cake</u> was gone <u>before</u> (I could) even get a piece(.)

　three quarters of 〜「〜の4分の3」　be gone「なくなっている」

49. (According) to studies(,) <u>both genes</u> and diets <u>play</u> a crucial role in (longevity.)

　according to 〜「〜によれば」　play a 〜 role in …「…において〜な役割を果たす」

講評

　例年と同様に大問5題の構成であった。

　1　[1]の下線部A，Bいずれも語句のレベルは標準的なので，文構造，特に but や and の等位接続詞による並列関係を正しく理解できるかどうかが成否を分けると思われる。Aでは代名詞の内容を明示することが求められていることにも注意したい。[2]は，例年と同様に内容理解や語句の意味を問うものであった。内容理解問題については本文の該当箇所も見つけやすいものが多い。語句の問題ではなじみのない表現も含まれているものの，下線部に代入して前後関係を確認すれば正解を導くことができるようになっている。

　2　英語による定義に基づいて単語を記述する問題。問われている語の中には受験生が見慣れないものも含まれる。品詞もよく考えて解答する必要があるので，設問レベルは総じて高いと言える。

3 文法・語法問題が20問とやや多いが，内容は標準的である。文法・語法，語彙・イディオム，品詞について，基本事項をバランスよく学習しておきたい。

4 会話文の空所補充と内容真偽について，それぞれ5問ずつの出題である。本文は全体的に読みやすいが，選択肢には口語的な表現も含まれているので，少しとまどった受験生もいたかもしれない。

5 和文付き語句整序が4問の構成である。問われている文法・語法は標準的であり，文構造もそれほど複雑ではないので，基本事項がきちんと身についていれば十分に対応できる問題である。

数 学

① 解答
(1) $\boxed{1}$ 1 $\boxed{2}\boxed{3}\boxed{4}$ 120
(2) $\boxed{5}$ 1 $\boxed{6}\boxed{7}$ 12

(3) $\boxed{8}$ 1 $\boxed{9}$ 6

(4) $\boxed{10}\boxed{11}$ 11 $\boxed{12}\boxed{13}$ 30

═══ **解 説** ═══

《完全順列（i 番目の数が i でない順列）の確率》

　5枚の名札を各人に1枚ずつでたらめに配る配り方は全部で

$$5!=120 \text{ 通り}$$

(1)　5人全員が自分の名札を受け取る方法は1通りであるから，求める確率は

$$\frac{1}{120} \quad (\to \boxed{1}\sim\boxed{4})$$

(2)　A，B，C，D，Eの5人の名札をそれぞれ，Ⓐ，Ⓑ，Ⓒ，Ⓓ，Ⓔとする。ちょうど3人が自分の名札を受け取るとき，その3人をA，B，Cとすると，D，Eの受け取り方は

$$(D, E)=(Ⓔ, Ⓓ)$$

の1通りである。また，3人の選び方は

$$_5C_3=10 \text{ 通り}$$

であるから，求める確率は

$$\frac{1\cdot10}{120}=\frac{1}{12} \quad (\to \boxed{5}\sim\boxed{7})$$

(3)　ちょうど2人が自分の名札を受け取るとき，その2人をA，Bとすると，C，D，Eの受け取り方は

$$(C, D, E)=(Ⓓ, Ⓔ, Ⓒ), \ (Ⓔ, Ⓒ, Ⓓ)$$

の2通りである。また，2人の選び方は

$$_5C_2=10 \text{ 通り}$$

であるから，求める確率は

$$\frac{2\cdot10}{120}=\frac{1}{6} \quad (\to \boxed{8}, \ \boxed{9})$$

(4)　ちょうど4人が自分の名札を受け取る場合は，5人とも自分の名札を受け取る場合と同じである。

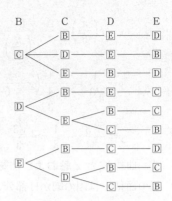

次に，1人だけが自分の名札を受け取る確率を求める。自分の名札を受け取る人をAとすると，B，C，D，Eの受け取り方は，右の樹形図より9通りである。また，自分の名札を受け取る1人の選び方は全部で5通りあるので，その確率は

$$\frac{9 \cdot 5}{120} = \frac{3}{8}$$

以上より，自分の名札を受け取る人が1人もいない確率は，余事象を用いて

$$1 - \left(\frac{3}{8} + \frac{1}{6} + \frac{1}{12} + \frac{1}{120} \right) = 1 - \frac{45 + 20 + 10 + 1}{120}$$

$$= 1 - \frac{76}{120} = \frac{11}{30} \quad (\to \boxed{10} \sim \boxed{13})$$

②　解答
(1) $\boxed{14}\boxed{15}$ −3　$\boxed{16}$ 4　$\boxed{17}$ 1　$\boxed{18}$ 8　$\boxed{19}$ 3　$\boxed{20}$ 3
(2) $\boxed{21}$ 2　$\boxed{22}$ 3　$\boxed{23}$ 3　$\boxed{24}$ 2　$\boxed{25}$ 9
(3) $\boxed{26}\boxed{27}$ −1　$\boxed{28}$ 6　$\boxed{29}\boxed{30}\boxed{31}$ 31　$\boxed{31}$ 3　$\boxed{32}\boxed{33}$ 81

=== 解　説 ===

《法線の方程式，面積，体積》

(1)　$y = f(x) = \tan x \quad \left(-\frac{\pi}{2} < x < \frac{\pi}{2} \right)$

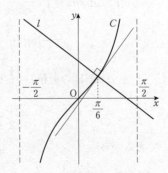

$f'(x) = \frac{1}{\cos^2 x}$ より

$f'\left(\frac{\pi}{6} \right) = \frac{1}{\left(\frac{\sqrt{3}}{2} \right)^2} = \frac{4}{3}$

であるから，$y = f(x)$ 上の点 $\left(\frac{\pi}{6}, f\left(\frac{\pi}{6} \right) \right)$

における法線 l の方程式は

$$y - f\left(\frac{\pi}{6}\right) = -\frac{1}{f'\left(\frac{\pi}{6}\right)}\left(x - \frac{\pi}{6}\right)$$

$$y - \frac{1}{\sqrt{3}} = -\frac{1}{\dfrac{4}{3}}\left(x - \frac{\pi}{6}\right)$$

$$y = -\frac{3}{4}x + \frac{1}{8}\pi + \frac{\sqrt{3}}{3} \quad (\to \boxed{14} \sim \boxed{20}) \quad \cdots\cdots①$$

(2)　曲線 C と x 軸および法線 l で囲まれた図形の面積 S は図の網かけ部分となる。また，C と l の交点を A とし，点 A から x 軸に下ろした垂線の足を H とする。l の x 切片を B とすると，①に $y=0$ を代入して

$$0 = -\frac{3}{4}x + \frac{1}{8}\pi + \frac{\sqrt{3}}{3}$$

$$x = \frac{1}{6}\pi + \frac{4}{9}\sqrt{3}$$

より，点 B の座標は $\mathrm{B}\left(\dfrac{1}{6}\pi + \dfrac{4}{9}\sqrt{3},\ 0\right)$ となる。よって，求める面積 S は

$$S = \int_0^{\frac{\pi}{6}} \tan x\,dx + (\triangle\mathrm{AHB}\ \text{の面積})$$

ここで

$$\int_0^{\frac{\pi}{6}} \tan x\,dx = \int_0^{\frac{\pi}{6}} \frac{\sin x}{\cos x}\,dx = \int_0^{\frac{\pi}{6}} \frac{-(\cos x)'}{\cos x}\,dx = \Big[-\log|\cos x| \Big]_0^{\frac{\pi}{6}}$$

$$= -\log\frac{\sqrt{3}}{2} + (\log 1) = \log\left(\frac{\sqrt{3}}{2}\right)^{-1} = \log\frac{2}{\sqrt{3}} = \log\frac{2\sqrt{3}}{3}$$

$$(\triangle\mathrm{AHB}\ \text{の面積}) = \frac{1}{2}\cdot\mathrm{BH}\cdot\mathrm{AH} = \frac{1}{2}\left\{\left(\frac{1}{6}\pi + \frac{4}{9}\sqrt{3}\right) - \frac{\pi}{6}\right\}\cdot\frac{1}{\sqrt{3}}$$

$$= \frac{1}{2}\cdot\frac{4}{9}\sqrt{3}\cdot\frac{1}{\sqrt{3}} = \frac{2}{9}$$

であるから

$$S = \log\frac{2\sqrt{3}}{3} + \frac{2}{9} \quad (\to \boxed{21} \sim \boxed{25})$$

(3) まず，底面の半径 AH，高さ BH の円錐の体積は $\dfrac{1}{3}\pi \mathrm{AH}^2 \cdot \mathrm{BH}$ であるから，(2)で定めた図形を x 軸のまわりに1回転してできる回転体の体積 V は

$$V = \int_0^{\frac{\pi}{6}} \pi(\tan x)^2 dx + \frac{1}{3}\pi \mathrm{AH}^2 \cdot \mathrm{BH}$$

ここで

$$\int_0^{\frac{\pi}{6}} \pi(\tan x)^2 dx = \pi\int_0^{\frac{\pi}{6}} \tan^2 x\, dx = \pi\int_0^{\frac{\pi}{6}} \left(\frac{1}{\cos^2 x} - 1\right) dx$$

$$= \pi\left[\tan x - x\right]_0^{\frac{\pi}{6}}$$

$$= \pi\left(\frac{1}{\sqrt{3}} - \frac{\pi}{6}\right) = -\frac{1}{6}\pi^2 + \frac{\sqrt{3}}{3}\pi$$

$$\frac{1}{3}\pi \mathrm{AH}^2 \cdot \mathrm{BH} = \frac{1}{3}\pi\cdot\left(\frac{1}{\sqrt{3}}\right)^2\cdot\frac{4}{9}\sqrt{3} = \frac{4\sqrt{3}}{81}\pi$$

であるから

$$V = \left(-\frac{1}{6}\pi^2 + \frac{\sqrt{3}}{3}\pi\right) + \frac{4\sqrt{3}}{81}\pi = \frac{-1}{6}\pi^2 + \frac{31\sqrt{3}}{81}\pi \quad (\rightarrow \boxed{26} \sim \boxed{33})$$

③ 　**解答**　$x^2 + px + q = 0$ ……(＊)

(1) 2次方程式(＊)が異なる2つの実数解 α, β をもつ条件は，2次方程式(＊)の判別式を D とすると，$D > 0$ より

$$D = p^2 - 4\cdot 1\cdot q > 0$$

$$q < \frac{1}{4}p^2 \quad ……①$$

このとき，2次方程式(＊)を解くと

$$x = \frac{-p \pm \sqrt{p^2 - 4q}}{2}$$

$\alpha < \beta$ より

$$\alpha = \frac{-p - \sqrt{p^2 - 4q}}{2}, \quad \beta = \frac{-p + \sqrt{p^2 - 4q}}{2}$$

これを $\dfrac{\alpha}{2} \leqq \beta \leqq 2\alpha$ に代入すると

$$\dfrac{1}{2} \cdot \dfrac{-p - \sqrt{p^2 - 4q}}{2} \leqq \dfrac{-p + \sqrt{p^2 - 4q}}{2} \leqq 2 \cdot \dfrac{-p - \sqrt{p^2 - 4q}}{2}$$

$$-p - \sqrt{p^2 - 4q} \leqq 2(-p + \sqrt{p^2 - 4q}) \leqq 4(-p - \sqrt{p^2 - 4q})$$

$$-p - \sqrt{p^2 - 4q} \leqq 2(-p + \sqrt{p^2 - 4q}) \quad \text{かつ}$$

$$2(-p + \sqrt{p^2 - 4q}) \leqq 4(-p - \sqrt{p^2 - 4q})$$

よって　　$p \leqq 3\sqrt{p^2 - 4q} \leqq -p$

$\sqrt{p^2 - 4q} > 0$ であるから

$p < 0$　……②

が必要で，このとき

$$p \leqq 3\sqrt{p^2 - 4q} \leqq -p$$

$$9(p^2 - 4q) \leqq p^2$$

$$q \geqq \dfrac{2}{9}p^2 \quad ……③$$

①，②，③を満たす点が (p, q) のとりうる範囲で，右図の網かけ部分。境界は，$q = \dfrac{1}{4}p^2$ 上の点を含まない。

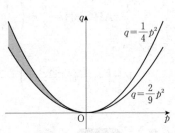

(2)　2次方程式(＊)について，解と係数の関係を用いると

$$\alpha + \beta = -\dfrac{p}{1} = -p, \quad \alpha\beta = \dfrac{q}{1} = q$$

条件より

$$(\alpha + 1)(\beta + 1) \leqq 3 \qquad \alpha\beta + \alpha + \beta + 1 \leqq 3$$

$$q - p + 1 \leqq 3 \qquad q \leqq p + 2$$

これと，(1)の領域の共通部分は右図の網かけ部分となる。

図より p の最小値は $q = \dfrac{2}{9}p^2$ と $q = p + 2$ の共有点で

$$\dfrac{2}{9}p^2 = p + 2 \qquad 2p^2 - 9p - 18 = 0$$

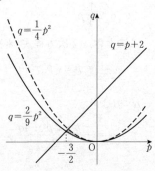

$$(p-6)(2p+3)=0$$

$p \leqq 0$ より　　$p=-\dfrac{3}{2}$

このとき

$$q=-\dfrac{3}{2}+2=\dfrac{1}{2}$$

であるから，p の値が最小となるような (p, q) は

$$(p, q)=\left(-\dfrac{3}{2}, \ \dfrac{1}{2}\right) \quad \cdots\cdots(答)$$

(3)　(2)のとき，2次方程式(＊)は

$$x^2-\dfrac{3}{2}x+\dfrac{1}{2}=0$$

$$2x^2-3x+1=0 \qquad (x-1)(2x-1)=0$$

よって　　$x=\dfrac{1}{2},\ 1$

$\alpha<\beta$ より

$$\alpha=\dfrac{1}{2}, \ \beta=1 \quad \cdots\cdots(答)$$

━━━━━━━━━━━━━━━ 解　説 ━━━━━━━━━━━━━━━

《2次方程式，領域，解と係数の関係》

(1)　2次方程式(＊)が異なる2つの実数解をもつ条件を求め，その2つの

解 α, β を $\dfrac{\alpha}{2} \leqq \beta \leqq 2\alpha$ に代入して，p, q の条件を求める。根号のついた

不等式をきちんと処理できなければならない。$p<0$ を押さえることが大

事である。

(2)　解と係数の関係と(1)の結果を利用する。

(3)　2次方程式(＊)を解けばよい。

④ **解答**　$a_1=1$, $a_{10}=3$

$$a_{n+2}-3a_{n+1}+2a_n+1=0 \quad (n=1, 2, \cdots) \quad \cdots\cdots①$$

(1)　$b_n=a_{n+1}-a_n$ より，$b_{n+1}=a_{n+2}-a_{n+1}$ であるから，①を変形すると

$$a_{n+2}-a_{n+1}-2a_{n+1}+2a_n+1=0$$

$$a_{n+2}-a_{n+1}-2(a_{n+1}-a_n)+1=0$$

$$b_{n+1}-2b_n+1=0$$

$$b_{n+1}=2b_n-1 \quad \cdots\cdots(答)$$

(2) (1)の結果および特性方程式 $\alpha=2\alpha-1$ より

$$b_{n+1}-1=2(b_n-1)$$

よって，数列 $\{b_n-1\}$ は初項 b_1-1，公比 2 の等比数列であるから

$$b_n-1=(b_1-1)\cdot 2^{n-1}$$

$$b_n=(b_1-1)\cdot 2^{n-1}+1 \quad \cdots\cdots(答)$$

(3) $b_n=a_{n+1}-a_n$ に $n=1,\ 2,\ 3,\ \cdots,\ 9$ を代入すると

$$b_1=a_2-a_1$$

$$b_2=a_3-a_2$$

$$b_3=a_4-a_3$$

$$\vdots$$

$$b_9=a_{10}-a_9$$

これらの辺々を加えると

$$b_1+b_2+b_3+\cdots+b_9=a_{10}-a_1$$

$$\sum_{k=1}^{9} b_k=3-1$$

$$\sum_{k=1}^{9}\{(b_1-1)\cdot 2^{k-1}+1\}=2 \qquad (b_1-1)\sum_{k=1}^{9}2^{k-1}+\sum_{k=1}^{9}1=2$$

$$(b_1-1)\cdot\frac{1\cdot(2^9-1)}{2-1}+9=2 \qquad (b_1-1)\cdot 511=-7$$

$$(b_1-1)\cdot 73=-1 \qquad b_1-1=-\frac{1}{73}$$

よって $\quad b_1=\dfrac{72}{73} \quad \cdots\cdots(答)$

(4) (2)，(3)の結果より

$$b_n=\left(\frac{72}{73}-1\right)\cdot 2^{n-1}+1 \qquad a_{n+1}-a_n=-\frac{1}{73}\cdot 2^{n-1}+1$$

これより，数列 $\{a_n\}$ の階差数列の第 n 項は $-\dfrac{1}{73}\cdot 2^{n-1}+1$ であるから，

$n\geqq 2$ のとき

$$a_n=a_1+\sum_{k=1}^{n-1}\left(-\frac{1}{73}\cdot 2^{k-1}+1\right)=1-\frac{1}{73}\sum_{k=1}^{n-1}2^{k-1}+\sum_{k=1}^{n-1}1$$

$$=1-\frac{1}{73}\cdot\frac{1\cdot(2^{n-1}-1)}{2-1}+(n-1)=n-\frac{1}{73}\cdot2^{n-1}+\frac{1}{73}\quad(n\geqq2)$$

ここで，$n=1$ とすると

$$a_1=1-\frac{1}{73}\cdot2^{1-1}+\frac{1}{73}=1$$

であるから，$n=1$ のときも成立。

以上より，数列 $\{a_n\}$ の一般項は

$$a_n=n-\frac{1}{73}\cdot2^{n-1}+\frac{1}{73}\quad\cdots\cdots(答)$$

════════════ 解　説 ════════════

《3 項間漸化式，2 項間漸化式》

(1)　与えられた 3 項間漸化式を変形して，b_{n+1} と b_n の関係式を求める。

(2)　特性方程式を利用して，数列 $\{b_n\}$ の一般項を求める。

(3)　$a_1=1$，$a_{10}=3$ であるから，$b_n=a_{n+1}-a_n$ で $n=1$，2，3，$\cdots$，9 として辺々を加えればよい。

(4)　階差数列の一般項を求めればよい。

⑤　**解答**　(1)　$y=f(x)=\dfrac{x}{x^2+1}$

とおくと，（分母）$=x^2+1>0$ より，定義域は実数全体である。このとき

$$f'(x)=\frac{(x)'(x^2+1)-x(x^2+1)'}{(x^2+1)^2}=\frac{x^2+1-x\cdot2x}{(x^2+1)^2}$$

$$=\frac{-x^2+1}{(x^2+1)^2}=\frac{-(x^2-1)}{(x^2+1)^2}=\frac{-(x+1)(x-1)}{(x^2+1)^2}$$

$f'(x)=0$ のとき　　$x=\pm1$

また

$$f'(x)=\frac{(-x^2+1)'(x^2+1)^2-(-x^2+1)\{(x^2+1)^2\}'}{\{(x^2+1)^2\}^2}$$

$$=\frac{-2x(x^2+1)^2-(-x^2+1)\cdot2(x^2+1)\cdot2x}{(x^2+1)^4}$$

$$=\frac{-2x(x^2+1)-(-x^2+1)\cdot4x}{(x^2+1)^3}=\frac{2x^3-6x}{(x^2+1)^3}$$

$$=\frac{2x(x^2-3)}{(x^2+1)^3}=\frac{2x(x+\sqrt{3})(x-\sqrt{3})}{(x^2+1)^3}$$

$f''(x)=0$ のとき　　$x=0,\ \pm\sqrt{3}$

よって，$f(x)$ の増減表は下のようになる。

x	$\cdots$	$-\sqrt{3}$	$\cdots$	-1	$\cdots$	0	$\cdots$	1	$\cdots$	$\sqrt{3}$	$\cdots$
$f'(x)$	$-$	$-$	$-$	0	$+$	$+$	$+$	0	$-$	$-$	$-$
$f''(x)$	$-$	0	$+$	$+$	$+$	0	$-$	$-$	$-$	0	$+$
$f(x)$	$\searrow$	$-\dfrac{\sqrt{3}}{4}$	$\searrow$	$-\dfrac{1}{2}$	$\nearrow$	0	$\nearrow$	$\dfrac{1}{2}$	$\searrow$	$\dfrac{\sqrt{3}}{4}$	$\searrow$

これより，$f(x)$ の極値は

$$\begin{cases} x=1\ \text{のとき}　\text{極大値}\dfrac{1}{2} \\ x=-1\ \text{のとき}　\text{極小値}-\dfrac{1}{2} \end{cases}$$

変曲点は

$$\left(-\sqrt{3},\ -\dfrac{\sqrt{3}}{4}\right),\ (0,\ 0),\ \left(\sqrt{3},\ \dfrac{\sqrt{3}}{4}\right)$$

さらに

$$\lim_{x\to\pm\infty}f(x)=\lim_{x\to\pm\infty}\dfrac{x}{x^2+1}=0$$

より，漸近線は $y=0$ となるので，$y=f(x)$ のグラフは下のようになる。

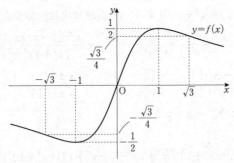

(2)　k を自然数とする。(1)より，$k\leqq x\leqq k+1$ のとき，$f(x)\geqq 0$ であるから，曲線 $y=f(x)$ と x 軸および 2 直線 $x=k,\ x=k+1$ で囲まれた図形の面積 S は，図の網かけ部分となる。よって

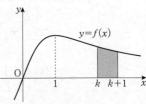

$$S=\int_k^{k+1}f(x)dx=\int_k^{k+1}\frac{x}{x^2+1}dx=\int_k^{k+1}\frac{(x^2+1)'}{x^2+1}\cdot\frac{1}{2}dx$$

$$=\frac{1}{2}\Big[\log|x^2+1|\Big]_k^{k+1}=\frac{1}{2}\{\log\{(k+1)^2+1\}-\log(k^2+1)\}$$

$$=\frac{1}{2}\log\frac{k^2+2k+2}{k^2+1}\quad\cdots\cdots(\text{答})$$

(3)　まず，$x\geqq1$ のとき，$y=f(x)$ は減少関数となる。

　また，5点 A，B，C，D，E を

　　A$(k,\ f(k))$，B$(k,\ 0)$，C$(k+1,\ 0)$，D$(k+1,\ f(k+1))$，

　　E$(k+1,\ f(k))$

とおくと，図において

　　（図形 ABCD の面積）

　　　　　　$<$（長方形 ABCE の面積）

が成り立つので，これより

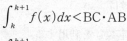

$$\int_k^{k+1}f(x)dx<\text{BC}\cdot\text{AB}$$

$$\int_k^{k+1}f(x)dx<1\cdot f(k)$$

$$\int_k^{k+1}\frac{x}{x^2+1}dx<\frac{k}{k^2+1}\quad(k=1,\ 2,\ \cdots)$$

これに，$k=1,\ 2,\ 3,\ \cdots,\ n$ を代入すると

$$\int_1^2\frac{x}{x^2+1}dx<\frac{1}{1^2+1}$$

$$\int_2^3\frac{x}{x^2+1}dx<\frac{2}{2^2+1}$$

$$\int_3^4\frac{x}{x^2+1}dx<\frac{3}{3^2+1}$$

$$\int_n^{n+1}\frac{x}{x^2+1}dx<\frac{n}{n^2+1}$$

これらの辺々を加えると

$$\int_1^2\frac{x}{x^2+1}dx+\int_2^3\frac{x}{x^2+1}dx+\int_3^4\frac{x}{x^2+1}dx+\cdots+\int_n^{n+1}\frac{x}{x^2+1}dx$$

$$<\frac{1}{1^2+1}+\frac{2}{2^2+1}+\frac{3}{3^2+1}+\cdots+\frac{n}{n^2+1}$$

$$\int_1^{n+1} \frac{x}{x^2+1}dx < \frac{1}{1^2+1} + \frac{2}{2^2+1} + \frac{3}{3^2+1} + \cdots + \frac{n}{n^2+1} \quad \cdots\cdots①$$

ここで

$$\int_1^{n+1} \frac{x}{x^2+1}dx = \int_1^{n+1} \frac{(x^2+1)'}{x^2+1} \cdot \frac{1}{2}dx = \frac{1}{2}\Big[\log|x^2+1|\Big]_1^{n+1}$$

$$= \frac{1}{2}\{\log\{(n+1)^2+1\} - \log 2\} \to \infty \quad (n\to\infty)$$

これと①より，無限級数

$$\frac{1}{1^2+1} + \frac{2}{2^2+1} + \frac{3}{3^2+1} + \cdots + \frac{n}{n^2+1} + \cdots$$

は正の無限大に発散する。　……(答)

===== 解　説 =====

《関数の増減・極値・変曲点・グラフの概形，面積，定積分を利用した極限値》

(1)　$f'(x)$ と $f''(x)$ を計算し，増減表を書けばよい。

(2)　$\displaystyle\int \frac{f'(x)}{f(x)}dx = \log|f(x)| + C$（$C$：積分定数）を利用する。

(3)　定積分と不等式を利用して，無限級数の収束・発散を調べる。無限級数の一般項 $\dfrac{n}{n^2+1}$ を幅が1，高さ $f(n) = \dfrac{n}{n^2+1}$ の長方形の面積ととらえ，$y = f(x)$ と x 軸との間の面積と比較する。

(**講 評**)

　出題数は大問5題で，**1** と **2** はマークシート法，**3** ～ **5** は記述式となっている。記述問題では，Ｂ4判大の解答用紙が大問ごとに1枚ずつあり，結果を記すだけでなく，途中計算や論述，図示も求められる。

　1　確率の問題。基本的な頻出問題である。

　2　微・積分法の問題。標準的な頻出問題である。

　3　2次関数，図形と方程式の問題。標準的な融合問題である。

　4　数列の問題。誘導付きの標準的な頻出問題。

　5　微・積分法の問題。標準的な良問である。(3)は不等式を利用できるかがポイント。

物　理

(1) **解答** I. (ア)$\dfrac{2v_0}{g}$　(イ)$\dfrac{3v_0{}^2}{g}$　(ウ)$4mv_0$　(エ)v_0　(オ)1

(カ)$\dfrac{4}{3}$　(キ)4

II. (1)—④　(2)—②　(3)—⓪　(4)—⑤　(5)—⑤　(6)—⑦　(7)—⑦　(8)—⓪

(9)—⑨

━━━━━ 解説 ━━━━━

《斜面をすべる物体の運動と垂直な板との衝突》

I. (ア)　物体の加速度の大きさを a とすると，斜面に沿って下向きにすべる物体の運動方程式より

$$ma = mg\sin 30°$$

$$\therefore\quad a = g\sin 30° = \frac{1}{2}g$$

等加速度直線運動の式より

$$2v_0 = v_0 + \frac{1}{2}gt_1$$

$$\therefore\quad t_1 = \frac{2v_0}{g}$$

(イ)　移動距離 l は

$$(2v_0)^2 - v_0{}^2 = 2 \times \frac{1}{2}g \times l$$

$$\therefore\quad l = \frac{3v_0{}^2}{g}$$

(ウ)　弾性衝突なので，衝突直後の物体の速さは $2v_0$ である。板が物体から受けた力積の大きさは，作用反作用の法則より，物体が板から受けた力積の大きさ I に等しい。また，物体が受けた力積 I は物体の運動量の変化量に等しいから

$$I = m \times 2v_0 - m \times (-2v_0) = 4mv_0$$

(エ)　弾性衝突では力学的エネルギーが失われないので，点Pでの速さは

常に v_0 である。

(オ)　最高点で速度は 0 になるので

$$0 = v_0 - \frac{1}{2}g(t_3 - t_2)$$

$$\therefore \quad t_3 - t_2 = \frac{2v_0}{g} = 1 \times t_1$$

(カ)　最高点の点 O からの距離を L とすると

$$0^2 - (2v_0)^2 = 2 \times \left(-\frac{1}{2}g\right) \times L$$

$$\therefore \quad L = \frac{4v_0{}^2}{g} = \frac{4}{3} \times l$$

(キ)　等加速度直線運動の対称性より

$$t_2 - t_1 = t_1 - 0$$

$$t_4 - t_3 = t_3 - t_2 = t_1$$

$$\therefore \quad t_4 = t_1 + (t_2 - t_1) + (t_3 - t_2) + (t_4 - t_3)$$

$$= 4 \times t_1$$

なお，このときの運動を $v\text{-}t$ グラフで示す
と右図のようになる。

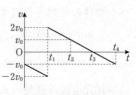

II. (1)　物体は等速直線運動をしたので加速度は 0 になり，斜面に沿って
下向きの運動方程式は，つりあいの式と同じで

$$0 = mg\sin\theta_1 - \mu mg\cos\theta_1$$

$$\therefore \quad \mu = \frac{\sin\theta_1}{\cos\theta_1} = \tan\theta_1$$

(2)　加速度を a とすると，物体が斜面に沿って上昇するときの運動方程
式より

$$ma = -mg\sin\theta_1 - \mu mg\cos\theta_1$$

$$\therefore \quad a = -g(\sin\theta_1 + \mu\cos\theta_1)$$

$$= -g(\sin\theta_1 + \tan\theta_1\cos\theta_1)$$

$$= -2g\sin\theta_1$$

$$|a| = 2g\sin\theta_1$$

(3)　等加速度直線運動の式より

$$0^2 - v_0{}^2 = 2 \times (-2g\sin\theta_1) \times l_1$$

$$\therefore \quad l_1 = \frac{v_0{}^2}{4g\sin\theta_1}$$

⑷　斜面に沿って下向きを速度の正の向きとする。このときの v-t グラフの三角形の面積が l なので

$$l = \frac{1}{2}v_0 t_5$$

$$\therefore \quad t_5 = \frac{2l}{v_0}$$

⑸　摩擦によって失われた力学的エネルギーを $\varDelta E$ とすると

$$\varDelta E = mgl\sin\theta_2 + \frac{1}{2}mv_0{}^2$$

$$= m\left(lg\sin\theta_2 + \frac{1}{2}v_0{}^2\right)$$

⑹　物体が板に衝突する直前の速さを v とすると，題意より

$$\frac{1}{2}mv^2 = mgl\sin\theta_2 + \frac{1}{2}m(2v_0)^2 - \varDelta E$$

$$= mgl\sin\theta_2 + \frac{1}{2}m(2v_0)^2 - \left(mgl\sin\theta_2 + \frac{1}{2}mv_0{}^2\right)$$

$$= \frac{3}{2}mv_0{}^2$$

$$\therefore \quad v = \sqrt{3}\,v_0$$

⑺　斜面に沿って下向きを正として加速度を a' とする。初速度 v_0 のとき点 O で静止するので

$$0 = v_0 + a' t_5$$

初速度 $2v_0$ のとき，点 O で速度 $\sqrt{3}\,v_0$ になるので

$$\sqrt{3}\,v_0 = 2v_0 + a' t_6$$

以上 2 式より a' を消去すると

$$\sqrt{3}\,v_0 = 2v_0 - \frac{v_0}{t_5}t_6$$

$$= 2v_0 - \frac{v_0{}^2}{2l}t_6$$

$$\therefore \quad t_6 = \frac{(4-2\sqrt{3}\,)l}{v_0}$$

⑻　斜面に沿って上向きを正として加速度を a'' とすると運動方程式より

$$ma'' = -mg\sin\theta_2 - \mu mg\cos\theta_2$$

$$a'' = -g(\sin\theta_2 + \mu\cos\theta_2)$$

$$\therefore \quad |a''| = g(\sin\theta_2 + \mu\cos\theta_2)$$

(9)　点 O ではね返った直後の物体の速度は斜面に沿って上向きを正とし
て $\sqrt{3}\,v_0$ なので，等加速度直線運動の式より

$$0^2 - (\sqrt{3}\,v_0)^2 = 2 \times \{-g(\sin\theta_2 + \mu\cos\theta_2)\} \times l_2$$

$$\therefore \quad l_2 = \frac{\dfrac{3v_0{}^2}{2}}{g(\sin\theta_2 + \mu\cos\theta_2)}$$

②　**解 答**　(10)—④　(11)—⑧　(12)—①　(13)—③　(14)—⑧　(15)—③

(16)—④　(17)—⑥　(18)—③　(19)—④　(20)—⑥　(21)—⑧

(ア) 0　(イ) $\dfrac{3I}{4\pi a}$　(ウ) $\dfrac{\mu N^2 S}{L}$

問Ⅰ．（右図）

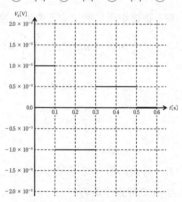

━━━━━━━━━━━━━━　解 説　━━━━━━━━━━━━━━

《直線電流がつくる磁場，ソレノイドの自己誘導と相互誘導》

(10)・(11)　長い直線電流のまわりには同心円状の磁場ができ，その向きは右
ねじの法則に従う。

(12)〜(14)　電流の大きさ $I[\mathrm{A}]$ の直線電流から距離 $r[\mathrm{m}]$ 離れた点の磁場
の強さを $H[\mathrm{A/m}]$ とすると

$$H = \frac{I}{2\pi r}\,[\mathrm{A/m}]$$

(ア)　点 A と点 C を通る直線電流が点 O でつくる磁場は大きさが等しく向
きが互いに逆向きである。点 B と点 D を通る直線電流が点 O でつくる磁
場も大きさが等しく向きが互いに逆向きである。よって，合成磁場は 0 に

なる。

(イ)・(15)　点 A, 点 B を通る直線電流が点 M でつくる磁場は向きがともに図の左向きで，その強さを H_A, H_B とすると

$$H_A = H_B = \frac{I}{2\pi a}$$

よって，これらの合成磁場の向きも左向きで，その強さ H_{AB} は

$$H_{AB} = H_A + H_B = \frac{I}{\pi a}$$

点 C, 点 D を通る直線電流が点 M でつくる磁場は向きが互いに $120°$ をなす。それらの強さを H_C, H_D とすると

$$H_C = H_D = \frac{I}{2\pi \times 2a} = \frac{I}{4\pi a}$$

これらの合成磁場の向きは右向きで，その強さ H_{CD} は

$$H_{CD} = \frac{1}{2}H_C + \frac{1}{2}H_D = \frac{I}{4\pi a}$$

よって，4 つの直線電流が点 M でつくる合成磁場の向きは左向きで，その強さを H_M とすると

$$H_M = H_{AB} - H_{DC}$$
$$= \frac{I}{\pi a} - \frac{I}{4\pi a} = \frac{3I}{4\pi a}$$

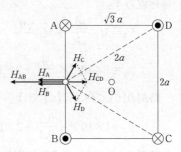

(16)・(17)　ソレノイド内の磁場は右ねじの法則よりコイルの軸に平行な方向で，その強さを H とすると

$$H = \frac{N}{L}I$$

(18)・(19)　コイルに流れる電流が変化するとコイルを貫く磁束の変化を打ち消す向きに誘導起電力が発生する。これを自己誘導起電力という。

(ウ)　電流 I が流れているとき，コイルを貫く磁束を Φ とすると

$$\Phi = \mu HS = \frac{\mu NS}{L}I$$

よって，コイルに生じる自己誘導起電力 V はファラデーの電磁誘導の法則より

$$V = -N\frac{\Delta\Phi}{\Delta t} = -\frac{\mu N^2 S}{L} \times \frac{\Delta I}{\Delta t}$$

⒇　コイル 1 内部の磁束密度を B_1 とすると

$$B_1 = \frac{\mu N_1 I_1}{L_1}$$

(21)　コイル 2 を貫く磁束はコイル 1 を貫く磁束に等しいとするので，これ
を Φ とすると

$$\Phi = B_1 S = \frac{\mu N_1 S}{L_1} I_1$$

　コイル 2 に生じる相互誘導起電力は，点 B に対する点 A の電位を V_2
とすると

$$V_2 = N_2 \frac{\Delta \Phi}{\Delta t} = \frac{\mu N_1 N_2 S}{L_1} \times \frac{\Delta I_1}{\Delta t}$$

問 I.　コイル 1 とコイル 2，および，コイル 2 とコイル 3 の間の相互イン
ダクタンスをそれぞれ，M_{12}，M_{23} とすると，コイル 2 に発生する相互誘
導起電力 V_2 は

$$V_2 = M_{12} \frac{\Delta I_1}{\Delta t} + M_{23} \frac{\Delta I_3}{\Delta t}$$

$$= 1 \times 10^{-3} \times \frac{\Delta I_1}{\Delta t} + 2 \times 10^{-3} \times \frac{\Delta I_3}{\Delta t}$$

時刻 $0[\text{s}] < t < 0.1[\text{s}]$ では

$$V_2 = 1 \times 10^{-3} \times \frac{0.1}{0.1} + 2 \times 10^{-3} \times \frac{0}{0.1} = 1 \times 10^{-3}[\text{V}]$$

時刻 $0.1[\text{s}] < t < 0.3[\text{s}]$ では

$$V_2 = 1 \times 10^{-3} \times \frac{0}{0.2} + 2 \times 10^{-3} \times \frac{-0.1}{0.2} = -1 \times 10^{-3}[\text{V}]$$

時刻 $0.3[\text{s}] < t < 0.5[\text{s}]$ では

$$V_2 = 1 \times 10^{-3} \times \frac{-0.1}{0.2} + 2 \times 10^{-3} \times \frac{0.1}{0.2} = 0.5 \times 10^{-3}[\text{V}]$$

時刻 $0.5[\text{s}] < t < 0.6[\text{s}]$ では

$$V_2 = 1 \times 10^{-3} \times \frac{0}{0.1} + 2 \times 10^{-3} \times \frac{0}{0.1} = 0[\text{V}]$$

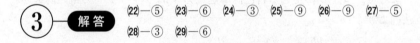

③ 解答　(22)—⑤　(23)—⑥　(24)—③　(25)—⑨　(26)—⑨　(27)—⑤

(28)—③　(29)—⑥

========================= 解　説 =========================

《2つのスピーカーによる音波の干渉，音速と気温》

⑵・㉓　2つのスピーカーは同位相の音波を出すので，点 Q で音波が強め合う条件は

$$|l_2 - l_1| = m\lambda$$

　弱め合う条件は

$$|l_2 - l_1| = \left(m + \frac{1}{2}\right)\lambda$$

㉔　音波の波長を λ とする。点 O_1 では経路差 0 で音波が強め合い，点 Q_1 では，$m = 1$ より経路差 1λ で強め合う。距離 l_2 は三平方の定理より

$$l_2 = \sqrt{(2d_0)^2 + \left(\frac{8}{3}d_0\right)^2} = \sqrt{\left(\frac{36 + 64}{9}d_0\right)^2} = \frac{10}{3}d_0$$

$$\therefore \quad \lambda = l_2 - l_1 = \frac{10}{3}d_0 - \frac{8}{3}d_0 = \frac{2}{3}d_0$$

㉕　室温が上昇すると音波の速さが大きくなり，振動数は一定なので波長が大きくなり，経路差 1 波長で強め合う点 Q_1 の y 座標が d_0 より大きくなる。室温が下降するとその逆になる。よって

　　　$\Delta T > 0$ の時 $y > d_0$，$\Delta T < 0$ の時 $y < d_0$

㉖　音波の速さを一定にして振動数を大きくすると波長が小さくなり，点 Q_1 の y 座標が小さくなる。振動数を小さくするとその逆になる。よって，点 Q_1 の位置を (l, d_0) に戻すには

　　　$\Delta T > 0$ の時 $\Delta f > 0$，$\Delta T < 0$ の時 $\Delta f < 0$

㉗〜㉙　図 3 - 4 のグラフが直線なので，式 $V(T) = \alpha + \beta T^{\gamma}$ は T について 1 次式である。よって，$\gamma = 1$ であり

$$V(T) = \alpha + \beta T \quad \cdots\cdots (*)$$

　音波が常に同じ点 $Q_1\left(\frac{3}{8}d_0, d_0\right)$ で強め合うので，波長 λ は㉔より

$$\lambda = \frac{2}{3}d_0 = \frac{2}{3} \times 0.75 = 0.50 [\text{m}]$$

　表 3 - 1 より，例えば $T = 30.0 [℃]$ のとき，$f_0 = 700 [\text{Hz}]$，$T = 20.0 [℃]$ のとき $f = 700 - 12 = 688 [\text{Hz}]$ であるから，これらを $(*)$ に代入すると

$$V(30.0) = \alpha + \beta \times 30.0 = 700 \times 0.50 = 350$$

$$V(20.0) = \alpha + \beta \times 20.0 = 688 \times 0.50 = 344$$

これら2式より

$\beta=0.6,\ \alpha=332$

2024年度　A方式　物理

講評

　例年通り，大問3題で，試験時間は80分。範囲は「物理基礎・物理」である。2024年度は，力学，電磁気，波動の3分野から出題された。出題形式も例年通りで，**1**は解答群から数式を選択するマークシート法と，数値や式を記述する問題の混在で，**2**もマークシート法と記述・図示問題の混在，**3**は全問マークシート法であった。

　1　斜面をある初速度をもってすべり降りた物体が垂直な板と弾性衝突して斜面を登っていく運動を摩擦がない場合とある場合で考えていく問題である。運動方程式，等加速度直線運動，摩擦力がする仕事と力学的エネルギーの関係などの理解が問われる。摩擦がない場合は下りと上りで加速度が等しく，摩擦がある場合は加速度が異なることに注意する。運動の状況はv-tグラフなどを描いてみるとわかりやすくなる。

　2　前半は，長い直線電流のまわりにできる磁場の基本問題と，4つの直線電流が指定された点につくる磁場の向きや大きさを求めていく問題である。合成磁場を作図するときは電流配置の対称性に注意するとよい。後半は，鉄芯に巻かれた2本または3本のソレノイドに発生する自己誘導起電力や，相互誘導起電力についての問題である。ソレノイドの内部にできる磁場の式とファラデーの電磁誘導の法則を組み合わせて，自己インダクタンスや相互インダクタンスの式を導けるようにしておこう。

　3　前半は，2つのスピーカーから出る音波の干渉についての基本問題である。三平方の定理を使う問題では，辺の比が3：4：5の直角三角形が取り上げられることが多い。後半は，室温の変化と振動数の変化で音波が強め合う位置がどのように変化するかを問う問題。室温が上昇すると音速が大きくなり，波長が大きくなる。音速が同じときは振動数が大きくなると波長が小さくなる。これらを組み合わせて考えていく。物理基礎に記載されている音速と温度の関係式$V=331.5+0.6t$〔m/s〕を覚えていれば，最後の3問は答えを推測でき，有利である。

　どの大問も，基本の関係式を求めることから始まり，次第に応用的な問題になっていく構成である。後半のやや踏み込んだ問題では，誘導に従い，問題文をしっかり読み取ることが何より大切である。過去問で記述式とマークシート法の混在した問題形式にも慣れておこう。

2024年度　A方式

化学

化　学

Ⅰ　**解答**　　問1．1—③　2—4　3—0　4—0　5—1

6—5　7—0　8—0　9—1　10—2　11—5

12—6　13—1　14—5　15—5　16—8　17—3　18—⑤

問2．(1)19—1　20—0　21—0　(2)22—5　23—0　24—0

(3)25—4　26—0　27—1

===== 解　説 =====

《加水分解の反応速度，固体を含む化学平衡》

問1．酢酸エチルの加水分解により生じた酢酸の濃度を中和滴定により求め，そこから加水分解の反応速度定数を求める。

1．塩酸と水酸化ナトリウムの中和点は中性であるが，加水分解により生じた酢酸と水酸化ナトリウムの中和点は塩基性であるため，塩基性で変色するフェノールフタレインを用いる。

①　$t=0$ 分では，加水分解が起こっていないので，触媒として加えた塩酸のみが中和されている。塩酸の濃度を x〔mol/L〕とすると，中和の量的関係から

$$1 \times x \times \frac{1.00}{1000} = 1 \times 2.00 \times 10^{-2} \times \frac{20.0}{1000}$$

$$x = 4.00 \times 10^{-1} \text{〔mol/L〕}$$

②　$t=\infty$ 分では完全に加水分解されたことにより生じた酢酸と触媒の塩酸が中和されている。触媒である塩酸の濃度は変わらないので，∞ 分で用いた水酸化ナトリウム水溶液 45.0 mL のうち 20.0 mL は塩酸の中和に用いられていると考えることができる。よって，酢酸のみの中和に用いられた水酸化ナトリウム水溶液は 25.0 mL である。加水分解の反応式から，酢酸エチルの初濃度は，∞ 分における酢酸の濃度と等しいため，酢酸エチルの初濃度を y〔mol/L〕とすると，中和の量的関係から

$$1 \times y \times \frac{1.00}{1000} = 1 \times 2.00 \times 10^{-2} \times \frac{25.0}{1000}$$

$$y = 5.00 \times 10^{-1} \text{〔mol/L〕}$$

③　前問と同様に，$t=120$ 分における酢酸のみを中和するのに用いられた水酸化ナトリウム水溶液は $12.2\,\mathrm{mL}$ である。120 分における酢酸の濃度を z〔mol/L〕とすると，中和の量的関係から

$$1\times z\times\frac{1.00}{1000}=1\times2.00\times10^{-2}\times\frac{12.2}{1000}$$

$$z=2.44\times10^{-1}\,\text{〔mol/L〕}$$

　120 分における未反応の酢酸エチルの濃度を z'〔mol/L〕とすると，z' は，初濃度とこの時間における酢酸の濃度の差から求めることができる。

$$CH_3COOC_2H_5+H_2O \longrightarrow CH_3COOH+C_2H_5OH$$

0 分	5.00×10^{-1}	0	〔mol/L〕
120 分	z'	2.44×10^{-1}	〔mol/L〕

したがって

$$z'=5.00\times10^{-1}-2.44\times10^{-1}=2.56\times10^{-1}\,\text{〔mol/L〕}$$

④　$t=40$ 分における未反応の酢酸エチルは，∞ 分までに生じる酢酸と 40 分までに生じる酢酸の差の分だけ残っている。40 分，∞ 分で生じた酢酸のみを中和するのに用いた水酸化ナトリウム水溶液はそれぞれ，$5.0\,\mathrm{mL}$，$25.0\,\mathrm{mL}$ であり，滴定に用いた水酸化ナトリウム水溶液の濃度は等しいので，滴定量の比が生じた酢酸の濃度の比と考えることができる。

		酢酸の中和に用いたNaOH
$t=0$ 分	$CH_3COOC_2H_5$	0 mL
$t=40$ 分	$CH_3COOC_2H_5$ CH_3COOH	5.0 mL
$t=80$ 分	$CH_3COOC_2H_5$ CH_3COOH	9.0 mL
⋮		
$t=\infty$ 分	CH_3COOH	25.0 mL

したがって，40 分における未反応の酢酸エチル濃度の初濃度に対する濃度比は

$$\frac{C}{C_0}=\frac{25.0-5.0}{25.0}=\frac{4}{5}$$

これを問題文の式に代入すると

$$-k\times40=\log_e\frac{4}{5}$$

$$=\log_e(2^2\times5^{-1})$$

$$=2\times0.693-1.609=-0.223$$

$$k=\frac{-0.223}{-40}=5.575\times10^{-3}\fallingdotseq5.58\times10^{-3}/分$$

18. 酢酸エチルが初濃度の $\frac{1}{1000}$ になるときの時間を T 分とおくと

$$-5.575\times10^{-3}\times T=\log_e\frac{1}{1000}$$
$$=\log_e10^{-3}=-3\log_e(2\times5)$$
$$=-3(0.693+1.609)=-6.906$$

$$T=\frac{-6.906}{-5.575\times10^{-3}}=1.238\times10^3\fallingdotseq1.24\times10^3\,分$$

したがって，20 時間 37 分以上経過する必要があるので，最も近いのは⑤の 21 時間である。

別解 加水分解の半減期（初濃度の半分になる時間）を τ 分とすると

$$-5.575\times10^{-3}\times\tau=\log_e\frac{1}{2}=-0.693$$

$$\tau=\frac{-0.693}{-5.575\times10^{-3}}=1.243\times10^2\,分$$

$\frac{1}{1000}>\left(\frac{1}{2}\right)^{10}$ から初濃度が $\frac{1}{1000}$ を下回るには半減期を 10 回以上繰り返す必要がある。つまり

$$1.243\times10^2\times10=1.243\times10^3\,分$$

以上時間が経つ必要がある。

問 2. 固体を含む化学平衡では固体の濃度は考慮しない。

(1) 平衡 A に達するまでの CO_2 の変化量を x〔mol〕とすると，平衡 A におけるそれぞれの物質量は次のようになる。

$$C(固)+CO_2(気)\rightleftharpoons 2CO$$

はじめ	a	0 〔mol〕
平衡 A	$a-x$	$2x$ 〔mol〕

このとき，容器内の気体の物質量の和が $1.5a$〔mol〕なので

$$(a-x)+2x=1.5a$$
$$x=0.5a〔mol〕$$

したがって，平衡 A において CO_2 は $0.5a$〔mol〕，CO は a〔mol〕存在する。

　次に，CO_2 を $0.5a$ [mol] 加えて平衡 B に達するまでの CO_2 の変化量を y [mol] とすると，平衡 B におけるそれぞれの物質量は次のようになる。

$$C(固)+CO_2(気) \rightleftarrows 2CO$$

はじめ　　　$0.5a+0.5a$　　　　a　　[mol]
平衡B　　　　　$a-y$　　　　$a+2y$　[mol]

平衡 B における CO の濃度が平衡 A における CO の濃度の 1.5 倍なので

$$\frac{a+2y}{0.8V}=\frac{a}{V}\times1.5$$

$$y=0.1a \text{[mol]}$$

平衡 B において CO_2 は $0.9a$ [mol]，CO は $1.2a$ [mol] 存在する。平衡 B における CO_2 は水酸化カルシウムと反応して炭酸カルシウム（式量 100）を生成する。

$$CO_2+Ca(OH)_2 \longrightarrow H_2O+CaCO_3\downarrow$$

沈殿する $CaCO_3$ と CO_2 の物質量は等しいので

$$0.9a=\frac{90}{100}$$

$$a=1.0 \text{[mol]}$$

(2)　真空容器に CO_2 を a [mol] 加えた時について気体の状態方程式をたてると

$$V=\frac{nRT}{P}=\frac{1.0\times8.3\times10^3\times300}{5.0\cdot10^5}=4.98\fallingdotseq5.0 \text{[L]}$$

(3)　平衡 A における平衡定数を求めると

$$K=\frac{[CO]^2}{[CO_2]}=\frac{\left(\dfrac{a}{V}\right)^2}{\dfrac{0.5a}{V}}=\frac{a}{0.5V}=\frac{1.0}{0.5\times4.98}$$

$$=0.401\fallingdotseq4.0\times10^{-1} \text{[mol/L]}$$

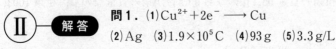

Ⅱ　解答　問 1．(1) $Cu^{2+}+2e^- \longrightarrow Cu$

(2) Ag　(3) 1.9×10^5 C　(4) 93 g　(5) 3.3 g/L

問 2．(1) 28— 5　　29— 0　　30— 0

(2)31―①　32―②　33―①　34―②　35―②　36―①

(3)37―①　38―②　39―①　40―②

＝＝＝＝＝＝＝＝＝＝ 解　説 ＝＝＝＝＝＝＝＝＝＝

《銅の電解精錬，接触法，硫黄を含む化合物，乾燥剤》

問1. (1)　銅の電解精錬では粗銅を陽極，純銅を陰極として用いる。

　陽極では銅よりもイオン化傾向の大きい金属が酸化され，電極の質量が減少する。

$$Cu \longrightarrow Cu^{2+} + 2e^-$$

$$Zn \longrightarrow Zn^{2+} + 2e^-$$

　陰極では，溶液中に存在するイオンの中で最もイオン化傾向の小さい銅(Ⅱ)イオンが還元され，電極の質量が増加する。

(2)　銅よりもイオン化傾向の小さい金属は酸化されず，陽極が溶け出す際に陽極の下に沈殿する。

(3)　陰極で析出した銅の2倍の物質量の電子が流れるので，ファラデーの法則より流れた電気量は

$$\frac{64.0}{64} \times 2 \times 9.65 \times 10^4 = 1.93 \times 10^5 ≒ 1.9 \times 10^5 [C]$$

(4)　陰極で析出した銅と，陽極から溶け出した銅(Ⅱ)イオンの差の分だけ，水溶液中の銅(Ⅱ)イオン濃度が減少する。

　陰極で析出した銅は

$$\frac{64.0}{64} = 1.0 [mol]$$

　水溶液中で減少した銅(Ⅱ)イオンは

$$5.0 \times 10^{-2} \times 1.0 = 5.0 \times 10^{-2} [mol]$$

　陽極から溶け出した銅(Ⅱ)イオンは

$$1.0 - 5.0 \times 10^{-2} = 0.95 [mol]$$

　陽極から溶け出した銅の質量は

$$64 \times 0.95 = 60.8 [g]$$

　減少した粗銅の質量 65.1 g のうち 60.8 g が銅の質量なので，粗銅 100 g 中では

$$100 \times \frac{60.8}{65.1} = 93.3 ≒ 93 [g]$$

(5)　減少した粗銅の質量のうち，溶け出した銅と陽極泥の銀の質量の和を除いたものが溶け出した亜鉛の質量である。

$$65.1-60.8-1.0=3.3〔g〕$$

溶液の体積は 1.0 L なので水溶液の亜鉛濃度は

$$3.3÷1.0=3.3〔g/L〕$$

問2．ア～オの化合物は以下の通りである。

ア． 二酸化硫黄　**イ．** 三酸化硫黄　**ウ．** 濃硫酸

エ． 発煙硫酸　**オ．** 希硫酸

硫酸の工業的製法（接触法）の反応式は次の通り。

$$S+O_2 \longrightarrow SO_2 \qquad \cdots\cdots(i)$$

$$2SO_2+O_2 \longrightarrow 2SO_3 \qquad \cdots\cdots(ii)$$

$$SO_3+H_2O \longrightarrow H_2SO_4 \qquad \cdots\cdots(iii)$$

(iii)の反応では三酸化硫黄を直接水に吸収させると発熱し，霧状になってしまうため，濃硫酸に吸収させ発煙硫酸としたのち，希硫酸に溶かして濃硫酸にしている。

(1)　接触法を 1 つの式にまとめると，(i)×2＋(ii)＋(iii)×2 より

$$2S+3O_2+2H_2O \longrightarrow 2H_2SO_4$$

となり，理論上 1 mol の硫黄から 1 mol の硫酸を得ることができる。98% 硫酸の質量を x〔kg〕とすると

$$\frac{1.6\times10^3}{32}=\frac{x\times10^3\times0.98}{98}$$

$$x=5.0〔kg〕$$

(2)**a．** 二酸化硫黄が水に溶けると弱い酸性を示す。

$$SO_2+H_2O \rightleftharpoons H^+ + HSO_3^-$$

b． 二酸化硫黄は硫化水素と反応し硫黄を生じる。

$$SO_2+2H_2S \longrightarrow 3S+2H_2O$$

このとき二酸化硫黄中の S の酸化数は ＋4→0 と減少するので酸化剤である。

c． 二酸化硫黄やその水溶液には還元作用があり漂白に利用される。

d． 熱濃硫酸は酸化剤であり銀と反応して二酸化硫黄を生じる。

$$2Ag+2H_2SO_4 \longrightarrow Ag_2SO_4+SO_2+2H_2O$$

e． 発煙硫酸は三酸化硫黄の蒸気を発する。

$$H_2SO_4 \rightleftharpoons H_2O + SO_3$$

f．希硫酸を白金電極で電気分解を行うとそれぞれ次のように反応する。

陽極：$2H_2O \longrightarrow O_2 + 4H^+ + 4e^-$

陰極：$2H^+ + 2e^- \longrightarrow H_2$

(3) 濃硫酸は酸性の乾燥剤であり，アンモニアのような塩基性の気体の乾燥には適さない。また，濃硫酸は還元剤である硫化水素とも酸化還元反応を起こす可能性があるため適さない。

Ⅲ　**解　答**　**(1)** $C_{20}H_{30}O_4$

(2)A. CH₃-C-CH-CH₂-CH₃
　　　　　　 ‖　 |
　　　　　　 O　CH₃

B. CH₃-CH-CH-CH₂-CH₃
　　　　　　 |　 |
　　　　　　 OH　CH₃

C. CH₂=CH-CH-CH₂-CH₃
　　　　　　　　 |
　　　　　　　　 CH₃

D. CH₃-CH=C-CH₂-CH₃
　　　　　　　　 |
　　　　　　　　 CH₃

E.
```
      O    CH₃ CH₃
      ‖    |   |
   ┌─C-O-CH-CH-CH₂-CH₃
   │
   │ C-O-CH-CH-CH₂-CH₃
   └─‖    |   |
      O    CH₃ CH₃
```

F.
```
      O
      ‖
   ┌─C-OH
   │
   │ C-OH
   └─‖
      O
```

G.

```
   ┌─CH₃
   │
   └─CH₃
```

(3) 2　**(4)** 3

━━━━━━━━━━━━━ 解　説 ━━━━━━━━━━━━━

《C₆H₁₂O の構造決定，元素分析，エステルの加水分解》

(1) 化合物 **E** に含まれる炭素・水素・酸素の物質量比は

$$C : H : O = \frac{71.9}{12.0} : \frac{9.0}{1.0} : \frac{(100 - 71.9 - 9.0)}{16.0}$$

$$= 5.99 : 9.0 : 1.19 \fallingdotseq 10 : 15 : 2$$

組成式は $C_{10}H_{15}O_2$ となり，組成式の式量は 167 である。

分子量が 334 なので

$$167n = 334$$

$$n = 2$$

より，化合物 E の分子式は $C_{20}H_{30}O_4$ である。

(2) 化合物 A はヨードホルム反応を示し，不飽和度が 1 であることからアセチル基（CH_3-CO-）をもつと考えられる。アセチル基をもつ $C_6H_{12}O$ の構造は次の a ～ c が考えられるが，不斉炭素原子（＊）をもつことから，下図 b と定まる。

$$CH_3-\underset{O}{\underset{\|}{C}}-CH_2-CH_2-CH_2-CH_3 \qquad CH_3-\underset{O}{\underset{\|}{C}}-\overset{*}{\underset{CH_3}{CH}}-CH_2-CH_3$$

a　　　　　　　　　　　　b（化合物 A）

$$CH_3-\underset{O}{\underset{\|}{C}}-CH_2-\underset{CH_3}{CH}-CH_3$$

c

化合物 B を酸化すると A が得られることから，化合物 B はアルコールであるとわかる。

化合物 B を分子内で脱水すると，水素の取れる位置により 2 つの化合物が得られるが，不斉炭素原子の有無により C・D が定まる。

$$CH_3-\underset{OH}{CH}-\underset{CH_3}{CH}-CH_2-CH_3 \xrightarrow{\text{分子内脱水}} \begin{cases} CH_2=CH-\overset{*}{\underset{CH_3}{CH}}-CH_2-CH_3 \\ \text{化合物 C} \\ CH_3-CH=\underset{CH_3}{C}-CH_2-CH_3 \\ \text{化合物 D} \end{cases}$$

化合物 B

1 mol の化合物 E（$C_{20}H_{30}O_4$）の加水分解により化合物 B が 2 mol と化合物 F が 1 mol 生じることから，化合物 E はジエステル，化合物 F はジカルボン酸であると考えられる。

$$\boxed{}-O-\underset{O}{\underset{\|}{C}}-\boxed{}-\underset{O}{\underset{\|}{C}}-O-\boxed{} \xrightarrow{\text{加水分解}} \begin{cases} \boxed{}-OH \times 2 \\ \text{化合物 B}(C_6H_{14}O) \\ HOOC-\boxed{}-COOH \\ \text{化合物 F} \end{cases}$$

化合物 E（$C_{20}H_{30}O_4$）

化合物 F は加水分解後はナトリウム塩となり水層に存在したが，希塩酸を加えると遊離しエーテル層に抽出されたことからもカルボン酸であるとわかる。

化合物 E の加水分解について原子数から考えると，化合物 F の分子式は

化合物 $E(C_{20}H_{30}O_4)+2H_2O-$ 化合物 $B(C_6H_{14}O)\times 2=C_8H_6O_4$

と決まる。

　化合物 F は，カルボキシ基を 2 つもつことから，$C_6H_4(COOH)_2$ と表せ，化合物 G 同様ベンゼン環をもち，加熱により分子内脱水するため，カルボキシ基がベンゼン環の o 位に結合したフタル酸であるとわかる。

　炭素と水素のみからなる化合物 G を酸化すると，ベンゼン環の側鎖が酸化されカルボキシ基に変化し，フタル酸（化合物 F）を生じる。G と F の炭素数が同じであることから，G は o-キシレンである。

化合物 G　　酸化　　化合物 F

(3)　化合物 F は分子内に対称面をもつため，ベンゼン環の水素原子（下の①，②の位置）を 1 つだけ臭素原子に置換した生成物は 2 種類考えられる。

化合物 F

(4)　化合物 G(C_8H_{10}) の構造異性体は G の他に次の 3 種類が考えられる。

m-キシレン　　　p-キシレン　　　エチルベンゼン

（講評）

　内容を正しく読み解く必要のある問題が多く，発展的な問題演習をしていない受験生にとってはやや難度が高かった。

　Ⅰ　問 1 は加水分解の速度定数を求める問であった。滴定値のどの値を使うと酢酸や塩酸の濃度を求められるか判断するのが難しかったかもしれない。また，一次反応の数学的処理も初見の受験生には難しかっただろう。問 2 は，固体を含む化学平衡について正しく量的関係を整理する力が求められた。

Ⅱ　問1は銅の電解精錬に関する定番問題であった。粗銅の質量変化，水溶液の濃度変化の意味を正しく理解しているかが求められた。問2は硫黄に関する基本的な問題であったが，幅広く正しい知識が必要であった。

Ⅲ　炭素数の多い化合物の問題。問題文からジエステルであることや置換基の位置を容易に決めることができ，演習を十分に行っている受験生には標準的な内容であった。

一般選抜（個別学部日程）：理工学部B方式

問 題 編

▶**試験科目・配点**

学　科	テスト区分	教科	科目（出題範囲）	配点
物理科学科	独自問題	外国語	コミュニケーション英語Ⅰ・Ⅱ・Ⅲ，英語表現Ⅰ・Ⅱ	100 点
		数　学	数学Ⅰ・Ⅱ・Ⅲ・A・B	200 点
		理　科	物理基礎・物理	200 点
化 学 ・生命科学科	独自問題	外国語	コミュニケーション英語Ⅰ・Ⅱ・Ⅲ，英語表現Ⅰ・Ⅱ	100 点
		数　学	数学Ⅰ・Ⅱ・Ⅲ・A・B	200 点
		理　科	化学基礎・化学	200 点
その他の学　科	独自問題	外国語	コミュニケーション英語Ⅰ・Ⅱ・Ⅲ，英語表現Ⅰ・Ⅱ	100 点
		数　学	数学Ⅰ・Ⅱ・Ⅲ・A・B	200 点
		理　科	「物理基礎・物理」，「化学基礎・化学」のうち1科目選択	200 点

▶**備　考**

- 合否判定は総合点による。ただし，場合により特定科目の成績・調査書を考慮することもある。
- 「数学B」は「数列・ベクトル」から出題する。
- 試験日が異なる学部・学科・方式は併願ができ，さらに同一試験日であっても「AM」と「PM」で異なる試験時間帯に実施される学部・学科・方式は併願ができる。

試験日	試験時間帯	学　部	学　科（方　式）
2月11日	終日	理　　工	物理科（B） 数理サイエンス（B） 化学・生命科（B） 電気電子工（B） 機械創造工（B） 経営システム工（B） 情報テクノロジー（B）
	AM	コミュニティ人間科	コミュニティ人間科

英　語

(80分)

1　次の文を読み，以下の問いに答えなさい。

Your sense of smell enriches your experience of the world around you. Different scents can change your mood, transport you back to a distant memory, and may even help you bond with loved ones. Your ability to smell also plays a key role in your health. If your ability to smell declines, it can affect your diet and nutrition, physical well-being, and everyday safety.

Whether coffee brewing, pine trees in a forest, or smoke from a fire, the things we smell are actually tiny molecules released by substances all around us. When we breathe in these molecules, they stimulate specialized sensory cells high inside the nose. Each of these sensory cells has only one type of odor receptor — a structure on the cell that selectively latches onto a specific type of "smelly" molecule. There are more smells in the environment than there are odor receptors. But a given molecule can stimulate a combination of these receptors, creating a unique representation in the brain of a particular smell.

"It's estimated that the number of odors that people can detect is somewhere between 10,000 and 100 billion, or even more," says Dr. Gary Beauchamp, a taste and smell researcher at Monell Chemical Senses Center in Philadelphia. We all have different combinations of odor-detecting cells in our noses, he explains, so people vary greatly in their sensitivity to smells. "In fact, when you or I smell the same physical thing, our perceptions may be very different," Beauchamp says.

Because smell information is sent to different parts of the brain, odors can influence many aspects of our lives, such as memory, mood, and emotion. For thousands of years, fragrant plants have been used in healing practices across many cultures, including ancient China, India, and Egypt. Aromatherapy, for example, aims to use essential oils from flowers, herbs, or trees to improve physical and emotional well-being.

To date, there's little scientific evidence supporting aromatherapy's effectiveness for most health issues. Yet memories of smell can be vivid and long lasting, which may have a positive effect.
_A

"Lavender is a good example, which is touted as a relaxation odor," Beauchamp says. "But the question is: Is that a relaxation odor because we've had past experience with this particular odor where we've been relaxed, and so we've learned the association?" Scientists continue to examine how different types of aromatherapies might affect our health and well-being.
11
12

Smell is also important for your perception of taste. Chewing your food releases aromas that travel from your mouth and throat to the nose. Without smell, we can detect only 5 basic tastes: sweet, salty, bitter, sour, and umami (savory). But our brains incorporate information from both taste and smell receptors to create the perception of many different flavors.

Some people may think they've lost their sense of taste if food begins to taste bland or slightly "off." But in fact, they may have lost their ability to smell.

Many things can cause smell loss. A stuffy nose, or a harmless growth in the nose (called a polyp) can block air and thus odors from reaching the sensory cells. Certain medications, like some antibiotics or blood pressure pills, can alter smell. These effects are usually temporary. Your smell should come back once you've recovered or stopped the treatments.

But some things can cause a long-lasting loss of smell. A head injury or virus, for example, can sometimes damage the nerves related to smell. And your ability to smell may naturally fade as you get older.

"A good sized majority of people don't know they have a problem with
13

their sense of smell," says Howard Hoffman, a public health expert at NIH. A national health and nutrition survey recently revealed that 12% of adults have a smell dysfunction. The problem increases with age, with 39% of those ages 80 and older showing a deficit.

　"Quality of life issues from smell loss affect people differently depending
　B
upon their situation," Hoffman says. "The effects can be enormous." Food can become less enjoyable. You may lose interest in eating or change your eating habits, consuming a less healthy diet.

　People who've lost their sense of smell sometimes try to boost flavor by adding more salt or sugar to their foods. But these additions might cause problems for those at risk for certain medical conditions, such as high blood pressure, kidney disease, or diabetes. Talk with your doctor if you think a smell deficit might be affecting your quality of life.

　Smell loss can also put you in harm's way if you don't notice a "warning"
　　　　　　　　　　　　　　14
smell. The recent national health and nutrition survey found that 1 in 10 people couldn't identify the smell of smoke, and about 15% couldn't identify the smell of natural gas. "As people get older, those rates go up," Hoffman says. For those ages 70 and older, 20% couldn't identify the smell of smoke, and 31% couldn't recognize gas odor.

　"With age, there is a decline in the ability to smell to some extent in the nose, but much more in the brain itself," says Dr. Davangere Devanand at Columbia University, an expert on neurodegenerative diseases and smell loss. "The main reason appears to be that the functioning of the brain regions involved in smell and memory become impaired as we grow older."

　But problems with your ability to smell may be more than normal aging. They can sometimes be an early sign of serious health conditions, such as Parkinson's disease, Alzheimer's disease, or multiple sclerosis. Devanand's group is currently studying the relationships between smell dysfunction and Alzheimer's disease.

　If your food doesn't smell or taste the way you think it should, talk to your doctor.　Health care providers can give you a "scratch and sniff" smell identification test to help assess the kind of smell disorder you might have. This test alone can't diagnose more serious health problems, but it can be informative when used alongside other tests.

Smell may be the most mysterious of our 5 senses, Beauchamp says. "We know quite a bit about smell loss and can diagnose this fairly well.　But, <u>for the most part</u>, we have no treatments that are reliable and widely accepted" for long-lasting cases of smell loss.　Some studies suggest that smell training may help you improve your ability to discriminate and identify odors.　It may stimulate growth of new receptors or improve your brain's ability to interpret low levels of odors, Beauchamp explains.　But researchers are still learning how and whether this works.

Like all of your senses, your sense of smell plays an important part in your life.　If you think you're experiencing a loss of taste or smell, see your health care provider.　There may be ways to help fix the problem.　If not, your doctor can help you learn to cope with the changes in smell and taste.

Notes:

NIH = National Institutes of Health,　neurodegenerative diseases　神経変性疾患,　multiple sclerosis　多発性硬化症

〔1〕　下線部Ａ，Ｂを日本語にしなさい。ただし，下線部Ｂはカタカナ及びアルファベットを使ってはならない。（**解答用紙その２**）

〔2〕　1～15の質問に対して**英文の内容から判断し**，最も適切なものを一つ選び，その番号をマークしなさい。（**解答用紙その１**）

1. What is the best title for this article?
   (1) Losing Your Smell
   (2) Sense of Smell and Your Health

(3)　Scientists Don't Know How We Smell

(4)　How Our Nose Changes

2.　What is NOT true about smell?

(1)　It plays an important role in our health.

(2)　Different smells can remind us about a memory from the past.

(3)　It can help us connect with the people we love.

(4)　Our sense of smell declines with our everyday safety.

3.　Why do different people smell different smells from the same substance?

(1)　People have different combinations of odor-sensing cells.

(2)　There are 100 billion or more odors in the world.

(3)　People don't vary greatly in their sensitivity to smells.

(4)　Each physical thing may be different.

4.　The example of lavender is used to

(1)　illustrate how effective the smell of lavender is to our health.

(2)　show how relaxing the smell of flowers can be to our brains.

(3)　give an example of how our memory might influence the effects of smell.

(4)　help us understand there are different types of aromatherapies.

5.　How does smell influence taste?

(1)　It helps us with the various kinds of smell perception in the world.

(2)　When we eat, certain smells are sensed through our nose to the mouth and throat.

(3)　The five tastes are detected by our brain and smell is the reason we can taste those five.

(4)　Combined information from our nose, throat and mouth helps us to perceive different types of flavors.

6. Short-term smell loss can be caused by

  (1)　a stuffy nose.

  (2)　a growth in the nose.

  (3)　some kinds of medicine.

  (4)　All of the above.

7. What can cause smell loss that lasts for a long time?

  (1)　Treatments that you have stopped.

  (2)　All injuries or viruses.

  (3)　Aging.

  (4)　None of the above.

8. People who have a problem with their sense of smell

  (1)　always know they have this problem.

  (2)　usually start to eat enormous amounts of food.

  (3)　often boost their diets in many ways.

  (4)　sometimes add more flavor than they used to.

9. A smell deficit can eventually result in

  (1)　diabetes.

  (2)　high blood pressure.

  (3)　kidney disease.

  (4)　All of the above.

10. What is the main reason our ability to smell declines as we age?

  (1)　Parts of the brain that are related to smell and memory become impaired.

  (2)　The ability of our nose to smell declines dramatically.

  (3)　Various diseases that occur within our bodies worsen drastically.

  (4)　We can no longer remember the important smells from our past experiences.

11. The term "touted" is closest in meaning to

(1) created.

(2) studied.

(3) named.

(4) advertised.

12. The term "well-being" is closest in meaning to

(1) happiness.

(2) growth.

(3) change.

(4) existence.

13. The term "a good sized majority" is closest in meaning to

(1) more than half.

(2) about half.

(3) much more than half.

(4) most of the half.

14. The term "put you in harm's way" is closest in meaning to

(1) take you one level up.

(2) bring your confidence down.

(3) violate you.

(4) increase your risk.

15. The term "for the most part" is closest in meaning to

(1) in most areas.

(2) according to most experts.

(3) on the whole.

(4)　in the whole world.

2　以下のそれぞれの定義に従って，最初と最後の文字が与えられた最も適切な英単語を書きなさい。ただし，1 下線に 1 文字が入る。(**解答用紙その 2**)

(解答例)

someone who is trained in science, especially someone whose job is to do scientific research

⇒(s _ _ _ _ _ _ _ t)　　　　　　　　　　　正解(s c i e n t i s t)

1．not natural or real: made, produced, or done to seem like something natural

⇒(a _ _ _ _ _ _ _ _ l)

2．something that encourages a person to do something or to work harder

⇒(i _ _ _ _ _ _ _ e)

3．the quality or state of having many different forms, types, ideas, etc.

⇒(d _ _ _ _ _ _ _ y)

4．capable of producing desired results without wasting materials, time, or energy

⇒(e _ _ _ _ _ _ _ t)

5．the belief in a god or in a group of gods

⇒(r _ _ _ _ _ _ n)

3　次の会話文を読んで，以下の問いに答えなさい。

Jack: PC Buddies, can I help you?

Miki: Yes, I'm having some （　16　） with my browser.

Jack: OK. Could you give me your support ID number?

Miki: It's C86906991.

Jack: OK. Ms. Miki Sudo. Is that correct?

Miki: Yes, that's me.

Jack: Can you tell me the （　17　） of the problem?

Miki: I can't seem to type in anything on my browser.

Jack: Has this happened before?

Miki: When my brother was using it a few weeks ago, he said that he had the same problem.

Jack: That's （　18　）. How did he resolve it?

Miki: He said he just threw up his hands and gave up.

Jack: I see. I'm going to ask you to try a few things.

Miki: I'm all （　19　）.

Jack: Can I put you （　20　） for a moment?

Miki: Sure. I'll make sure I won't hang up.

〔1〕　次の選択肢1〜0の中から，空欄16〜20に最も適切なものを一つ選び，その番号をマークしなさい。ただし，同じ語句を複数回選択してはならない。**（解答用紙その1）**

1. on hold	6. cause
2. wonderful	7. odd
3. issues	8. glad
4. to wait	9. nature
5. ears	0. claims

〔2〕 次の文で，会話文の内容と一致するものは1を，一致しないものは2をマークしなさい。（**解答用紙その1**）

21. Jack and Miki are buddies.

22. Jack accidentally guesses Miki's full name.

23. This is the first time to have this problem on this computer.

24. Miki's brother was able to solve the problem.

25. Miki and Jack are speaking on the phone.

4 次の日本語の文を表す英文を，与えられた語句を用いて完成させた場合，2番目と4番目になる語句の組み合わせを一つ選び，その番号をマークしなさい。（**解答用紙その1**）

26. このような状況なので，必ず私と一緒にいてください。

Under ☐ ☐ , ☐ ☐ ☐ with me.
　　　　　2番目　　　　　　4番目

A. to　　　　　　　　B. have got　　　　　C. you
D. stay　　　　　　　E. circumstances　　　F. these

1) F — D　　　2) E — B　　　3) F — A　　　4) C — A

27. 私の知る限りでは，私達の提案は上司たちに受け入れられるだろう。

As ☐ ☐ ☐ , ☐ ☐ ☐ by the managers.
　　　　2番目　　　　　　　4番目

A. I　　　　　　　　B. will be　　　　　　C. can tell
D. accepted　　　　　E. far as　　　　　　F. our proposal

1) C — F　　　2) B — A　　　3) A — D　　　4) A — F

28. 皆様の継続的なご支援がなければ，このようなことは不可能だったでしょう。

Without ☐ ☐ , ☐ ☐ ☐ ☐
　　　　　　　　2番目　　　　　　　4番目

possible.

A. of this 　　　　　B. continued support 　　　C. been

D. your 　　　　　　E. would have 　　　　　　F. none

　1) B — A 　　　　2) F — E 　　　　3) A — D 　　　　4) F — A

29. インターネットの発達によって，個人間における長距離通信がより便利になった。

The development of the Internet ☐ ☐ ☐ ☐
　　　　　　　　　　　　　　　　　　　　2番目　　　　　　　4番目

☐ ☐ .

A. to communicate over 　　　B. made it

C. has 　　　　　　　　　　　D. long distances

E. for individuals 　　　　　　F. more convenient

　1) B — E 　　　　2) E — D 　　　　3) F — A 　　　　4) C — F

数　学

（100分）

注　意

　　問題3，4，5の解答については，論述なしで結果だけ記しても，正解とは見な
さない.

マーク・シート記入上の注意

1　解答は，解答用紙の問題番号に対応した解答欄にマークすること.

2　問題の文中の $\boxed{1}$，$\boxed{2}$$\boxed{3}$ などには，特に指示がないかぎり，符号
（−），数字（0〜9）又は文字（a〜d）が入る．1，2，3，… の一つ一つは，こ
れらのいずれか一つに対応する．それらを解答用紙の1，2，3，… で示された
解答欄にマークして答えよ.

　　例　$\boxed{1}$$\boxed{2}$$\boxed{3}$ に −83 と答えたいとき

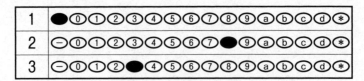

　　なお，同一の問題文中に $\boxed{1}$，$\boxed{2}$$\boxed{3}$ などが2度以上現れる場合，2度
目以降は，$\boxed{1}$，$\boxed{2}$$\boxed{3}$ のように細字で表記する.

3　分数形で解答する場合，分数の符号は分子につけ，分母につけてはいけない.

　　例えば，$\dfrac{\boxed{4}\ \boxed{5}}{\boxed{6}}$ に $-\dfrac{4}{5}$ と答えたいときは，$\dfrac{-4}{5}$ として答えよ.

　　また，それ以上約分できない形で答えること.

　　例えば，$\dfrac{3}{4}$ と答えるところを，$\dfrac{6}{8}$ のように答えてはいけない.

4　根号あるいは対数を含む形で解答する場合は，根号の中や真数に現れる自然数が最小となる形で答えよ.

例えば，$\boxed{7}\sqrt{\boxed{8}}$ に $4\sqrt{2}$ と答えるところを，$2\sqrt{8}$ のように答えてはいけない. また，$\boxed{9}\log_2\boxed{10}$ に $6\log_2 3$ と答えるところを，$3\log_2 9$ のように答えてはいけない.

5　分数形で根号を含む形で解答する場合，$\dfrac{\boxed{11}+\boxed{12}\sqrt{\boxed{13}}}{\boxed{14}}$ に $\dfrac{3+2\sqrt{2}}{2}$

と答えるところを，$\dfrac{6+4\sqrt{2}}{4}$ や $\dfrac{6+2\sqrt{8}}{4}$ のように答えてはいけない.

$\boxed{1}$　解答を解答用紙（その1）に記入せよ.

(1)　11で割ると9余り，71で割ると10余るような最小の自然数は $\boxed{1}\boxed{2}\boxed{3}$ である.

(2)　11で割ると9余り，71で割ると10余るような4桁の自然数は全部で $\boxed{4}\boxed{5}$ 個ある.

(3)　11で割ると3余り，71で割ると12余るような最小の自然数は $\boxed{6}\boxed{7}\boxed{8}$ である.

2　解答を解答用紙（その1）に記入せよ．

　2次方程式 $x^2 - 2\sqrt{3}\,x + 2 = 0$ の2つの実数解のうち小さい方を a，大きい方を b とおき，$w = (a + bi)^2$ と定める．ただし，i は虚数単位である．

　$\arg z$ は複素数 z の偏角を表し，その範囲は $0 \leqq \arg z < 2\pi$ とする．

(1)　$w = \boxed{9}\,\boxed{10}\,\sqrt{\boxed{11}} + \boxed{12}\,i$

(2)　$|w| = \boxed{13}$，$\arg w = \dfrac{\boxed{14}}{\boxed{15}}\pi$

(3)　$|a + bi| = \boxed{16}\sqrt{\boxed{17}}$，$\arg(a + bi) = \dfrac{\boxed{18}}{\boxed{19}\,\boxed{20}}\pi$，

　　　$\cos\dfrac{\boxed{18}}{\boxed{19}\,\boxed{20}}\pi = \dfrac{\sqrt{\boxed{21}} - \sqrt{\boxed{22}}}{\boxed{23}}$

$\boxed{3}$　解答を解答用紙（その2）の $\boxed{3}$ 欄に記入せよ．

点 O を中心とする半径 1 の円周上に相異なる 4 点 A, B, C, D があり，点 O は線分 BC 上にあるとする．△ABD の重心を F，△ACD の重心を G とおく． $\vec{a}=\overrightarrow{OA}$, $\vec{b}=\overrightarrow{OB}$, $\vec{d}=\overrightarrow{OD}$ とし，$k=\vec{a}\cdot\vec{d}$, $\ell=\vec{b}\cdot(\vec{a}+\vec{d})$ とおくとき，以下の問に答えよ．

(1)　$\overrightarrow{OF}$ と $\overrightarrow{OG}$ を $\vec{a}$, $\vec{b}$, $\vec{d}$ を用いて表せ．

(2)　$\overrightarrow{OF}\cdot\overrightarrow{OG}$ を k を用いて表せ．

(3)　$|\overrightarrow{OF}|$ と $|\overrightarrow{OG}|$ を k, ℓ を用いて表せ．

(4)　$|\overrightarrow{OF}|=|\overrightarrow{OG}|$ かつ $\cos\angle\mathrm{FOG}=\dfrac{1}{6}$ であるとき，k の値を求めよ．

$\boxed{4}$　解答を解答用紙（その3）の $\boxed{4}$ 欄に記入せよ．

座標平面上に 4 点 O$(0,0)$，A$(1,0)$，B$(2,2)$，C$(0,2)$ がある．線分 BC 上に点 C と異なる点 P$(t,2)$$(0<t\leqq 2)$ をとる．さらに，線分 OC 上に点 O，C と異なる点 Q を $\angle\mathrm{CQP}=\angle\mathrm{OQA}$ を満たすようにとる．点 Q の座標を $(0,u)$ とするとき，以下の問に答えよ．

(1)　u を t を用いて表せ．

(2)　t が $0<t\leqq 2$ の範囲を動くとき，u のとりうる値の範囲を求めよ．

(3)　△CQP の面積と △QOA の面積の和 $S(t)$ を t を用いて表せ．

(4)　t が $0<t\leqq 2$ の範囲を動くとき，(3)で求めた $S(t)$ の最大値と最小値を求めよ．

5　解答を解答用紙（その4）の　**5**　欄に記入せよ。

自然数 n に対して，関数 $f_n(x)$ を以下のように定める。

$$f_1(x) = \cos x$$

$$f_n(x) = \cos x + 2\int_0^{\pi} tf_{n-1}(t)\,dt \quad (n = 2, 3, 4, \cdots)$$

さらに，自然数 n に対して，$a_n = \displaystyle\int_0^{\pi} tf_n(t)\,dt$ とおくとき，以下の問に答えよ。

(1)　a_1 を求めよ。

(2)　a_{n+1} を a_n を用いて表せ。

(3)　a_n を n を用いて表せ。

物　理

（80分）

1　以下の文章を読み，空欄(1)～(11)にあてはまる最も適切な解答をそれぞれの解答群より選び，**解答用紙（その1）**の該当する記号をマークせよ。また，空欄(ア)と(イ)にあてはまる適切な式，または数値を**解答用紙（その2）**の該当する解答欄に記せ。空気抵抗は無視する。

図1―1のような台車があり，その台車に荷物がのっている。台車と荷物をあわせた総質量を M，そして，荷物の全質量を $m(<M)$ とする。また，荷物は同じ質量をもつ n 個の荷物からなる。個々の荷物は台車に固定されており，台車と床，および台車と荷物の間の摩擦は無視できる。台車の進行方向を x 軸の正の向きとし，台車と荷物は x 軸の方向にしか動かない。また，x 軸は地面に固定されているとする。

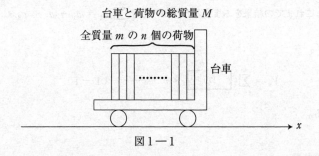

台車と荷物の総質量 M

全質量 m の n 個の荷物

台車

図1―2

図1―2のように，最初，地面に対して静止していた台車から1個目の質量 $\Delta m\left(=\dfrac{m}{n}\right)$ の荷物を x 軸の負の向きに台車から見て速さ v で打ち出した。荷

荷物射出前　　　　　　　　　　　荷物射出後

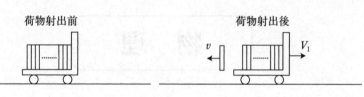

図1-2

物を射出した後の台車と台車にのっている荷物を含めた総質量が　(1)　となることに注意すると，荷物射出後の地面から見た台車の速度 V_1 は，$V_1 = $ (2) $\times v$ となる。次に2個目の質量 Δm の荷物を x 軸の負の向きに速度 V_1 に対して速さ v で打ち出した。荷物射出後の地面から見た台車の速度を V_2 とすると，運動量保存の法則の式は　(3)　と書けるため，速度 V_2 は，$V_2 = V_1 + $ (4) $\times v$ と な る。 $V_1 = $ (2) $\times v$ を 代 入 す る と，$V_2 = ($ (2) $+$ (4) $) \times v$ となる。さらに，3番目の質量 Δm の荷物を x 軸の負の向きに速度 V_2 に対して速さ v で打ち出した。この3番目の荷物射出後の地面から見た台車の速度 V_3 は，$V_3 = V_2 + $ (5) $\times v$ となる。 $V_2 = ($ (2) $+$ (4) $) \times v$ を代入すると，$V_3 = ($ (2) $+$ (4) $+$ (5) $) \times v$ となる。これまでと同様の荷物の射出を繰り返すと，最後の n 番目の荷物射出後の地面から見た台車の速度 V_n は，$V_n = V_{n-1} + $ (6) $\times v$ となる。これまでの結果をふまえると，和の記号 $\displaystyle\sum_{k=1}^{n} a_k = a_1 + a_2 + a_3 + \cdots + a_n$ を使って，

$$V_n = \sum_{k=1}^{n} \boxed{\quad (\mathcal{T}) \quad} \times v \qquad \cdots\cdots \quad (1-1)$$

と書ける。

(1)の解答群

① M　　　　　　② m　　　　　　③ $M + m$　　　　　④ $M - m$

⑤ $M + \Delta m$　　⑥ $M - \Delta m$　　⑦ $\dfrac{M + m}{n}$　　⑧ $\dfrac{M - m}{n}$

(2), (4), (5)の解答群

① $\dfrac{\Delta m}{M - \Delta m}$ 　　② $\dfrac{\Delta m}{M - 2\Delta m}$ 　　③ $\dfrac{\Delta m}{M - 3\Delta m}$

④ $\dfrac{\Delta m}{M + \Delta m}$ 　　⑤ $\dfrac{\Delta m}{M + 2\Delta m}$ 　　⑥ $\dfrac{\Delta m}{M + 3\Delta m}$

⑦ $\dfrac{2\Delta m}{M + 2\Delta m}$ 　　⑧ $\dfrac{2\Delta m}{M + 3\Delta m}$ 　　⑨ $\dfrac{2\Delta m}{M - \Delta m}$

⓪ $\dfrac{3\Delta m}{M - \Delta m}$ 　　ⓐ $\dfrac{2\Delta m}{M + \Delta m}$ 　　ⓑ $\dfrac{3\Delta m}{M + \Delta m}$

(3)の解答群

① $MV_1 = \Delta mv + MV_2$

② $MV_1 = -\Delta mv + MV_2$

③ $MV_1 = \Delta mv + (M - \Delta m)V_2$

④ $MV_1 = -\Delta mv + (M - \Delta m)V_2$

⑤ $(M - \Delta m)V_1 = \Delta mv + (M - 2\Delta m)V_2$

⑥ $(M - \Delta m)V_1 = -\Delta mv + (M - 2\Delta m)V_2$

⑦ $(M - \Delta m)V_1 = \Delta m(V_1 - v) + (M - 2\Delta m)V_2$

⑧ $(M - \Delta m)V_1 = -\Delta m(V_1 - v) + (M - 2\Delta m)V_2$

(6)の解答群

① $\dfrac{n\Delta m}{M + \Delta m}$ 　　② $\dfrac{\Delta m}{M - n\Delta m}$ 　　③ $\dfrac{\Delta m}{M + n\Delta m}$

④ $\dfrac{n\Delta m}{M - \Delta m}$ 　　⑤ 1 　　⑥ nm

⑦ $\dfrac{nm}{M}$ 　　⑧ $n\Delta m$

　今，最初の台車と荷物の総質量 M を 96 kg，荷物の全質量 m を 80 kg，そして，荷物の個数 n を 10 個としたとすると，台車の速度の変化は $V_2 - V_1 =$ [　(7)　] $\times v$, $V_3 - V_2 =$ [　(8)　] $\times v$, $V_4 - V_3 =$ [　(9)　] $\times v$ となり，荷物を射出するたびに台車の速度がより大きく増加していることがわかる。

　m を一定として n が大きくなると，射出される1個の荷物の質量 Δm が小さくなるため，小さな質量の荷物を連続的に射出する場合に近づくこととなる。つま

り，n が無限大の時，台車をロケット，そして，荷物をロケットの燃料とすると，ロケットの打ち上げにおいてロケットに搭載した燃料を継続的に噴射する時のロケットの速度を与える問題としてとらえることができる。n が無限に大きくなる時，（1-1）式は，公式 $\displaystyle\lim_{n\to\infty}\sum_{k=1}^{n}\frac{1}{n}\frac{B}{A-\frac{k}{n}B}=\log_e\frac{A}{A-B}$ より計算でき，ロケットの最終速度 V は，M と m を用いて，$V=\displaystyle\lim_{n\to\infty}V_n=\boxed{\text{（イ）}}\times v$ となる。ここで，$\log_e$ は自然対数を表す。

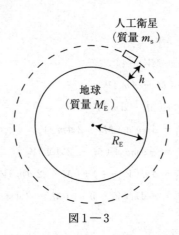

図1-3

　図1-3のように，地球の質量を M_E，地球の半径を R_E，人工衛星の質量を m_s，人工衛星の高度を h，万有引力定数を G とすると，人工衛星の向心力と万有引力が等しくなるので，地球を周回する人工衛星の速さ v_s は $v_s=\boxed{(10)}$ となる。$G=6.7\times10^{-11}\,\mathrm{N\cdot m^2/kg^2}$，$M_E=6.0\times10^{24}\,\mathrm{kg}$，$R_E=6.4\times10^{6}\,\mathrm{m}$ を用いると，高度550 km の人工衛星の速さは $v_s=7.6\times10^{3}\,\mathrm{m/s}$ と求まる。この人工衛星の速さに，ロケットの最終速度 V の大きさが達したとすると，燃料の放出の速さが $3.3\times10^{3}\,\mathrm{m/s}$ の場合，打ち上げ前のロケットの総質量と燃料を全て放出した後のロケットの質量の比 $M:(M-m)$ を考える。これらの関係に $\boxed{\text{（イ）}}$ が使えるとするとこの比は $\boxed{(11)}$ となる。必要であれば $\log_e2=0.69$，$\log_e3=1.10$，$\log_e5=1.61$，$\log_e10=2.30$ を用いよ。

(7), (8), (9)の解答群

① 1　　　　② $\dfrac{1}{2}$　　　　③ $\dfrac{1}{3}$　　　　④ $\dfrac{1}{4}$　　　　⑤ $\dfrac{1}{5}$

⑥ $\dfrac{1}{6}$　　　　⑦ $\dfrac{1}{7}$　　　　⑧ $\dfrac{1}{8}$　　　　⑨ $\dfrac{1}{9}$　　　　⓪ $\dfrac{1}{10}$

(10)の解答群

① $\sqrt{2\,Gh}$　　　　② $\sqrt{2\,G\left(R_E+h\right)}$　　　　③ $\sqrt{\dfrac{GM_E}{R_E+h}}$

④ $\sqrt{\dfrac{R_E+h}{GM_E}}$　　　　⑤ $\sqrt{\dfrac{2\,G}{h}}$　　　　⑥ $\sqrt{\dfrac{2\,G}{R_E+h}}$

⑦ $\sqrt{\dfrac{GM_E}{R_E}}$　　　　⑧ $\sqrt{\dfrac{R_E}{GM_E}}$

⑨ $\sqrt{\dfrac{2\,Gm_s}{R_E+h}}$　　　　⓪ $\sqrt{\dfrac{Gm_s}{R_E+h}}$

(11)の解答群

① $2:1$　　　　② $3:1$　　　　③ $4:1$　　　　④ $5:1$

⑤ $6:1$　　　　⑥ $7:1$　　　　⑦ $8:1$　　　　⑧ $9:1$

⑨ $10:1$　　　　⓪ $1:1$

2　以下の文章を読み，空欄(12)〜(25)にあてはまる最も適切な解答をそれぞれの解答群から選び，**解答用紙（その１）**の該当する記号をマークせよ。また，空欄(ウ)，(エ)にあてはまる適切な数値，式を**解答用紙（その２）**の該当する解答欄に記入せよ。

　薄いプラスチック板の裏に閉じた導線（一巻きのコイル）が固定されており，その上を通過する磁石の運動を考える。磁石とプラスチック板との間の摩擦は無視でき，磁石の底面からは垂直下向きに一様な磁束密度 B が生じているとする。図２−１の上段，下段はこの状態をそれぞれ真上，真横から見た図である。コイルと磁石の形状はともに縦，横の長さがそれぞれ a，b の長方形である。コイルの横の辺に平行に紙面右向きに x 軸をとり，コイルの左側の辺の位置を原点（$x = 0$）とする。磁石は，横の辺が x 軸と平行になるように置かれており，磁石の位置を右側の辺の位置 X で表す。$X = b$ のとき，磁石はコイルの上を完全に覆う。今，磁石を $X < 0$ の位置から x 軸の正の向きに初速度 $v_0(> 0)$ で打ち出したところ，時刻 $t = 0$ に $X = 0$ となり，その後 $X = 2b$ に到達した。以下では，磁石の運動は x 軸方向に限られるとし，コイルに流れる誘導起電力および誘導電流の向きは図２−１上段において右回り（時計回り）を正とする。

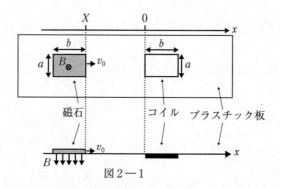

図２−１

Ⅰ．コイルの自己誘導は無視できるとする。時刻 t における磁石の位置が $0 < X(t) < b$ のとき，コイルを貫く磁束は $\Phi(t) = $ 　(12)　 となる。電磁誘導の法則より，コイルに生じる誘導起電力は，微小な時間 Δt の間の磁石の位置

の変化 $\Delta X(t) = X(t + \Delta t) - X(t)$ を用いて $V(t) = \boxed{(13)}$ となる。コイルの抵抗を R とし，$\dfrac{\Delta X(t)}{\Delta t}$ が時刻 t における磁石の速度 $v(t)$ とみなせることを用いると，コイルに流れる誘導電流は $I(t) = \boxed{(14)}$ となる。磁石の位置が $b < X(t) < 2b$ のときには，同様の計算から，コイルを貫く磁束とコイルに流れる誘導電流はそれぞれ $\Phi(t) = \boxed{(15)}$，$I(t) = \boxed{(16)}$ となる。

　プラスチック板の床面に固定されたコイルに流れる電流は磁石の作る磁場から力を受け，その反作用の力が磁石に作用する。この磁石に作用する力の向きは x 軸の負の向きであり，その結果，磁石は減速する。力の大きさ $F(t)$ は，$0 < X(t) < b$ のときと $b < X(t) < 2b$ のとき，共に $F(t) = \boxed{(17)}$ となり，それ以外の時には $F(t) = 0$ となる。磁石の質量を m，加速度を $a(t)$ とすると，磁石の位置が $0 < X(t) < 2b$ のときの磁石の運動方程式は $ma(t) = -F(t)$ となる。微小な時間 Δt の間の速度の変化 $\Delta v(t) = v(t + \Delta t) - v(t)$ を用いて，時刻 t における加速度が $a(t) = \dfrac{\Delta v(t)}{\Delta t}$ となることを用いると，上の運動方程式は

$$\frac{\Delta v(t)}{\Delta t} = -\frac{v(t)}{T_1}$$

と整理される。ここで，$T_1 = \boxed{(18)}$ は速度の減衰に要する特徴的な時間を表す。$m = 1.0 \times 10^{-2}\,\mathrm{kg}$，$B = 1.0 \times 10^{-1}\,\mathrm{T}$，$a = 5.0 \times 10^{-2}\,\mathrm{m}$，$b = 1.0 \times 10^{-1}\,\mathrm{m}$，$R = 1.0 \times 10^{-3}\,\Omega$ とすると，$T_1 = \boxed{(ウ)}$ s となる。

　(12), (15)の解答群

① $BaX(t)$　　　　　② $Ba(b - X(t))$　　　③ $Ba(X(t) - b)$

④ $Ba(2b - X(t))$　　⑤ $Ba(b - 2X(t))$　　　⑥ $2BaX(t)$

⑦ $2Ba(b - X(t))$　　⑧ $2Ba(X(t) - b)$

(13)の解答群

① $2Ba\dfrac{\Delta X(t)}{\Delta t}$　　② $-2Ba\dfrac{\Delta X(t)}{\Delta t}$　　③ $2Bb\dfrac{\Delta X(t)}{\Delta t}$

④ $-2Bb\dfrac{\Delta X(t)}{\Delta t}$　　⑤ $Ba\dfrac{\Delta X(t)}{\Delta t}$　　⑥ $-Ba\dfrac{\Delta X(t)}{\Delta t}$

⑦ $Bb\dfrac{\Delta X(t)}{\Delta t}$　　⑧ $-Bb\dfrac{\Delta X(t)}{\Delta t}$

(14), (16), (17)の解答群

① $\dfrac{Bav(t)}{R}$　　② $-\dfrac{Bav(t)}{R}$　　③ $\dfrac{Bbv(t)}{R}$　　④ $-\dfrac{Bbv(t)}{R}$

⑤ $\dfrac{B^2a^2v(t)}{R}$　　⑥ $\dfrac{Bb^2v(t)}{R}$　　⑦ $\dfrac{B^2a^2v(t)}{R^2}$　　⑧ $\dfrac{B^2b^2v(t)}{R^2}$

(18)の解答群

① $\dfrac{mR}{Ba^2}$　　② $\dfrac{mR}{Bab}$　　③ $\dfrac{mR}{Bb^2}$　　④ $\dfrac{R}{B^2a^2}$　　⑤ $\dfrac{R}{B^2ab}$

⑥ $\dfrac{R}{B^2b^2}$　　⑦ $\dfrac{mR}{B^2a^2}$　　⑧ $\dfrac{mR}{B^2ab}$　　⑨ $\dfrac{mR}{B^2b^2}$

磁石を，その初速度 $v_0(>0)$ を保ったままコイルの上を通過させるには，磁石の位置が $0<X(t)<2b$ の間，磁石に一定の外力をかければよい。この外力の大きさ F_0 と向きは　(19)　である。このとき，外力のする仕事は $W_0=$　(20)　であり，コイルの抵抗に生じるジュール熱は $Q_0=$　(21)　である。

(19)の解答群

① $F_0=\dfrac{Ba^2v_0}{R}$，x 軸の正の向き　　② $F_0=\dfrac{Ba^2v_0}{R}$，x 軸の負の向き

③ $F_0=\dfrac{Babv_0}{R}$，x 軸の正の向き　　④ $F_0=\dfrac{Babv_0}{R}$，x 軸の負の向き

⑤ $F_0=\dfrac{B^2a^2v_0}{R}$，x 軸の正の向き　　⑥ $F_0=\dfrac{B^2a^2v_0}{R}$，x 軸の負の向き

⑦ $F_0=\dfrac{B^2abv_0}{R}$，x 軸の正の向き　　⑧ $F_0=\dfrac{B^2abv_0}{R}$，x 軸の負の向き

⑳, ㉑の解答群

① $\dfrac{2B^2a^2v_0b}{R}$　　② $\dfrac{2B^2av_0b^2}{R}$　　③ $\dfrac{2B^2a^2v_0^2b}{R}$　　④ $\dfrac{2B^2av_0^2b^2}{R}$

⑤ $\dfrac{B^2a^2v_0b}{R}$　　⑥ $\dfrac{B^2av_0b^2}{R}$　　⑦ $\dfrac{B^2a^2v_0^2b}{R}$　　⑧ $\dfrac{B^2av_0^2b^2}{R}$

Ⅱ．コイルの自己誘導が無視できない場合は，どのような違いが見られるであろうか。コイルの自己インダクタンスを L とし，先ほどのように磁石に外力を作用させて，磁石が初速度 v_0 を保ったままコイルの上を通過するようにする。まず，時刻 t に磁石の位置が $0 < X(t) < b$ にあるときを考える。微小な時間 Δt の間の電流変化を $\Delta I(t) = I(t + \Delta t) - I(t)$ とすると，コイルには逆起電力 ㉒ が生じ，キルヒホッフの第二法則より関係式 ㉓ を得る。電流は初期値 $I(0) = 0$ からある一定値 I_0 に向かい変化する。その値は，関係式 ㉓ において $\dfrac{\Delta I(t)}{\Delta t} = 0$ とすることにより $I_0 =$ （エ） と求まる。電流が時間変化するため，磁石の速度を初速度に保つために作用させる外力も時間変化する。同様の考察は，磁石の位置が $b < X(t) < 2b$ にあるときにもあてはまる。したがって，磁石の位置が $0 < X(t) < 2b$ にあるときの外力の大きさ $F_L(t)$ と，自己誘導が無視できる場合に ⑲ で求めた外力の大きさ F_0 との大小関係は ㉔ である。この間に $F_L(t)$ がする仕事を W_L，そのときにコイルに生じるジュール熱を Q_L とする。W_L，Q_L を自己誘導が無視できる場合に ⑳ ，㉑ で求めた値 W_0，Q_0 と比べると，それらの量の間には ㉕ の関係がある。

㉒の解答群

① $L\dfrac{\Delta I(t)}{\Delta t}$　　　② $-L\dfrac{\Delta I(t)}{\Delta t}$　　　③ $\dfrac{1}{L}\dfrac{\Delta I(t)}{\Delta t}$

④ $-\dfrac{1}{L}\dfrac{\Delta I(t)}{\Delta t}$

(23)の解答群

① $-Bav_0 - L\dfrac{\Delta I(t)}{\Delta t} = RI(t)$

② $-Bav_0 + L\dfrac{\Delta I(t)}{\Delta t} = RI(t)$

③ $-Bbv_0 - L\dfrac{\Delta I(t)}{\Delta t} = RI(t)$

④ $-Bbv_0 + L\dfrac{\Delta I(t)}{\Delta t} = RI(t)$

⑤ $-Bav_0 - \dfrac{1}{L}\dfrac{\Delta I(t)}{\Delta t} = RI(t)$

⑥ $-Bav_0 + \dfrac{1}{L}\dfrac{\Delta I(t)}{\Delta t} = RI(t)$

⑦ $-Bbv_0 - \dfrac{1}{L}\dfrac{\Delta I(t)}{\Delta t} = RI(t)$

⑧ $-Bbv_0 + \dfrac{1}{L}\dfrac{\Delta I(t)}{\Delta t} = RI(t)$

(24)の解答群

① $F_L(t) \leqq F_0$　　　　　　　② $F_L(t) \geqq F_0$

(25)の解答群

① $W_L > W_0,\ Q_L > Q_0$　　　　② $W_L > W_0,\ Q_L = Q_0$

③ $W_L > W_0,\ Q_L < Q_0$　　　　④ $W_L = W_0,\ Q_L > Q_0$

⑤ $W_L = W_0,\ Q_L = Q_0$　　　　⑥ $W_L = W_0,\ Q_L < Q_0$

⑦ $W_L < W_0,\ Q_L > Q_0$　　　　⑧ $W_L < W_0,\ Q_L = Q_0$

⑨ $W_L < W_0,\ Q_L < Q_0$

3 以下の文章を読み，空欄(26)～(35)にあてはまる最も適切な式や文章をそれぞれの解答群から選び，**解答用紙（その１）**の該当する記号をマークせよ。

図3－1に示すように，媒質Aと媒質Bが境界面で接しているとき，媒質Aを伝わる光が境界面に斜めに入射して媒質Bの中へ進むと，光は屈折する。以下では，奥行きは考えず，光線は紙面内にあるものとする。光の回折は考えない。

まずは準備として，ホイヘンスの原理を用いて屈折の法則を導こう。図3－1の入射波は平面波であり，光線は波面に垂直である。境界面の法線と媒質A，媒質B中の光線とのなす角を，それぞれ，θ_A，θ_Bとする。また，媒質A，媒質B中での光の速さを，それぞれ，v_A，v_Bとする。図3－1に示すように，入射波の波面PRがPに近い方から順に境界面PR'に到達する。すると，PR'間にはPに近い方から順に素元波ができる。それぞれの素元波の波面と共通に接する面が屈折波の波面P'R'となる。Rを通過した波がR'に到達するまでにかかる時間をtとするとき，PR'の長さをv_A，θ_A，tを用いて表すと，　(26)　となる。一方，Pで生じた波がP'に到達するまでにかかる時間もtである。このことから，PR'の長さをv_B，θ_B，tを用いて表すこともできる。以上より，θ_A，θ_B，v_A，v_Bの間には　(27)　が成り立つことがわかる。さらに，媒質A，Bの絶対屈折率n_A，n_Bは，v_Aとv_Bと真空中の光速cを用いて，それぞれ，

$$n_A = \frac{c}{v_A}, \ n_B = \frac{c}{v_B}$$

と与えられる。

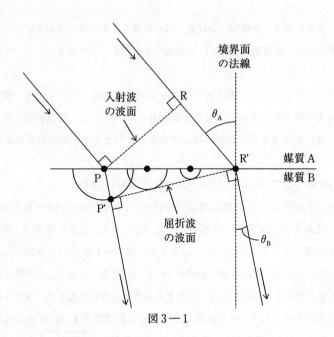

図３－１

空欄(26)に対する解答群

① $v_A t \cos \theta_A$　　② $\dfrac{v_A t}{\cos \theta_A}$　　③ $v_A t \sin \theta_A$　　④ $\dfrac{v_A t}{\sin \theta_A}$

⑤ $v_A t \tan \theta_A$　　⑥ $\dfrac{v_A t}{\tan \theta_A}$　　⑦ $\dfrac{v_A \cos \theta_A}{t}$　　⑧ $\dfrac{v_A}{t \cos \theta_A}$

⑨ $\dfrac{v_A \sin \theta_A}{t}$　　⓪ $\dfrac{v_A}{t \sin \theta_A}$

空欄(27)に対する解答群

① $\dfrac{\cos \theta_A}{\cos \theta_B} = \dfrac{v_A}{v_B}$　　② $\dfrac{\cos \theta_A}{\cos \theta_B} = \dfrac{v_B}{v_A}$　　③ $\dfrac{\sin \theta_A}{\sin \theta_B} = \dfrac{v_A}{v_B}$

④ $\dfrac{\sin \theta_A}{\sin \theta_B} = \dfrac{v_B}{v_A}$　　⑤ $\dfrac{\tan \theta_A}{\tan \theta_B} = \dfrac{v_A}{v_B}$　　⑥ $\dfrac{\tan \theta_A}{\tan \theta_B} = \dfrac{v_B}{v_A}$

⑦ $\dfrac{\cos \theta_A}{\cos \theta_B} = \left(\dfrac{v_A}{v_B} \right)^2$　　⑧ $\dfrac{\cos \theta_A}{\cos \theta_B} = \left(\dfrac{v_B}{v_A} \right)^2$　　⑨ $\dfrac{\sin \theta_A}{\sin \theta_B} = \left(\dfrac{v_A}{v_B} \right)^2$

⓪ $\dfrac{\sin \theta_A}{\sin \theta_B} = \left(\dfrac{v_B}{v_A} \right)^2$

　横幅 h の水平な底面と高さ h の壁で囲まれた容器がある。図3—2はその断面図である。容器の上面はあいており，容器の内と外は空気で満たされている。底面の中心に光源Sがあり，Sからはどの方向にも単色光が発せられている。光源Sの大きさは無視できるほど小さい。図3—2の右の図に示すように，容器上面の水平方向に x 軸をとる。光源Sの x 座標の値は0である。紙面内で x 軸から45°上方で，きわめて遠方に観測者Oがいる。光源Sからの単色光が壁にぶつかることなく観測者Oに届く条件を考えよう。容器の壁と底面は光を透過も反射もしない。空気の絶対屈折率は1とする。

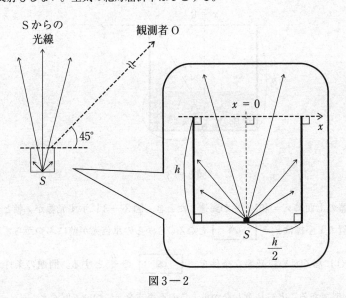

図3—2

　図3—2のままでは光源Sからの単色光は観測者Oには届かない。そこで，図3—3のように，絶対屈折率 n_1 の液体1を底面からの高さ z まで満たし，光を屈折させることを考える。以下では，屈折光のみを考え，液体1と空気の境界面での光の反射は考えない。図3—3に示す光の進む経路（光線）に対し，液体1と空気の境界面の法線と光線のなす角を，液体1中では i，空気中では r とする。一般に，n_1, i, r は　⟨28⟩　をみたす。観測者Oはきわめて遠方にいるので，$r = 45°$ となって容器の上面を出ていく光線が存在すれば，光源Sからの光が観測者Oに届く。

空欄㉘に対する解答群

① $n_1 \cos i = \cos r$ 　　② $n_1 \cos r = \cos i$ 　　③ $n_1 \sin i = \sin r$

④ $n_1 \sin r = \sin i$ 　　⑤ $n_1 \tan i = \tan r$ 　　⑥ $n_1 \tan r = \tan i$

⑦ $n_1 \cos i = \sin r$ 　　⑧ $n_1 \cos r = \sin i$ 　　⑨ $n_1 \sin i = \cos r$

⓪ $n_1 \sin r = \cos i$

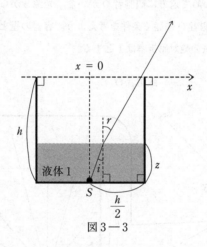

図 3 — 3

容器の上面に $r = 45°$ で光が到達したとき，図 3 — 3 に示す光線が x 軸と交わる位置の x 座標は $x =$ ㉙ となる。S からの単色光が壁にぶつからずに観測者 O に届くために必要な条件を， ㉙ $< \dfrac{h}{2}$ とする。問題の条件より

$i < 45°$ であることに注意しながら，この不等式を z について解くと，

㉚ 　　…… (a)

を得る。一方で問題の条件より，

$0 < z < h$ 　　…… (b)

とする。(a), (b)を同時に満たす z が存在するためには，i は ㉛ を満たす必要がある。さらに， ㉘ に $r = 45°$ を代入して i と n_1 の間の関係式を求め， ㉛ を n_1 についての条件式に書き換えると， ㉜ を得る。これは S からの光が観測者 O に届くために n_1 が満たすべき条件となる。液体 1 が水ならば，その絶対屈折率は $n_1 = 1.33$ なので， ㉝ 。

空欄(29)に対する解答群

① $h + (\cos i - 1)z$　　② $h + (1 - \cos i)z$　　③ $h - (\cos i + 1)z$

④ $h + (\sin i - 1)z$　　⑤ $h + (1 - \sin i)z$　　⑥ $h - (\sin i + 1)z$

⑦ $h + (\tan i - 1)z$　　⑧ $h + (1 - \tan i)z$　　⑨ $h - (\tan i + 1)z$

⓪ $h + (\tan^2 i - 1)z$

空欄(30)に対する解答群

① $z > \dfrac{h}{2(1 - \cos i)}$　　　　② $z < \dfrac{h}{2(1 - \cos i)}$

③ $z > \dfrac{h}{2(1 - \sin i)}$　　　　④ $z < \dfrac{h}{2(1 - \sin i)}$

⑤ $z > \dfrac{h}{2(1 - \tan i)}$　　　　⑥ $z < \dfrac{h}{2(1 - \tan i)}$

⑦ $z > \dfrac{h}{2(\tan i - 1)}$　　　　⑧ $z < \dfrac{h}{2(\tan i - 1)}$

⑨ $z > \dfrac{h}{2(\tan i + 1)}$　　　　⓪ $z < \dfrac{h}{2(\tan i + 1)}$

空欄(31)に対する解答群

① $\cos i < \dfrac{1}{2}$　　② $\cos i > \dfrac{1}{2}$　　③ $\sin i < \dfrac{1}{2}$　　④ $\sin i > \dfrac{1}{2}$

⑤ $\tan i < \dfrac{1}{2}$　　⑥ $\tan i > \dfrac{1}{2}$　　⑦ $\cos i < \dfrac{2}{3}$　　⑧ $\sin i < \dfrac{2}{3}$

⑨ $\tan i < \dfrac{3}{2}$　　⓪ $\tan i > \dfrac{3}{2}$

空欄(32), (34)に対する解答群

① $n_1 > \dfrac{\sqrt{10}}{2}$　　　　② $n_1 < \dfrac{\sqrt{10}}{2}$　　　　③ $n_1 > \dfrac{\sqrt{10}}{3}$

④ $n_1 < \dfrac{\sqrt{10}}{3}$　　　　⑤ $n_1 > \dfrac{3\sqrt{2}}{4}$　　　　⑥ $n_1 < \dfrac{3\sqrt{2}}{4}$

⑦ $n_1 > \dfrac{5\sqrt{2}}{6}$　　　　⑧ $n_1 < \dfrac{5\sqrt{2}}{6}$　　　　⑨ $n_1 > \dfrac{7\sqrt{2}}{6}$

⓪ $n_1 < \dfrac{7\sqrt{2}}{6}$

空欄(33), (35)に対する解答群

① z がある値 z_0(ただし $0 < z_0 < h$)より大きければ, S からの光が O に届く

② z がある値 z_0(ただし $0 < z_0 < h$)より小さければ, S からの光が O に届く

③ z が $0 < z < h$ の範囲でどんな値をとっても, S からの光が O に届く

④ z が $0 < z < h$ の範囲でどんな値をとっても, S からの光は O に届かない

次に, 図 3―4 に示すように, 光源 S を動かし, S の x 座標を $x = -\dfrac{h}{4}$ とした。光源 S の x 座標が $x = 0$ の場合と同様の考察をすると, S からの光が容器の壁にぶつかることなく観測者 O に届くために必要な n_1 の条件は　(34)　となる。液体 1 が水であれば,　(35)　。

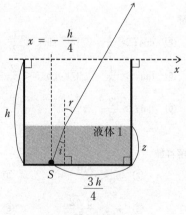

図 3―4

化　学

（80分）

Ⅰ 次の問1，問2の答をマーク・シート解答用紙に記入せよ。

問1 次の燃焼熱，生成熱，反応熱，昇華熱，蒸発熱，結合エネルギーの値を用
いて，以下の文の下線①〜④の熱量，結合エネルギー，エネルギー差の値を
整数で求め， $\boxed{1}$ と $\boxed{6}$ に正の符号（＋）が入る場合には ⊛ を，負の符号
（－）が入る場合には ⊖ を， $\boxed{2}$ 〜 $\boxed{5}$ ， $\boxed{7}$ 〜 $\boxed{14}$ にはそれぞれにあ
てはまる最も適切な数値を，マーク・シート解答用紙の同じ番号の解答欄に
マークせよ。また， $\boxed{15}$ にあてはまる最も適切な分子を，語群から選び同
じ番号の解答欄にマークせよ。ただし，すべての熱およびエネルギーは，
$25\,℃$，$1.013 \times 10^5\,Pa$ における値とする。ここで，燃焼によって生成する水
は液体とする。また，異なる分子であっても，同種の結合の結合エネルギー
は同じ値とする。

　　炭素 C（黒鉛）の燃焼熱：$394\,kJ/mol$

　　水素 H_2（気）の燃焼熱：$286\,kJ/mol$

　　アセチレン C_2H_2（気）の生成熱：$-227\,kJ/mol$

　　アセチレン C_2H_2（気）からベンゼン C_6H_6（液）1 mol を生成する反応熱：
　　$632\,kJ/mol$

　　炭素 C（黒鉛）の昇華熱：$720\,kJ/mol$

　　ベンゼン C_6H_6（液）の蒸発熱：$32\,kJ/mol$

　　C－H 結合の結合エネルギー：$411\,kJ/mol$

　　H－H 結合の結合エネルギー：$433\,kJ/mol$

　　C－C 結合の結合エネルギー：$354\,kJ/mol$

　　C＝C 結合の結合エネルギー：$608\,kJ/mol$

アセチレン C_2H_2(気)の燃焼熱を求めると，　 1 　 2 　 3 　 4 　 5 　kJ/molとなる。また，ベンゼン C_6H_6(液)の生成熱を求めると，　 6 　 7 　 8 　kJ/mol となる。

ベンゼン C_6H_6 の構造については，1865年に，ドイツのケクレによって，単結合と二重結合を交互にもつ環状構造（ケクレ構造，図1）が提唱された。現在では，ベンゼン環の二重結合は，特定の炭素原子間に固定されているのではなく，6個の炭素原子間に均等に分布し，正六角形の構造（図2）になっていると考えられている。ここで，ベンゼン C_6H_6(液)の生成熱を使って，正六角形の構造をもつ実在のベンゼンの等価な炭素－炭素結合の1個あたりの結合エネルギーを求めると，　 9 　 10 　 11 　kJ/molとなる。また，炭素原子間の結合エネルギーに注目して，ケクレ構造をもつ仮想の環状分子1,3,5-シクロヘキサトリエン（図1）と，すべての炭素－炭素結合距離が等しい正六角形の構造をもつ実在のベンゼン（図2）の安定性を考えると，両者のエネルギー差は，　 12 　 13 　 14 　kJ/molであり，　 15 　の方がエネルギー的に安定であることがわかる。

図1　ケクレ構造をもつ仮想の環状分子1,3,5-シクロヘキサトリエン

図2　正六角形の構造をもつ実在のベンゼン

［語群］

15

① ケクレ構造をもつ1,3,5-シクロヘキサトリエン

② 正六角形の構造をもつベンゼン

問2　原子番号1～20の元素について記述した以下の文(1)～(6)について，下線部分の記述が正しければ①を，誤っていれば②を同じ番号の解答欄にマークせよ。

(1) L殻に収容できる電子の最大数は8個である。   ⟨16⟩

(2) 原子の最外殻電子数は，常に価電子数と等しい。   ⟨17⟩

(3) 第2族の元素の原子半径は，原子番号が大きくなるほど大きくなる。

⟨18⟩

(4) アルカリ金属に属する元素の一価の陽イオンのイオン半径は，同じ電子
   配置の貴ガス(希ガス)の原子半径よりも大きい。   ⟨19⟩

(5) イオン化エネルギーが最も大きい元素は，Arである。   ⟨20⟩

(6) ハロゲンの一価の陰イオンから電子1個を取り去るのに必要な最低のエ
   ネルギーは，そのハロゲンの電子親和力と大きさが等しい。   ⟨21⟩

Ⅱ 次の問1の答を記述式解答用紙に，問2の答をマーク・シート解答用紙に記入
   せよ。

問 1 アンモニアに関して，以下の文を読み設問(1)〜(5)の答を記述式解答用紙の
   解答欄に記入せよ。ただし，すべての気体は理想気体とする。

アンモニアは重要な工業原料であり，窒素と水素の体積比1：3の混合気
体を，四酸化三鉄を主成分とする触媒を用いて最適化された温度と圧力下で
直接反応させて得られる。この方法を(ア)法という。この反応は可逆
で，一定の条件で平衡状態に達する。この化学反応式から，ルシャトリエの
原理を考えると(イ)であるほど有利であることがわかる。また，この反
応は(ウ)であるため，温度を下げると平衡が移動しアンモニアの生成量
は(エ)。

アンモニアの実験室での生成方法として，塩化アンモニウムと水酸化カル
シウムの混合物を加熱し，(オ)で捕集することができる。
　　　　　　　A

アンモニアと二酸化炭素を反応させることで，肥料の原料として使用され
　B
る尿素を合成することができる。

語群：　a　ホール・エルー　　　　　　　　b　オストワルト

　　　　c　アンモニアソーダ　　　　　　　d　ハーバー・ボッシュ

　　　　e　高圧力　　　　　　　　　　　　f　低圧力

　　　　g　吸熱反応　　　　　　　　　　　h　発熱反応

　　　　i　吸熱も発熱もしない反応　　　　j　減少する

　　　　k　増加する　　　　　　　　　　　l　変化しない

　　　　m　下方置換　　　　　　　　　　　n　上方置換

　　　　o　水上置換

(1)　(ア)〜(オ)に当てはまる最も適切な語句をそれぞれ語群の a 〜 o から一つ選び記号で答えよ。

(2)　窒素ガス 1.0 mol と水素ガス 3.0 mol を混合させて 6.0×10^7 Pa に保ったとき，アンモニアが生成され平衡となった。このときアンモニアの体積百分率は 40 ％であった。この平衡状態での窒素と水素の物質量(mol)を求めて，それぞれ解答欄の(Ⅰ)，(Ⅱ)に記入せよ。有効数字は 2 桁で求めよ。

(3)　(2)の平衡状態における窒素と水素の分圧(Pa)を求めて，それぞれ解答欄の(Ⅲ)，(Ⅳ)に記入せよ。有効数字は 2 桁で求めよ。

(4)　下線Aの化学反応の化学反応式を示せ。

(5)　下線Bの化学反応の化学反応式を示せ。

問 2　以下の文を読み，(1)〜(8)の化合物に関する答をマーク・シート解答用紙の解答欄 │22│ 〜 │29│ に記入せよ。

　　　以下の(1)〜(8)の化合物を水に溶かした場合，その水溶液が酸性を示すものには①，中性を示すものには②，塩基性を示すものには③をマークせよ。

(1)　$NaHSO_4$　　　　　　　　　　　　　　　　　　　　　　　│22│

(2)　$NaHCO_3$　　　　　　　　　　　　　　　　　　　　　　│23│

(3)　KNO_3　　　　　　　　　　　　　　　　　　　　　　　│24│

(4)　$CuSO_4 \cdot 5H_2O$　　　　　　　　　　　　　　　　　　│25│

(5)　Ca(OH)$_2$　　　　　　　　　　　　　　　26

(6)　Na$_2$O　　　　　　　　　　　　　　　　27

(7)　P$_4$O$_{10}$　　　　　　　　　　　　　　　28

(8)　AlK(SO$_4$)$_2$·12H$_2$O　　　　　　　　　29

III　以下の文を読み，設問(1)〜(3)の答を解答欄に記入せよ。ただし，原子量はそれ
ぞれ H 1.0，C 12.0，O 16.0 とし，構造式は下の例にならって示せ。

例)

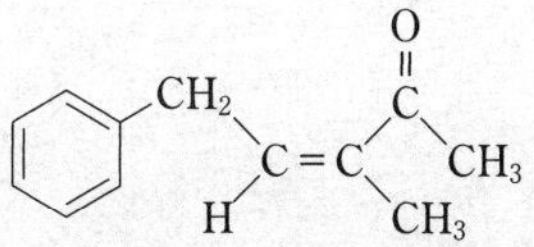

化合物**A**は炭素原子，水素原子のみからなる芳香族化合物で，その分子量は
116 である。**A** 58.0 mg を完全燃焼させると二酸化炭素 198 mg，水 36.0 mg が得
られた。**A**に金属触媒の存在下で等しい物質量の水素を付加させると，シス形の
化合物**B**が生成した。**A**に硫酸水銀(Ⅱ)を触媒として水を付加すると，2 種類の
カルボニル化合物**C**および**D**が生成した。**C**および**D**にヨウ素と水酸化ナトリウ
ム水溶液を反応させると，**D**のみに黄色沈殿が生成した。また，1 分子の**A**に対
して臭素 2 分子を付加させると化合物**E**が生成した。

Bをオゾンで酸化したのち，亜鉛で処理すると，化合物**F**および**G**が生成した
（下図参照）。**F**をフェーリング液とともに加熱すると，赤色の沈殿が生じた。**G**
は空気中で徐々に酸化されて固体の化合物**H**に変化した。

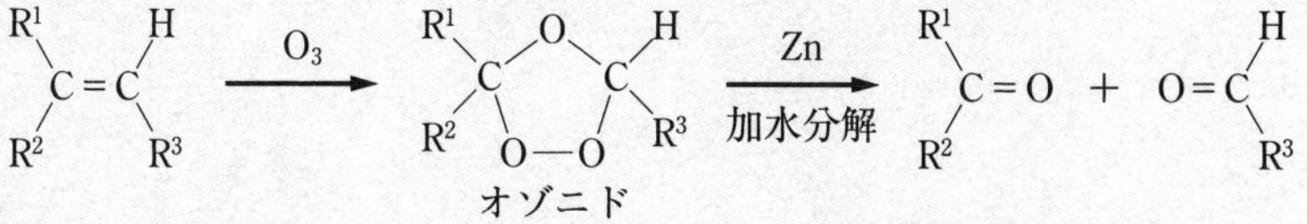

図　アルケンとオゾンの反応式

(1) **A** の分子式を示せ。

(2) **A** 〜 **H** の構造式を示せ。

(3) 下線部の赤色沈殿の化学式を記せ。

解 答 編

英 語

① 解答 **[1]** 全訳下線部A，B参照。
[2] 1—(2) 2—(4) 3—(1) 4—(3) 5—(4)
6—(4) 7—(3) 8—(4) 9—(4) 10—(1) 11—(4) 12—(1) 13—(3)
14—(4) 15—(3)

······················· 全訳 ·······················

《嗅覚と健康》

① 嗅覚はあなたを取り巻く世界の経験を豊かにする。様々な香りは気分を変え，遠い記憶を呼び覚まし，愛する人との絆を深めるのに役立ちさえするかもしれない。嗅覚は健康にも重要な役割を果たす。嗅覚が衰えると，食生活や栄養状態，身体の健康，日常の安全性にも影響が及ぶ。

② コーヒーを淹れる時にしても，森の松の木や火事の煙にしても，私たちが嗅いでいるものは，実は身の回りの物質から放出された小さな分子である。私たちがこれらの分子を吸い込むと，鼻の奥にある特殊な感覚細胞を刺激する。これらの感覚細胞はそれぞれ1種類だけ臭気受容体を有する──臭気受容体とは，特定の種類の「においのする」分子を選択的に捕らえる細胞上の構造である。環境中には臭気受容体の数よりも多くのにおいが存在する。しかし，ある分子がこれらの受容体の組み合わせを刺激することで，特定のにおいに対してそれ固有の表現形式が脳内に形成される。

③ フィラデルフィアにあるモネル化学感覚研究所の味覚・嗅覚研究者であるゲーリー＝ボーシャン博士は「人間が感知できるにおいの数は10,000から1,000億かそれ以上と推定されています」と言う。私たちは皆，鼻の中のにおいを感知する細胞の組み合わせが異なるので，においに対する感度は人によって大きく異なります，と彼は説明する。「実際に同じ物体の

においを嗅いだとしても，その感じ方は大きく異なる可能性があります」
とボーシャンは言う。

④　においの情報は脳の様々な部位に送られるため，においは記憶，気分，
感情など，私たちの生活の様々な側面に影響を与える可能性がある。何千
年もの間，香りのある植物は古代中国，インド，エジプトなど，多くの文
化圏で癒しの手段に使われてきた。例えばアロマセラピーは，花やハーブ，
樹木から抽出した精油を使って身体的および感情的な幸福感を向上させる
ことを目的としている。

⑤　現在までのところ，健康問題の大半に対してアロマセラピーが有効であ
ることを裏付ける科学的根拠はほとんどない。しかしながら，香りの記憶
は鮮明で長く持続する可能性があるため，好ましい影響をもたらす可能性
はある。

⑥　ボーシャンは「ラベンダーがよい例で，リラックス効果のある香りだと
もてはやされていますが，問題があります。それがリラックス効果をもつ
香りになる理由は，私たちがリラックスしているところにこのような特定
の香りがあったという過去の経験があるので，私たちは両者を結びつけて
しまった，ということなのではないでしょうか？」と言っている。科学者
は，様々な種類のアロマセラピーが私たちの健康や幸福にどのような影響
を与えるのか研究を続けている。

⑦　嗅覚は味を感じるためにも大切である。食物を咀嚼すると，口や喉から
鼻に伝わる香りが放出される。嗅覚がなければ，私たちは甘味・塩味・苦
味・酸味・うま味（風味）の５つの基本的な味しか感じることができない。
しかし私たちの脳は，味覚と嗅覚の両方の受容体から情報を取り入れて
様々な味の知覚を作り出している。

⑧　食べ物が薄味に感じられたり，少し「味がない」と感じたりするように
なると，味覚を失ったと思う人がいるかもしれない。だが実際には嗅覚が
失われている可能性がある。

⑨　嗅覚が鈍る原因には様々なものがある。鼻づまりや鼻の中の無害な腫瘍
（ポリープと呼ばれる）は空気を遮断するため，においが感覚細胞に届か
なくなることがある。抗生物質や血圧の薬など，薬によってはにおいを変
化させることもある。これらの影響はたいてい一時的なものである。病気
が回復するか治療を中止すれば嗅覚は戻るだろう。

10　しかしながら，長期にわたって嗅覚障害を引き起こすものもある。例えば，頭部の怪我やウイルスによって嗅覚に関係する神経が損傷を受けることがある。また，加齢とともに嗅覚が自然に衰えてくることもある。

11　NIH の公衆衛生専門家であるハワード＝ホフマンは「かなりの人が自分の嗅覚に問題があることを認識していません」と言う。最近行われた国民健康栄養調査では，成人の 12％に嗅覚障害があることが明らかになった。この問題は年齢とともに増加し，80 歳以上では 39％が嗅覚障害を示している。

12　「嗅覚障害による生活の質の問題は，その人の置かれた状況によって影響が異なります。その影響は甚大なものになることもあるのです」とホフマンは言う。食事が楽しくなくなることもあり得る。食への関心がなくなったり，食習慣が変わったりして，健康的でないものを食べるようになるかもしれない。

13　嗅覚を失った人は食べ物に塩分や糖分を加えて風味を高めようとすることがある。しかしこれらの添加物は，高血圧，腎臓病，糖尿病など，特定の病状のリスクがある人に問題を引き起こす可能性がある。嗅覚障害が生活の質に影響を及ぼしていると思われる場合は医師に相談すべきである。

14　嗅覚障害は「警告」のにおいに気づかない場合，危険をもたらす可能性もある。最近の国民健康栄養調査によると 10 人に 1 人が煙のにおいを識別できず，約 15％が天然ガスのにおいがわからなかった。「高齢になるにつれてその割合は高くなります」とホフマンは言う。70 歳以上では，20％が煙のにおいを，31％がガスのにおいを識別できなかった。

15　神経変性疾患と嗅覚障害の専門家であるコロンビア大学のダバンジュレ＝デバナンド博士によれば，「加齢によって鼻腔の嗅覚はある程度低下するが，脳そのものの機能低下の方がはるかに大きい。主な理由は，嗅覚と記憶に関係する脳の部位の機能が年をとるにつれて損なわれるからです」。

16　しかし嗅覚の問題は，通常の老化ではすまない可能性もある。パーキンソン病，アルツハイマー病，多発性硬化症などの深刻な健康状態の初期症状であることもあるのだ。現在デバナンドのグループは嗅覚障害とアルツハイマー病の関係を研究している。

17　食べ物のにおいや味が思うように感じられない場合は医師に相談すべきである。医療従事者は，「スクラッチ・アンド・スニッフ」嗅覚検査を実

施することで，どのような嗅覚障害が生じているかを判断することができる。この検査だけでは深刻な健康問題を診断することはできないが，他の検査と併用すれば有益な情報を得ることができる。

18　嗅覚は人間の五感の中で最も神秘的なものかもしれない，とボーシャンは言っている。「嗅覚障害についてはかなり解明されており，非常に正確な診断ができます。しかし，（長く続く嗅覚障害については）ほとんどの場合，信頼でき，広く受け入れられている治療法はない」のである。嗅覚訓練がにおいを識別する能力を向上させるのに役立つ可能性がある，ということを示唆する研究もある。ボーシャンの説明によると，訓練が新しい受容体の成長を刺激したり，脳が弱いにおいを識別する能力を向上させたりする可能性がある，ということである。しかし研究者は，これがどのように作用するのか，あるいは本当に作用するのかどうかをまだ研究中である。

19　すべての感覚と同じように，嗅覚はあなたの生活において重要な役割を果たしている。味覚や嗅覚が低下していると感じたら医療機関を受診してほしい。問題を解決する手段があるかもしれない。そうでないとしても医師は嗅覚や味覚の変化に向き合えるように手助けすることはできるのである。

出典追記：What Your Nose Knows, NIH News in Health, August 2016

=== 解　説 ===

[1] A. 下線部は，文頭の副詞句 to date「現在までのところ」に there be 構文が続く構造になっている。否定語の little と supporting 以下が evidence を修飾している構造を正確に訳出したい。

B. 下線部の述語動詞は affect であり，その前が主部，people が目的語になっていることは比較的わかりやすい。それを踏まえたうえで，カタカナとアルファベットが使えないという条件に即して Quality of life を「生活の質」とし，副詞句 depending upon〔on〕～「～に応じて」を文脈にあわせて訳出する。

[2] 1.「この文章に最も適する題名は何か」

(1)「嗅覚の喪失」

(2)「嗅覚と健康」

(3)「科学者には嗅覚の仕組みがわからない」

(4)「鼻はどのように変化するか」

全体を通して人間の嗅覚について書かれた文章であることは明らかである。第1段第3文（Your ability to …）などの記述から，嗅覚と健康の関係が主題になっていると判断できる。よって，正解は(2)である。

2.「嗅覚について正しくないものはどれか」

(1)「嗅覚は健康において重要な役割を果たす」

(2)「様々なにおいによって私たちは過去の記憶を想起する」

(3)「嗅覚は愛する人々との触れ合いに役立つ」

(4)「私たちの嗅覚は日常の安全性とともに衰退する」

第1段最終文（If your ability …）から読み取れるのは，嗅覚の衰えが日常の安全性に影響する可能性があるということであって，両者が同時並行的に起こるということではないから，本文内容に合致しないのは(4)である。なお，(1)は第1段第3文（Your ability to …）に，(2)と(3)は第1段第2文（Different scents can …）にそれぞれ該当する内容がある。

3.「同じ物質なのに人によってにおいが異なるのはなぜか」

(1)「人によってにおいを感知する細胞の組み合わせが異なる」

(2)「世界には1,000億以上のにおいがある」

(3)「においへの感度は人によって変わることはあまりない」

(4)「それぞれの物体が異なっている可能性がある」

第3段第2文（We all have …）より，嗅覚細胞の組み合わせには個人差があり，においの感じ方も人によって異なることがわかる。よって正解は(1)である。

4.「ラベンダーの例は，…ために用いられている」

(1)「ラベンダーの香りがどれほど健康によいかを例証する」

(2)「花の香りが脳に対してどれほどリラックス効果があるかを示す」

(3)「記憶がにおいの感じ方にどのように影響するかについて例示する」

(4)「様々な種類のアロマセラピーがあることを理解しやすくする」

ラベンダーの話題が導入される直前の第5段（To date, … a positive effect.）の内容を正確に押さえたい。そこでは，アロマセラピーの健康面の効果には科学的な根拠が乏しいものの，においに対する記憶は長く鮮明に残り続けるために好ましい影響が生じる可能性がある，ということが述べられており，ラベンダーはこのアロマセラピーに用いられる香りの例として引用されている。したがって，記憶と嗅覚の関係に言及している(3)が

正解である。

5.「嗅覚は味覚にどのように影響するか」

(1)「それは私たちが世の中で様々な種類のにおいを感知するのに役立つ」

(2)「食べる時に特定のにおいが鼻を通して口や喉に感知される」

(3)「5種類の味は脳によって感知されるが，においが根拠となって私たちはそれら5つの味を感知することができる」

(4)「鼻からの情報と組み合わさって，喉と口は私たちが様々な種類の風味を感じ取るのに役立つ」

　第7段最終文（But our brains …）には，脳が嗅覚と味覚の情報を統合することによって様々な風味が知覚されるということが説明されている。よって，正解は(4)である。

6.「短期的な嗅覚障害は…によって引き起こされる可能性がある」

(1)「鼻づまり」

(2)「鼻の中の腫瘍」

(3)「特定の薬品」

(4)「上記すべて」

　短期的な嗅覚障害の原因については第9段で述べられている。同段第2・3文（A stuffy nose, … can alter smell.）に，(1)～(3)のいずれにも該当する記述があるので，正解は(4)である。

7.「長く続く嗅覚障害を引き起こす可能性のあるものは何か」

(1)「中断した治療」

(2)「あらゆる外傷やウイルス」

(3)「老化」

(4)「上記のどれでもない」

　第10段最終文（And your ability …）によれば，老化によって嗅覚が衰える可能性があることがわかる。本文中には(1)と(2)に該当する記述がないので，正解は(3)である。

8.「嗅覚に問題を抱えている人々は…」

(1)「自分にその問題があることを必ず知っている」

(2)「たいていは膨大な量を食べ始める」

(3)「様々な点で食事内容を改善することが多い」

(4)「以前より調味料を増やすことがある」

第13段第1文（People who've lost …）の内容を踏まえると，嗅覚を喪失した人は調味料を増やして風味を強くしようとすることがあるとわかるので，⑷が正解である。

9.「嗅覚の低下は結果的に…につながる可能性がある」

⑴「糖尿病」

⑵「高血圧」

⑶「腎臓病」

⑷「上記すべて」

第13段第2文（But these additions …）には，塩分や糖分の摂取を増やした人のリスク要因として，高血圧，腎臓病，糖尿病いずれにも言及があるので，正解は⑷である。

10.「加齢にともなって嗅覚が低下する主な理由は何か」

⑴「嗅覚や記憶に関わる脳の部位が損なわれる」

⑵「においを感知する鼻の機能が著しく低下する」

⑶「体内で生じる様々な病変が根本的に悪化する」

⑷「過去の経験の中から重要なにおいを思い出せなくなる」

第15段最終文（"The main reason appears …）には，加齢による嗅覚低下の主な要因として，嗅覚や記憶に関わる脳の部位は加齢によって機能が低下することが考えられると説明されている。したがって，正解は⑴である。

11.「touted という語に最も意味が近いのは…である」

⑴「創造される」

⑵「研究される」

⑶「任命される」

⑷「宣伝される」

下線部を含む文では，Lavender が which の先行詞であり，下線部直後に as a relaxation odor「リラックス効果のある香りとして」とあることから，ここでは「ラベンダーはリラックス効果のある香りとして『認知されている／知られている／ということになっている』」といった内容であると推測することができる。tout *A* as *B*「*A* を *B* だと言って褒めちぎる，持ち上げる」なので，touted as ～ は「～という触れ込みである，～であると持ち上げられている」の意。⑷の advertise には advertise *A* as *B*

「*A* を *B* であるとして宣伝する」という用法があるので，これが正解。(3)と迷うかもしれないが，name は as とともに用いる（name *A* as *B*）と「*A* を *B* だと確認する，*A* を *B* に任命する」という意味になり，「*A* を *B* と名付ける」という意味にはならないことに注意。

12.「well-being という語に最も意味が近いのは…である」
(1)「幸福」
(2)「成長」
(3)「変化」
(4)「存在」

　アロマセラピーに言及する文において health と並列関係にあることから well-being が「幸福」の意味であることはある程度見当がつくと思われるが，入試ではよく見かける語なので知識として暗記しておくのが望ましい。

13.「a good sized majority という表現に最も意味が近いのは…である」
(1)「過半数」
(2)「約半数」
(3)「半分よりもはるかに多い数」
(4)「半分のうちのほとんど」

　majority は「大多数，（多数決などの）過半数」という意味であり，下線部はこれを good sized で強めているので，半分よりもかなり多いことを示す(3)を正解と判断する。

14.「put you in harm's way という表現に最も意味が近いのは…である」
(1)「1つ上のレベルにさせる」
(2)「自信を低下させる」
(3)「傷つける」
(4)「危険を高める」

　下線部には harm「害」が含まれており，それに続く第14段第2文（The recent national …）では煙やガスのにおいを感知できない人についての調査結果が紹介されていることをあわせて考えると，下線部は身体的な危険が高まることを示していると推定できる。よって，(4)が正解である。

15.「for the most part という表現に最も意味が近いのは…である」
(1)「ほとんどの地域で」

(2)「ほとんどの専門家によれば」

(3)「全体的に見て，大体は」

(4)「世界では」

for the most part は「大部分は，ほとんどの場合は」という意味であるから，本問では(3)が最も近い意味である。

② 解答 1. artificial 2. incentive 3. diversity 4. efficient 5. religion

━━━━━━ 解 説 ━━━━━━

1.「自然ではないし本物でもない」⇒「人工の」

2.「何かしたりもっと努力したりするように仕向けるもの」⇒「インセンティブ，誘因」

3.「多くの様々な形態や種類や考えなどがあるという性質または状態」⇒「多様性」

4.「材料や時間やエネルギーを無駄にすることなく，望ましい結果を生み出す能力がある」⇒「能率的な，効率のよい」

5.「一神ないし多神を信仰すること」⇒「宗教」

③ 解答 [1] 16―3 17―9 18―7 19―5 20―1 [2] 21―2 22―2 23―2 24―2 25―1

━━━━━━ 全 訳 ━━━━━━

《パソコン修理サービス業者との電話での会話》

ジャック：PC バディーズです。いかがされましたか？

ミキ　　：はい，ブラウザの調子が悪いんです。

ジャック：承知しました。サポート ID 番号をお伺いしてもよろしいでしょうか？

ミキ　　：C86906991 です。

ジャック：かしこまりました。スドウミキ様でよろしいでしょうか？

ミキ　　：はい，そうです。

ジャック：不具合の状況を教えてもらえますか？

ミキ　　：ブラウザに何も入力ができないみたいなんです。

ジャック：そういうことは以前にもございましたか？

ミキ　　　：兄が数週間前に使っていて同じようなことがあったと言っていました。

ジャック：あれ？　そうなんですね。お兄様はどうやって解決されましたか？

ミキ　　　：お手上げで諦めるしかないと言っていました。

ジャック：承知しました。いくつか作業をお願いすることになると思います。

ミキ　　　：はい，お願いします。

ジャック：しばらく切らずにお待ちいただいてもよろしいですか？

ミキ　　　：もちろんです。切らないようにしておきます。

=== 解　説 ===

[1] 16. have some issues with ～「～に問題がある」

17. nature「性質」

18. That's odd.「それは変な話ですね」

19. be all ears「一心に耳を傾けている，どうぞおっしゃってください」は相手に発言を促すための表現。

20. on hold「（電話を）切らずに待って」

[2] 21.「ジャックとミキは仲間である」

　buddy は「仲間」という意味であるが，ジャックの第 1 発言における Buddies は大文字で始まっていることからわかるように「PC バディーズ」という店名の一部と考えられるので，ジャックとミキが友人関係にあるということではない。したがって，本文の内容に合致しない。

22.「ジャックは偶然にミキの氏名を言い当てている」

　ジャックは第 2 発言でミキにサポート ID 番号を尋ねていることから，登録された会員情報を参照することでミキのフルネームを確認したと考えられる。よって，本文の内容に合致しない。

23.「このコンピュータでこのような不具合が出るのは，これが初めてである」

　ミキの第 5 発言から，ミキの兄が使っていたときにも今回と同様の不具合が生じていることがわかるので，本文の内容に合致しないと判断することができる。

24.「ミキの兄は問題を解決することができた」

　ミキの第6発言には，兄が問題の解決を断念したことが言及されており，本文の内容に合致しない。

25.「ミキとジャックは電話で話している」

　ミキの最終発言における hang up「電話を切る」という表現から，本問の会話が電話によるものであることが推定できる。よって，本文内容に合致している。

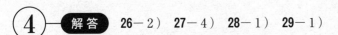

④　解答　26－2）　27－4）　28－1）　29－1）

=== 解説 ===

26. (Under) these <u>circumstances</u>(,) you <u>have got</u> to stay (with me.)

have got to *do*「～しないといけない」

27. (As) far as <u>I</u> can tell(,) <u>our proposal</u> will be accepted (by the managers.)

「私の知る限りでは」は as far as I know が有名であるが，本問では know が can tell に代わっており，この tell は「言う」ではなく「わかる」という意味である。

28. (Without) your <u>continued support</u>(,) none <u>of this</u> would have been (possible.)

without「～がなければ」を仮定法の条件として用いる。

29. (The development of the Internet) has <u>made it</u> more convenient <u>for individuals</u> to communicate over long distances(.)

重要構文 S make it convenient for *A* to *do*「S は *A* が～するのを便利にする，S によって *A* は～するのが便利になる」を踏まえて，S が the development of the Internet，*A* が individuals となる英文を構成する。

講評

　1　A方式と同じ形式の問題であり，全体的に難易度もほとんど変わらない。[1]の下線部Bでは，カタカナやアルファベットを訳文に入れないことが求められているので，見落とさないよう気をつけなければならない。

2　A方式と同様の英語による語義問題だが，設問数は半分の5問である。問われている語の中には受験生が見慣れないものも含まれ，品詞の知識も必要であるから，受験生には難しい問題だと思われる。

3　A方式の4と同形式の会話文問題である。会話の流れはつかみやすいが，選択肢には受験生が聞き慣れない慣用句も含まれている。

4　和文付き語句整序が4問の構成である。A方式と同様に，標準的な知識が問われており，英文の構造もさほど複雑ではないので，高得点を狙いたい。

数　学

1　**解答**　(1)$\boxed{1}\boxed{2}\boxed{3}$ 152　(2)$\boxed{4}\boxed{5}$ 11　(3)$\boxed{6}\boxed{7}\boxed{8}$ 509

━━━━━━━━━ **解説** ━━━━━━━━━

《1次不定方程式》

(1) 11 で割ると 9 余り，71 で割ると 10 余るような自然数 n は，整数 x, y を用いて

$$n = 11x + 9　\cdots\cdots①$$
$$n = 71y + 10　\cdots\cdots②$$

と表せる。①，②より，n を消去して

$$11x + 9 = 71y + 10$$
$$11x - 71y = 1　\cdots\cdots③$$

ここで，$x = 13$, $y = 2$ は，③の整数解の 1 つであるから

$$11 \times 13 - 71 \times 2 = 1　\cdots\cdots④$$

③－④ より

$$11(x - 13) - 71(y - 2) = 0$$
$$11(x - 13) = 71(y - 2)　\cdots\cdots⑤$$

11 と 71 は互いに素であるから

$$y - 2 = 11k　(k：整数)$$

と表せるので，このとき⑤は

$$11(x - 13) = 71 \cdot 11k　　x = 71k + 13$$

これを①に代入して

$$n = 11(71k + 13) + 9 = 781k + 152$$

n は自然数なので，k は 0 以上の整数となる。よって，求める最小の自然数 n は，$k = 0$ のとき，すなわち

$$n = 781 \times 0 + 152 = 152　(\to \boxed{1} \sim \boxed{3})$$

(2) (1)より，$n = 781k + 152$ が 4 桁の自然数となる k の範囲は

$$1000 \leqq n < 10000$$
$$1000 \leqq 781k + 152 < 10000$$

$848 \leqq 781k < 9848$

これを満たす整数 k は　　　$k = 2, 3, \cdots, 12$

このとき, k は 11 個。

∴　4 桁の自然数は全部で　　11 個　（→ ④ ⑤）

(3)　11 で割ると 3 余り, 71 で割ると 12 余るような自然数 m は, 整数 z, w を用いて

$m = 11z + 3$　……⑥

$m = 71w + 12$　……⑦

と表せる。⑥, ⑦より, m を消去して

$11z + 3 = 71w + 12$

$11z - 71w = 9$　……⑧

ここで, $11z - 71w = 1$ について, (1)より, $11 \times 13 - 71 \times 2 = 1$ が成り立つので, この両辺に 9 をかけると

$11 \times 117 - 71 \times 18 = 9$　……⑨

⑧－⑨より

$11(z - 117) - 71(w - 18) = 0$

$11(z - 117) = 71(w - 18)$

(1)と同様に, $w - 18 = 11l$（l：整数）　とおくと

$11(z - 117) = 71 \cdot 11l$　　　$z = 71l + 117$

これを⑥に代入して

$m = 11(71l + 117) + 3 = 781l + 1290$

よって, 自然数 m が最小となるのは, $l = -1$ のときなので, 求める最小の自然数 m は

$m = 781 \times (-1) + 1290 = 509$　→（ ⑥ ～ ⑧ ）

② 解答

(1) ⑨ ⑩ −4　⑪ 3　⑫ 4

(2) ⑬ 8　⑭ 5　⑮ 6

(3) ⑯ 2　⑰ 2　⑱ 5　⑲ ⑳ 12　㉑ 6　㉒ 2　㉓ 4

━━━━━ 解説 ━━━━━

《複素数の絶対値・偏角, ド・モアブルの定理》

(1)　$x^2 - 2\sqrt{3}x + 2 = 0$ を解くと

$$x=\frac{-(-\sqrt{3}\,)\pm\sqrt{(-\sqrt{3}\,)^2-1\cdot2}}{1}=\sqrt{3}\pm1$$

よって

$$a=\sqrt{3}-1,\ b=\sqrt{3}+1$$

であるから

$$w=(a+bi)^2=\{(\sqrt{3}-1)+(\sqrt{3}+1)i\}^2$$
$$=(\sqrt{3}-1)^2+2(\sqrt{3}-1)(\sqrt{3}+1)i+(\sqrt{3}+1)^2i^2$$
$$=3-2\sqrt{3}+1+4i+(3+2\sqrt{3}+1)(-1)=-4\sqrt{3}+4i\ \ \rightarrow(\boxed{9}\sim\boxed{12})$$

(2)　(1)より

$$|w|=|-4\sqrt{3}+4i|=\sqrt{(-4\sqrt{3}\,)^2+4^2}=8\quad(\rightarrow\boxed{13})$$

であるから

$$w=-4\sqrt{3}+4i=8\left(-\frac{\sqrt{3}}{2}+\frac{1}{2}i\right)=8\left(\cos\frac{5}{6}\pi+i\sin\frac{5}{6}\pi\right)$$

よって

$$\arg w=\frac{5}{6}\pi\quad(\rightarrow\boxed{14},\ \boxed{15})$$

(3)　$$|w|=|(a+bi)^2|=|a+bi|^2=8$$

よって

$$|a+bi|=2\sqrt{2}\quad(\rightarrow\boxed{16},\ \boxed{17})$$

$a+bi=2\sqrt{2}\,(\cos\theta+i\sin\theta)$ とおくと，$a>0$，$b>0$ より $0<\theta<\dfrac{\pi}{2}$ で

$$w=(a+bi)^2=8(\cos2\theta+i\sin2\theta)$$

w の偏角は $\dfrac{5}{6}\pi$ だから

$$2\theta=\frac{5}{6}\pi$$

$$\theta=\arg(a+bi)=\frac{5}{12}\pi\quad(\rightarrow\boxed{18}\sim\boxed{20})$$

$$\cos\frac{5}{12}\pi=\frac{a}{2\sqrt{2}}=\frac{\sqrt{3}-1}{2\sqrt{2}}=\frac{\sqrt{6}-\sqrt{2}}{4}\quad(\rightarrow\boxed{21}\sim\boxed{23})$$

③ 　**解答**　条件より，点 O は線分 BC 上にあるので
$$\overrightarrow{OC}=-\overrightarrow{OB}=-\vec{b}$$

また，点 A，B，D は半径 1 の円 O の周上にあるので
$$|\vec{a}|=|\vec{b}|=|\vec{d}|=1$$

(1)　F，G はそれぞれ △ABD，△ACD の重心なので
$$\overrightarrow{OF}=\frac{\overrightarrow{OA}+\overrightarrow{OB}+\overrightarrow{OD}}{3}=\frac{\vec{a}+\vec{b}+\vec{d}}{3}$$
$$\left.\overrightarrow{OG}=\frac{\overrightarrow{OA}+\overrightarrow{OC}+\overrightarrow{OD}}{3}=\frac{\vec{a}-\vec{b}+\vec{d}}{3}\right\} \quad\cdots\cdots(答)$$

(2)　(1)より
$$\overrightarrow{OF}\cdot\overrightarrow{OG}=\frac{\vec{a}+\vec{b}+\vec{d}}{3}\cdot\frac{\vec{a}-\vec{b}+\vec{d}}{3}=\frac{(\vec{a}+\vec{d})+\vec{b}}{3}\cdot\frac{(\vec{a}+\vec{d})-\vec{b}}{3}$$
$$=\frac{1}{9}(|\vec{a}+\vec{d}|^2-|\vec{b}|^2)=\frac{1}{9}(|\vec{a}|^2+2\vec{a}\cdot\vec{d}+|\vec{d}|^2-|\vec{b}|^2)$$
$$=\frac{1}{9}(1+2k+1-1)=\frac{1+2k}{9} \quad\cdots\cdots(答)$$

(3)　(1)より
$$|\overrightarrow{OF}|^2=\left|\frac{\vec{a}+\vec{b}+\vec{d}}{3}\right|^2=\frac{1}{9}(|\vec{a}|^2+|\vec{b}|^2+|\vec{d}|^2+2\vec{a}\cdot\vec{b}+2\vec{b}\cdot\vec{d}+2\vec{d}\cdot\vec{a})$$
$$=\frac{1}{9}\{1+1+1+2\vec{b}\cdot(\vec{a}+\vec{d})+2\vec{a}\cdot\vec{d}\}$$
$$=\frac{3+2l+2k}{9}$$

$|\overrightarrow{OF}|>0$ より
$$|\overrightarrow{OF}|=\sqrt{\frac{3+2l+2k}{9}}=\frac{\sqrt{3+2l+2k}}{3}$$

また
$$|\overrightarrow{OG}|^2=\left|\frac{\vec{a}-\vec{b}+\vec{d}}{3}\right|^2=\frac{1}{9}(|\vec{a}|^2+|\vec{b}|^2+|\vec{d}|^2-2\vec{a}\cdot\vec{b}-2\vec{b}\cdot\vec{d}+2\vec{d}\cdot\vec{a})$$
$$=\frac{1}{9}\{1+1+1-2\vec{b}\cdot(\vec{a}+\vec{d})+2\vec{a}\cdot\vec{d}\}$$
$$=\frac{3-2l+2k}{9}$$

$|\overrightarrow{OG}|>0$ より

$$|\overrightarrow{OG}|=\sqrt{\frac{3-2l+2k}{9}}=\frac{\sqrt{3-2l+2k}}{3}$$

以上より

$$|\overrightarrow{OF}|=\frac{\sqrt{3+2l+2k}}{3},\quad |\overrightarrow{OG}|=\frac{\sqrt{3-2l+2k}}{3}\quad\cdots\cdots(答)$$

(4) (3)より

$$|\overrightarrow{OF}|=|\overrightarrow{OG}|$$

$$\frac{\sqrt{3+2l+2k}}{3}=\frac{\sqrt{3-2l+2k}}{3}$$

両辺（>0）を2乗して

$$\frac{3+2l+2k}{9}=\frac{3-2l+2k}{9}$$

これより　　$l=0$

このとき

$$|\overrightarrow{OF}|=\frac{\sqrt{3+2\cdot0+2k}}{3}=\frac{\sqrt{3+2k}}{3}$$

であり，$|\overrightarrow{OF}|=|\overrightarrow{OG}|$，$\cos\angle FOG=\frac{1}{6}$ より

$$\overrightarrow{OF}\cdot\overrightarrow{OG}=|\overrightarrow{OF}||\overrightarrow{OG}|\cos\angle FOG$$

$$\frac{1+2k}{9}=\frac{\sqrt{3+2k}}{3}\cdot\frac{\sqrt{3+2k}}{3}\cdot\frac{1}{6}$$

$$1+2k=(3+2k)\cdot\frac{1}{6}\qquad 6+12k=3+2k$$

よって

$$k=-\frac{3}{10}\quad\cdots\cdots(答)$$

=== 解 説 ===

《重心の位置ベクトル，ベクトルの長さと内積計算》

(1) $\overrightarrow{OC}=-\vec{b}$ であることに注意する。

(2)・(3) $|\vec{a}|=|\vec{b}|=|\vec{d}|=1$ を用いる。

(4) 内積の定義を利用すればよい。

④ **解答**

(1) 点 Q は線分 OC 上にあり，点 O，C と異なるので

$$0 < u < 2$$

このとき，△QCP，△QOA のそれぞれについて

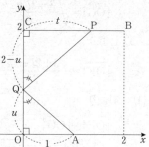

$$\tan\angle CQP = \frac{CP}{QC} = \frac{t}{2-u}$$

$$\tan\angle OQA = \frac{OA}{QO} = \frac{1}{u}$$

∠CQP＝∠OQA より

$$\frac{t}{2-u} = \frac{1}{u} \qquad tu = 2-u$$

$$u = \frac{2}{t+1} \quad (t+1 \neq 0) \quad \cdots\cdots(\text{答})$$

(2) $u = \dfrac{2}{t+1}$ $(0 < t \leqq 2)$ より，求める

u のとりうる値の範囲は

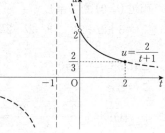

$$\frac{2}{3} \leqq u < 2 \quad \cdots\cdots(\text{答})$$

(3) $S(t) = (\triangle CQP \text{ の面積}) + (\triangle QOA \text{ の面積})$

$$= \frac{1}{2}\cdot(2-u)\cdot t + \frac{1}{2}\cdot 1 \cdot u$$

$$= \frac{1}{2}\left(2-\frac{2}{t+1}\right)\cdot t + \frac{1}{2}\cdot\frac{2}{t+1} \quad \left(u=\frac{2}{t+1}\right)$$

$$= t - \frac{t}{t+1} + \frac{1}{t+1}$$

$$= \frac{(t^2+t)-t+1}{t+1} = \frac{t^2+1}{t+1} \quad \cdots\cdots(\text{答})$$

(4) (3)より

$$S(t) = \frac{t^2+1}{t+1} \quad (0 < t \leqq 2)$$

$$S'(t) = \frac{(t^2+1)'(t+1) - (t^2+1)(t+1)'}{(t+1)^2} = \frac{2t(t+1) - (t^2+1)}{(t+1)^2}$$

$$= \frac{t^2+2t-1}{(t+1)^2}$$

$S'(t)=0$ のとき

$t^2+2t-1=0$ $t=-1\pm\sqrt{2}$

$0<t\leqq2$ における $S(t)$ の増減表は右のようになる。

t	0	$\cdots$	$\sqrt{2}-1$	$\cdots$	2
$S'(t)$		$-$	0	$+$	
$S(t)$	(1)	↘	極小かつ最小	↗	$\dfrac{5}{3}$

ここで，$1=S(0)<S(2)=\dfrac{5}{3}$ より，$t=2$ のとき $S(t)$ は最大となる。

また，$t=\sqrt{2}-1$ のとき，$S(t)$ は最小となるので

$$S(\sqrt{2}-1)=\frac{(\sqrt{2}-1)^2+1}{(\sqrt{2}-1)+1}=\frac{4-2\sqrt{2}}{\sqrt{2}}=2\sqrt{2}-2$$

以上より，求める $S(t)$ の最大値と最小値は

$$\begin{cases} t=2 \text{ のとき} & \text{最大値} \dfrac{5}{3} \\ t=\sqrt{2}-1 \text{ のとき} & \text{最小値} 2\sqrt{2}-2 \end{cases} \quad \cdots\cdots(答)$$

===== 解 説 =====

《分数関数の値域，微分法と最大・最小》

(1) tan を利用する。または △QOA∽△QCP を利用する。

(2) u は t の分数関数であることから，u の範囲が求められる。

(3) (1)を利用して，$S(t)$ を t を用いて表す。

(4) $S'(t)$ を計算し，$S(t)$ の増減表を書けばよい。

⑤ **解答** $f_1(x)=\cos x$

$$f_n(x)=\cos x+2\int_0^\pi tf_{n-1}(t)dt \quad (n=2,3,4,\cdots) \quad \cdots\cdots①$$

$$a_n=\int_0^\pi tf_n(t)dt \quad \cdots\cdots②$$

(1) ②に $n=1$ を代入して

$$a_1=\int_0^\pi tf_1(t)dt=\int_0^\pi t\cos t\,dt=\int_0^\pi t(\sin t)'dt$$
$$=\Big[t\sin t\Big]_0^\pi-\int_0^\pi (t)'\sin t\,dt=-\Big[-\cos t\Big]_0^\pi=-\{-(-1)-(-1)\}$$
$$=-2 \quad \cdots\cdots(答)$$

(2) まず，②より，a_n は定数である。また，②の n に $n+1$ を代入して

$$a_{n+1} = \int_0^\pi t f_{n+1}(t) dt \quad \cdots\cdots ③$$

①の n に $n+1$ を代入して

$$f_{n+1}(x) = \cos x + 2\int_0^\pi t f_n(t) dt = \cos x + 2a_n$$

であるから，③は

$$a_{n+1} = \int_0^\pi t(\cos t + 2a_n) dt = \int_0^\pi (t\cos t + 2a_n t) dt$$

$$= \int_0^\pi t\cos t\, dt + 2a_n \int_0^\pi t\, dt \quad (a_n \text{ は定数})$$

$$= a_1 + 2a_n\left[\frac{1}{2}t^2\right]_0^\pi = -2 + 2a_n\cdot\frac{\pi^2}{2} = \pi^2 a_n - 2$$

以上より

$$a_{n+1} = \pi^2 a_n - 2 \quad \cdots\cdots④ \quad \cdots\cdots(答)$$

(3)　　$\alpha = \pi^2\alpha - 2 \quad \cdots\cdots⑤$

とおくと，④－⑤ より

$$a_{n+1} - \alpha = \pi^2(a_n - \alpha) \quad \cdots\cdots⑥$$

⑤を α について解くと，$\alpha = \dfrac{2}{\pi^2-1}$ であるから，これを⑥に代入して

$$a_{n+1} - \frac{2}{\pi^2-1} = \pi^2\left(a_n - \frac{2}{\pi^2-1}\right)$$

よって，数列 $\left\{a_n - \dfrac{2}{\pi^2-1}\right\}$ は初項 $a_1 - \dfrac{2}{\pi^2-1} = -2 - \dfrac{2}{\pi^2-1} = \dfrac{-2\pi^2}{\pi^2-1}$，

公比 π^2 の等比数列であるから

$$a_n - \frac{2}{\pi^2-1} = \frac{-2\pi^2}{\pi^2-1}(\pi^2)^{n-1}$$

よって

$$a_n = \frac{-2}{\pi^2-1}(\pi^2)^n + \frac{2}{\pi^2-1} = \frac{2}{\pi^2-1}(1 - \pi^{2n}) \quad \cdots\cdots(答)$$

=========== 解　説 ===========

《定積分で表された関数，定積分の部分積分法，特性方程式と漸化式》

(1)　定積分の部分積分法を利用する。

(2)　a_n が定数であることに注意する。

(3)　特性方程式 $\alpha = \pi^2\alpha - 2$ を用いて，漸化式を解けばよい。

講 評

　出題数は大問 5 題で，**1** と **2** はマークシート法，**3** 〜 **5** は記述式となっている。記述問題では，B4 判大の解答用紙が大問ごとに 1 枚ずつあり，結果を記すだけでなく，途中計算や論述，図示も求められる。

1　整数の性質の問題。基本レベルの頻出問題である。

2　複素数平面の問題。標準的な頻出問題である。

3　ベクトルの問題。誘導が親切な標準問題である。

4　微分法の問題。標準的な頻出問題である。

5　積分法の問題。数列を絡めた標準的な融合頻出問題である。

物　理

 **解　答**　(1)—⑥　(2)—①　(3)—⑦　(4)—②　(5)—③　(6)—②
(7)—⑩　(8)—⑨　(9)—⑧　(10)—③　(11)—⑨

(ア)$\dfrac{\Delta m}{M-k\Delta m}$　(イ)$\log_e \dfrac{M}{M-m}$

=== 解　説 ===

《台車からの荷物の射出とロケットからの燃料の噴射》

(1)　質量 Δm の荷物を 1 個射出するので総質量は $M-\Delta m$ になる。

(2)　はじめ静止していた台車から見た 1 個目の荷物の速度は $0-v$ であるから，射出前と射出後について運動量保存則は

$$0=\Delta m(0-v)+(M-\Delta m)V_1$$

$$\therefore \quad V_1=\frac{\Delta m}{M-\Delta m}\times v$$

(3)　2 個目の荷物の射出での運動量保存則の式は

$$(M-\Delta m)V_1=\Delta m(V_1-v)+(M-2\Delta m)V_2$$

(4)　上の式より

$$V_2=V_1+\frac{\Delta m}{M-2\Delta m}\times v=\left(\frac{\Delta m}{M-\Delta m}+\frac{\Delta m}{M-2\Delta m}\right)\times v$$

(5)　3 番目の荷物の射出での運動量保存則の式は

$$(M-2\Delta m)V_2=\Delta m(V_2-v)+(M-3\Delta m)V_3$$

$$\therefore \quad V_3=V_2+\frac{\Delta m}{M-3\Delta m}\times v$$

$$=\left(\frac{\Delta m}{M-\Delta m}+\frac{\Delta m}{M-2\Delta m}\right)\times v+\frac{\Delta m}{M-3\Delta m}\times v$$

$$=\left(\frac{\Delta m}{M-\Delta m}+\frac{\Delta m}{M-2\Delta m}+\frac{\Delta m}{M-3\Delta m}\right)\times v$$

(6)　同様にして，n 番目の荷物射出後の台車の速度 V_n は

$$V_n=V_{n-1}+\frac{\Delta m}{M-n\Delta m}\times v$$

(ア)　V_n の式を同様にして書き換えると

$$V_n=\left(\frac{\Delta m}{M-\Delta m}+\frac{\Delta m}{M-2\Delta m}+\frac{\Delta m}{M-3\Delta m}+\cdots+\frac{\Delta m}{M-n\Delta m}\right)\times v$$

$$=\sum_{k=1}^{n}\frac{\Delta m}{M-k\Delta m}\times v \quad\cdots\cdots(1-1)$$

(7)～(9)　数値を代入して速度の変化を求めると

$$\Delta m=\frac{m}{n}=\frac{80}{10}=8$$

$$V_2-V_1=\frac{\Delta m}{M-2\Delta m}\times v=\frac{8}{96-2\times 8}\times v=\frac{1}{10}\times v$$

$$V_3-V_2=\frac{\Delta m}{M-3\Delta m}\times v=\frac{8}{96-3\times 8}\times v=\frac{1}{9}\times v$$

$$V_4-V_3=\frac{\Delta m}{M-4\Delta m}\times v=\frac{8}{96-4\times 8}\times v=\frac{1}{8}\times v$$

(イ)　n が無限に大きくなるとき，与えられた公式を使って

$$V=\lim_{n\to\infty}V_n=\lim_{n\to\infty}\sum_{k=1}^{n}\frac{\Delta m}{M-k\Delta m}\times v$$

$$=\lim_{n\to\infty}\sum_{k=1}^{n}\frac{1}{n}\cdot\frac{m}{M-\dfrac{k}{n}\cdot m}\times v$$

$$=\log_e\frac{M}{M-m}\times v$$

(10)　人工衛星の質量を $m_{\mathrm{s}}[\mathrm{kg}]$ とすると，万有引力による円運動の運動方程式より

$$m_{\mathrm{s}}\frac{v_s{}^2}{R_{\mathrm{E}}+h}=\frac{GM_{\mathrm{E}}m_{\mathrm{s}}}{(R_{\mathrm{E}}+h)^2}$$

$$\therefore\quad v_s=\sqrt{\frac{GM_{\mathrm{E}}}{R_{\mathrm{E}}+h}}$$

(11)　(イ)の式に $V=v_s=7.6\times 10^3[\mathrm{m/s}]$，$v=3.3\times 10^3[\mathrm{m/s}]$ を代入すると

$$\log_e\frac{M}{M-m}=\frac{V}{v}=\frac{7.6\times 10^3}{3.3\times 10^3}=2.30$$

$$\therefore\quad\frac{M}{M-m}=10$$

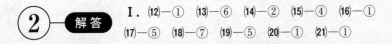

② 解答　Ⅰ. (12)—① (13)—⑥ (14)—② (15)—④ (16)—①
　　　　　 (17)—⑤ (18)—⑦ (19)—⑤ (20)—① (21)—①

Ⅱ. ⑵—②　⑵—①　⑵—①　⑵—⑨

（ウ）4.0×10^{-1}　（エ）$-\dfrac{Bav_0}{R}$

===== 解　説 =====

《長方形コイルの上を通過する磁石の運動》

Ⅰ. ⑿　磁石の位置が $0 < X(t) < b$ のとき磁束がコイルを貫いている面積は $aX(t)$ なので，磁束 $\Phi(t)$ は

$$\Phi(t) = BaX(t)$$

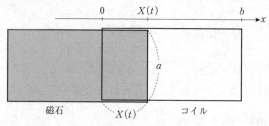

⒀　時間 Δt の間の磁束の変化 $\Delta\Phi(t)$ は

$$\Delta\Phi(t) = \Phi(t+\Delta t) - \Phi(t)$$
$$= BaX(t+\Delta t) - BaX(t) = Ba\Delta X(t)$$

ファラデーの電磁誘導の法則より

$$V(t) = -\frac{\Delta\Phi(t)}{\Delta t} = -Ba\frac{\Delta X(t)}{\Delta t}$$

⒁　このとき誘導電流 $I(t)$ は

$$I(t) = \frac{V(t)}{R} = -\frac{Ba\Delta X(t)}{R\Delta t} = -\frac{Bav(t)}{R}$$

⒂　磁石の位置が $b < X(t) < 2b$ のとき，磁束がコイルを貫いている面積は

$$a\{b - (X(t) - b)\} = a(2b - X(t))$$

なので，磁束 $\Phi(t)$ は

$$\Phi(t) = Ba(2b - X(t))$$

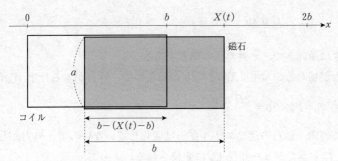

(16) 発生する誘導起電力 $V(t)$ は

$$V(t) = -\frac{\Delta\Phi(t)}{\Delta t} = Ba\frac{\Delta X(t)}{\Delta t}$$

よって，誘導電流 $I(t)$ は

$$I(t) = \frac{V(t)}{R} = \frac{Bav(t)}{R}$$

(17) 磁石が受ける力の大きさ $F(t)$ はコイルを流れる電流が磁場から受ける力の大きさに等しいので

$$F(t) = I(t)Ba = \frac{B^2a^2v(t)}{R}$$

(18) 磁石の運動方程式より

$$ma(t) = -F(t)$$

$$a(t) = \frac{\Delta v(t)}{\Delta t} = -\frac{F(t)}{m} = -\frac{B^2a^2v(t)}{mR} = -\frac{v(t)}{T_1}$$

$$\therefore \quad T_1 = \frac{mR}{B^2a^2}$$

(ウ) 与えられた数値を代入すると

$$T_1 = \frac{mR}{B^2a^2} = \frac{1.0\times10^{-2}\times1.0\times10^{-3}}{(1.0\times10^{-1})^2\times(5.0\times10^{-2})^2} = 4.0\times10^{-1}\,[\text{s}]$$

(19) 磁石の速度が v_0 で一定のとき，コイルが受ける力の反作用による x 軸の負の向きの力の大きさ F も一定で(17)の式より

$$F = \frac{B^2a^2v_0}{R}$$

速度を一定に保つために加えている外力の大きさ F_0 はこの力と大きさが等しく

$$F_0 = F = \frac{B^2 a^2 v_0}{R}$$

向きは逆向きで，x 軸の正の向きである。

⒇　力が加わるのは $0 < X(t) < 2b$ の間なので，外力がする仕事 W_0 は

$$W_0 = F_0 \times 2b = \frac{2B^2 a^2 v_0 b}{R}$$

(21)　この間，磁石の運動エネルギーは変化していないので，外力がした仕事 W_0 はすべてジュール熱 Q_0 に変換される。よって

$$Q_0 = W_0 = \frac{2B^2 a^2 v_0 b}{R}$$

II. (22)　自己誘導による逆起電力を $V_L(t)$ とすると

$$V_L(t) = -L \frac{\Delta I(t)}{\Delta t}$$

ただし，$0 < X(t) < b$ のとき，$I(t) < 0$ なので，$V_L(t) > 0$ である。

(23)　キルヒホッフの第二法則は時計回りを正として

$$-Bav_0 - L \frac{\Delta I(t)}{\Delta t} = RI(t)$$

(エ)　終端電流 I_0 は，上の式に $\frac{\Delta I(t)}{\Delta t} = 0$ を代入して

$$I_0 = -\frac{Bav_0}{R}$$

(24)　$|I(t)| \leqq |I_0|$ であるから　　$F_L(t) \leqq F_0$

(25)　外力を加える距離はどの場合も $2b$ なので，外力の大きさが小さい方が仕事も小さい。$Q_L = W_L$ であるから

$$W_L < W_0, \quad Q_L < Q_0$$

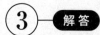

③　**解答**　(26)—④　(27)—③　(28)—③　(29)—⑦　(30)—⑤
　　　　　　　(31)—⑤　(32)—①　(33)—④　(34)—⑦　(35)—①

＝＝＝＝＝＝＝＝＝＝＝＝＝＝＝＝＝　解説　＝＝＝＝＝＝＝＝＝＝＝＝＝＝

《ホイヘンスの原理，容器中の光源から出る光の進路》

(26)　$\angle R'PR = \theta_A$ であるから

$$\sin \theta_A = \frac{RR'}{PR'} = \frac{v_A t}{PR'}$$

$$\therefore \quad \mathrm{PR}' = \frac{v_{\mathrm{A}}t}{\sin\theta_{\mathrm{A}}}$$

(27) $\angle\mathrm{PR'P'} = \theta_{\mathrm{B}}$ であるから

$$\sin\theta_{\mathrm{B}} = \frac{\mathrm{PP}'}{\mathrm{PR}'} = \frac{v_{\mathrm{B}}t}{\mathrm{PR}'}$$

$$\therefore \quad \mathrm{PR}' = \frac{v_{\mathrm{B}}t}{\sin\theta_{\mathrm{B}}}$$

以上 2 式より

$$\frac{v_{\mathrm{A}}t}{\sin\theta_{\mathrm{A}}} = \frac{v_{\mathrm{B}}t}{\sin\theta_{\mathrm{B}}}$$

これより，次の屈折の法則が導かれる

$$\frac{\sin\theta_{\mathrm{A}}}{\sin\theta_{\mathrm{B}}} = \frac{v_{\mathrm{A}}}{v_{\mathrm{B}}} = \frac{\dfrac{c}{n_{\mathrm{A}}}}{\dfrac{c}{n_{\mathrm{B}}}} = \frac{n_{\mathrm{B}}}{n_{\mathrm{A}}}$$

(28) 屈折の法則より

$$n_1\sin i = \sin r$$

(29) 求める x 座標は

$$\begin{aligned}
x &= z\tan i + (h-z)\tan 45° \\
&= z\tan i + (h-z)\times 1 \\
&= h + (\tan i - 1)z
\end{aligned}$$

(30) 題意の条件より

$$h + (\tan i - 1)z < \frac{h}{2}$$

$i < 45°$ より $\tan i < 1$ であるから

$$z > \frac{h}{2(1-\tan i)}$$

(31) 上の条件と $0 < z < h$ を同時に満たすためには

$$h > \frac{h}{2(1-\tan i)}$$

$$\therefore \quad \tan i < \frac{1}{2}$$

参考　入射角 i の最大値 i_0 は，$\tan i_0 = \dfrac{1}{2} = \dfrac{\dfrac{1}{2}h}{h}$ を満たすので，次図のよ

うに，液体が容器に満たされた場合に光が容器の上面右
端から出るときの角度である。

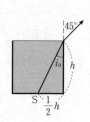

(32)　$r=45°$ のとき，(28)より

$$n_1\sin i=\sin 45°=\frac{\sqrt{2}}{2}\quad\cdots\cdots①$$

また，(31)の $\tan i<\frac{1}{2}$ より

$$\sin i<\frac{1}{\sqrt{5}}\quad\cdots\cdots②$$

①，②式より

$$n_1>\frac{\sqrt{10}}{2}$$

(33)　水の絶対屈折率 1.33 は

$$1.33<\frac{\sqrt{10}}{2}≒1.58\cdots$$

なので(32)の条件を満たさない。よって，たとえ $z=h$ であっても，光源 S
からの光は観測者 O に届かない。

(34)　このとき，$r=45°$ の光線が x 軸と交わる位置の x 座標は

$$x=-\frac{1}{4}h+z\tan i+(h-z)\tan 45°$$

$$=-\frac{1}{4}h+z\tan i+h-z=\frac{3}{4}h-(1-\tan i)z$$

S からの単色光が壁にぶつからずに O に届くために必要な条件は
$x<\frac{1}{2}h$ であるから

$$\frac{3}{4}h-(1-\tan i)z<\frac{1}{2}h$$

$$∴\quad z>\frac{h}{4(1-\tan i)}$$

上の条件と $0<z<h$ を同時に満たすためには

$$h>\frac{h}{4(1-\tan i)}$$

$$\tan i<\frac{3}{4}$$

$$\therefore \quad \sin i < \frac{3}{5} \quad \cdots\cdots ③$$

①，③式より

$$n_1 > \frac{5\sqrt{2}}{6} \quad \cdots\cdots ④$$

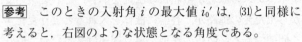

参考　このときの入射角 i の最大値 i_0' は，(31)と同様に考えると，右図のような状態となる角度である。

(35)　水の絶対屈折率 1.33 は

$$1.33 > \frac{5\sqrt{2}}{6} \fallingdotseq 1.18$$

なので④の条件を満たす。よって，z がある値 z_0（ただし $0 < z_0 < h$）より大きければ，S からの光が O に届く。

講評

　例年通り，大問3題で，試験時間は80分。範囲は「物理基礎・物理」で，2024年度は力学，電磁気，波動の3分野から出題された。出題形式も例年通りで，**1**・**2**は解答群から数式や数値・語句を選択するマークシート法と，数式や数値を記述する問題の混在で，**3**は全問マークシート法であった。

　1　前半は，静止した台車に載せていた荷物を1つずつ射出して，最後にどんな速度になるかを求めていく問題である。相対速度や運動量保存則の理解が問われる。後半は，前半の考え方をロケットの打ち上げから人工衛星の速度になるまで，燃料の継続的な噴出による加速の問題に応用し，与えられた数学の公式を使って答えていく。数学の公式の適用では，どの記号がどの物理量に対応するかを見極めることがポイントになる。

　2　プラスチックの板に張り付けた長方形コイルの上に磁石を通過させたときの，コイルに発生する誘導電流や，磁石の運動を考えていく問題である。Ⅰでは，コイルの自己誘導を無視したときの誘導起電力や誘導電流，電流が磁場から受ける力を求める。磁石の運動では終端速度になっていくときの運動方程式の理解が望まれる。Ⅱでは，自己誘導が無

視できない場合は無視できる場合とどんな違いがあるかを，キルヒホッフの法則の式を立てて考える。力や仕事の大小関係は，自己誘導がある場合は，ない場合に比べて電流が流れにくいということから定性的に答えられる。

3　はじめにホイヘンスの原理から屈折の法則を導き，それを用いて，容器の底の光源から出た光の進路が，容器に液体を入れるとどう変化するかを考えていく問題である。屈折の法則を導く問題は基本なので取りこぼさないようにしよう。後半は，条件式の数学的な扱いがやや難しいと思われるが，容器に入れる液体が多いほど，また，液体の屈折率が大きいほど，容器の口から出る光は広がることから，図を描いて定性的に答えることもできる。

　入試頻出の典型的な問題がほとんどで，基本問題からその応用まで丁寧な誘導で順に問われる。問題文をしっかり読み取り，題意を把握していくことが大切である。過去問で記述式とマーク式の混在した問題形式にも慣れておこう。

$$\boxed{\text{化　学}}$$

$\boxed{I}$ 　**解答**　問1．1 — ⊛　2 — 1　3 — 3　4 — 0　5 — 1
　　　　　　　6 — ⊖　7 — 4　8 — 9　9 — 5　10 — 1　11 — 2

12 — 1　13 — 8　14 — 6　15 — ②

問2．(1) — ①　(2) — ②　(3) — ①　(4) — ②　(5) — ②　(6) — ①

═══════════════ 解　説 ═══════════════

《反応熱，結合エネルギー，原子の構造，イオンの生成》

問1． ①　与えられている H_2（気）の燃焼熱は H_2O（液）の生成熱，C（黒鉛）の燃焼熱は CO_2（気）の生成熱といえる。アセチレンの燃焼熱を $Q_1[kJ/mol]$ とすると，アセチレンの燃焼熱を表す熱化学方程式は次のようになる。

$$C_2H_2(気)+\frac{5}{2}O_2(気)=2CO_2(気)+H_2O(液)+Q_1\,kJ \quad \cdots\cdots(i)$$

(i)式について

　　（反応熱）＝（生成物の生成熱の総和）−（反応物の生成熱の総和）

より

$$Q_1=(2\times394+286)-(-227)=1301[kJ]$$

②　アセチレン（気）からベンゼン（液）1 mol を生成する反応の熱化学方程式は次のようになる。

$$3C_2H_2(気)=C_6H_6(液)+632\,kJ \quad \cdots\cdots(ii)$$

C_6H_6（液）の生成熱を $Q_2[kJ/mol]$ とすると，(ii)式について

　　（反応熱）＝（生成物の生成熱の総和）−（反応物の生成熱の総和）

より

$$632=Q_2-\{3\times(-227)\}$$
$$Q_2=-49[kJ]$$

③　ベンゼン（気）の生成熱は，ベンゼン（液）の生成熱と蒸発熱から

$$6C(黒鉛)+3H_2(気)=C_6H_6(液)-49\,kJ$$
$$+\underline{)\qquad\qquad C_6H_6(液)=C_6H_6(気)-32\,kJ}$$
$$6C(黒鉛)+3H_2(気)=C_6H_6(気)-81\,kJ \quad \cdots\cdots(iii)$$

ベンゼンの等価な炭素－炭素結合1個あたりの結合エネルギーを x[kJ/mol] とすると，(iii)式について

（反応熱）＝（生成物の結合エネルギーの総和）

－（反応物の結合エネルギーの総和）

より

$$-81=(6x+6\times411)-(6\times720+3\times433)$$

$$x=512\text{[kJ/mol]}$$

④ 1,3,5-シクロヘキサトリエンとベンゼンの生成熱をエネルギー図で表すと，下図のようになる。

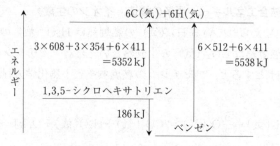

以上より，ベンゼンの方が 1,3,5-シクロヘキサトリエンよりエネルギーが 186 kJ 低い状態にあり，エネルギー的に安定である。

問2. (1) 電子殻にはそれぞれ，K殻：2個，L殻：8個，M殻：18個，N殻：32個の電子を収容できる。

(2) 貴ガスの最外殻電子数は2または8だが，価電子数は0である。

(3) 同族の元素では原子番号が大きくなるほど電子殻が増加するため原子半径は大きくなる。

(4) 一価の陽イオンの方が陽子数が多いため，電子がより強く原子殻に引きつけられることから，貴ガスの原子半径よりも小さくなる。

(5) イオン化エネルギーが最も大きい元素は He である。

(6) 原子が1個の電子を受け取って陰イオンになるとき放出するエネルギーを電子親和力という。

$$Cl(気)+e^-=Cl^-(気)+Q\text{kJ} \quad (Q>0)$$

これは，一価の陰イオンから電子1個を取り去るのに必要なエネルギーと，符号は異なるが大きさは等しい。

$$Cl^-(気)=Cl(気)+e^--Q\text{kJ}$$

問1. (1)**ア**−d　**イ**−e　**ウ**−h　**エ**−k　**オ**−n

(2)窒素：0.43 mol　水素：1.3 mol

(3)窒素：9.0×10^6 Pa　水素：2.7×10^7 Pa

(4)$2NH_4Cl + Ca(OH)_2 \longrightarrow CaCl_2 + 2NH_3\uparrow + 2H_2O$

(5)$2NH_3 + CO_2 \longrightarrow (NH_2)_2CO + H_2O$

問2. (1)−①　(2)−③　(3)−②　(4)−①　(5)−③　(6)−③　(7)−①

(8)−①

=========== 解　説 ===========

《ハーバー・ボッシュ法，化学平衡，塩の反応と液性》

問1. (1)　アンモニアを生成する反応の熱化学方程式は

$N_2(気) + 3H_2(気) = 2NH_3(気) + 92 kJ$

　左辺の係数の和が右辺の係数よりも大きいため，高圧下では気体分子数が減少する方向，つまり NH_3 を生成する方向へ反応が進む。また，発熱反応であるため，低温ほど NH_3 を生成する方向へ反応が進むが，低温では反応速度が小さくなるため実際には 500℃ 程度で反応させる。

(2)　反応により減少した窒素ガスの物質量を x〔mol〕とすると

$$N_2 \; + \; 3H_2 \; \rightleftarrows \; 2NH_3$$

はじめ	1.0	3.0	0	〔mol〕
変化量	$-x$	$-3x$	$+2x$	〔mol〕
平衡時	$1.0-x$	$3.0-3x$	$2x$	〔mol〕

温度・圧力一定では，（体積比）＝（物質量比）であるため

$$\frac{2x}{(1.0-x)+(3.0-3x)+2x}=0.40$$

$$x=\frac{4}{7}\text{〔mol〕}$$

これより，それぞれの物質量は

$$窒素：1.0-\frac{4}{7}=\frac{3}{7}=0.428 \fallingdotseq 0.43\text{〔mol〕}$$

$$水素：3.0-\frac{12}{7}=\frac{9}{7}=1.28 \fallingdotseq 1.3\text{〔mol〕}$$

(3)　平衡時の総物質量は

$$(1.0-x)+(3.0-3x)+2x=4.0-2x=4.0-\frac{8}{7}=\frac{20}{7}\text{〔mol〕}$$

（分圧）＝（全圧）×（モル分率）より，平衡時におけるそれぞれの分圧は

$$窒素：6.0 \times 10^7 \times \frac{3}{20} = 9.0 \times 10^6 [Pa]$$

$$水素：6.0 \times 10^7 \times \frac{9}{20} = 2.7 \times 10^7 [Pa]$$

(4) 弱塩基の塩に強塩基を反応させると，弱塩基が遊離する。

問2. (1)・(2)・(3)・(4)・(8) 塩の液性は，元の酸や塩基の強弱から考えることができる。例えば，(4)$CuSO_4 \cdot 5H_2O$ の無水物 $CuSO_4$ は，弱塩基である $Cu(OH)_2$ と強酸である H_2SO_4 の塩と考えることができ，酸性を示す。ただし，(1)$NaHSO_4$ は強塩基である $NaOH$ と強酸である H_2SO_4 からなるため中性と考えられるが，硫酸水素イオンがさらに電離するため酸性を示す。

$$HSO_4^- \rightleftharpoons H^+ + SO_4^{2-}$$

(6) Na_2O は塩基性酸化物であり水と反応して塩基を生成する。

$$Na_2O + H_2O \longrightarrow 2NaOH$$

(7) P_4O_{10} は酸性酸化物であり水と反応して酸を生成する。

$$P_4O_{10} + 6H_2O \longrightarrow 4H_3PO_4$$

Ⅲ **解答** (1)C_9H_8

(2)A. 〈phenyl〉$C\equiv C-CH_3$　　　B. 〈phenyl〉$\underset{}{\overset{H}{C}}=\underset{CH_3}{\overset{H}{C}}$

C. 〈phenyl〉$\underset{O}{\overset{|}{C}}-CH_2-CH_3$　　　D. 〈phenyl〉$CH_2-\underset{O}{\overset{|}{C}}-CH_3$

E. 〈phenyl〉$\underset{Br\ Br}{\overset{Br\ Br}{C-C}}-CH_3$　　　F. $CH_3-\underset{O}{\overset{|}{C}}-H$　　　G. 〈phenyl〉$\underset{O}{\overset{|}{C}}-H$

H. 〈phenyl〉$\underset{O}{\overset{|}{C}}-OH$

(3)Cu_2O

=== **解　説** ===

《元素分析，ヨードホルム反応，オゾン分解》

(1)　化合物 **A** に含まれる炭素と水素の物質量比は

$$C : H = \frac{198 \times \dfrac{12.0}{44.0}}{12.0} : \frac{36.0 \times \dfrac{2.0}{18}}{1.0} = 4.50 : 4.0 = 9 : 8$$

組成式は C_9H_8 となる。組成式の式量は 116 であり，分子式も C_9H_8 である。

(2)　**A** の不飽和度は 6 であり，ベンゼン環をもつため側鎖の不飽和度は 2 である。**A** に等しい物質量の H_2 を付加させるとシス‐トランス異性体をもつことから，**A** は末端以外に三重結合をもつので，**A** は側鎖の炭素数 3 のベンゼンの一置換体であると定まる。

一般に $C \equiv C$ 結合に硫酸水銀(Ⅱ)を触媒として水を付加させるとエノール（$C=C$ 結合に $-OH$ が結合した化合物）が生成する。この化合物は不安定で，$-OH$ から生じた H^+ が隣の C 原子に移動して安定なカルボニル化合物に変化する。このとき，**D** のみヨードホルム反応を示すことから **D** はアセチル基（$CH_3-\overset{\displaystyle |}{\underset{\displaystyle O}{C}}-$）をもつことがわかる。

B をオゾン分解すると次のように変化する。

Gが酸化されて生じる安息香酸は室温で固体であるが，Fが酸化され
て生じる酢酸は液体である。

（講評）

　全体的に標準的な問題が多く，時間内に十分解ききれる内容であった。
　Ⅰ　問1はヘスの法則を用いて反応熱と結合エネルギーを求める基本
的な問題。結合エネルギーを考える際は気体であることに注意したい。
また，ベンゼンの安定性についてはエネルギー図を考える必要があった。
　Ⅱ　問1はハーバー・ボッシュ法におけるルシャトリエの原理を考え
る問題。アンモニアの生成が発熱反応であることを覚えている必要があ
った。平衡時の物質量や分圧を求める計算問題は，丁寧に変化量をおっ
ていけば解答できる。
　Ⅲ　ケトエノール互変位性やヨードホルム反応，オゾンによる酸化開
裂など幅広い有機の知識が求められた。触媒や生成物から反応物の構造
を推測する必要があった。

2023 年度

問題と解答

■一般選抜（個別学部日程）：理工学部 A 方式

問題編

▶試験科目・配点

学　科	テスト区分	教科	科　　　　目	配点
物理科学科	独自問題	外国語	コミュニケーション英語 I・II・III, 英語表現 I・II	150 点
		数　学	数学 I・II・III・A・B	150 点
		理　科	物理基礎・物理	150 点
化学・生命科学科	独自問題	外国語	コミュニケーション英語 I・II・III, 英語表現 I・II	150 点
		数　学	数学 I・II・III・A・B	150 点
		理　科	化学基礎・化学	150 点
その他の学科	独自問題	外国語	コミュニケーション英語 I・II・III, 英語表現 I・II	150 点
		数　学	数学 I・II・III・A・B	150 点
		理　科	「物理基礎・物理」,「化学基礎・化学」から 1 科目選択	150 点

▶備　考

• 合否判定は総合点による。ただし，場合により特定科目の成績・調査書を考慮することもある。

•「数学 B」は「数列・ベクトル」から出題する。

• 試験日が異なる学部・学科・方式は併願ができ，さらに同一日に実施する試験であっても「AM」と「PM」の各々で実施される場合は併願ができる。

• 試験時間帯が同じ学部・学科・方式は併願できない。

試験日	試験時間帯	学　部	学　科（方　式）
2 月 10 日	終日	理　　工	物理科（A） 数理サイエンス（A） 化学・生命科（A） 電気電子工（A） 機械創造工（A） 経営システム工（A） 情報テクノロジー（A）

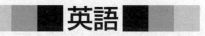

英語

(80 分)

1 次の文を読み，以下の問いに答えなさい。

　　Getting in shape isn't easy.　But after all that hard work, how long do we actually maintain it?　Turns out that even the great effort we put into training, taking a bit of time off can mean that we become "unfit" much faster than it took us to actually get in shape.

　　To understand how the body becomes "unfit," we first need to understand how we become fit.　The key to becoming fitter — whether that's improving cardiovascular fitness or muscular strength — is to exceed "habitual load." This means doing more than our body is used to.　The stress that this has on our body makes us adapt and become more tolerant, leading to higher fitness levels.

　　The time it takes to get fit depends on a number of factors, including fitness levels, age, how hard you work, and even environment.　But some studies do indicate that even just six sessions of interval training can lead to increases in maximal oxygen uptake (VO2 max) — a measure of overall fitness — and improve how efficiently our body is able to fuel itself using the sugar stored in our cells during exercise.

　　For strength training, some gains in muscle force can be shown in as little as two weeks, but changes in muscle size won't be seen until around 8-12 weeks.

　　When we stop training, how quickly we lose fitness also depends on many factors — including the type of fitness we're talking about (such as strength or cardiovascular fitness).

As an example, let's look at a marathon runner, who is in peak athletic fitness and can run a marathon in two hours and 30 minutes. This person spends five to six days a week training, running a total of 90km. They've also spent the last 15 years developing this level of fitness.

Now let's say they stopped training completely. Because the body no
 13
longer has the stresses of training forcing it to stay fit, the runner will start to lose fitness within a few weeks.

Cardiorespiratory fitness — indicated by a person's VO2 max (the amount of oxygen a person can use during exercise) — will decrease around 10% in the first four weeks after a person stops training. This rate of decline continues, but at a slower rate over longer periods.

Intriguingly, though highly trained athletes (like our marathon runner) see a sharp decline in VO2 max in the first four weeks, this decline eventually evens out, and they actually maintain a VO2 higher than the average person's. But for the average person, VO2 max falls sharply, back to pre-training levels, in less than eight weeks.

The reason VO2 max declines is due to reductions in blood and plasma volumes — which decrease by as much as 12% in the first four weeks after a person stops training. Plasma and blood volume decrease due to the lack of stress being put on our heart and muscles.

Plasma volume may even decrease by around 5% within the first 48 hours of stopping training. The effect of decreased blood and plasma volume leads to
 B
less blood being pumped around the body each heart beat. But these levels only drop to where we started — meaning we won't get worse.

Of course, most of us aren't marathon runners — but we're also not immune to these effects. As soon as we stop exercising the body will start to
14
lose these key cardiovascular adaptations at a very similar rate as highly trained athletes.

When it comes to strength, evidence shows that in the average person, 12 weeks without training causes a significant decrease in the amount of weight we can lift. Thankfully, research shows that you maintain some of the strength you gained before you stopped training. What is intriguing is that despite the significant decrease in strength, there's only a minimal decrease in the size of the muscle fibres.

The reason we lose muscle strength largely <u>has to do with</u> the fact that
15
we're no longer putting our muscles under stress. So when we're no longer working our muscles hard, the muscles become "lazy," leading the number of our muscle fibres to decrease, and fewer muscles being recruited during an activity — making us less able to lift the heavy loads we used to.

The number of muscle fibres used during exercise decreases by around 13% after just two weeks of no training — though this appears not to be accompanied by a decline in muscular force. This implies that the losses observed across the longer periods of detraining are a combination of both this initial decline in the number of muscle fibres we use, but also the slower decline in muscle mass.

For the average gym goer who lifts weights, they would experience a drop in the size of their muscles — over time finding it harder to lift heavy loads as they have less muscle fibres being recruited.

So even after all that effort to get fit, we start losing cardiovascular fitness and strength within 48 hours of stopping. But we don't start to feel these effects for at least two to three weeks for cardiovascular fitness and around 6-10 weeks for strength. Rates of "de-training" are similar for men and women, and even for older athletes. But the fitter you are, the slower you'll lose your gains.

Notes:

　cardiovascular　心臓血管の, cardiorespiratory　心肺の,
　plasma　血漿
　　　けっしょう

[1]　下線部A，Bを日本語にしなさい。（**解答用紙その 2** ）

〔2〕　1〜15 の質問に対して**英文の内容から判断し**，最も適切なものを一つ選び，その番号をマークしなさい。（**解答用紙その１**）

1.　What is the best title for this passage?

(1)　How quickly do we become unfit?

(2)　We need to exercise to gain muscle

(3)　Losing weight is tough as we get older

(4)　Can we become healthy in a short time?

2.　In order to become fit, we need to

(1)　live a stressful life.

(2)　get used to our body.

(3)　do more than our body is used to.

(4)　adapt and tolerate our body.

3.　Which of the following is NOT an example of becoming fit?

(1)　Improving cardiovascular fitness.

(2)　Doing our habitual load.

(3)　Improving muscular strength.

(4)　Making our body adapt and tolerate stress.

4.　VO2 max is used when we talk about

(1)　only strength training.

(2)　only cardiovascular fitness.

(3)　the environment.

(4)　overall fitness.

5.　What is true about strength training?

(1)　In two weeks, muscle force gain can be shown.

(2)　In 8-12 weeks, changes in muscle size can be seen.

(3) After 12 weeks without it, the amount of weight we can lift is greatly reduced.

(4) All of the above.

6. In the marathon runner example, this person

(1) developed a level of fitness 15 years ago.

(2) runs 90km every day for five or six days a week.

(3) is capable of running a marathon in two and a half hours.

(4) All of the above.

7. After the marathon runner stops training, cardiorespiratory fitness declines

(1) only during the first four weeks.

(2) approximately 10% during the first four weeks.

(3) at a consistent pace.

(4) dramatically after the fourth week.

8. What happens to muscle fibres when someone does not train for two weeks?

(1) They decrease in number.

(2) They increase in number.

(3) They stay the same.

(4) None of the above.

9. When the average person stops training, when does he/she start to lose cardiovascular fitness and strength?

(1) In 48 hours or less.

(2) Two to three weeks later.

(3) Six to ten weeks later.

(4) None of the above.

10.　Becoming unfit concerns

　(1)　cardiovascular fitness.

　(2)　muscular strength.

　(3)　Both (1) and (2).

　(4)　Neither (1) nor (2).

11.　The phrase "Turns out" is closest in meaning to

　(1)　it proves to be the case.

　(2)　becomes simple to understand.

　(3)　on the other hand.

　(4)　it's a common misunderstanding.

12.　The word "fuel" means to

　(1)　train.

　(2)　supply with power.

　(3)　change the condition.

　(4)　improve the content.

13.　The phrase "let's say" means to

　(1)　analyze.

　(2)　suppose.

　(3)　explain.

　(4)　forecast.

14.　The word "immune" means

　(1)　opposed.

　(2)　likely.

　(3)　resistant.

　(4)　prone.

15. The phrase "has to do with" means

(1) is the cause of.

(2) relates to.

(3) becomes a problem.

(4) begins with.

---

2 以下のそれぞれの定義に従って，最初と最後の文字が与えられた最も適切な英単語を書きなさい。ただし，1 下線に 1 文字が入る。（**解答用紙その 2**）

（解答例）

someone who is trained in science, especially someone whose job is to do scientific research

⇒(s _ _ _ _ _ _ _ t)　　　　　　　　　　　　正解(s c i e n t i s t)

1. an extremely small particle that causes a disease and that spreads from one person or animal to another

⇒(v _ _ _ s)

2. a computer program that performs a particular task (such as word processing)

⇒(a _ _ _ _ _ _ _ _ _ n)

3. relating to the practical use of machines or science in industry, medicine, etc.

⇒(t _ _ _ _ _ _ _ l)

4. an action or way of behaving that is usual and traditional among the people in a particular group or place

⇒(c _ _ _ _ m)

5. to give special attention to (something)

⇒(e＿＿＿＿＿e)

6. something that a country has and can use to increase its wealth

⇒(r＿＿＿＿＿e)

7. one of the major parts of a company, organization, government, or school

⇒(d＿＿＿＿＿＿t)

8. a person who works for another person or for a company for wages or a salary

⇒(e＿＿＿＿＿e)

9. something that happens as a result of a particular action or set of conditions

⇒(c＿＿＿＿＿＿e)

10. a person or thing that takes the place of someone or something else

⇒(s＿＿＿＿＿e)

3　下線部に最も適切なものを一つ選び，その番号をマークしなさい。（**解答用紙その 1**）

16.　Please ＿＿＿＿ me to call the hotel to make a reservation for next week.

　(1)　remember

　(2)　advice

　(3)　remind

　(4)　let

17.　Would you like me to ＿＿＿＿ you off at the airport?

　(1)　take

　(2)　drop

　(3)　fly

　(4)　drive

18.　Bacteria are ＿＿＿＿ they are mostly invisible.

　(1)　such small that

　(2)　too small

　(3)　such a small

　(4)　so small that

19.　＿＿＿＿ that the power is off.

　(1)　Make it possible

　(2)　Make known

　(3)　Make check

　(4)　Make sure

20.　Yoko and Mariko moved to Singapore when they were young, and next year they ＿＿＿＿ there for 50 years.

　(1)　have lived

(2) are to live

(3) will have lived

(4) are living

21. Kazuo was tired because he _____ all night working on his project.

(1) stayed up

(2) woke up

(3) looked up

(4) got up

22. I don't know the _____ population of the city, but I estimate that there are one million people living there.

(1) exact

(2) large

(3) frequent

(4) general

23. Due to the drought, there _____ a slight rise in vegetable prices next week.

(1) will be

(2) has been

(3) was

(4) is

24. It is difficult to look at the situation _____.

(1) objecting

(2) objectively

(3) object

(4) objective

25. As he hasn't repaid me, I am _____ to lend him any more money.

(1) vulnerable

(2) protective

(3) willing

(4) reluctant

26. This computer doesn't work. I can't _____ out what's wrong with it.

(1) drag

(2) figure

(3) fill

(4) look

27. My uncle is _____ to the exploration of the ocean.

(1) commits

(2) commitment

(3) committed

(4) commit

28. You don't know where I put my smartphone, _____?

(1) don't you

(2) are you

(3) you do

(4) do you

29. This site is not _____ at this time. Please try again later.

(1) access

(2) accessible

(3) accessibility

(4) accessibly

30. This area of campus is _____ to teaching staff only.

(1) restricted

(2) restricts

(3) restrict

(4) restriction

31. A new laboratory is going to _____ next spring.

(1) be building

(2) be built

(3) build

(4) built in

32. Our _____ means of communication is language.

(1) primed

(2) primary

(3) primarily

(4) primes

33. Every day Masao runs no _____ than 7 kilometers and swims for an hour.

(1) much

(2) less

(3) only

(4) most

34. Your mother was shocked to hear those words. You _____ such things to her.

(1) had better say

(2) should have said

(3) shouldn't have said

(4)　are not about to say

35. From next year, it will be necessary that every student _____ a uniform.

(1)　wear

(2)　wore

(3)　worn

(4)　wearing

4　次の会話文を読んで，以下の問いに答えなさい。

Sam: Good to see you, Meg!

Meg: Same here, Sam. How's it going?

Sam: Pretty good. How are things in Japan?

Meg: We're doing OK. The COVID situation is starting to （　36　）.

Sam: Yeah, I've been hearing some of that news here in America.

Meg: I really hope that we can travel （　37　） like we used to.

Sam: Totally. I'm looking forward to that, too. By the way, did you get a pet?

Meg: What? Oh, behind me? That's just a stuffed animal I got the （　38　）.

Sam: I was going to say that it's so well-behaved.

Meg: My parents won't allow me to have any pets. I think they're allergic or （　39　）.

Sam: That could be tough. Hey, let's #$%&%%$.

Meg: Sam, I couldn't hear what you said. I think your （　40　） is bad.

Sam: &%#%$. Meg, can we try again in about an hour?

Meg: No problem. Talk to you later, Sam.

[1]　下の選択肢 1 ～ 0 の中から，空欄 36 ～ 40 に最も適切なものを一つ選び，
　　　その番号をマークしなさい。ただし，同じ語句を複数回選択してはならな

い。（**解答用紙その1**）

1.	back up	6.	back and forth
2.	other day	7.	yesterday
3.	connection	8.	be quiet
4.	settle down	9.	something
5.	sound check	0.	hay fever

［2］　次の文で，会話文の内容と一致するものは1を，一致しないものは2をマークしなさい。（**解答用紙その1**）

41. Meg and Sam are speaking in person.

42. Meg is in Japan.

43. Sam is not aware of the COVID situation in Japan.

44. Meg bought a pet recently.

45. Sam and Meg are going to speak again in an hour or so.

5　次の日本語の文を表す英文を，与えられた語句を用いて完成させた場合，2番目と4番目になる語句の組み合わせを一つ選び，その番号をマークしなさい。（**解答用紙その1**）

46. こんなに大切な情報をなぜ教えてくれなかったのか。

Why ▭ ▭(2番目) ▭ ▭(4番目) ▭ ▭ of information?

A. you 　　　　　　B. piece 　　　　　　C. tell us

D. such an 　　　　E. didn't 　　　　　F. important

1）C — F 　　2）E — D 　　3）F — A 　　4）A — D

47. 交通渋滞の原因として最もありそうなのは何か。

What [　　] [　　] [　　] [　　] [　　] [　　] traffic?

　　　　　2番目　　　　　4番目

A．likely　　　　　　B．is　　　　　　　C．heavy

D．of　　　　　　　　E．cause　　　　　F．the most

　1）A − F　　　　2）F − E　　　　3）E − A　　　　4）C − B

48．日本で生産された車はその国のすべての車の約三分の一を占める。

Cars [　　] [　　] [　　] [　　] [　　] in　that

　　　　2番目　　　　　4番目

country.

A．account for　　　B．a third　　　　C．in Japan

D．of all cars　　　　E．around　　　　F．produced

　1）E − B　　　　2）A − B　　　　3）B − F　　　　4）C − E

49．遅れるなら連絡してくれればよかったのに。

They [　　] [　　] [　　] [　　] [　　] [　　] to be late.

　　　　　2番目　　　　　4番目

A．know　　　　　　B．let me　　　　　C．they were

D．could　　　　　　E．going　　　　　F．have

　1）C − F　　　　2）F − A　　　　3）B − C　　　　4）A − E

数学

(100 分)

注　意

　　問題 3，4，5 の解答については，論述なしで結果だけ記しても，正解とは見な
さない.

マーク・シート記入上の注意

1　解答は，解答用紙の問題番号に対応した解答欄にマークすること.

2　問題の文中の $\boxed{1}$，$\boxed{2}$ $\boxed{3}$ などには，特に指示がないかぎり，符号
（－），数字（0～9）又は文字（a～d）が入る. 1，2，3，… の一つ一つは，こ
れらのいずれか一つに対応する. それらを解答用紙の 1，2，3，… で示された
解答欄にマークして答えよ.

　　例　$\boxed{1}$ $\boxed{2}$ $\boxed{3}$ に －83 と答えたいとき

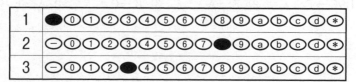

　　なお，同一の問題文中に $\boxed{1}$，$\boxed{2}$ $\boxed{3}$ などが 2 度以上現れる場合，2 度
目以降は，$\boxed{1}$，$\boxed{2}$ $\boxed{3}$ のように細字で表記する.

3　分数形で解答する場合，分数の符号は分子につけ，分母につけてはいけない.

　　例えば，$\dfrac{\boxed{4}\ \boxed{5}}{\boxed{6}}$ に $-\dfrac{4}{5}$ と答えたいときは，$\dfrac{-4}{5}$ として答えよ.

　　また，それ以上約分できない形で答えること.

　　例えば，$\dfrac{3}{4}$ と答えるところを，$\dfrac{6}{8}$ のように答えてはいけない.

4　根号あるいは対数を含む形で解答する場合は，根号の中や真数に現れる自然数が最小となる形で答えよ．

　　例えば，$\boxed{7}\sqrt{\boxed{8}}$ に $4\sqrt{2}$ と答えるところを，$2\sqrt{8}$ のように答えてはいけない．また，$\boxed{9}\log_2\boxed{10}$ に $6\log_2 3$ と答えるところを，$3\log_2 9$ のように答えてはいけない．

5　分数形で根号を含む形で解答する場合，$\dfrac{\boxed{11}+\boxed{12}\sqrt{\boxed{13}}}{\boxed{14}}$ に $\dfrac{3+2\sqrt{2}}{2}$

と答えるところを，$\dfrac{6+4\sqrt{2}}{4}$ や $\dfrac{6+2\sqrt{8}}{4}$ のように答えてはいけない．

$\boxed{1}$　解答を解答用紙（その1）に記入せよ．

　　座標空間の3点 $A(0, 1, 2)$，$B(3, -2, 2)$，$C(-1, 4, 1)$ が定める平面を α とする．原点 O から平面 α に垂線を下ろし，α との交点を H とする．

(1)　$\overrightarrow{AB} \cdot \overrightarrow{AC} = \boxed{1}\,\boxed{2}\,\boxed{3}$

(2)　$\triangle ABC$ の面積は $\dfrac{\boxed{4}\sqrt{\boxed{5}}}{\boxed{6}}$ である．

(3)　$\overrightarrow{AH} = \dfrac{\boxed{7}}{\boxed{8}\,\boxed{9}}\overrightarrow{AB} + \dfrac{\boxed{10}}{\boxed{11}}\overrightarrow{AC}$，　$OH = \dfrac{\boxed{12}\sqrt{\boxed{13}}}{\boxed{14}}$

(4)　四面体 OHBC の体積は $\dfrac{\boxed{15}\,\boxed{16}}{\boxed{17}\,\boxed{18}}$ である．

2 **解答を解答用紙（その 1）に記入せよ.**

　白石と黒石を手元にたくさん用意する．表が白色，裏が黒色の硬貨 1 枚を用いて，机の上で以下の操作を繰り返し行う．ただし，最初の操作は机の上に石が 1 個もない状態から始めるものとする．

　　操作：硬貨を投げ，出た色と異なる色の石が机の上にあればその中の 1 個を
　　　　　取り除き，なければ出た色と同じ色の石を手元から机の上に 1 個置く．

　とくに，机の上に石が 1 個もなければ，次の回の操作では出た色と同じ色の石を手元から机の上に 1 個置く．

(1)　3 回目の操作後に机の上に石がちょうど 3 個ある確率は $\dfrac{\boxed{19}}{\boxed{20}}$ である．

(2)　6 回目の操作後に机の上に石がちょうど 2 個ある確率は $\dfrac{\boxed{21}\ \boxed{22}}{\boxed{23}\ \boxed{24}}$ で

あり，石が 1 個もない確率は $\dfrac{\boxed{25}}{\boxed{26}\ \boxed{27}}$ である．

(3)　6 回目の操作後に机の上にある石が 2 個以下であったときに，8 回目の操作

後に机の上にある石も 2 個以下である条件付き確率は $\dfrac{\boxed{28}\ \boxed{29}}{\boxed{30}\ \boxed{31}}$ である．

3 解答を解答用紙（その 2 ）の **3** 欄に記入せよ．

点 O を原点とする xy 平面上の放物線

$$y = -x^2 + 4x$$

を C とする．また，放物線 C 上に点 $A(4, 0)$，$P(p, -p^2 + 4p)$，
$Q(q, -q^2 + 4q)$ をとる．ただし，$0 < p < q < 4$ とする．

(1) 放物線 C の接線のうち，直線 AP と傾きが等しいものを ℓ とする．接線 ℓ の方程式を求めよ．

(2) 点 P を固定する．点 Q が $p < q < 4$ を満たしながら動くとき，四角形 OAQP の面積の最大値を p を用いて表せ．

(3) (2)で求めた四角形 OAQP の面積の最大値を $S(p)$ とおく．$0 < p < 4$ のとき，関数 $S(p)$ の最大値を求めよ．

4 解答を解答用紙（その 3 ）の **4** 欄に記入せよ．

(1) 関数

$$y = -\frac{\cos 3x}{\sin^3 x} \quad (0 < x < \pi)$$

の増減と極値を調べ，そのグラフの概形を描け．ただし，グラフの凹凸は調べなくてよい．

(2) a を実数の定数とする．x についての方程式

$$-\cos 3x = a \sin^3 x$$

が $\dfrac{\pi}{6} < x < \dfrac{2\pi}{3}$ の範囲に実数解をもつような a の値の範囲を求めよ．

5 解答を解答用紙（その 4）の **5** 欄に記入せよ.

$$a_n = \frac{1}{n!} \int_1^e (\log x)^n \, dx \quad (n = 1, 2, 3, \cdots) \text{ とおく.}$$

(1) a_1 を求めよ.

(2) 不等式 $0 \leqq a_n \leqq \dfrac{e-1}{n!}$ が成り立つことを示せ.

(3) $n \geqq 2$ のとき, $a_n = \dfrac{e}{n!} - a_{n-1}$ であることを示せ.

(4) $\displaystyle\lim_{n \to \infty} \sum_{k=2}^n \frac{(-1)^k}{k!}$ を求めよ.

物理

（80 分）

1 　以下の文章を読み，空欄(1)〜(14)にあてはまる最も適切な解答をそれぞれの解答群から選び，**解答用紙（その 1 ）**の該当する記号をマークせよ。また，空欄(a)〜(c)にあてはまる数値を，**解答用紙（その 2 ）**の所定の解答欄に記入せよ。以下では，重力加速度の大きさを g，大気圧を P_0 とする。また，物体の運動は鉛直方向に限られるものとする。

　図 1 — 1 (ア)のように，円筒状の容器の中に密度 2ρ の液体が入っている。容器の底面積は $4S$ であり，容器の底から液面までの高さは $10\,l$ である。図 1 — 1 (イ)のように，この液体の表面に底面積 S，高さ $2\,l$，一様な密度 ρ の円柱状の物体を置いたところ，物体は下面が液面から深さ h_1 の位置で静止した。

(A)　物体の静止位置を力のつり合いから求めよう。物体の上面，下面に働く力の大きさは，それぞれ 　(1)　 ，　(2)　 であり，物体に働く浮力の大きさは 　(3)　 となる。浮力と重力のつり合いより，$h_1 =$ 　(4)　 とわかる。

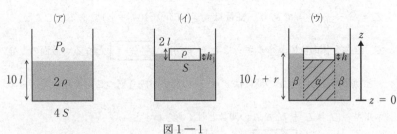

図 1 — 1

(1), (2), (3)の解答群

① 0　　　　　　　　　② $P_0 S$　　　　　　　　③ $4P_0 S$

④ $\rho h_1 Sg$　　　　　⑤ $P_0 S + \rho h_1 Sg$　　⑥ $4P_0 S + \rho h_1 Sg$

⑦ $2\rho h_1 Sg$　　　　⑧ $P_0 S + 2\rho h_1 Sg$　　⑨ $4P_0 S + 2\rho h_1 Sg$

(4)の解答群

①　0　　　　　②　$\dfrac{1}{4}l$　　　　　③　$\dfrac{1}{2}l$　　　　　④　$\dfrac{2}{3}l$

⑤　l　　　　　⑥　$\dfrac{4}{3}l$　　　　　⑦　$\dfrac{3}{2}l$　　　　　⑧　$2l$

(B)　上で求めた物体の静止位置について，エネルギーに関する考察を行おう。
図1—1(ウ)のように，物体の下面が液面から深さhの位置にあり，液面の高さが$10l + r$のときのエネルギーを考える。液体の体積が一定である条件より，rとhの間には$r = \dfrac{h}{4}$の関係が成り立つ。有限の大きさを持った物体の位置エネルギーは，その物体の重心に全質量が集中していると考えることにより，求めることができる。図1—1(ウ)のように，鉛直上向きにz軸をとり，位置エネルギーの基準面を容器の底面にとることにする。まず，物体の重心のz座標は$Z = \boxed{\quad(5)\quad}$であるので，物体の位置エネルギーは$U = \boxed{\quad(6)\quad} \times \boxed{\quad(5)\quad}$となる。次に，液体については，図1—1(ウ)に示すように物体の下にある部分（部分α）とそれ以外の部分（部分β）に分けて考える。部分αの液体の重心のz座標は$Z_a = \dfrac{(10l + r - h)}{2}$であり，質量は$M_a = 2\rho S(10l + r - h)$である。また，部分$\beta$の液体の重心の$z$座標は$Z_\beta = \dfrac{(10l + r)}{2}$であり，質量は$M_\beta = 6\rho S(10l + r)$である。したがって，液体全体の位置エネルギーは$U_a = \rho Sg \times \boxed{\quad(7)\quad}$となる。液面の上昇$r$と物体が沈む深さ$h$の間には$r = \dfrac{h}{4}$の関係が成り立つことを用いて，全エネルギー$U_t = U + U_a$を$h$の関数としてあらわすと
$U_t(h) = \rho Sg \times [\boxed{\quad(a)\quad} \times h^2 + \boxed{\quad(b)\quad} \times lh + 422\,l^2]$となる。この全エネルギー$U_t(h)$が最小になる条件より，$\boxed{\quad(4)\quad}$で求めたつり合いの位置$h = h_1$を求めることができる。つり合いの位置では，物体が水面上に完全に浮かんだ状態（$h = 0$）よりも$U_t(0) - U_t(h_1) = \boxed{\quad(8)\quad}$だけ，エネルギーが低くなっている。

(5)の解答群

① $10\,l + r + h$　　② $10\,l + r - h$　　③ $10\,l - r + h$

④ $11\,l + r + h$　　⑤ $11\,l + r - h$　　⑥ $11\,l - r + h$

⑦ $12\,l + r + h$　　⑧ $12\,l + r - h$　　⑨ $12\,l - r + h$

(6)の解答群

① $\rho\,Slg$　　② $2\,\rho\,Slg$　　③ $3\,\rho\,Slg$　　④ $4\,\rho\,Slg$

⑤ $\rho\,Shg$　　⑥ $2\,\rho\,Shg$　　⑦ $3\,\rho\,Shg$　　⑧ $4\,\rho\,Shg$

(7)の解答群

① $\dfrac{1}{2}\,(\,10\,l + r - h\,)^2 + (\,10\,l + r\,)^2$

② $\dfrac{1}{2}\,(\,10\,l + r - h\,)^2 + 2\,(\,10\,l + r\,)^2$

③ $\dfrac{1}{2}\,(\,10\,l + r - h\,)^2 + 3\,(\,10\,l + r\,)^2$

④ $(\,10\,l + r - h\,)^2 + (\,10\,l + r\,)^2$

⑤ $(\,10\,l + r - h\,)^2 + 2\,(\,10\,l + r\,)^2$

⑥ $(\,10\,l + r - h\,)^2 + 3\,(\,10\,l + r\,)^2$

⑦ $2\,(\,10\,l + r - h\,)^2 + (\,10\,l + r\,)^2$

⑧ $2\,(\,10\,l + r - h\,)^2 + 2\,(\,10\,l + r\,)^2$

⑨ $2\,(\,10\,l + r - h\,)^2 + 3\,(\,10\,l + r\,)^2$

(8)の解答群

① $\dfrac{1}{4}\,\rho\,S^2 g$　　② $\dfrac{1}{4}\,\rho\,Sl^2 g$　　③ $\dfrac{1}{2}\,\rho\,S^2 g$　　④ $\dfrac{1}{2}\,\rho\,Sl^2 g$

⑤ $\dfrac{3}{4}\,\rho\,S^2 g$　　⑥ $\dfrac{3}{4}\,\rho\,Sl^2 g$　　⑦ $\rho\,S^2 g$　　⑧ $\rho\,Sl^2 g$

(C)　図1−1の液体を液体aと呼ぶことにする。ここで，容器の上から別の種類

の密度が $\dfrac{2\rho}{3}$ の液体bを注いだところ，図1−2に示すように液体aと液体

bは混じり合わず，液体aと液体bの界面から液体bの液面までの高さは5*l*

となった。また，物体は下面から高さ h_2 の部分が液体aの中に沈むかたちで

界面に静止した。このとき，物体の上面，下面に働く力の大きさは，それぞれ

  (9)　， (10)　であり，物体に働く浮力の大きさは (11)　とな

る。浮力と重力のつり合いより，$h_2 =$ (c)　× *l* となる。

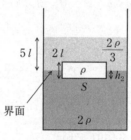

図1−2

　　次に，液体bの代わりに液体cを用いて同様の実験を行なった。液体aと液

体cは混じり合わず，液体cの密度 ρ_c は $\rho < \rho_c < 2\rho$ の関係を満たすものと

する。このとき，物体の静止位置を表す図として最も適当なものは (12)

である。

(9), (10), (11)の解答群

①　$\rho\left(\dfrac{2}{3}l + \dfrac{4}{3}h_2\right)Sg$　　　　　　②　$\dfrac{4}{3}\rho(l + h_2)Sg$

③　$\rho\left(\dfrac{4}{3}l + \dfrac{2}{3}h_2\right)Sg$　　　　　　④　$P_0S + \dfrac{2}{3}\rho(3l + h_2)Sg$

⑤　$P_0S + \dfrac{2}{3}\rho(5l - h_2)Sg$　　　　　⑥　$P_0S + \dfrac{2}{3}\rho(5l + h_2)Sg$

⑦　$P_0S + \rho\left(\dfrac{8}{3}l + 2h_2\right)Sg$　　　　⑧　$P_0S + \rho\left(\dfrac{10}{3}l - 2h_2\right)Sg$

⑨　$P_0S + \rho\left(\dfrac{10}{3}l + 2h_2\right)Sg$

⑿の解答群

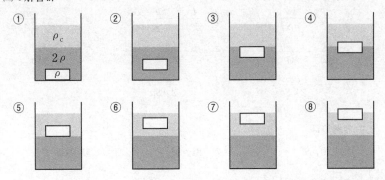

(D)　再び図1－1(ア)の状況を考える。物体を浮かべる前の液面の高さは$10\,l$で あった。物体を浮かべた後，図1－3に示すように，容器全体をはかりの上に 載せ，物体の上面に天井から吊り下げたバネ(バネ定数k)の下端を固定し た。すると，バネは自然長よりもuだけ伸びた状態となり，物体は液体の中 にh_3だけ沈み込んだ状態で静止した。このとき，物体にはたらく力のつり合 いより，$h_3 =$ ⒀ となる。また，容器の質量をmとすると，はかりが 示す質量は ⒁ ＋ m となる。

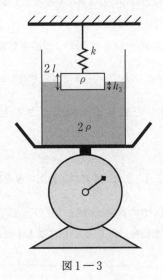

図1－3

⒀の解答群

① $\dfrac{l}{2} - \dfrac{ku}{\rho Sg}$　　　　② $\dfrac{l}{2} + \dfrac{ku}{\rho Sg}$　　　　③ $\dfrac{l}{2} - \dfrac{ku}{2\rho Sg}$

④ $\dfrac{l}{2} + \dfrac{ku}{2\rho Sg}$　　　　⑤ $l - \dfrac{ku}{\rho Sg}$　　　　⑥ $l + \dfrac{ku}{\rho Sg}$

⑦ $l - \dfrac{ku}{2\rho Sg}$　　　　⑧ $l + \dfrac{ku}{2\rho Sg}$

⒁の解答群

① $80\rho Sl$　　　　　　　② $81\rho Sl$　　　　　　　③ $82\rho Sl$

④ $80\rho Sl - \dfrac{ku}{g}$　　　⑤ $80\rho Sl + \dfrac{ku}{g}$　　　⑥ $81\rho Sl - \dfrac{ku}{g}$

⑦ $81\rho Sl + \dfrac{ku}{g}$　　　⑧ $82\rho Sl - \dfrac{ku}{g}$　　　⑨ $82\rho Sl + \dfrac{ku}{g}$

$\boxed{2}$　以下の設問について，空欄⒂〜⒇に当てはまるもっとも適切な解答をそれぞれの解答群から選び，**解答用紙（その 1 ）**の該当する記号をマークせよ。本問題は真空中での事象を扱い，真空中におけるクーロンの法則の比例定数は k_0 とする。静電気力及び静磁場による力以外の力は無視できるとする。

　　図 2 ― 1 (a)の様に，電気量 $+q\,(q > 0)$ の 2 つの点電荷がそれぞれ xy 平面上の点 A$\left(0,\ \dfrac{d}{2}\right)$，および点 B$\left(0,\ -\dfrac{d}{2}\right)$ に固定されている場合について考える。$-q$ の電気量を帯びた質量が m で大きさの無視できる小球を，点 D$(-l,\ 0)$ に静かに置いた。ただし $l > 0$ であり，さらに l は $\dfrac{d}{2}$ に比べて十分に小さかった $\left(l \ll \dfrac{d}{2}\right)$。また，小球は x 軸上のみを自由に運動できるものとする。小球は点 D に置かれた直後，x 軸上を正の向きに動き始めた。以下では図 2 ― 1 (b)の様に，運動開始後に点 P$(x,\ 0)$ にある小球が 2 つの点電荷から受ける力を導出しよう。

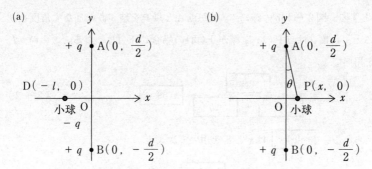

図 2 — 1

　　まず，点 A に置かれた点電荷から小球が受ける静電気力の大きさ F_A は

$$F_A = \frac{\boxed{(15)}}{\boxed{(16)} + \boxed{(17)}} \qquad\qquad (2-1)$$

で与えられる。点 B の点電荷から小球が受ける力の大きさ F_B も同様にして求め
られる。

(15)の解答群

① $k_0 q$ 　　② $2 k_0 q$ 　　③ $k_0 q^2$ 　　④ $\sqrt{2} k_0 q^2$ 　　⑤ k_0

⑥ q 　　　⑦ $2q$ 　　　⑧ $k_0 \sqrt{q}$ 　　⑨ $2 k_0 \sqrt{q}$ 　　⓪ 1

(16), (20)の解答群

① 1 　　② 2 　　③ x 　　④ $3x$ 　　⑤ x^2

⑥ $\sqrt{x}$ 　　⑦ $\sqrt{2x}$ 　　⑧ $\sqrt{\dfrac{x}{2}}$ 　　⑨ $\dfrac{x}{2}$ 　　⓪ $\left(\dfrac{x}{2}\right)^2$

(17)の解答群

① ld 　　② $\dfrac{l}{d}$ 　　③ d 　　④ $2d$ 　　⑤ d^2

⑥ $\left(\dfrac{d}{2}\right)^{-3}$ 　⑦ $\left(\dfrac{d}{2}\right)^{-2}$ 　⑧ $\dfrac{d}{2}$ 　⑨ $\left(\dfrac{d}{2}\right)^2$ 　⓪ $\left(\dfrac{d}{2}\right)^3$

　　ここで，2 つの点電荷から受ける静電気力の合力を考える。その合力の x 成分

を F_x とする。図2―1(b)の様に，y 軸が点Ａと点Ｐを結ぶ直線となす角度を θ
とすると，角度 θ は点Ｐの x 座標が正（負）の場合に正（負）となる。この時，F_x
は θ を用いて

$$F_x = \frac{\boxed{(18)}}{\boxed{(16)} + \boxed{(17)}} \quad \boxed{(19)} \tag{2-2}$$

で与えられる。　$\boxed{(19)}$　は x と d を用いて次式

$$\boxed{(19)} = \frac{\boxed{(20)}}{\sqrt{\boxed{(16)} + \boxed{(17)}}} \tag{2-3}$$

で与えられる。

(18)の解答群

① $2k_0q$ 　　② $-2k_0q$ 　　③ $2k_0q^2$ 　　④ $-2k_0q^2$

⑤ $\sqrt{2}k_0q^2$ 　⑥ $-\sqrt{2}k_0q^2$ 　⑦ $-2q$ 　　⑧ k_0q^2

⑨ $-k_0q^2$ 　　⓪ 1

(19)の解答群

① $\dfrac{1}{\theta}$ 　② θ^2 　③ $\sin\theta$ 　④ $\cos\theta$ 　⑤ $\sin^2\theta$

⑥ $\cos^2\theta$ 　⑦ $\tan\theta$ 　⑧ $\dfrac{1}{\tan\theta}$ 　⑨ $\tan^2\theta$ 　⓪ $\dfrac{1}{\tan^2\theta}$

さて，式（2―2）に式（2―3）を代入して書き直すと，

$$F_x = \boxed{(18)} \times \left\{ \boxed{(16)} + \boxed{(17)} \right\}^{-\frac{3}{2}} \times \boxed{(20)} \tag{2-4}$$

が得られる。ここで，$l \ll \dfrac{d}{2}$ であることに着目すると，式（2―4）中の
$\boxed{(16)}$ 及び $\boxed{(17)}$ に関し，どちらか一方に対して他方を無視できること
が判る。よって F_x は次式

$$F_x \fallingdotseq \boxed{(18)} \times \boxed{(21)} \times \boxed{(20)} \tag{2-5}$$

で与えられることになる。

　式（2―5）は小球が x 軸上を単振動し，その周期が $\boxed{(22)}$ となることを示

している。この単振動の振幅は　⟮23⟯　である。

⟮21⟯の解答群

①　1　　　　　②　$\sqrt{d}$　　　　③　d　　　　④　$2d$

⑤　d^2　　　⑥　$\left(\dfrac{d}{2}\right)^{-3}$　　⑦　$\left(\dfrac{d}{2}\right)^{-\frac{3}{2}}$　　⑧　$\dfrac{d}{2}$

⑨　$\left(\dfrac{d}{2}\right)^2$　　⓪　$\left(\dfrac{d}{2}\right)^3$

⟮22⟯の解答群

①　$\sqrt{\dfrac{md^3}{k_0 q^2}}$　　　　　②　$\dfrac{md^2}{k_0 q^2}$　　　　　③　$\pi\,\dfrac{md^2}{k_0 q^2}$

④　$2\pi\sqrt{\dfrac{md^3}{k_0 q^2}}$　　　⑤　$\sqrt{\dfrac{md^3}{8 k_0 q^2}}$　　　⑥　$\dfrac{md^3}{8 k_0 q^2}$

⑦　$\pi\sqrt{\dfrac{md^3}{8 k_0 q^2}}$　　　⑧　$\dfrac{\pi}{2}\sqrt{\dfrac{md^3}{k_0 q^2}}$　　　⑨　$\pi\sqrt{\dfrac{md^2}{8 k_0 q^2}}$

⓪　$2\pi\sqrt{\dfrac{md^2}{8 k_0 q^2}}$

⟮23⟯の解答群

①　1　　②　$\dfrac{1}{2}$　　③　$\dfrac{1}{2}l$　　④　l　　⑤　$2l$

⑥　$3l$　　⑦　l^2　　⑧　d　　⑨　$2d$　　⓪　d^2

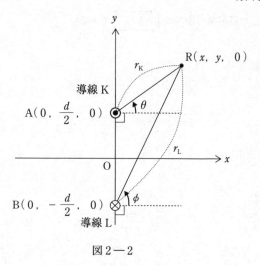

図2−2

次に, 図2−2の様に, 原点Oを含むxy平面が紙面と一致し, z軸が紙面と垂直に, 紙面の裏から表の向きに貫く座標軸をとる。十分に長い直線状の導線K及び導線Lが, それぞれ点$A\left(0, \dfrac{d}{2}, 0\right)$及び点$B\left(0, -\dfrac{d}{2}, 0\right)$を通り, z軸と平行に張られている。導線Kには紙面の裏から表の向きに, 導線Lには紙面の表から裏の向きに, 一定の大きさIの電流が流れている。この時2つの直線電流が点$R(x, y, 0)$に作る磁場のx及びy成分を求めよう。

図2−2の点Aと点Rを結ぶ線分ARの長さをr_{K}, 点Bと点Rを結ぶ線分BRの長さをr_{L}とし, また直線ARがx軸となす角度を改めてθとすると, 導線Kを流れる電流が点Rに作る磁場のx成分$H_{\mathrm{K}x}$及びy成分$H_{\mathrm{K}y}$はそれぞれ $\boxed{(24)}$ である。同様に, 直線BRがx軸となす角度をϕとすると, 導線Lを流れる電流が点Rに作る磁場のx成分$H_{\mathrm{L}x}$及びy成分$H_{\mathrm{L}y}$はそれぞれ $\boxed{(25)}$ である。2つの電流が点Rに作る磁場のx成分は$H_{\mathrm{K}x} + H_{\mathrm{L}x}$, y成分は$H_{\mathrm{K}y} + H_{\mathrm{L}y}$で与えられるので, θ及びϕを用いずに点Rの位置座標x及びyを用いて書き下すと, $H_{\mathrm{K}x} + H_{\mathrm{L}x} = \boxed{(26)}$ 及び$H_{\mathrm{K}y} + H_{\mathrm{L}y} = \boxed{(27)}$ となる。これより, 点Rがx軸上にある時, 点Rにおける磁場の向きは $\boxed{(28)}$ であることが判る。

㉔の解答群

①　$H_{Kx} = -\dfrac{I}{4\pi r_{\mathrm{K}}}\cos\theta$ 及び $H_{Ky} = \dfrac{I}{4\pi r_{\mathrm{K}}}\sin\theta$

②　$H_{Kx} = -\dfrac{I}{2\pi r_{\mathrm{K}}}\cos\theta$ 及び $H_{Ky} = -\dfrac{I}{2\pi r_{\mathrm{K}}}\sin\theta$

③　$H_{Kx} = \dfrac{I}{2\pi r_{\mathrm{K}}}\cos\theta$ 及び $H_{Ky} = -\dfrac{I}{2\pi r_{\mathrm{K}}}\sin\theta$

④　$H_{Kx} = \dfrac{I}{2\pi r_{\mathrm{K}}}\cos\theta$ 及び $H_{Ky} = -\dfrac{I}{2\pi r_{\mathrm{K}}}\cos\theta$

⑤　$H_{Kx} = -\dfrac{I}{2\pi r_{\mathrm{K}}}\sin\theta$ 及び $H_{Ky} = \dfrac{I}{2\pi r_{\mathrm{K}}}\cos\theta$

⑥　$H_{Kx} = -\dfrac{I}{2\pi r_{\mathrm{K}}}\tan\theta$ 及び $H_{Ky} = -\dfrac{I}{2\pi r_{\mathrm{K}}}\cos\theta$

⑦　$H_{Kx} = \dfrac{I}{2\pi r_{\mathrm{K}}}\sin\theta$ 及び $H_{Ky} = -\dfrac{I}{2\pi r_{\mathrm{K}}}\cos\theta$

⑧　$H_{Kx} = -\dfrac{I}{4\pi r_{\mathrm{K}}}\sin\theta$ 及び $H_{Ky} = \dfrac{I}{4\pi r_{\mathrm{K}}}\cos\theta$

⑨　$H_{Kx} = \dfrac{I}{2\pi r_{\mathrm{K}}}\sin\theta$ 及び $H_{Ky} = \dfrac{I}{2\pi r_{\mathrm{K}}}\cos\theta$

⓪　$H_{Kx} = -\dfrac{I}{2\pi r_{\mathrm{K}}}\sin\theta$ 及び $H_{Ky} = \dfrac{I}{2\pi r_{\mathrm{K}}}\sin\theta$

㉕の解答群

①　$H_{Lx} = -\dfrac{I}{4\pi r_{\mathrm{L}}}\cos\phi$ 及び $H_{Ly} = \dfrac{I}{4\pi r_{\mathrm{L}}}\sin\phi$

②　$H_{Lx} = -\dfrac{I}{2\pi r_{\mathrm{L}}}\cos\phi$ 及び $H_{Ly} = -\dfrac{I}{2\pi r_{\mathrm{L}}}\sin\phi$

③　$H_{Lx} = \dfrac{I}{2\pi r_{\mathrm{L}}}\cos\phi$ 及び $H_{Ly} = -\dfrac{I}{2\pi r_{\mathrm{L}}}\sin\phi$

④　$H_{Lx} = \dfrac{I}{2\pi r_{\mathrm{L}}}\cos\phi$ 及び $H_{Ly} = -\dfrac{I}{2\pi r_{\mathrm{L}}}\cos\phi$

⑤　$H_{Lx} = -\dfrac{I}{2\pi r_{\mathrm{L}}}\sin\phi$ 及び $H_{Ly} = \dfrac{I}{2\pi r_{\mathrm{L}}}\cos\phi$

⑥　$H_{Lx} = -\dfrac{I}{2\pi r_{\mathrm{L}}}\tan\phi$ 及び $H_{Ly} = -\dfrac{I}{2\pi r_{\mathrm{L}}}\cos\phi$

⑦　$H_{Lx} = \dfrac{I}{2\pi r_{\mathrm{L}}}\sin\phi$ 及び $H_{Ly} = -\dfrac{I}{2\pi r_{\mathrm{L}}}\cos\phi$

⑧　$H_{Lx} = -\dfrac{I}{4\pi r_{\mathrm{L}}}\sin\phi$ 及び $H_{Ly} = \dfrac{I}{4\pi r_{\mathrm{L}}}\cos\phi$

⑨　$H_{\mathrm{L}x} = \dfrac{I}{2\pi r_{\mathrm{L}}} \sin\phi$ 及び $H_{\mathrm{L}y} = \dfrac{I}{2\pi r_{\mathrm{L}}} \cos\phi$

⓪　$H_{\mathrm{L}x} = -\dfrac{I}{2\pi r_{\mathrm{L}}} \sin\phi$ 及び $H_{\mathrm{L}y} = \dfrac{I}{2\pi r_{\mathrm{L}}} \sin\phi$

⒃, ⒄の解答群

①　$\dfrac{I}{4\pi}\left(-\dfrac{y+\dfrac{d}{2}}{r_{\mathrm{K}}{}^2} - \dfrac{y-\dfrac{d}{2}}{r_{\mathrm{L}}{}^2} \right)$ 　　　②　$\dfrac{I}{4}\left(-\dfrac{y+\dfrac{d}{2}}{r_{\mathrm{K}}{}^2} + \dfrac{y-\dfrac{d}{2}}{r_{\mathrm{L}}{}^2} \right)$

③　$\dfrac{I}{2\pi}\left(\dfrac{y+\dfrac{d}{2}}{r_{\mathrm{K}}{}^2} - \dfrac{y-\dfrac{d}{2}}{r_{\mathrm{L}}{}^2} \right)$ 　　　④　$\dfrac{I}{2}\left(\dfrac{y+\dfrac{d}{2}}{r_{\mathrm{K}}{}^2} + \dfrac{y-\dfrac{d}{2}}{r_{\mathrm{L}}{}^2} \right)$

⑤　$\dfrac{I}{2\pi}\left(-\dfrac{y-\dfrac{d}{2}}{r_{\mathrm{K}}{}^2} + \dfrac{y+\dfrac{d}{2}}{r_{\mathrm{L}}{}^2} \right)$ 　　　⑥　$\dfrac{I}{2\pi}\left(-\dfrac{x}{r_{\mathrm{K}}{}^2} + \dfrac{x}{r_{\mathrm{L}}{}^2} \right)$

⑦　$\dfrac{I}{4\pi}\left(\dfrac{xy}{r_{\mathrm{K}}{}^2} - \dfrac{xy}{r_{\mathrm{L}}{}^2} \right)$ 　　　⑧　$\dfrac{I}{2\pi}\left(\dfrac{x}{r_{\mathrm{K}}{}^2} + \dfrac{x}{r_{\mathrm{L}}{}^2} \right)$

⑨　$\dfrac{I}{2\pi}\left(\dfrac{x}{r_{\mathrm{K}}{}^2} - \dfrac{x}{r_{\mathrm{L}}{}^2} \right)$ 　　　⓪　$\dfrac{I}{2}\left(-\dfrac{x}{r_{\mathrm{K}}{}^2} - \dfrac{x}{r_{\mathrm{L}}{}^2} \right)$

⒅の解答群

①　x 軸の正の向き　　②　x 軸の負の向き　　③　y 軸の正の向き

④　y 軸の負の向き　　⑤　z 軸の正の向き　　⑥　z 軸の負の向き

3　以下の文章の空欄(ア)から(カ)にあてはまるもっとも適切な解答をそれぞれの解答
群から選び，その記号を**解答用紙(その2)**の該当する解答欄に記入せよ。また，
(Ⅰ)—1，2，および(Ⅱ)—1，2，3，4，5の解答を**解答用紙(その2)**の該当
する解答欄に記入せよ。

(Ⅰ)　圧力 p_0 で温度一定の室内に図3—1のようなピストンとシリンダーがあ
る。シリンダーは断熱材でできていて，内部には n mol の気体が入ってい
る。最初，シリンダー内の気体も圧力 p_0 で室内と同じ温度であり，体積は V_0
であった。シリンダー内の気体に対しては，自由に熱を与えたり奪ったりする
ことができる。気体は理想気体とし，気体定数を R とすると温度 T の気体の
1 mol あたりの内部エネルギーは $\dfrac{3}{2}RT$ で与えられる。

シリンダー

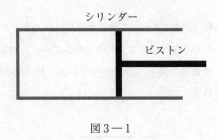

ピストン

図3—1

1．ピストンを断熱材で覆い，動かないよう固定する。シリンダー内の気体に
Q_1 の熱量を与えたところ，気体の温度は T_1 となった。T_1 を Q_1，n，R，p_0，
V_0 で表せ。使わない量があっても構わない。

2．シリンダー内の気体から Q_1 の熱量を奪い十分に時間がたった後に，ピス
トンを断熱材で覆ったまま自由に動けるようにして気体に再び Q_1 の熱量を
与えたところ，気体の温度は T_2 となった。T_2 を Q_1，n，R，p_0，V_0 で表
せ。使わない量があっても構わない。

3．シリンダー内の気体を圧力 p_0，体積 V_0 の状態に戻した。その後で断熱材
で覆ったままのピストンをゆっくり引っ張ってシリンダー内の気体の体積を
$V_1(>V_0)$ としたところ，圧力は p_1 となった。その後，再びシリンダー内の
気体を圧力 p_0，体積 V_0 の状態に戻した後に，ピストンから断熱材をはずし
てからゆっくり引っ張ってシリンダー内の気体の体積をもう一度 V_1 とした

ところ，圧力は p_2 となった。p_1 と p_2 の大小関係を考えよう。断熱材で覆ったピストンを引っ張って体積を V_0 から V_1 としたときは ⬚（ア）⬚ 変化となり，内部エネルギーは ⬚（イ）⬚ 。断熱材をはずしてピストンを引っ張って体積を V_0 から V_1 としたときは ⬚（ウ）⬚ 変化となり，内部エネルギーは ⬚（エ）⬚ 。同じ体積では温度が低いほうが気体の圧力は低いので， ⬚（オ）⬚ となる。

（ア）〜（オ）の解答群

(a) 等温　　　　(b) 等圧　　　　(c) 等積　　　　(d) 断熱

(e) 増える　　　(f) 減る　　　　(g) 変わらない　　(h) $p_1 < p_2$

(i) $p_1 = p_2$　　(j) $p_1 > p_2$

（Ⅱ）　図 3 ― 2 のように，速さ 2.0 m/s で動く十分長いベルトコンベヤの横に A が立ち，毎秒 1 個のおもりをベルトコンベヤにおいていく。ベルトコンベヤの進む向きに A から十分離れた場所に B は立っている。以下で A と B は常にベルトコンベヤの横にいるとする。

図 3 ― 2

1．A はベルトコンベヤの進む向きに速さ 0.50 m/s で歩いている。B は止まっている。B の横を一つのおもりが通過してから次のおもりが通過するまでの時間間隔 t_B を求めよ。

2．次に A はベルトコンベヤの進む向きと逆向きに速さ 0.50 m/s で歩きだした。十分に時間がたった後の t_B を求めよ。

3．A の動きは 2 のままで，B はベルトコンベヤの進む向きに 0.50 m/s で歩きだした。t_B を求めよ。

4．次にAとBの動きは3のままでベルトコンベヤの動く速さを 3.0 m/s とした。十分に時間がたった後の t_B を求めよ。

5．ベルトコンベヤの動く速さを V_0[m/s]，ベルトコンベヤの動く向きを正としたときの，Aの歩く速度を v_A[m/s]，Bの歩く速度を v_B[m/s]，Aがおもりをおいていく時間間隔を t_A[s] とする。t_B[s] を V_0，v_A，v_B，t_A を用いて表せ。使わない量があっても構わない。

6．前問5で求めた t_A，t_B，V_0，v_A，v_B の関係は，波の ┃ (カ) ┃ に現れる関係と同じ形である。

(カ)の解答群

  (a) 干渉効果　　　　(b) 回折効果　　　　(c) 重ね合わせ効果

  (d) ドップラー効果　(e) 屈折　　　　　　(f) 反射

  (g) うなり

化学

(80 分)

I　以下の文を読み，設問(1)〜(4)の解答を有効数字 2 桁で求め，□1□〜□12□にあてはまる最も適切な数値を，解答用マーク・シートの同じ番号の解答欄にマークせよ。気体はすべて理想気体とし，気体定数は 8.3×10^3 Pa·L/(K·mol) とする。原子量は H 1，C 12，O 16，I 127 とする。

　炭素，水素，酸素からなる化合物 A と化合物 B の混合物 X がある。A と B の分子式の違いは炭素数だけであり，A の炭素数は B の炭素数より 1 つ少ない。A は 2 組の非共有電子対をもっている。B はカルボニル基をもつが，銀鏡反応は示さなかった。

　121 mg の X を容積 8.3 L の密閉耐圧容器に入れて 127 ℃ に加熱したところ，A と B はともにすべて気体になり，容器内の全圧は 1.0×10^3 Pa になった。次に，同量の X を硫酸酸性の二クロム酸カリウム水溶液に加えて加熱すると，X に含まれている全ての A が酸化されて脂肪酸 C を生成した。生成した C をすべて取り出し，半量を純水に溶かして 50 mL の水溶液 D を調製した。10.0 mL の D にフェノールフタレインを指示薬として加え，0.010 mol/L の水酸化ナトリウム水溶液で滴定したところ，溶液の色が無色になるまでに 20.0 mL 要した。また，X を蒸留することで A を取り出し，C と混合した溶液に少量の濃硫酸を加えて加熱すると化合物 E と水を生成して平衡状態に達した。

(1)　A の分子量は □1□ . □2□ × 10$^{□3□}$ である。

(2)　X に含まれる A のモル分率は □4□ . □5□ × 10$^{-□6□}$ である。

(3)　1.6 mol の A と 1.0 mol の C に少量の濃硫酸を加えて T[K] に加熱すると平衡状態に達し，0.8 mol の E と 0.8 mol の水を生成することがわかっている。121 mg の X を適量ずつ二つの容器にとり分けて，一方の X から A を取りだ

し，他方の**X**から**C**を合成する。それらを T [K]で反応させることで生成する

Eの最大量は，理論的には $\boxed{7}$. $\boxed{8}$ $\times 10^{-\boxed{9}}$ g である。

(4)　**X**にヨウ素と水酸化ナトリウム水溶液を加えて加熱すると，特有な匂いがする化合物**Y**の黄色沈澱が得られた。この反応が完全に進むものとすると，121 mg の**X**から生成する**Y**は $\boxed{10}$. $\boxed{11}$ $\times 10^{-\boxed{12}}$ g である。

$\boxed{\text{II}}$　次の問1の答を記述式解答用紙に，問2の答をマーク・シート解答用紙に記入せよ。

問1　以下の文を読み，設問(1)〜(5)の答を記述式解答用紙の解答欄に記入せよ。

　　　3％塩化ナトリウム水溶液に少量のヘキサシアニド鉄(Ⅲ)酸カリウム $K_3[Fe(CN)_6]$ 水溶液とフェノールフタレイン溶液を加え，この溶液をよくみがいた鉄板の上に数滴滴下した。しばらくすると，滴下した溶液の中央付近が青色に変化した。さらに時間がたつと，溶液の周辺部分がしだいに薄い①

赤色になってきた。②

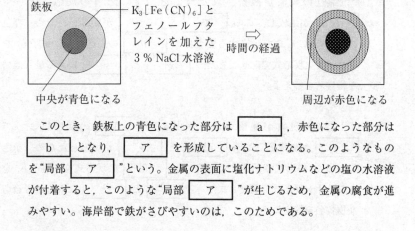

鉄板　　　　　　　　$K_3[Fe(CN)_6]$ と
　　　　　　　　　　フェノールフタ
　　　　　　　　　　レインを加えた　　時間の経過 ⇨
　　　　　　　　　　3％ NaCl 水溶液

中央が青色になる　　　　　　　　　　　　周辺が赤色になる

　　このとき，鉄板上の青色になった部分は $\boxed{\text{a}}$ ，赤色になった部分は $\boxed{\text{b}}$ となり，$\boxed{\text{ア}}$ を形成していることになる。このようなものを"局部 $\boxed{\text{ア}}$ "という。金属の表面に塩化ナトリウムなどの塩の水溶液が付着すると，このような"局部 $\boxed{\text{ア}}$ "が生じるため，金属の腐食が進みやすい。海岸部で鉄がさびやすいのは，このためである。

　　腐食の防止や装飾のために，金属などの物質の表面を金属でおおうことを

めっきという。鋼板(Fe)にスズ Sn をめっきしたものを　イ　，鋼板 (Fe)に亜鉛 Zn をめっきしたものを　ウ　という。ここで，Fe, Sn, Zn の 3 つの金属のイオン化傾向の大きさは，　i　＞　ii　＞　iii　であるため，傷がついていないときは　イ　のほうが，ウ　よりもさびにくくて安定である。しかし，傷がつくと，イ　のほうが，ウ　よりもさびやすくなる。その理由は，イ　の表面をおおう Sn めっきに傷がついて Fe が露出し，この部分に水がたまると，iv　が先に酸化される(イオンとなって水に溶ける)のに対し，ウ　の表面をおおう Zn めっきに傷がついて Fe が露出し，この部分に水がたまると，v　が先に酸化される(イオンとなって水に溶ける)からである。つまり，イ　の表面の Sn に傷がつき Fe が露出して，この部分に水がたまると，Fe を　c　に，Sn を　d　にした"局部 ア"が生じているのに対し，ウ　の表面の Zn に傷がつき Fe が露出して，この部分に水がたまると，Fe を　e　に，Zn を　f　にした"局部　ア"が生じていることになる。そのため，イ　は缶詰の内壁のような傷がつきにくい所に，ウ　は屋外の建材のような傷がつきやすい所に使われている。

(1) 下線①の現象が観察された理由を，「　I　の反応によって　あ　が生成し，この　あ　と　い　が反応したため，青色になった」の形式で記述する場合に，　I　の反応式を，電子 e⁻ を含むイオン反応式で記せ。また，　あ　と　い　に入る最も適切な物質名を答えよ。

(2) 下線②の現象が観察された理由を，「　II　の反応によって　う　が生成し，この　う　と　え　が反応したため，赤色になった」の形式で記述する場合に，　II　の反応式を，電子 e⁻ を含むイオン反応式で記せ。また，　う　と　え　に入る最も適切な物質名を答えよ。

(3) 　a　～　f　にあてはまる最も適切な語句を以下から選び，記号で答えよ。

A：正極　　B：負極

(4) 　ア　 ～ 　ウ　 にあてはまる最も適切な用語を記せ。

(5) 　 i　 ～ 　 v　 にあてはまる最も適切な金属を，元素記号で答
えよ。

問 2　以下の文を読み，設問(1)～(3)の答をマーク・シート解答用紙の指定された
　　　番号の解答欄にマークせよ。

　　　チオシアン酸イオン SCN^- は，S 原子と N 原子のどちらからでも配位結
　　合を形成できる。このような 2 種の配位原子をもつ配位子は両座配位子とよ
　　ばれる。SCN^- は，1 つの金属イオンに対して，どちらか一方の配位原子か
　　らのみ配位結合を形成できる。
　　　また，エチレンジアミン $H_2N-CH_2-CH_2-NH_2$(以下，en と略す)は，非共
　　有電子対を分子内に 2 か所もち，1 つの金属イオンに対して 2 か所から同時に
　　配位結合を形成した錯体を形成する。このような配位子は二座配位子とよばれる。
　　　両座配位子や二座配位子が金属イオンに配位すると，1 か所からのみ配位
　　結合を形成できる配位子(単座配位子とよばれる)だけが配位した場合に比べ
　　て，配位子の結合の仕方やその立体的な配置によって，錯体には様々な異性
　　体が生じる。

(1) 負の電荷を S 原子がもつとき，SCN^- の S 原子，C 原子，N 原子には，
　　それぞれ，何組の非共有電子対があるか，その数を答えよ。
　　S 原子 　13　 組，C 原子 　14　 組，N 原子 　15　 組

(2) Pt^{2+} は配位数が 4 の正方形の錯体を形成する。正方形の錯体 $[PtCl_2(NH_3)_2]$
　　には何通りの異性体が考えられるか，その数を答えよ。
　　 　16　 通り

(3) Pt^{2+} に対してエチレンジアミン 1 分子とチオシアン酸イオン 2 つが配
　　位して生じるキレート錯体 $[Pt(en)(SCN)_2]$ には何通りの異性体が考えら

れるか，その数を答えよ。ただし，チオシアン酸イオンはS原子とN原
子のどちらからでも Pt^{2+} に対して配位結合できるものとする。また，エ
チレンジアミンは正方形の隣接する2つの頂点に対して配位結合を形成
し，C–N結合とC–C単結合まわりの回転で生じる空間的な配置の違いは
考えないものとする。

| 17 | 通り

Ⅲ 以下の文を読み，設問(1)～(3)の答を解答欄に記入せよ。構造式は例にならって
示せ。

構造式の例

CH₂—CH₂—CH₃

炭化水素Aがある。1モルのAを完全燃焼させて，二酸化炭素と水にするのに
必要な酸素分子は6モルであった。Aには炭素原子間の二重結合が一つだけ存在
した。触媒を用いてAに水を付加すると化合物Bと化合物Cが得られた。CはB
の構造異性体であり，Cには不斉炭素原子が存在した。Bの酸化により化合物D
が得られた。Dをアンモニア性硝酸銀水溶液に加えて温めると，銀が析出した。
化合物Eと化合物Fは両方ともAの構造異性体であった。EとFには，いずれも
炭素原子間の二重結合が存在しなかった。

炭素，水素，酸素よりなる分子量126のエステルGがある。元素分析によるG
の成分元素の質量組成は，炭素66.7%，水素7.9%であった。水酸化ナトリウム
水溶液を用いて，Gを加水分解した。この水溶液にエーテルを加えて抽出を行っ
たところ，エーテル層からBが得られた。水層を希塩酸によって，中和した後，
再度エーテルを加えて抽出すると，エーテル層からは化合物Hが得られた。

(1) 化合物Aの分子式を記せ。

(2) 化合物Gの分子式を記せ。

(3) 化合物A～Hの構造式を例にならって示せ。ただし，EとFを区別する必要
はない。

解答編

英語

1 **解答**　[1]全訳下線部A，B参照。

[2] 1—(1)　2—(3)　3—(2)　4—(4)　5—(4)　6—(3)
7—(2)　8—(1)　9—(1)　10—(3)　11—(1)　12—(2)　13—(2)　14—(3)
15—(2)

◆全　訳◆

≪我々はどれだけ早く不健康になるのか≫

　体を鍛えるのは容易なことではない。しかし，それほど大変な思いをした後で，実際どれほど鍛えた体を維持できるのだろうか？　トレーニングをかなりがんばったとしても，少し休憩してしまえば，結局は体を鍛えるのよりもずっと早く「不健康」になってしまうのである。

　体がどのように「不健康」になるのかを理解するには，我々はまず，どうすれば健康になるのかを理解する必要がある。より健康的になる上で重要なこと——心臓血管の健康増進であろうと筋力の向上であろうと——は，「いつもの負荷」を超えることである。これは，体が慣れている以上のことをする，という意味である。これによって体が受けるストレスにより，我々は順応し，より抵抗力を増し，より高い健康レベルに達するのである。

　健康になるのにかかる時間は様々な要因によって決まり，それには健康レベルや年齢，仕事への取組み，環境さえも含まれる。しかし，いくつかの研究が示しているのは，わずか6回のインターバルトレーニングで，最大酸素摂取量（VO2 max）——健康の全体的な指標となるもの——が増加し，運動中，細胞内に蓄積された糖を使って体にエネルギーを供給する際の効率の改善につながりうる，ということである。

　筋力トレーニングでは，筋力の増加はわずか2週間ほどで見られるが，筋体積の変化は，8～12週までは見られない。

　トレーニングをやめてしまったときも，体力が衰えていく速さは多くの

要因で決まる。そこには，どのようなタイプの健康を我々が話題にしているのか（筋力や心臓血管の健康など）も含まれる。

　例として，マラソンランナーを考えてみよう。その人は選手としての健康状態はピークにあり，フルマラソンを 2 時間 30 分で走ることができる。この人は週に 5 〜 6 日をトレーニングに費やし，合計で 90 km を走る。また，このような健康レベルに達するのに 15 年も費やしてきた。

　それでは，例えばトレーニングを完璧にやめてしまったとしよう。体には，体力維持を強いるようなトレーニングによるストレスはもうかからないため，ランナーは数週間で，体力を落とし始める。

　心肺の健康——VO2 max（運動中に人が消費できる酸素の量）によって表される——は，トレーニングをやめて最初の 4 週間で，約 10％衰えていくだろう。この衰退率は継続するが，より時間が経つと，その割合は低くなっていく。

　興味深いのは，高度なトレーニングを積んできた選手（さきほどのマラソンランナーのような）は最初の 4 週間で VO2 max が急激に低下するのだが，この低下は最終的には安定し，実際には平均的な人よりも高い VO2 max を維持することができる，ということである。しかし，平均的な人であれば，VO2 max が急激に低下した後は，8 週間も経たないうちに，トレーニング前と同じレベルに戻ってしまうのである。

　VO2 max が低下する理由は，血液量と血漿量の減少である。それらは，トレーニングをやめてから最初の 4 週間で 12％も減少してしまう。血漿量や血液量が減少するのは，心臓や筋肉にかかっていたストレスがなくなることによるものである。

　血漿量は，トレーニングをやめて最初の 48 時間以内に，約 5％も減少する可能性がある。血液量と血漿量が減少した影響により，1 回の鼓動で体内に送り出される血液量も減少する。しかし，これらの各レベルは初めの時点までしか減少しない——トレーニング前より悪くなることはない，ということである。

　もちろん，我々のほとんどはマラソンランナーではない——しかし，我々がこうした影響とは無縁，というわけでもない。運動をやめてしまえばすぐに，高度なトレーニングを積んだ選手とまさに同じようなペースで，体はこうした重要な心臓血管の健康を損なっていくのである。

　筋力に関して言えば，平均的な人であれば12週間トレーニングをしないでいると，持ち上げられるウェイトの重さはかなり減ってしまう，ということを示す証拠がある。ありがたいことに，トレーニングをやめてしまう前に得られた筋力は若干残る，と研究が示している。興味深いのは，筋力がかなり減少してしまうにもかかわらず，筋繊維の太さはわずかしか細くならないということだ。

　筋力が落ちてしまう理由は，筋肉に負荷をかけていないということと大いに関係がある。なので，筋肉を使わないでいると，筋肉は「怠惰」となり，筋繊維の数が減少し，活動中に強化される筋肉も減る——以前は持ち上げられていた重いものが，持ち上がらなくなる——のである。

　運動中に使用される筋繊維の数は，トレーニングをしなくなって2週間で，約13%減少する——このことによって筋力が減少するようでもないのだが。これにより示されることは，より長い期間トレーニングをしなくなったことで見られる筋力の喪失は，我々が使用する筋繊維の数が最初の段階で減少することと，後に見られる筋肉量の減少の両方が組み合わさったものである，ということだ。

　ウェイトリフティングをする平均的なジム常連客なら，筋肉が小さくなっていくということを経験するだろう——時間が経つと，強化される筋繊維が減り，重いものを持つのが難しくなる。

　なので，体を鍛えるためにこれほど頑張った後でさえ，トレーニングをやめてしまうと48時間以内に，心臓血管の健康や筋力は失われていく。しかし，心臓血管の健康については少なくとも2～3週間，筋力については6～10週間，このような影響を感じることはない。「脱トレーニング」のペースは男性も女性も，そして高齢の選手でさえ，同じようなものである。しかし，健康であればあるほど，得たものは失いにくくなる。

出典追記：How quickly do we become unfit?, The Conversation on May 14, 2021 by Dan Gordon and Justin Roberts

━━━━━━ ◀解　説▶ ━━━━━━

[1]A. 冒頭の To understand … は目的を表す不定詞だと考えられる。
B. lead to ～ で「～（という結果）につながる」の意味だが，この後に続いているのは動名詞の意味上の主語である less blood と，動名詞の being pumped around the body であるから，「より少ない血液が体中に

送り出される」という関係になる。文末の each heart beat は副詞的に用いられており，in each heart beat ととらえるとよいだろう。

［2］1．「この文章に対する最も適切な題名は何か」

⑴「我々はどれだけ早く不健康になるのか」

⑵「筋肉をつけるために，我々は運動する必要がある」

⑶「体重を減らすのは，年をとるにつれて難しくなる」

⑷「我々は短時間で健康になれるのか」

本文の文章構造に注目すると，第5段（When we stop training, …）以降，トレーニングをやめた後，我々の体に起こることが述べられ，特に VO2 max の低下や血液量，血漿量の減少，筋力の低下などが短期間で起こることが分かる。よって正解は⑴である。

2．「健康になるために，我々は…必要がある」

⑴「ストレスフルな生活を送る」

⑵「自分の体に慣れる」

⑶「自分の体が慣れている以上のことをする」

⑷「自分の体に順応し，それを許容する」

第2段第2・3文（The key to … is used to.）より，健康でいるためには「いつもの負荷」を超えること，体が慣れている以上のことを行うことが重要であると分かる。よって正解は⑶である。

3．「次のうち，健康でいることの例でないものはどれか」

⑴「心臓血管の健康改善」

⑵「いつもの負荷を行う」

⑶「筋力の向上」

⑷「体をストレスに順応させ，耐えさせる」

第2段第2文（The key to …）以降より，いつもの負荷を超える負荷を体にかけ，体にストレスを与えることによって健康レベルが高まることが分かる。よって正解は⑵である。

4．「VO2 max が用いられるのは我々が…について話しているときである」

⑴「筋力トレーニングのみ」

⑵「心臓血管の健康のみ」

⑶「環境」

(4)「健康全体」

第 3 段第 2 文（But some studies …）より，最大酸素摂取量を表す VO2 max は，健康全体の指標であることが分かる。よって正解は(4)である。

5．「筋力トレーニングについて当てはまるものはどれか」

(1)「2 週間で，筋力の増加を見ることができる」

(2)「8 ～12 週間で，筋体積の変化を見ることができる」

(3)「トレーニングをやめて 12 週間で，持ち上げられるウェイトの重さは大きく減ってしまう」

(4)「上記全て」

第 4 段（For strength training, …）より，筋力の増加は 2 週間，筋体積の変化は 8 ～12 週間で見られることが読み取れる。また，第 13 段第 1 文（When it comes …）より，平均的な人であればトレーニングをやめて 12 週間で，持ち上げられるウェイトの重さがかなり減ってしまうということも分かる。よって正解は(4)である。

6．「マラソン選手の例では，この人は…」

(1)「15 年前に自身の健康レベルに達した」

(2)「週に 5 ～ 6 日，毎日 90 km 走る」

(3)「フルマラソンを 2 時間 30 分で走ることができる」

(4)「上記全て」

第 6 段（As an example, …）より，この選手はフルマラソンを 2 時間 30 分で走ること，週に 5 ～ 6 日，合計で 90 km 走ること，15 年かけて自身の健康レベルに達したことが分かる。よって正解は(3)である。

7．「マラソン選手がトレーニングをやめた後，心肺の健康は…失われる」

(1)「最初の 4 週間の間だけ」

(2)「最初の 4 週間で約 10％」

(3)「一定のペースで」

(4)「4 週目以降劇的に」

第 8 段第 1 文（Cardiorespiratory fitness － indicated by …）より，心肺の健康については，トレーニングをやめてから最初の 4 週間で約 10％損なわれることが分かる。よって正解は(2)である。

8．「2 週間トレーニングしないでいると，筋繊維には何が起こるか」

(1)「数が減少する」

(2)「数が増加する」

(3)「変化はない」

(4)「上記のどれでもない」

第15段第1文（The number of …）より，トレーニングをやめて2週間たつと，筋繊維は約13%減少することが分かる。よって正解は(1)である。

9．「平均的な人がトレーニングをやめてしまうと，心臓血管の健康や筋力が衰えだすのはいつか」

(1)「48時間以内」

(2)「2〜3週間後」

(3)「6〜10週間後」

(4)「上記のどれでもない」

最終段第1文（So even after …）より，トレーニングをやめてから48時間以内に，心臓血管の健康や筋力が損なわれていくことが分かる。よって正解は(1)である。

10．「不健康には…が関係している」

(1)「心臓血管の健康」

(2)「筋力」

(3)「(1)と(2)の両方」

(4)「(1)でも(2)でもない」

第1段第3文（Turns out that …）で，トレーニングをしても休んでしまえば「不健康」になってしまうと述べ，第2段第2文（The key to …）では，より健康的になるために大事なことが，心臓血管の健康や筋力であることが分かる。また，最終段第1文（So even after …）で，トレーニングをやめてしまえば心臓血管の健康や筋力が損なわれていくと述べており，不健康にはこれら2つが関わっている，ということが読み取れる。よって正解は(3)である。

11．「Turns out という表現に最も意味が近いのは…である」

(1)「本当であると分かる」

(2)「理解しやすくなる」

(3)「一方」

(4)「よくある誤解だ」

It turns out that S V. で「S が V であることが分かる，結局 S は V す

る」という意味であり，本文は Turns で始まっているが，同様の意味だと考えられる。よって正解は(1)である。

12.「fuel という語は…という意味である」

(1)「訓練する」

(2)「力を与える」

(3)「状況を変える」

(4)「内容を改善する」

fuel は名詞で使えば「燃料」であるが，動詞で使えば「燃料を供給する」という意味となる。本文は人体についての話であるため，「エネルギーを供給する」という意味だろう。よって正解は(2)である。

13.「let's say という表現は…という意味である」

(1)「分析する」

(2)「仮定する」

(3)「説明する」

(4)「予想する」

let's say は「例えば，～したとすれば」という意味であり，例示や仮定，提案する際に用いる表現である。よって正解は(2)である。

14.「immune という語は…という意味である」

(1)「反対している」

(2)「可能性が高い」

(3)「抵抗する」

(4)「傾向がある」

immune は「免疫がある，影響を受けない」という意味であるから，これに最も近いのは(3)である。

15.「has to do with という表現は…という意味である」

(1)「～の原因となる」

(2)「～と関係がある」

(3)「問題となる」

(4)「～で始まる」

have to do with ～ は「～と関係がある」という意味であるから，(2)が正解である。have something to do with ～ となることもあり，「～と関係がない」としたければ，have nothing to do with ～ とする。

2 解答

1．virus　2．application　3．technical
4．custom　5．emphasiz(s)e　6．resource
7．department　8．employee　9．consequence　10．substitute

━━━◀解 説▶━━━

1．「病気を引き起こしたり，人，動物からまた別な人，動物へとうつる，極めて小さな粒子」⇒「ウイルス」

2．「特定の課題（文書処理のような）を行う，コンピュータプログラム」⇒「アプリケーション」

3．「工業や医学などにおいて，機械や科学を実際に用いることと関連している」⇒「科学技術の」

4．「ある特定の集団や場所の人々に見られる，いつも行っている慣習的な行動あるいは振る舞い方」⇒「習慣，慣習」

5．「何かに特別な注意を向けること」⇒「強調する」

6．「国が持っているもので，富を増やすために使うことができるもの」⇒「資源」

7．「企業や組織，政府，学校の中の，主要な部分の一つ」⇒「部，課」

8．「賃金や給料を得るために，他の人や企業の下で働く人」⇒「従業員」

9．「ある特定の行動や一連の状況の結果として起こるもの」⇒「結果」

10．「誰か，あるいは何かの代わりとなる人あるいは物」⇒「代理人，代用品」

3 解答

16—(3)　17—(2)　18—(4)　19—(4)　20—(3)　21—(1)
22—(1)　23—(1)　24—(2)　25—(4)　26—(2)　27—(3)
28—(4)　29—(2)　30—(1)　31—(2)　32—(2)　33—(2)　34—(3)　35—(1)

━━━◀解 説▶━━━

16．「来週のホテルを予約するのに，電話するのを忘れていたら注意してください」

remind *A* to *do*「*A* に～することを気づかせる」

17．「空港であなたを降ろしましょうか？」

drop には他動詞で「～を車から降ろす」という意味がある。

18．「バクテリアは非常に小さく，ほとんど目に見えない」

so ～ that Ｓ Ｖ「非常に～で，Ｓ Ｖ である」

19. 「電気が消してあるか確認してね」

Make sure（that）S V. で「必ず S が V するようにする，S が V することを確かめる」の意味である。

20. 「ヨウコとマリコは幼いころにシンガポールに引っ越し，そこに住んで来年で 50 年になる」

来年という未来の時点での状態を表すのは未来完了形 will have *done* である。

21. 「カズオは疲れていたが，それは自身のプロジェクトに，寝ないで一晩中取り組んでいたからである」

stay up「（寝ないで）起きている」

22. 「その街の正確な人口は分かりませんが，100 万人の人が住んでいるだろうと思います」

but 以下で estimate「～を見積もる」と述べているから，exact「正確な」が正解。

23. 「干ばつのせいで，来週は野菜の値段が少し上がるだろう」

next week「来週」の話題なのだから，will be が正解。

24. 「状況を客観的に見るのは難しい」

objectively「客観的に」

25. 「彼はまだ返してくれていないから，これ以上彼にお金を貸すのは気が進まない」

be reluctant to *do*「～したくない，～をいやに思う」

26. 「このコンピュータは動かない。どこがおかしいのか，私には分からない」

figure out ～「～を理解する」

27. 「私のおじは海洋探査に傾倒している」

committed で「傾倒している，専念している」という意味の形容詞になっているが，commit *oneself* to ～ で「～に献身する，取り組む」という表現となっていることからも見当がつく。

28. 「私がどこにスマートフォンを置いたか，知りませんよね？」

You don't ～ の付加疑問は，～, do you? である。

29. 「本サイトは現在利用できません。後ほど，もう一度お試しください」

accessible「アクセスできる，利用できる」

30.「キャンパスのこのエリアは，教職員以外立ち入り禁止です」

restrict は他動詞で「～を制限する，限定する」であり，restricted はその形容詞形で，「制限された」という意味である。

31.「新しい研究室が，来年の春，建設されます」

laboratory「研究室」は建てられるものであるから，受動態 be *done* が正解である。

32.「我々の主要なコミュニケーション手段は，言語である」

primary「主要な」

33.「マサオは毎日，7 km も走り，1 時間泳いでいる」

no less than ～ は「～ほども」の意味であり，数や量の多さを表す。

34.「あなたのお母さんはその言葉を聞いてショックを受けていた。お母さんにそんなことを言うべきではなかったのに」

shouldn't have *done*「（実際してしまったことに対し，）～すべきではなかったのに」

35.「来年から，生徒は全員，制服の着用が必要になります」

necessary や essential，important など，必要性や重要性を表す形容詞の後にくる that 節では，動詞は原形あるいは should＋原形となる。

4　解答　[1]36—4　37—6　38—2　39—9　40—3
　　　　　　[2]41—2　42—1　43—2　44—2　45—1

◆全　訳◆

≪日本—アメリカ間のテレビ電話での会話≫

サム：また会えてうれしいよ，メグ！

メグ：私もよ，サム。調子はどう？

サム：いい感じだよ。日本はどう？

メグ：元気にやっているわ。コロナの状況も落ち着きだしたしね。

サム：そうだね，アメリカでもそのニュースをちらほら聞いているよ。

メグ：前みたいにあちこち移動できるようになってほしいわ。

サム：まったくだね。僕もそれを期待しているよ。ところで，ペットを飼ったのかい？

メグ：何？　ああ，私の後ろね？　この前買ったただのぬいぐるみよ。

サム：行儀がいいなって言おうと思ったんだ。

メグ：両親はペットを飼うことなんか許してくれないわ。アレルギーか何かがあると思う。

サム：それは大変だ。ねぇ，#$%&%%$ はどうかな。

メグ：サム，何て言ったか聞こえないわ。電波が悪いんじゃないかしら。

サム：&%#%$。メグ，1時間後くらいにまた電話できる？

メグ：大丈夫よ。また後でね，サム。

◆━━━━━ ◀解　説▶ ━━━━━◆

[1]36. settle down「おさまる，落ち着く」

37. back and forth「あちらこちらに」

38. the other day「先日」

39. or something「～か何か」　断言を避ける表現である。

40. connection「（電話やインターネットへの）接続」

[2]41.「メグとサムは直に会って話している」

サムの第3発言から，二人が離れた位置にいること，また，メグの第4発言や第6発言から，おそらくテレビ電話で話をしていることが分かる。よって本文の内容に不一致。

42.「メグは日本にいる」

サムの第2発言，メグの第2発言から，メグは日本におり，日本におけるコロナの状況に言及していることが分かる。よって本文の内容に一致。

43.「サムは日本におけるコロナの状況を分かっていない」

サムの第3発言から，サムはアメリカにいても日本のコロナの様子について耳にしていることが分かる。よって本文の内容に不一致。

44.「メグは最近ペットを買った」

メグの第5発言から，両親におそらくアレルギーがあってペットを飼うことができないということが分かる。よって本文の内容に不一致。

45.「サムとメグは約1時間後に再び話をする予定である」

サムとメグの最終発言から，現在は電波状況が悪いため，約1時間後に話を再開しようとしていることが分かる。よって本文の内容に一致。

5　解答　46—4）　47—2）　48—4）　49—2）

━━━━◀ 解　説 ▶━━━━

46. (Why) didn't <u>you</u> tell us <u>such an</u> important piece (of information?)

information「情報」は不可算名詞であり，数える場合には a piece of information などとする。

47. (What) is <u>the most</u> likely <u>cause</u> of heavy (traffic?)

likely は形容詞で，「ありそうな，起こりそうな」の意味である。

48. (Cars) produced <u>in Japan</u> account for <u>around</u> a third of all cars (in that country.)

account for ～「～を占める」　a third「3分の1」

49. (They) could <u>have</u> let me <u>know</u> they were going (to be late.)

could have *done* で過去の可能性に言及する表現となり，「～したらよかったのに」という意味となる。また，与えられている和文では「遅れるなら」とされているが，英文は「遅れるということを」ととらえている。

❖講　評

　例年通り，大問5題の出題であった。

　1　［1］の下線部和訳2問について，下線部Aは易しかったが，下線部Bについては，無生物主語，動名詞とその意味上の主語を見抜かなければならない。［2］は，内容に関わるものや語の意味を問うものであった。1は本文のタイトルに関するものであったが，それ以外は文章の流れに沿って作問してあるので，該当箇所を正しく見つけることができれば正解を導けると思われる。設問によっては選択肢全てが正しい，あるいは誤りとなるものがあるので，注意が必要である。

　2　英語による定義文に基づく語彙記述10問。問われている語は標準的なものであるが，与えられた定義と文字数から導くのがやや難しい語もあった。

　3　文法・語法問題20問。難易度は標準的である。文法・語法，語彙・イディオムの知識，品詞の理解が求められており，確実に身につけておきたい。

　4　会話文の空所補充5問と内容真偽5問。会話文の内容は非常に易しい。落ち着いて解答し，確実に得点したい問題である。

⑤　語句整序問題 4 問。与えられている和文をしっかり分析し，その状況を言い表すのに最もふさわしい英文を考える。全体の文構造を見抜き，論理的に語句を並べ替えられるよう，イディオムや語法的知識を身につけておく必要がある。

数学

1 解答

(1) $\boxed{1}\boxed{2}\boxed{3}$ -12

(2) $\boxed{4}$ 3 $\boxed{5}$ 6 $\boxed{6}$ 2

(3) $\boxed{7}$ 7 $\boxed{8}\boxed{9}$ 18 $\boxed{10}$ 1 $\boxed{11}$ 3 $\boxed{12}$ 5 $\boxed{13}$ 6 $\boxed{14}$ 6

(4) $\boxed{15}\boxed{16}$ 25 $\boxed{17}\boxed{18}$ 36

◀解　説▶

≪内積，三角形の面積，共線・共面条件，四面体の体積≫

(1) A$(0, 1, 2)$, B$(3, -2, 2)$, C$(-1, 4, 1)$ より

$$\overrightarrow{AB}=\overrightarrow{OB}-\overrightarrow{OA}=(3, -2, 2)-(0, 1, 2)=(3, -3, 0)$$

$$\overrightarrow{AC}=\overrightarrow{OC}-\overrightarrow{OA}=(-1, 4, 1)-(0, 1, 2)=(-1, 3, -1)$$

であるから

$$\overrightarrow{AB}\cdot\overrightarrow{AC}=(3, -3, 0)\cdot(-1, 3, -1)$$
$$=3\cdot(-1)-3\cdot3+0\cdot(-1)=-12 \quad (\rightarrow\boxed{1}\sim\boxed{3})$$

(2) △ABC の面積 S は

$$S=\frac{1}{2}\sqrt{|\overrightarrow{AB}|^2|\overrightarrow{AC}|^2-(\overrightarrow{AB}\cdot\overrightarrow{AC})^2}$$

$$=\frac{1}{2}\sqrt{\{3^2+(-3)^2+0^2\}\{(-1)^2+3^2+(-1)^2\}-(-12)^2}$$

$$=\frac{1}{2}\sqrt{18\cdot11-144}=\frac{3\sqrt{6}}{2} \quad (\rightarrow\boxed{4}\sim\boxed{6})$$

別解 ∠CAB$=A$ とする。

$$\cos A=\frac{\overrightarrow{AB}\cdot\overrightarrow{AC}}{|\overrightarrow{AB}||\overrightarrow{AC}|}=\frac{-12}{\sqrt{3^2+(-3)^2+0^2}\sqrt{(-1)^2+3^2+(-1)^2}}$$

$$=\frac{-12}{3\sqrt{2}\cdot\sqrt{11}}=\frac{-4}{\sqrt{22}}$$

ここで，$0°<A<180°$ より，$\sin A>0$ であるから

$$\sin A=\sqrt{1-\cos^2 A}=\sqrt{1-\left(\frac{-4}{\sqrt{22}}\right)^2}=\sqrt{\frac{3}{11}}$$

よって, △ABC の面積 S は

$$S=\frac{1}{2}|\overrightarrow{AB}||\overrightarrow{AC}|\sin A=\frac{1}{2}\cdot 3\sqrt{2}\cdot\sqrt{11}\cdot\sqrt{\frac{3}{11}}$$

$$=\frac{3\sqrt{6}}{2}$$

(3) 原点 O から平面 α に下ろした垂線の
足を H とすると, 点 H が平面 α 上にある
条件は

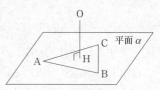

$$\overrightarrow{AH}=s\overrightarrow{AB}+t\overrightarrow{AC}\quad\cdots\cdots①$$

を満たす実数 $s,\ t$ が存在することである。これより, ①を変形すると

$$\overrightarrow{OH}-\overrightarrow{OA}=s\overrightarrow{AB}+t\overrightarrow{AC}$$

$$\overrightarrow{OH}=\overrightarrow{OA}+s\overrightarrow{AB}+t\overrightarrow{AC}$$

$$=(0,\ 1,\ 2)+s(3,\ -3,\ 0)+t(-1,\ 3,\ -1)$$

$$=(3s-t,\ -3s+3t+1,\ -t+2)\quad\cdots\cdots②$$

また, $\overrightarrow{OH}\perp$(平面 α) より, $\overrightarrow{OH}\perp\overrightarrow{AB}$ となるので

$$\overrightarrow{OH}\cdot\overrightarrow{AB}=0$$

$$(3s-t,\ -3s+3t+1,\ -t+2)\cdot(3,\ -3,\ 0)=0$$

$$(3s-t)\cdot 3+(-3s+3t+1)\cdot(-3)+(-t+2)\cdot 0=0$$

$$6s-4t=1\quad\cdots\cdots③$$

同様に, $\overrightarrow{OH}\perp\overrightarrow{AC}$ より

$$\overrightarrow{OH}\cdot\overrightarrow{AC}=0$$

$$(3s-t,\ -3s+3t+1,\ -t+2)\cdot(-1,\ 3,\ -1)=0$$

$$(3s-t)\cdot(-1)+(-3s+3t+1)\cdot 3+(-t+2)\cdot(-1)=0$$

$$-12s+11t=-1\quad\cdots\cdots④$$

③, ④を解くと

$$s=\frac{7}{18},\ t=\frac{1}{3}$$

これを①に代入して

$$\overrightarrow{AH}=\frac{7}{18}\overrightarrow{AB}+\frac{1}{3}\overrightarrow{AC}\quad(\to\boxed{7}\sim\boxed{11})$$

同様に, ②より

$$\overrightarrow{OH}=\left(3\cdot\frac{7}{18}-\frac{1}{3},\ -3\cdot\frac{7}{18}+3\cdot\frac{1}{3}+1,\ -\frac{1}{3}+2\right)=\left(\frac{5}{6},\ \frac{5}{6},\ \frac{5}{3}\right)$$

であるから

$$OH=|\overrightarrow{OH}|=\sqrt{\left(\frac{5}{6}\right)^2+\left(\frac{5}{6}\right)^2+\left(\frac{5}{3}\right)^2}$$

$$=5\sqrt{\frac{1}{36}+\frac{1}{36}+\frac{1}{9}}=\frac{5\sqrt{6}}{6}\quad(\to\boxed{12}\sim\boxed{14})$$

(4) まず，四面体 OHBC の底面積，すなわち，
△HBC の面積 S' を求める。直線 AH と直線 BC
の交点を D とすると，k を実数として

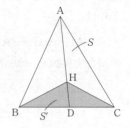

$$\overrightarrow{AD}=k\overrightarrow{AH}=k\left(\frac{7}{18}\overrightarrow{AB}+\frac{1}{3}\overrightarrow{AC}\right)$$

$$=\frac{7}{18}k\overrightarrow{AB}+\frac{1}{3}k\overrightarrow{AC}$$

ここで，点 D は BC 上の点なので

$$\frac{7}{18}k+\frac{1}{3}k=1$$

$$k=\frac{18}{13}$$

よって，$\overrightarrow{AD}=\dfrac{18}{13}\overrightarrow{AH}$ より，AD : AH = 18 : 13 であるから，

AD : HD = 18 : 5 なので

$$S:S'=18:5$$

$$S'=\frac{5}{18}S=\frac{5}{18}\cdot\frac{3\sqrt{6}}{2}=\frac{5\sqrt{6}}{12}$$

以上より，四面体 OHBC の体積は

$$\frac{1}{3}\cdot S'\cdot OH=\frac{1}{3}\cdot\frac{5\sqrt{6}}{12}\cdot\frac{5\sqrt{6}}{6}=\frac{25}{36}\quad(\to\boxed{15}\sim\boxed{18})$$

2 　**解答**　(1) $\boxed{19}$ 1　　$\boxed{20}$ 4
　　　　　　　　　　(2) $\boxed{21}\,\boxed{22}$ 15　　$\boxed{23}\,\boxed{24}$ 32　　$\boxed{25}$ 5　　$\boxed{26}\,\boxed{27}$ 16

(3) $\boxed{28}\,\boxed{29}$ 17　　$\boxed{30}\,\boxed{31}$ 20

━━━━■ ◀解　説▶ ■━━━━

≪確率の計算，反復試行の確率，条件付き確率≫

⑴　3 回目の操作後に机の上に石が 3 個あるのは，白石が 3 個または黒石が 3 個，すなわち，表が 3 回または裏が 3 回出ればよいので，求める確率は

$$\left(\frac{1}{2}\right)^3 \times 2 = \frac{1}{4} \quad (\to \boxed{19}\boxed{20})$$

⑵　6 回目の操作後に石が 2 個あるのは，白石が 2 個または黒石が 2 個，すなわち，6 回中，表が 4 回，裏が 2 回，または表が 2 回，裏が 4 回出ればよいので，その確率は

$$_6C_4\left(\frac{1}{2}\right)^4\left(\frac{1}{2}\right)^2 + {}_6C_2\left(\frac{1}{2}\right)^2\left(\frac{1}{2}\right)^4 = 15 \cdot \frac{1}{64} + 15 \cdot \frac{1}{64}$$

$$= \frac{15}{32} \quad (\to \boxed{21} \sim \boxed{24})$$

また，6 回目の操作後に石が 1 個もないのは，6 回中，表が 3 回，裏が 3 回出ればよいので，その確率は

$$_6C_3\left(\frac{1}{2}\right)^3\left(\frac{1}{2}\right)^3 = 20 \cdot \frac{1}{64} = \frac{5}{16} \quad (\to \boxed{25} \sim \boxed{27})$$

⑶　6 回目の操作後に石が 2 個以下である事象を A，8 回目の操作後に石が 2 個以下である事象を B とすると，求める条件付き確率 $P_A(B)$ は

$$P_A(B) = \frac{P(A \cap B)}{P(A)}$$

まず，$P(A)$，すなわち，6 回目の操作後に石が 2 個以下である確率について，6 回目の操作後にある石の個数は 2 個または 0 個であり，これらは互いに排反であるから，⑵より

$$P(A) = \frac{15}{32} + \frac{5}{16} = \frac{25}{32}$$

次に，$P(A \cap B)$，すなわち，6 回目の操作後に石が 2 個以下であり，かつ 8 回目の操作後にも石が 2 個以下である確率について

⑴ 6 回目の操作後に石が 0 個であるとき，8 回目の操作後の石の個数は必ず 2 個以下となるので，その確率は

$$\frac{5}{16} \times 1 = \frac{5}{16}$$

⑵ 6 回目の操作後に石が 2 個であるとき，その石が白 2 個の場合，8 回目

の操作後に石が 2 個以下となるのは

・7 回目の操作で表が出て，8 回目の操作で裏が出るとき

または

・7 回目の操作で裏が出たとき（8 回目の操作では表裏どちらでもよい）

である。また，6 回目の操作後に石が黒 2 個の場合も同様に考えてよいので，その確率は

$$\frac{15}{32} \times \left(\frac{1}{2} \cdot \frac{1}{2} + \frac{1}{2} \cdot 1\right) = \frac{45}{128}$$

よって，（i），（ii）は互いに排反なので

$$P(A \cap B) = \frac{5}{16} + \frac{45}{128} = \frac{85}{128}$$

以上より

$$P_A(B) = \frac{\dfrac{85}{128}}{\dfrac{25}{32}} = \frac{17}{20} \quad (\rightarrow \boxed{28} \sim \boxed{31})$$

参考　$P(A \cap B)$ について，6 回目の操作後に石が白 2 個であり，かつ 8 回目の操作後に石が白 3 個以上であるのは，7 回目，8 回目の操作でともに表が出ればよい。また，6 回目の操作後に石が黒 2 個であるときも同様に考えられるので，余事象を考えて

$$P(A \cap B) = \frac{25}{32} - \frac{15}{32} \times \left(\frac{1}{2} \cdot \frac{1}{2}\right) = \frac{85}{128}$$

$\boxed{3}$　解答　(1)　$C : y = -x^2 + 4x$　……①

A$(4, 0)$，P$(p, -p^2 + 4p)$，Q$(q, -q^2 + 4q)$，$0 < p < q < 4$

直線 AP の傾きを求めると

$$\frac{-p^2 + 4p - 0}{p - 4} = \frac{-p(p - 4)}{p - 4} = -p$$

直線 AP と傾きが等しい直線 l の方程式を

$$y = -px + b　……②$$

とおくと，①，②より，y を消去して

$$-x^2 + 4x = -px + b$$

$$x^2-(p+4)x+b=0 \quad \cdots\cdots ③$$

①と②が接する条件は，2次方程式③の判別式を D とすると，$D=0$ であるから

$$D=\{-(p+4)\}^2-4\cdot 1\cdot b=0$$

$$b=\frac{(p+4)^2}{4}$$

よって，②より求める接線 l の方程式は

$$y=-px+\frac{(p+4)^2}{4} \quad \cdots\cdots (答)$$

(2)　まず，③に $b=\dfrac{(p+4)^2}{4}$ を代入すると

$$x^2-(p+4)x+\frac{(p+4)^2}{4}=0$$

$$\left(x-\frac{p+4}{2}\right)^2=0$$

$$x=\frac{p+4}{2}$$

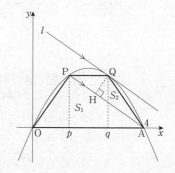

であるから，曲線 C と接線 l の接点の x

座標は $\dfrac{p+4}{2}$ となる。

また，$\triangle$OAP と $\triangle$AQP の面積をそれぞれ S_1，S_2 とすると，四角形 OAQP の面積 S は

$$S=S_1+S_2$$

となる。ここで，S_1 を求めると

$$S_1=\frac{1}{2}\cdot 4\cdot(-p^2+4p)=2(-p^2+4p)$$

また，点 Q から線分 AP に下ろした垂線の足を H とすると，S が最大となるのは，点 P を固定したとき，S_1 は一定値となるので，S_2 が最大，すなわち，$\triangle$AQP の高さ QH が最大となるときで，そのとき曲線 C と接線 l の接点が点 Q と一致する，すなわち，$q=\dfrac{p+4}{2}$ のときである。このとき，S_2 の最大値について，まず，線分 AP の長さを求めると

$$\mathrm{AP}=\sqrt{(p-4)^2+(-p^2+4p-0)^2}=\sqrt{(p-4)^2+\{-p(p-4)\}^2}$$

$$= \sqrt{(p-4)^2(1+p^2)} = |p-4|\sqrt{1+p^2}$$
$$= (4-p)\sqrt{1+p^2} \quad (0 < p < 4)$$

次に，QH の長さを求める。まず，直線 AP の方程式は

$$y-0 = -p(x-4) \qquad px+y-4p = 0$$

また，点 Q の座標は $(q, -q^2+4q)$，すなわち，

$\left(\dfrac{p+4}{2}, -\left(\dfrac{p+4}{2}\right)^2 + 4 \cdot \dfrac{p+4}{2} \right)$ であるから，点と直線の距離の公式より

$$QH = \frac{\left| p \cdot \dfrac{p+4}{2} - \left(\dfrac{p+4}{2}\right)^2 + 4 \cdot \dfrac{p+4}{2} - 4p \right|}{\sqrt{p^2+1^2}}$$

$$= \frac{\left| 2p(p+4) - (p+4)^2 + 8(p+4) - 16p \right|}{4\sqrt{p^2+1}}$$

$$= \frac{\left| 2p^2+8p-p^2-8p-16+8p+32-16p \right|}{4\sqrt{p^2+1}}$$

$$= \frac{\left| p^2-8p+16 \right|}{4\sqrt{p^2+1}} = \frac{\left| (p-4)^2 \right|}{4\sqrt{p^2+1}} = \frac{(p-4)^2}{4\sqrt{p^2+1}}$$

よって

$$S_2 \text{ の最大値} = \frac{1}{2} \cdot AP \cdot QH = \frac{1}{2} \cdot (4-p)\sqrt{1+p^2} \cdot \frac{(p-4)^2}{4\sqrt{p^2+1}} = \frac{1}{8}(4-p)^3$$

したがって，求める S の最大値は

$$S \text{ の最大値} = S_1 + S_2 \text{ の最大値} = 2(-p^2+4p) + \frac{1}{8}(4-p)^3$$

$$= -2p^2+8p+\frac{1}{8}(64-48p+12p^2-p^3)$$

$$= -\frac{1}{8}p^3 - \frac{1}{2}p^2+2p+8 \quad \cdots\cdots（答）$$

別解　点 Q から線分 AP に下ろした垂線の足を H とすると，四角形 OAQP の面積が最大になるのは，線分 QH の長さが最大となるときで，それは点 Q が曲線 C と接線 l の接点と一致するときである。このとき，l と x 軸の交点を R とすると，四角形 OAQP の面積は △OPR

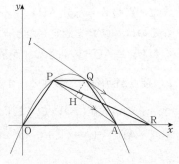

の面積に等しい。点 R の x 座標は，(1)の結果に $y=0$ を代入して

$$0=-px+\frac{(p+4)^2}{4}$$

よって

$$x=\frac{(p+4)^2}{4p} \quad (p\neq0)$$

したがって，求める最大値は

$$\triangle\mathrm{OPR}=\frac{1}{2}\cdot\frac{(p+4)^2}{4p}\cdot(-p^2+4p)=\frac{1}{8}(p+4)^2(4-p)$$

$$=-\frac{1}{8}p^3-\frac{1}{2}p^2+2p+8$$

(3)　$S(p)=-\dfrac{1}{8}p^3-\dfrac{1}{2}p^2+2p+8$ とおくと

$$S'(p)=-\frac{3}{8}p^2-p+2=-\frac{1}{8}(3p^2+8p-16)$$

$$=-\frac{1}{8}(p+4)(3p-4)$$

$S'(p)=0$ のとき　　$p=-4, \dfrac{4}{3}$

であるから，$0<p<4$ における $S(p)$ の増

減表は右のようになるので，$p=\dfrac{4}{3}$ のとき

$S(p)$ は最大となる。以上より，求める最

大値は

p	0	$\cdots$	$\dfrac{4}{3}$	$\cdots$	4
$S'(p)$		$+$	0	$-$	
$S(p)$		$\nearrow$	極大 かつ 最大	$\searrow$	

$$S\left(\frac{4}{3}\right)=\frac{1}{8}\cdot\left(\frac{16}{3}\right)^2\cdot\frac{8}{3}=\frac{256}{27} \quad \cdots\cdots(\text{答})$$

■■■■■　◀解　説▶　■■■■■

≪接線の方程式，2 点間の距離，点と直線の距離，最大値≫

(1)　直線 AP の傾きを求め，直線 l の方程式を作り，曲線 C と直線 l が
接する条件を考えればよい。

(2)　(1)を利用して，点 Q の x 座標を p を用いて求める。

(3)　p を定数扱いから変数扱いし，微分法を用いて最大値を求める。

4　**解答**　$y=-\dfrac{\cos 3x}{\sin^3 x}$　$(0<x<\pi)$

(1)　$f(x)=-\dfrac{\cos 3x}{\sin^3 x}$ とおくと

$$f'(x)=-\dfrac{(\cos 3x)'\sin^3 x-\cos 3x(\sin^3 x)'}{(\sin^3 x)^2}$$

$$=-\dfrac{-3\sin 3x\sin^3 x-\cos 3x\cdot 3\sin^2 x\cos x}{\sin^6 x}$$

$$=-\dfrac{-3\sin 3x\sin x-\cos 3x\cdot 3\cos x}{\sin^4 x}$$

$$=\dfrac{3(\cos 3x\cos x+\sin 3x\sin x)}{\sin^4 x}$$

$$=\dfrac{3\cos(3x-x)}{\sin^4 x}=\dfrac{3\cos 2x}{\sin^4 x}$$

ここで，$0<x<\pi$ より，$0<2x<2\pi$ であるから，$f'(x)=0$ のとき

$$\cos 2x=0$$

$$2x=\dfrac{\pi}{2},\ \dfrac{3}{2}\pi\qquad x=\dfrac{\pi}{4},\ \dfrac{3}{4}\pi$$

であるから，$0<x<\pi$ における $f(x)$
の増減表は右のようになるので

$$極大値\ f\!\left(\dfrac{\pi}{4}\right)=-\dfrac{-\dfrac{1}{\sqrt{2}}}{\left(\dfrac{1}{\sqrt{2}}\right)^3}=2$$

x	0	$\cdots$	$\dfrac{\pi}{4}$	$\cdots$	$\dfrac{3}{4}\pi$	$\cdots$	π
$f'(x)$		$+$	0	$-$	0	$+$	
$f(x)$		↗	極大	↘	極小	↗	

$$極小値\ f\!\left(\dfrac{3}{4}\pi\right)=-\dfrac{\dfrac{1}{\sqrt{2}}}{\left(\dfrac{1}{\sqrt{2}}\right)^3}=-2$$

また

$$\lim_{x\to+0}f(x)=\lim_{x\to+0}\left(-\dfrac{\cos 3x}{\sin^3 x}\right)=\lim_{x\to+0}\left(\dfrac{1}{\sin x}\right)^3(-\cos 3x)=-\infty$$

$$\lim_{x\to\pi-0}f(x)=\lim_{x\to\pi-0}\left(-\dfrac{\cos 3x}{\sin^3 x}\right)=\lim_{x\to\pi-0}\left(\dfrac{1}{\sin x}\right)^3(-\cos 3x)=\infty$$

であるから，漸近線は　　$x=0,\ x=\pi$

さらに，$0<x<\pi$ より，$0<3x<3\pi$ であるから，$f(x)=0$ のとき

$$-\frac{\cos3x}{\sin^3x}=0 \qquad \cos3x=0$$

$$3x=\frac{\pi}{2},\ \frac{3}{2}\pi,\ \frac{5}{2}\pi$$

$$x=\frac{\pi}{6},\ \frac{\pi}{2},\ \frac{5}{6}\pi$$

以上より，$y=f(x)$ のグラフの概形は下図のようになる。

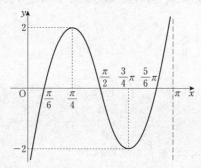

(2)　　$-\cos3x=a\sin^3x$ ……①

$\dfrac{\pi}{6}<x<\dfrac{2\pi}{3}$ のとき，$\sin x \neq 0$ であるから，①の両辺を $\sin^3x$ で割ると

$$-\frac{\cos3x}{\sin^3x}=a$$

ここで

$$\begin{cases} y=f(x)=-\dfrac{\cos3x}{\sin^3x} \\ y=a \end{cases}$$

とおくと

$$f\left(\frac{2}{3}\pi\right)=-\frac{1}{\left(\dfrac{\sqrt{3}}{2}\right)^3}=-\frac{8\sqrt{3}}{9}$$

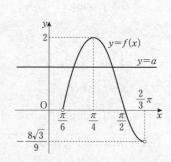

よって，$y=f(x)\ \left(\dfrac{\pi}{6}<x<\dfrac{2}{3}\pi\right)$ のグラ

フは，(1)より右図のようになり，このグラ

フと直線 $y=a$ の共有点の x 座標と①の実

数解は一致するので，①が $\dfrac{\pi}{6}<x<\dfrac{2\pi}{3}$ の範囲に実数解をもつような a の値の範囲は

$$-\dfrac{8\sqrt{3}}{9}<a\leqq 2 \quad \cdots\cdots(\text{答})$$

◀解　説▶

≪関数の増減・極値・グラフの概形，方程式の実数解の個数≫

(1)　y' を計算し，増減表を書き，漸近線と x 軸との交点を求め，グラフを描く。

(2)　定数 a を分離する。

5　**解答**　(1)　$a_n=\dfrac{1}{n!}\displaystyle\int_1^e(\log x)^n dx \quad (n=1,\ 2,\ 3,\ \cdots)$

$n=1$ のとき

$$a_1=\dfrac{1}{1!}\int_1^e \log x\,dx=\int_1^e (x)' \log x\,dx$$

$$=\Big[x\log x\Big]_1^e-\int_1^e x(\log x)'dx=e\cdot 1-1\cdot 0-\int_1^e x\cdot\dfrac{1}{x}dx$$

$$=e-\int_1^e dx=e-\Big[x\Big]_1^e=e-(e-1)$$

$$=1 \quad \cdots\cdots(\text{答})$$

(2)　$1\leqq x\leqq e$ において $y=\log x$ は単調増加なので

$$\log 1\leqq \log x\leqq \log e \qquad 0\leqq \log x\leqq 1$$

$$0\leqq (\log x)^n\leqq 1$$

各辺を $[1,\ e]$ で積分すると

$$0\leqq \int_1^e (\log x)^n dx\leqq \int_1^e dx \quad \cdots\cdots①$$

ここで

$$\int_1^e dx=\Big[x\Big]_1^e=e-1$$

であるから，①は

$$0\leqq \int_1^e (\log x)^n dx\leqq e-1$$

各辺を $n!\ (>0)$ で割ると

$$0 \leqq \frac{1}{n!}\int_1^e (\log x)^n dx \leqq \frac{e-1}{n!}$$

よって，$0 \leqq a_n \leqq \dfrac{e-1}{n!}$ が成り立つことが示された。　　　　（証明終）

(3)　$n \geqq 2$ のとき

$$a_n = \frac{1}{n!}\int_1^e (x)'(\log x)^n dx$$

$$= \frac{1}{n!}\left[\left[x(\log x)^n\right]_1^e - \int_1^e x\{(\log x)^n\}' dx\right]$$

$$= \frac{1}{n!}\left\{(e\cdot 1 - 1\cdot 0) - \int_1^e x\cdot n(\log x)^{n-1}\cdot\frac{1}{x} dx\right\}$$

$$= \frac{1}{n!}\left\{e - n\int_1^e (\log x)^{n-1} dx\right\}$$

$$= \frac{e}{n!} - \frac{1}{(n-1)!}\int_1^e (\log x)^{n-1} dx$$

よって，$a_n = \dfrac{e}{n!} - a_{n-1}$　……② であることが示された。　　（証明終）

(4)　②より　　　$\dfrac{e}{n!} = a_n + a_{n-1}$

$$\frac{1}{n!} = \frac{a_n + a_{n-1}}{e}$$

$$\frac{(-1)^n}{n!} = \frac{(a_n + a_{n-1})(-1)^n}{e} \quad (n \geqq 2) \quad \cdots\cdots ③$$

であるから，$I = \displaystyle\sum_{k=2}^n \frac{(-1)^k}{k!}$ とおくと，③より

$$I = \sum_{k=2}^n \frac{(a_k + a_{k-1})(-1)^k}{e} = \frac{1}{e}\sum_{k=2}^n (a_k + a_{k-1})(-1)^k$$

$$= \frac{1}{e}\{(a_2 + a_1) - (a_3 + a_2) + (a_4 + a_3) - \cdots + (a_n + a_{n-1})(-1)^n\}$$

$$= \frac{1}{e}\{a_1 + (-1)^n a_n\}$$

ここで，(2)より　　　$0 \leqq a_n \leqq \dfrac{e-1}{n!}$

であり　　　$\displaystyle\lim_{n\to\infty} \frac{e-1}{n!} = 0$

であるから，はさみうちの原理より

$$\lim_{n\to\infty} a_n = 0$$

以上より

$$\lim_{n\to\infty}\sum_{k=2}^{n}\frac{(-1)^k}{k!}=\lim_{n\to\infty}I=\lim_{n\to\infty}\frac{1}{e}\{1+(-1)^n a_n\}=\frac{1}{e} \quad \cdots\cdots(答)$$

　　　　　◀解　説▶

≪定積分の部分積分法，不等式の証明，Σ計算とはさみうちの原理≫

(1)　定積分の部分積分法を用いる。

(2)　$1\le x\le e$ のとき，$0\le\log x\le 1$ である。これを利用して，不等式を証明する。

(3)　部分積分法を用いて，a_n の積分に a_{n-1} が現れるようにする。

(4)　(3)を用いると Σ計算ができる。極限については，(2)を用いて，はさみうちの原理を利用する。

❖講　評

　出題数は大問 5 題で，[1]と[2]はマークシート法，[3]〜[5]は記述式となっている。記述問題では，B 4 判大の解答用紙が大問ごとに 1 枚ずつあり，結果を記すだけでなく，途中計算や論述，図示も求められる。

　[1]　ベクトルの問題。計算量は多少あるが，基本的な頻出問題である。

　[2]　確率の問題。標準的な頻出問題。

　[3]　微分法の問題。誘導付きの 2 変数関数の標準問題。

　[4]　微分法の問題。文字定数を分離する頻出標準問題。

　[5]　積分法の問題。基本から標準的レベルが揃った頻出融合問題。

物理

$\boxed{1}$ **解答**　(1)—② (2)—⑧ (3)—⑦ (4)—⑤ (5)—⑤ (6)—②
(7)—⑥ (8)—⑥ (9)—④ (10)—⑨ (11)—② (12)—⑧
(13)—⑦ (14)—⑧

(a) $\dfrac{3}{4}$ (b) $-\dfrac{3}{2}$ (c) $\dfrac{1}{2}$

◀解　説▶

≪密度の異なる液体中に入れた物体に働く浮力≫

(1)　物体の上面には大気圧による力が鉛直下向きに働く。その大きさを F_1 とすると

$$F_1 = P_0 S$$

(2)　物体の下面に働く力は鉛直上向きで，その大きさを F_2 とする。水面から深さ h_1 の位置での圧力は $P_0 + 2\rho h_1 g$ であるから

$$F_2 = P_0 S + 2\rho h_1 S g$$

(3)　物体に働く浮力の大きさを f とすると

$$f = F_2 - F_1 = 2\rho h_1 S g$$

これは物体が排除した液体の重さに等しい。

(4)　物体の質量を m_0 とすると

$$m_0 = \rho \times S \times 2l = 2\rho S l$$

物体に働く浮力と重力のつり合いより

$$f - m_0 g = 0$$
$$2\rho h_1 S g - 2\rho S l g = 0$$
$$\therefore \quad h_1 = l$$

(5)　一様な密度の物体の重心はその中心にあるので，物体の重心の z 座標 Z は

$$Z = 10l + r - h + l$$
$$= 11l + r - h$$

(6)　物体の重力による位置エネルギー U は

$$U = m_0 g \times Z$$

$$= 2\rho S l g \times (11l + r - h)$$

(7)　液体全体の重力による位置エネルギー U_a は

$$U_a = M_\alpha g Z_\alpha + M_\beta g Z_\beta$$

$$= 2\rho S(10l + r - h)g \frac{(10l + r - h)}{2} + 6\rho S(10l + r)\frac{(10l + r)}{2}$$

$$= \rho S g \{(10l + r - h)^2 + 3(10l + r)^2\}$$

(a)・(b)　$r = \dfrac{h}{4}$ の関係を用いると，U，U_a はそれぞれ

$$U = 2\rho S l g \times \left(11l + \frac{h}{4} - h\right)$$

$$= \rho S g\left(22l^2 - \frac{3}{2}lh\right)$$

$$U_a = \rho S g\left\{\left(10l + \frac{h}{4} - h\right)^2 + 3\left(10l + \frac{h}{4}\right)^2\right\}$$

$$= \rho S g\left\{\left(10l - \frac{3}{4}h\right)^2 + 3\left(10l + \frac{1}{4}h\right)^2\right\}$$

$$U_t(h) = U + U_a$$

$$= \rho S g \times \left\{\frac{3}{4} \times h^2 + \left(-\frac{3}{2}\right) \times lh + 422l^2\right\}$$

(8)　$U_t(0)$，$U_t(h_1)$ は上の式の h にそれぞれ 0，$h_1 = l$ を代入して

$$U_t(0) = \rho S g \times \left\{\frac{3}{4} \times 0 + \left(-\frac{3}{2}\right) \times 0 + 422l^2\right\} = 422\rho S l^2 g$$

$$U_t(h_1) = \rho S g \times \left\{\frac{3}{4} \times l^2 + \left(-\frac{3}{2}\right) \times l^2 + 422l^2\right\} = \left(422 - \frac{3}{4}\right)\rho S l^2 g$$

$$\therefore\ U_t(0) - U_t(h_1) = \frac{3}{4}\rho S l^2 g$$

別解　(7)で求めた $U_t(h)$ の式を平方完成すると

$$U_t(h) = \rho S g \times \left\{\frac{3}{4} \times h^2 + \left(-\frac{3}{2}\right) \times lh + 422l^2\right\}$$

$$= \rho S g\left\{\frac{3}{4}(h - l)^2 - \frac{3}{4}l^2 + 422l^2\right\}$$

よって，$h = h_1 = l$ のとき，$U_t(h)$ は最小になり，その値は

$$U_t(h_1) = \rho S g\left(-\frac{3}{4}l^2 + 422l^2\right)$$

$$\therefore \quad U_t(0) - U_t(h_1) = \frac{3}{4}\rho S l^2 g$$

(9)・(10)　物体の上面，下面に働く力の大きさをそれぞれ F_1'，F_2' とすると，(2)と同様にして

$$F_1' = P_0 S + \frac{2}{3}\rho(5l + h_2 - 2l)Sg$$

$$= P_0 S + \frac{2}{3}\rho(3l + h_2)Sg$$

$$F_2' = P_0 S + \frac{2}{3}\rho \times 5lSg + 2\rho h_2 Sg$$

$$= P_0 S + \rho\left(\frac{10}{3}l + 2h_2\right)Sg$$

(11)　物体に働く浮力の大きさを f' とすると

$$f' = F_2' - F_1' = \frac{4}{3}\rho(l + h_2)Sg$$

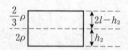

これは物体が排除した 2 種類の液体の重さに等しいので

$$\frac{2}{3}\rho S(2l - h_2)g + 2\rho Sh_2 g = \frac{4}{3}\rho(l + h_2)Sg$$

(c)　物体に働く浮力と重力のつり合いより

$$f' - m_0 g = 0$$

$$\frac{4}{3}\rho(l + h_2)Sg - 2\rho Slg = 0$$

$$\therefore \quad h_2 = \frac{1}{2}\times l$$

(12)　物体の密度 ρ は液体 c の密度 ρ_c より小さいので，物体は液体 c の上に浮く。よって，図は⑧が最も適当である。なお，図⑤，⑥，⑦は物体と液体 c の密度が等しい場合である。

(13)　物体に働く浮力とばねの弾性力と重力のつり合いより

$$2\rho Sh_3 g + ku - 2\rho Slg = 0$$

$$\therefore \quad h_3 = l - \frac{ku}{2\rho Sg}$$

(14)　はかりが容器を支える力の大きさを N とする。液体と物体と容器を一体のものと考えたときの力のつり合いより

$$ku + N - (2\rho \cdot 4S \cdot 10l + m_0 + m)g = 0$$

$$\therefore \quad N=(80\rho Sl+2\rho Sl+m)g-ku$$

よって，はかりが示す質量は

$$\frac{N}{g}=82\rho Sl-\frac{ku}{g}+m$$

2 解答

(15)—③　(16)—⑤　(17)—⑨　(18)—④　(19)—③　(20)—③
(21)—⑥　(22)—⑧　(23)—④　(24)—⑤　(25)—⑦　(26)—⑤
(27)—⑨　(28)—①

◀解　説▶

≪2つの点電荷による静電気力，2つの電流が作る磁場≫

(15)～(17)　AP 間の距離を r とすると，クーロンの法則より

$$F_A=\frac{k_0q^2}{r^2}=\frac{k_0q^2}{x^2+\left(\dfrac{d}{2}\right)^2}$$

(18)・(19)　$x>0$，$\theta>0$ のとき $F_x<0$ であるから

$$F_x=-2F_A\sin\theta=\frac{-2k_0q^2}{x^2+\left(\dfrac{d}{2}\right)^2}\sin\theta$$

(20)　$\sin\theta$ は x，d を用いて

$$\sin\theta=\frac{x}{\sqrt{x^2+\left(\dfrac{d}{2}\right)^2}}$$

(21)　上の2式より F_x は

$$F_x=\frac{-2k_0q^2}{x^2+\left(\dfrac{d}{2}\right)^2}\times\frac{x}{\sqrt{x^2+\left(\dfrac{d}{2}\right)^2}}$$

$$=-2k_0q^2\times\left\{x^2+\left(\frac{d}{2}\right)^2\right\}^{-\frac{3}{2}}\times x$$

ここで，$|x|\leqq l\ll\dfrac{d}{2}$ であるから，上の式の中の $\left(\dfrac{d}{2}\right)^2$ に対して x^2 を無視すると

$$F_x\fallingdotseq-2k_0q^2\times\left(\frac{d}{2}\right)^{-3}\times x$$

(22)　小球の加速度を a とすると運動方程式は

$$ma = -2k_0q^2 \times \left(\frac{d}{2}\right)^{-3} \times x = -\frac{16k_0q^2}{d^3}x$$

$$\therefore \quad a = -\frac{16k_0q^2}{md^3}x$$

角振動数 ω の単振動の式 $a = -\omega^2 x$ と比較して

$$\omega = \sqrt{\frac{16k_0q^2}{md^3}}$$

よって，単振動の周期 T は

$$T = \frac{2\pi}{\omega} = \frac{\pi}{2}\sqrt{\frac{md^3}{k_0q^2}}$$

⑵⑶　小球のはじめの位置は $x = -l$ であり，振動中心は $x = 0$ なので振幅は l である。

⑵⑷　導線 K を流れる電流が点 R に作る磁場の向きは右ねじの法則より線分 AR に垂直に反時計回りで，その大きさ H_K は

$$H_K = \frac{I}{2\pi r_K}$$

この磁場の x 成分 H_{Kx}, y 成分 H_{Ky} は

$$H_{Kx} = -\frac{I}{2\pi r_K}\sin\theta, \quad H_{Ky} = \frac{I}{2\pi r_K}\cos\theta$$

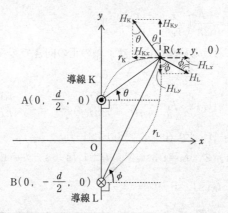

⑵⑸　導線 L を流れる電流が点 R に作る磁場の向きは線分 BR に垂直に時計回りで，その大きさ H_L は

$$H_L = \frac{I}{2\pi r_L}$$

この磁場の x 成分 H_{Lx}, y 成分 H_{Ly} は

$$H_{Lx} = \frac{I}{2\pi r_L}\sin\phi, \quad H_{Ly} = -\frac{I}{2\pi r_L}\cos\phi$$

(26)・(27)　$\sin\theta = \dfrac{y - \dfrac{d}{2}}{r_K}$, $\cos\theta = \dfrac{x}{r_K}$, $\sin\phi = \dfrac{y + \dfrac{d}{2}}{r_L}$, $\cos\phi = \dfrac{x}{r_L}$ の関係

を用いて

$$H_{Kx} + H_{Lx} = -\frac{I}{2\pi r_K}\cdot\frac{y - \dfrac{d}{2}}{r_K} + \frac{I}{2\pi r_L}\cdot\frac{y + \dfrac{d}{2}}{r_L}$$

$$= \frac{I}{2\pi}\left(-\frac{y - \dfrac{d}{2}}{r_K{}^2} + \frac{y + \dfrac{d}{2}}{r_L{}^2}\right)$$

$$H_{Ky} + H_{Ly} = \frac{I}{2\pi r_K}\cdot\frac{x}{r_K} - \frac{I}{2\pi r_L}\cdot\frac{x}{r_L} = \frac{I}{2\pi}\left(\frac{x}{r_K{}^2} - \frac{x}{r_L{}^2}\right)$$

(28)　点 R が x 軸上にあるとき，$y = 0$, $r_K = r_L = \sqrt{x^2 + \left(\dfrac{d}{2}\right)^2}$ であるから

$$H_{Kx} + H_{Lx} = \frac{I}{2\pi}\left(-\frac{-\dfrac{d}{2}}{r_K{}^2} + \frac{+\dfrac{d}{2}}{r_K{}^2}\right) = \frac{Id}{2\pi\left\{x^2 + \left(\dfrac{d}{2}\right)^2\right\}} > 0$$

$$H_{Ky} + H_{Ly} = \frac{I}{2\pi}\left(\frac{x}{r_K{}^2} - \frac{x}{r_K{}^2}\right) = 0$$

よって，点 R における磁場の向きは x 軸の正の向きである。

3　解答

(I)1. $T_1 = \dfrac{p_0 V_0}{nR} + \dfrac{2Q_1}{3nR}$　2. $T_2 = \dfrac{p_0 V_0}{nR} + \dfrac{2Q_1}{5nR}$

3. (ア)—(d)　(イ)—(f)　(ウ)—(a)　(エ)—(g)　(オ)—(h)

(II)1. $t_B = 0.75\text{s}$　2. $t_B = 1.3\text{s}$　3. $t_B = 1.7\text{s}$　4. $t_B = 1.4\text{s}$

5. $t_B = \dfrac{V_0 - v_A}{V_0 - v_B}t_A[\text{s}]$　6. (カ)—(d)

◀解　説▶

≪ピストンで封入した気体の状態変化，ドップラー効果のベルトコンベヤによるモデル≫

(I)1. 室内の温度を T_0 とする。理想気体の状態方程式より

$$p_0 V_0 = nRT_0 \quad \therefore \quad T_0 = \frac{p_0 V_0}{nR}$$

ピストンを固定するので定積変化になり，吸収熱量 Q_1 は

$$Q_1 = \frac{3}{2} nR(T_1 - T_0)$$

$$\therefore \quad T_1 = T_0 + \frac{2Q_1}{3nR} = \frac{p_0 V_0}{nR} + \frac{2Q_1}{3nR}$$

2．ピストンを自由に動けるようにするので定圧変化になる。定圧モル比熱は $\frac{5}{2}R$ であるから，吸収熱量 Q_1 は

$$Q_1 = \frac{5}{2} nR(T_2 - T_0)$$

$$\therefore \quad T_2 = T_0 + \frac{2Q_1}{5nR} = \frac{p_0 V_0}{nR} + \frac{2Q_1}{5nR}$$

参考　気体の温度が T_2 になったときの体積を V_2 とすると

$$p_0 V_2 = nRT_2$$

熱力学第一法則より

$$Q_1 = \frac{3}{2} nR(T_2 - T_0) + p_0(V_2 - V_0)$$

$$= \frac{3}{2} nR(T_2 - T_0) + nR(T_2 - T_0)$$

$$= \frac{5}{2} nR(T_2 - T_0)$$

3．(ア)　断熱材で覆ってピストンを引いたので，断熱変化になる。

(イ)　断熱されているので，熱力学第一法則より，膨張の過程で気体が外部にした仕事の分だけ内部エネルギーが減少し温度が低くなる。

(ウ)　断熱材をはずしてピストンをゆっくり引くので，外部から熱を吸収して温度が一定に保たれ，等温変化になる。

(エ)　等温変化なので内部エネルギーは変化しない。

(オ)　断熱膨張では温度が低くなるので同じ体積では圧力が低くなり，

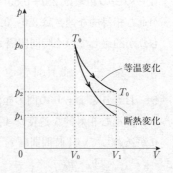

$p_1 < p_2$ となる。

〔Ⅱ〕1．A がベルトコンベヤの上におもりを置いて 1.0 s 後に，おもりは 2.0 m 進み，A は同じ向きに 0.50 m 進んで次のおもりを置くので，おもりとおもりの間の距離は 2.0−0.50＝1.5〔m〕になる。ベルトコンベヤの速さは 2.0 m/s なので，静止している B の横をおもりが通過していく時間間隔 t_B は

$$t_B = \frac{1.5}{2.0} = 0.75 〔\text{s}〕$$

2．A がベルトコンベヤの上におもりを置いて 1.0 s 後に，おもりは 2.0 m 進み，A は逆向きに 0.50 m 進んで次のおもりを置くので，おもりとおもりの間の距離は 2.0＋0.50＝2.5〔m〕になる。ベルトコンベヤの速さは 2.0 m/s なので，静止している B の横をおもりが通過していく時間間隔 t_B は

$$t_B = \frac{2.5}{2.0} = 1.25 ≒ 1.3 〔\text{s}〕$$

3．続いて，B がベルトコンベヤの進む向きに 0.50 m/s で歩くと，B の横をベルトコンベヤが進む相対的な速さは 2.0−0.50＝1.5〔m/s〕になる。よって，B の横をおもりが通過していく時間間隔 t_B は

$$t_B = \frac{2.5}{1.5} = 1.66 ≒ 1.7 〔\text{s}〕$$

4．続いて，ベルトコンベヤの動く速さを 3.0 m/s にすると，おもりとおもりの間の距離は 3.0＋0.50＝3.5〔m〕になり，B の横をベルトコンベヤが進む相対的な速さは 3.0−0.50＝2.5〔m/s〕になる。よって，B の横をおもりが通過していく時間間隔 t_B は

$$t_B = \frac{3.5}{2.5} = 1.4 〔\text{s}〕$$

5．おもりとおもりの間の距離は $(V_0 - v_A) t_A$〔m〕，B の横をベルトコンベヤが進む相対的な速度は $V_0 - v_B$〔m/s〕になる。よって，B の横をおもりが通過していく時間間隔 t_B は

$$t_B = \frac{V_0 - v_A}{V_0 - v_B} t_A 〔\text{s}〕$$

6．(カ)　t_A，t_B をそれぞれ波源の波の周期と観測される波の周期，V_0 を波の速さ，v_A，v_B をそれぞれ波源の速度と観測者の速度と考えれば，ド

ップラー効果の関係式と同じである。このとき，おもりとおもりの間の距離は波長に対応する。

❖講　評

　例年通り，大問 3 題で，試験時間は 80 分。範囲は「物理基礎・物理」である。2023 年度は，力学，電磁気，熱力学，波動から出題された。出題形式も例年通りで，2023 年度は①が解答群から数値や式を選択するマークシート方式と，数値を記述させる問題の混在で，②は全問マークシート方式，③はマークシートではない選択問題と記述式の問題であった。

　①　液体中の物体に働く浮力，重力，ばねの弾性力などのつり合いを考えていく問題である。浮力は物体の上面と下面に働く圧力による力の差から求めるので，その誘導にしたがって解き，アルキメデスの原理で検算するとよい。安定なつり合いの位置からずれたとき，物体は単振動をするが，これを，物体と液体の重心の高さの変化から，重力による位置エネルギーの和が位置の変化についての 2 次式になることを導くことにより求める点が目新しい。これも，位置エネルギーが最小となる点が力のつり合いの位置であることから検算ができる。

　②　前半は電気量を帯びた小球が 2 つの点電荷から静電気力を受けて単振動をすることを誘導にしたがって求めていく問題である。電場や静電気力はベクトルなので，図を考えて向きを求め，力の成分の正負に注意して答えることがポイントである。後半は 2 本の直線電流が作る磁場を求めていく問題である。右ねじの法則から磁場の向きを求めて作図して考えるので電場や静電気力を求める問題よりやや難しくなる。前半の問題と同様に，成分の正負に注意が必要である。

　③　(I)はピストンで封入したシリンダー内の気体を状態変化させ温度や圧力，体積を求めていく問題である。問題文から定積，定圧，等温，断熱のいずれの状態変化になるかを読み取り，熱力学第一法則を適用する。最後の等温変化と断熱変化の問題では p-V グラフを描いてみるとわかりやすくなる。(II)はベルトコンベヤに人がおもりを毎秒 1 個ずつ置いていき，後方の人の横をおもりが通過する時間間隔を求める問題である。ベルトコンベヤの速さが音速に対応し，ベルトの上のおもりとおも

りの間の距離が波長に対応することに気づけば，はじめからドップラー効果の公式を適用して求めていくこともできる。

　3大問とも，基本の関係式を求めることからはじまり，次第に応用的な問題になっていく構成である。それぞれ後半のやや踏み込んだ問題では誘導にしたがい，問題文をしっかり読み取ることが何より大切である。過去問に当たって記述式とマーク式の混在という問題形式にも慣れておこう。

化学

I 解答

(1) 1 ― 4　　2 ― 6　　3 ― 1

(2) 4 ― 8　　5 ― 0　　6 ― 1

(3) 7 ― 5　　8 ― 9　　9 ― 2

(4) 10 ― 9　　11 ― 9　　12 ― 1

◀解　説▶

≪有機化合物のエステル化とヨードホルム反応≫

(1)　121 mg の混合物 X を容積 8.3 L の容器に入れて 127℃ に加熱したとき，容器内の全圧が 1.0×10^3 Pa になった。この結果から，化合物 A と化合物 B の混合気体の物質量を n [mol] とすると，気体の状態方程式から次式が成り立つ。

$$1.0 \times 10^3 \times 8.3 = n \times 8.3 \times 10^3 \times (127 + 273)$$

∴　$n = 2.5 \times 10^{-3}$ [mol]

A が 2 組の非共有電子対をもち，酸化すると脂肪酸になることから，A は 1 価のアルコールである。A を酸化して得られた脂肪酸 C の半量を，水に溶かして 50 mL の水溶液 D を調製した。この水溶液 10.0 mL を，0.010 mol/L の水酸化ナトリウム水溶液で滴定したとき，滴定量が 20.0 mL となった。この結果から，D のモル濃度を c [mol/L] としたとき，中和滴定の量的関係から次式が成り立つ。

$$1 \times c \times 10.0 = 1 \times 0.010 \times 20.0$$

∴　$c = 0.020$ [mol/L]

0.020 mol/L の D 50 mL 中に含まれる C の物質量は

$$\frac{0.020 \times 50}{1000} = 1.0 \times 10^{-3} \text{[mol]}$$

C の半量で D を調製したことから，生成した C の物質量は 2.0×10^{-3} mol となる。

また，A の物質量は，C と同じで 2.0×10^{-3} mol となる。

よって，A と B の混合気体の物質量が 2.5×10^{-3} mol であるから，B の物

質量は

$$2.5 \times 10^{-3} - 2.0 \times 10^{-3} = 5.0 \times 10^{-4} \,[\text{mol}]$$

121 mg の X 中に含まれる A と B の物質量は 2.5×10^{-3} mol であるから，X の平均分子量 M は次式で求められる。

$$\frac{121 \times 10^{-3}}{M} = 2.5 \times 10^{-3}$$

$$\therefore \quad M = 48.4$$

X 中に含まれる A と B の物質量はそれぞれ 2.0×10^{-3} mol, 5.0×10^{-4} mol であり，A と B の分子量をそれぞれ M_A, M_B とすると次式が成り立つ。

$$\frac{2.0 \times 10^{-3} \times M_A + 5.0 \times 10^{-4} \times M_B}{2.5 \times 10^{-3}} = 48.4 \quad \cdots\cdots ①$$

A の炭素数は B より 1 つ少ないことから

$$M_B = M_A + 12 \quad \cdots\cdots ②$$

よって，①と②から M_A を求めると

$$\frac{2.0 \times 10^{-3} \times M_A + 5.0 \times 10^{-4} \times (M_A + 12)}{2.5 \times 10^{-3}} = 48.4$$

$$\therefore \quad M_A = 4.6 \times 10^1$$

(2) X と A の物質量から A のモル分率を求めると

$$\frac{2.0 \times 10^{-3}}{2.5 \times 10^{-3}} = 8.0 \times 10^{-1}$$

(3) A は分子量 46 の 1 価アルコールであることから，エタノール C_2H_5OH である。また，A を酸化して得られる C は酢酸 CH_3COOH である。よって，A と C の反応はエステル化で，エステル E の酢酸エチル $CH_3COOC_2H_5$ が生成する。

1.6 mol の A と 1.0 mol の C に少量の濃硫酸を加えて加熱したとき，反応した A の物質量を $x\,[\text{mol}]$ とすると，反応の量的関係は次のように表すことができる。

$$C_2H_5OH + CH_3COOH \rightleftharpoons CH_3COOC_2H_5 + H_2O$$

反応前	1.6	1.0	0	0	[mol]
変化量	$-x$	$-x$	$+x$	$+x$	[mol]
平衡時	$1.6-x$	$1.0-x$	x	x	[mol]

酢酸エチルと水が 0.8 mol ずつ生成したことから，$x = 0.8$ mol となる。

よって，平衡時のエタノールと酢酸の物質量はそれぞれ

（エタノール）　1.6−0.8＝0.8〔mol〕

（酢酸）　　　　1.0−0.8＝0.2〔mol〕

溶液の体積を V〔L〕とすると，このエステル化反応について平衡定数 K を求めると

$$K=\frac{[CH_3COOC_2H_5][H_2O]}{[CH_3COOH][C_2H_5OH]}=\frac{\dfrac{0.8}{V}\times\dfrac{0.8}{V}}{\dfrac{0.8}{V}\times\dfrac{0.2}{V}}=4$$

最大量の E を得るためには，A と C の物質量がそれぞれ 1.0×10^{-3} mol ずつとなる。

平衡時に生成する E の物質量を y〔mol〕とすると，反応の量的関係は次のように表すことができる。

$$C_2H_5OH +CH_3COOH \rightleftharpoons CH_3COOC_2H_5+H_2O$$

反応前	1.0×10^{-3}	1.0×10^{-3}	0	0	〔mol〕
変化量	$-y$	$-y$	$+y$	$+y$	〔mol〕
平衡時	$1.0\times10^{-3}-y$	$1.0\times10^{-3}-y$	y	y	〔mol〕

よって，溶液の体積を V'〔L〕とすると，平衡定数から次式が成り立つ。

$$K=\frac{[CH_3COOC_2H_5][H_2O]}{[CH_3COOH][C_2H_5OH]}$$

$$=\frac{\dfrac{y}{V'}\times\dfrac{y}{V'}}{\dfrac{(1.0\times10^{-3}-y)}{V'}\times\dfrac{(1.0\times10^{-3}-y)}{V'}}=4$$

$$\frac{y^2}{(1.0\times10^{-3}-y)^2}=4$$

∴　$y=6.66\times10^{-4}$〔mol〕

生成する E の質量は，酢酸エチルの分子量 88 から

　　$6.66\times10^{-4}\times88=5.86\times10^{-2}\fallingdotseq5.9\times10^{-2}$〔g〕

(4)　B は分子量 58，カルボニル基をもち，銀鏡反応を示さないことから，アセトン CH_3COCH_3 である。ヨードホルム反応は，$CH_3CH(OH)-$ または CH_3CO- の構造をもつ分子にみられる。A のエタノールと B のアセトンはともにヨードホルム反応が起こり，A と B それぞれ 1 mol から 1 mol のヨードホルム CHI_3 が生成する。

$$C_2H_5OH + 6NaOH + 4I_2 \longrightarrow CHI_3 + HCOONa + 5NaI + 5H_2O$$
$$CH_3COCH_3 + 4NaOH + 3I_2$$
$$\longrightarrow CHI_3 + CH_3COONa + 3NaI + 3H_2O$$

Aのエタノールは 2.0×10^{-3} mol,Bのアセトンは 5.0×10^{-4} mol であり,ヨードホルム反応により生成するYのヨードホルムは 2.5×10^{-3} mol となる。よって,ヨードホルムの質量は,分子量 394 から

$$2.5 \times 10^{-3} \times 394 = 0.985 \fallingdotseq 9.9 \times 10^{-1} [g]$$

Ⅱ　解答

問1.(1) I:$Fe \longrightarrow Fe^{2+} + 2e^-$

あ.鉄(Ⅱ)イオン

い.ヘキサシアニド鉄(Ⅲ)酸カリウム

(2) Ⅱ:$O_2 + 2H_2O + 4e^- \longrightarrow 4OH^-$

う.水酸化物イオン　え.フェノールフタレイン

(3) a—B　b—A　c—B　d—A　e—A　f—B

(4) ア.電池　イ.ブリキ　ウ.トタン

(5) i.Zn　ii.Fe　iii.Sn　iv.Fe　v.Zn

問2.(1) 13—3　14—0　15—1　(2) 16—2　(3) 17—3

━━━━◀解　説▶━━━━

≪鉄の局部電池と白金の錯体≫

問1.(1) 鉄が鉄(Ⅱ)イオン Fe^{2+} として溶け出し,これがヘキサシアニド鉄(Ⅲ)酸カリウム $K_3[Fe(CN)_6]$ と反応して青色の沈殿が生成した。

$$Fe \longrightarrow Fe^{2+} + 2e^-$$

(2) 空気から溶け込んだ酸素が水とともに鉄の放出した電子を受け取って,水溶液中に塩基性を示す水酸化物イオンが生成した。そのため,フェノールフタレインと反応して赤色になる。

$$O_2 + 2H_2O + 4e^- \longrightarrow 4OH^-$$

(3) 鉄板の表面では,鉄が負極,酸素が正極となる局部電池が形成される。鉄が酸化されて鉄(Ⅱ)イオンとなり水に溶け出し,鉄板に電子が残される。一方,空気から水に溶け込んだ酸素は,鉄板から電子を受け取り,水と反応して水酸化物イオンになる。主に,酸素の供給の多い液滴の周辺部では,酸素の還元反応が起こり,液滴の中心部では鉄の酸化反応が起こる。

(4)・(5)　イオン化傾向 Zn＞Fe＞Sn より，鉄板に傷がついていないとき
はブリキの方がトタンよりさびにくく安定である。しかし，傷がついてし
まうと，ブリキの方がトタンよりさびやすくなる。イオン化傾向 Fe＞Sn
のため，Sn より Fe の方が酸化されやすいためである。一方，トタンで
は，鉄板の表面に傷がついて鉄が露出したとき，イオン化傾向 Zn＞Fe
のため，Fe のかわりに Zn が酸化されるので，鉄はさびにくい。

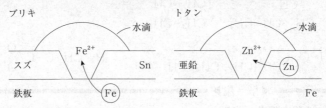

問2．(1)　負の電荷をもつ S 原子，C 原子，N 原子が共有結合してでき
る SCN⁻ の電子式は次の通りである。SCN⁻ の電子式中の○印が非共有
電子対である。

$$\left[:\overset{..}{\underset{..}{S}}\cdot \right]^- + \cdot\overset{.}{\underset{.}{C}}\cdot + \cdot\overset{.}{\underset{.}{N}}: \longrightarrow \left[\overset{\circ}{\underset{\circ}{S}} : C :: N\circ \right]^-$$

(2)　[PtCl₂(NH₃)₂] は，中心金属イオンが Pt²⁺，配位子がそれぞれ2個
ずつの Cl⁻，NH₃ からなる錯体で，2 通りの異性体が存在する。

$$
\begin{array}{ccc}
H_3N & Cl^- & H_3N & Cl^- \\
 & \searrow Pt^{2+} \swarrow & & \searrow Pt^{2+} \swarrow \\
Cl^- & NH_3 & H_3N & Cl^-
\end{array}
$$

(3)　[Pt(en)(SCN)₂] は，中心金属イオンが Pt²⁺，配位子が1個のエチ
レンジアミン，2 個の SCN⁻ からなる錯体で，3 通りの異性体が存在す
る。

III **解答**
(1) C_4H_8
(2) $C_7H_{10}O_2$

(3) A. $CH_2=CH-CH_2-CH_3$　　B. $CH_3-CH_2-CH_2-CH_2-OH$

C. $CH_3-CH_2-\underset{\underset{OH}{|}}{CH}-CH_3$　　D. $CH_3-CH_2-CH_2-C\overset{\diagup O}{\diagdown H}$

E・F. $\underset{CH_2-CH-CH_3}{\overset{CH_2}{|}}$　　$\underset{CH_2-CH_2}{\overset{CH_2-CH_2}{|\quad\ |}}$

G. $CH\equiv C-C\overset{\diagup O}{\diagdown O-CH_2-CH_2-CH_2-CH_3}$　　H. $CH\equiv C-C\overset{\diagup O}{\diagdown O-H}$

■━━━━━◀解　説▶━━━━━■

≪有機化合物の構造決定≫

(1) 炭化水素 A は，炭素原子間の二重結合が 1 つあることからアルケンである。A の分子式を C_nH_{2n} で表すと，A を完全燃焼させたときの反応は，次のようになる。

$$C_nH_{2n}+\frac{3n}{2}O_2 \longrightarrow nCO_2+nH_2O$$

1 mol の A を完全燃焼させるとき，6 mol の酸素を必要としたことから，次式が成り立つ。

$$\frac{3n}{2}=6$$

$$\therefore \quad n=4$$

よって，A の分子式は　　C_4H_8

(2) エステル G の組成式を $C_xH_yO_z$ とおくと，次式が成り立つ。

$$x:y:z=\frac{66.7}{12.0}:\frac{7.9}{1.00}:\frac{25.4}{16.0}$$

$$=5.55:7.9:1.58=3.51:5.0:1$$

$$\fallingdotseq 7:10:2$$

よって，化合物の組成式は $C_7H_{10}O_2$，式量は 126 となる。

G の分子量が 126 であることから，分子式は　　$C_7H_{10}O_2$

(3) A の構造異性体は次の 3 種類存在する。

$$CH_2=CH-CH_2-CH_3　　CH_3-CH=CH-CH_3　　CH_2=\underset{\underset{CH_3}{|}}{C}-CH_3$$

3 種類の構造異性体それぞれに水を付加するとき，次のように変化する（＊不斉炭素原子）。

$$CH_3-CH_2-CH=CH_2$$

$$\xrightarrow{H_2O} CH_3-CH_2-CH_2-CH_2-OH, \quad CH_3-CH_2-\overset{*}{CH}-CH_3 \\ \underset{OH}{}$$

$$CH_3-CH=CH-CH_3 \xrightarrow{H_2O} CH_3-\underset{OH}{CH}-CH_2-CH_3$$

$$CH_3-\underset{CH_3}{C}=CH_2 \xrightarrow{H_2O} CH_3-\underset{CH_3}{CH}-CH_2-OH, \quad CH_3-\overset{OH}{\underset{CH_3}{C}}-CH_3$$

水を付加したとき，2 種類の化合物が得られること，その中で不斉炭素原子が存在することから，A は $CH_3-CH_2-CH=CH_2$ である。よって，B が $CH_3-CH_2-CH_2-CH_2-OH$，不斉炭素原子をもつ C が $CH_3-CH_2-CH(OH)-CH_3$ となる。B は第 1 級アルコールで，酸化するとアルデヒドである化合物 D $CH_3-CH_2-CH_2-CHO$ が得られる。

$$CH_3-CH_2-CH_2-CH_2-OH \xrightarrow{酸化} CH_3-CH_2-CH_2-C\overset{O}{\underset{H}{\diagdown}}$$

化合物 B　　　　　　　　　　　　　　化合物 D

アルケンとシクロアルカンは同じ分子式で表される。A の分子式 C_4H_8 から，化合物 E と化合物 F は，分子式 C_4H_8 のシクロアルカンである。よって，シクロアルカンの構造異性体が 2 種類あり，次の構造式となる。

$$CH_2 \\ CH_2-CH-CH_3 \qquad \begin{matrix} CH_2-CH_2 \\ CH_2-CH_2 \end{matrix}$$

エステル G の加水分解でアルコール B が得られたことから，生成するカルボン酸 H の分子式は次のように求められる。

$$C_7H_{10}O_2 + H_2O - C_4H_9OH = C_3H_2O_2$$

よって，分子式 $C_3H_2O_2$ より H は，次の構造式となる。

$$H-C \equiv C-C\overset{O}{\underset{O-H}{\diagdown}}$$

H と B のエステル化で G が生成したときの変化は，次の化学反応式で表される。

$$CH \equiv C - C \underset{O-H}{\overset{O}{<}} + CH_3 - CH_2 - CH_2 - CH_2 - OH$$

化合物 H 　　　　　　　　　　化合物 B

$$\rightleftharpoons CH \equiv C - C \underset{O - CH_2 - CH_2 - CH_2 - CH_3}{\overset{O}{<}} + H_2O$$

エステル G

❖**講　評**

　出題数は大問 3 題で，Ⅰ とⅡ問 2 がマークシート法，Ⅱ問 1 とⅢが記述方式であった。

　Ⅰ　エタノールとアセトンの混合物について，理論化学と有機化学の総合問題となっている。混合気体に対して気体の状態方程式，酢酸水溶液に対して中和滴定を適用して，分子量を決定させる問題である。さらに，酢酸とエタノールのエステル化反応に対して平衡定数を求めさせ，平衡状態でのエステルの生成量を計算させている。また，ヨードホルム反応については，エタノールとアセトンの混合物からヨードホルムの生成量を計算させる内容である。基本事項がいくつも組み合わされている問題であり，一つひとつ段階を追いながら冷静に解き進めてほしい。思ったより解法に時間がかかることが予想される。

　Ⅱ　問 1 は，局部電池と鉄の腐食に関する問題である。鉄板に塩化ナトリウム水溶液が付着すると，鉄の腐食が進みやすいことをテーマにした問題である。また，鉄の腐食防止のために施すスズや亜鉛のメッキについて，イオン化傾向をもとに考えさせる内容となっている。問題文を忠実に読み進めていけば，比較的容易に解答できると思われる。問 2 は，錯体の異性体に関する問題である。配位子としてはたらくチオシアン酸イオンについて，非共有電子対が何組あるかを答えるために，チオシアン酸イオンの電子式を書くことが求められる。また，2 種類の配位子からなる正方形の錯体について，シス型とトランス型の異性体の数を答える問題がある。配位子エチレンジアミンについて学習したことがない場合，答えにくいことも予想される。問題としては難しくないため，しっかり解答していきたい。

　Ⅲ　炭化水素の構造決定の問題である。炭化水素の構造異性体と，燃

焼反応からアルケンの分子式が決定できれば，その後は比較的容易に解答できる。アルケンへの水の付加反応，アルコールの酸化反応，エステルの加水分解など，有機化学の基本事項が組み合わされているので，問題をよく読み着実に解答してほしい。

　全体を通してみると，Ⅰは思考力が求められ，時間を要する問題といえる。また，計算力が求められるので，計算ミスに十分気を付けたい。できれば，ⅡとⅢを着実に解答した上で，じっくりⅠに取り組みたい。

■ 一般選抜（個別学部日程）：理工学部B方式

問題編

▶試験科目・配点

学　科	テスト区分	教科	科目（出題範囲）	配点
物理科学科	大学入学共通テスト	外国語	英語（リーディング，リスニング）	100 点
	独自問題	数　学	数学Ⅰ・Ⅱ・Ⅲ・A・B	200 点
		理　科	物理基礎・物理	200 点
化　学・生命科学科	大学入学共通テスト	外国語	英語（リーディング，リスニング）	100 点
	独自問題	数　学	数学Ⅰ・Ⅱ・Ⅲ・A・B	200 点
		理　科	化学基礎・化学	200 点
その他の学　科	大学入学共通テスト	外国語	英語（リーディング，リスニング）	100 点
	独自問題	数　学	数学Ⅰ・Ⅱ・Ⅲ・A・B	200 点
		理　科	「物理基礎・物理」，「化学基礎・化学」のうち1科目選択	200 点

▶備　考

- 合否判定は総合点による。ただし，場合により特定科目の成績・調査書を考慮することもある。
- 「数学B」は「数列・ベクトル」から出題する。
- 大学入学共通テストの得点を上記の配点に換算する。英語の得点を扱う場合には，リーディング100点，リスニング100点の配点比率を変えずにそのまま合計して200点満点としたうえで，上記の配点に換算する。
- 大学入学共通テストの選択科目のうち複数を受験している場合は，高得点の1科目を合否判定に使用する。
- 試験日が異なる学部・学科・方式は併願ができ，さらに同一日に実施する試験であっても「AM」と「PM」の各々で実施される場合は併願が

できる。

- 試験時間帯が同じ学部・学科・方式は併願できない。

試験日	試験時間帯	学　部	学　科（方　式）
2月11日	終日	理　　工	物理科（B） 数理サイエンス（B） 化学・生命科（B） 電気電子工（B） 機械創造工（B） 経営システム工（B） 情報テクノロジー（B）
	AM	コミュニティ人間科	コミュニティ人間科

■■■■ 数学 ■■■■

（100 分）

注　意

　　問題 3，4，5 の解答については，論述なしで結果だけ記しても，正解とは見な
さない．

マーク・シート記入上の注意

1　解答は，解答用紙の問題番号に対応した解答欄にマークすること．

2　問題の文中の $\boxed{1}$，$\boxed{2}$ $\boxed{3}$ などには，特に指示がないかぎり，符号
（−），数字（0〜9）又は文字（a〜d）が入る．1，2，3，… の一つ一つは，こ
れらのいずれか一つに対応する．それらを解答用紙の 1，2，3，… で示された
解答欄にマークして答えよ．

　　例　$\boxed{1}$ $\boxed{2}$ $\boxed{3}$ に −83 と答えたいとき

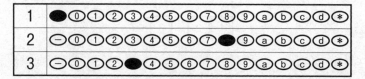

　　なお，同一の問題文中に $\boxed{1}$，$\boxed{2}$ $\boxed{3}$ などが 2 度以上現れる場合，2 度
目以降は，$\boxed{1}$，$\boxed{2}$ $\boxed{3}$ のように細字で表記する．

3　分数形で解答する場合，分数の符号は分子につけ，分母につけてはいけない．

　　例えば，$\dfrac{\boxed{4}\ \boxed{5}}{\boxed{6}}$ に $-\dfrac{4}{5}$ と答えたいときは，$\dfrac{-4}{5}$ として答えよ．

　　また，それ以上約分できない形で答えること．

　　例えば，$\dfrac{3}{4}$ と答えるところを，$\dfrac{6}{8}$ のように答えてはいけない．

4 根号あるいは対数を含む形で解答する場合は，根号の中や真数に現れる自然数
が最小となる形で答えよ.

例えば，$\boxed{7}\sqrt{\boxed{8}}$ に $4\sqrt{2}$ と答えるところを，$2\sqrt{8}$ のように答えては
いけない. また，$\boxed{9}\log_2\boxed{10}$ に $6\log_2 3$ と答えるところを，$3\log_2 9$ のよ
うに答えてはいけない.

5 分数形で根号を含む形で解答する場合，$\dfrac{\boxed{11}+\boxed{12}\sqrt{\boxed{13}}}{\boxed{14}}$ に $\dfrac{3+2\sqrt{2}}{2}$

と答えるところを，$\dfrac{6+4\sqrt{2}}{4}$ や $\dfrac{6+2\sqrt{8}}{4}$ のように答えてはいけない.

$\boxed{1}$ **解答を解答用紙（その1）に記入せよ.**

x の 4 次方程式

$$3x^4 - 10x^3 + ax^2 - 10x + 3 = 0 \quad \cdots\cdots \quad (*)$$

を考える. ただし a は実数の定数である.

$x = 0$ は方程式 $(*)$ の解ではないので，以下 $x \neq 0$ とする.

(1) $t = x + \dfrac{1}{x}$ とおく. x が 0 でない実数を動くとき，t のとり得る値の範囲は

$$t \leq \boxed{1}\boxed{2}, \quad \boxed{3} \leq t$$

である. また，

$$x^2 + \dfrac{1}{x^2} = t^2 + b$$

とおくと $b = \boxed{4}\boxed{5}$ である.

(2) 方程式 $(*)$ を $t = x + \dfrac{1}{x}$ の 2 次方程式として表せば

$$\boxed{6}t^2 - \boxed{7}\boxed{8}t + a - \boxed{9} = 0$$

となる.

(3)　x の方程式 (＊) が実数解をもつとき，a のとり得る値の範囲は

$$a \leqq \boxed{10}\!\boxed{11}$$

である．

(4)　x の方程式 (＊) が相異なる 4 つの実数解をもつとき，a のとり得る値の範囲は

$$a < \boxed{12}\!\boxed{13}\!\boxed{14}$$

である．

$\boxed{2}$　**解答を解答用紙 (その 1) に記入せよ．**

次の定積分を計算せよ．

(1)　$\displaystyle\int_0^{\frac{\pi}{3}} \sin^2 2x \, dx = \dfrac{\sqrt{\boxed{15}}}{\boxed{16}\!\boxed{17}} + \dfrac{\pi}{\boxed{18}}$

(2)　$\displaystyle\int_0^{\frac{\pi}{2}} \cos 3x \cos \frac{x}{3} \, dx = \dfrac{\boxed{19}\!\boxed{20}\!\boxed{21}\sqrt{\boxed{22}}}{\boxed{23}\!\boxed{24}\!\boxed{25}}$

(3)　$\displaystyle\int_{-\frac{\pi}{6}}^{\frac{\pi}{4}} \tan^2 x \, dx = \boxed{26} + \dfrac{\sqrt{\boxed{27}}}{\boxed{28}} - \dfrac{\boxed{29}}{\boxed{30}\!\boxed{31}}\pi$

3　解答を解答用紙（その 2）の **3** 欄に記入せよ.

xyz 空間の 4 点 A$(1,0,0)$, B$(0,1,0)$, C$(0,0,1)$, D$(1,1,1)$ を
頂点とする四面体 ABCD を考える. また, n, k を $0 < k < n$ を満たす整数と
する.

平面 $\alpha : z = \dfrac{k}{n}$ による四面体 ABCD の切り口の面積を $S(k)$ とするとき,
以下の問に答えよ.

⑴　平面 α と線分 AC の交点の座標と, 平面 α と線分 AD の交点の座標を求めよ.

⑵　$S(k)$ を n, k を用いて表せ.

⑶　極限値 $\displaystyle \lim_{n \to \infty} \frac{1}{n} \sum_{k=1}^{n-1} S(k)$ を求めよ.

4　解答を解答用紙（その 3）の **4** 欄に記入せよ.

関数 $y = -x^2 + x + 3\,|x - 1|$ のグラフを C とする.

⑴　C を図示せよ.

⑵　原点を通る直線 $y = kx$ と C との共有点がちょうど 2 個となるような
実数 k の値の範囲を求めよ.

5 解答を解答用紙（その4）の **5** 欄に記入せよ.

　曲線 $C : y = \log x$ に原点から引いた接線を ℓ とする. また, C, ℓ および x 軸で囲まれた図形を D とする. 以下の問に答えよ.

(1) 接線 ℓ の方程式を求めよ.

(2) 図形 D を x 軸のまわりに1回転してできる立体の体積を求めよ.

(3) 図形 D を y 軸のまわりに1回転してできる立体の体積を求めよ.

■■■物理■■■

（80 分）

1　以下の文章を読み，空欄(1)〜(12)にあてはまる最も適切な解答をそれぞれの解答群から選び，**解答用紙（その 1）**の該当する記号をマークせよ。また，空欄(a)〜(c)にあてはまる式を，**解答用紙（その 2）**の所定の欄に記入せよ。重力加速度の大きさを g とし，水面の高さは変化せず，大気圧の影響は無視できるものとする。

［1—I］

長さが l で一様な断面積 S の円柱状の細長い棒の上面の中心 A に糸をつけ，図 1—1 のように鉛直方向に動かすことができる天板に糸の他端を固定して棒をつり下げた。棒は密度 ρ の一様な物質でできており，力は棒の中心軸上の点に作用するものとする。また糸は伸び縮みせず，その質量は無視できるものとする。このとき棒の受ける重力の大きさは　(1)　である。

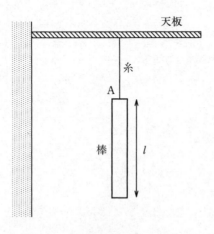

図 1—1

(1)の解答群

① lS　　② $\dfrac{S}{l}$　　③ lSg　　④ $\dfrac{Sg}{l}$　　⑤ ρlS

⑥ $\dfrac{\rho S}{l}$　　⑦ ρlSg　　⑧ $\dfrac{\rho Sg}{l}$　　⑨ $\dfrac{lSg}{\rho}$　　⓪ $\dfrac{Sg}{\rho l}$

　　次に，図1−2のようにじゅうぶん大きな容器に一様な密度 $\rho_0(>\rho)$ の液体を満たし，可動式の天板を静かに下げていくと，棒は中心軸が鉛直方向を向いたまま沈み，液体の中に浸かった。そして，棒の下端から長さ l_1 の部分までが液体中に入ったところで天板を静止させた。このとき棒が受ける浮力の大きさは　(2)　である。

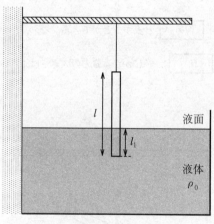

図1−2

(2)の解答群

① $\dfrac{\rho_0 S}{l}$　　② $\dfrac{\rho_0 S}{l_1}$　　③ lSg　　④ $l_1 Sg$　　⑤ $\rho_0 lSg$

⑥ $\rho_0 l_1 Sg$　　⑦ $\dfrac{lSg}{\rho_0}$　　⑧ $\dfrac{l_1 Sg}{\rho_0}$　　⑨ $\dfrac{Sg}{\rho_0 l}$　　⓪ $\dfrac{Sg}{\rho_0 l_1}$

[1−Ⅱ]

　　次に，糸につるした棒の一部が液体につかったまま棒が傾き，図1−3のように液面に対して棒の中心軸が角度 θ をなして傾いた状態で静止した場合を考えよ

う。このとき棒の中心軸が液体中にある部分の長さはl_2であった。重力が作用する点と浮力が作用する点はいずれも棒の中心軸上にあり，点Aから重力と浮力の作用点までの距離はそれぞれ (3) と (4) である。また棒に作用する重力と浮力の大きさはそれぞれ (1) と (5) である。棒が静止状態を保つためには，力がつりあって並進運動が抑えられ，かつ点Aのまわりの力のモーメントの和が0となり回転運動が抑えられている必要がある。なお，力のモーメントの符号は，棒を反時計回りに回転させる場合はプラス(正)，時計回りに回転させる場合はマイナス(負)と定義されるものとする。点Aのまわりの重力と浮力の力のモーメントの符号はそれぞれ (6) で，大きさはそれぞれ

  (1) × (3) × (7) と (5) × (4) × (7) である。力のモーメントのつりあいの式から，液体の密度と棒の密度の比率は，

l, l_2を用いて$\dfrac{\rho_0}{\rho} =$ (a) と表すことができる。なお，$l_2 = \dfrac{l}{4}$であった場合については，$\dfrac{\rho_0}{\rho} =$ (8) ，糸にかかる張力の大きさは (9) × (1) と表される。

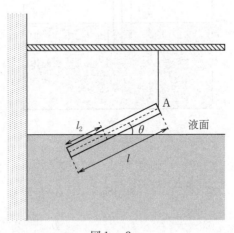

図1−3

(3), (4)の解答群

① 0　　　② $\dfrac{l}{2}$　　　③ $\dfrac{l_2}{2}$　　　④ $\dfrac{l-l_2}{2}$　　　⑤ $\dfrac{l+l_2}{2}$

⑥ $l - \dfrac{l_2}{2}$　　⑦ $l - l_2$　　⑧ $l - 2l_2$　　⑨ l_2　　　　⑩ l

(5)の解答群

① $\dfrac{\rho_0 S}{l - l_2}$　　　　　　② $\dfrac{\rho_0 S}{l_2}$　　　　　　③ $(l - l_2) Sg$

④ $l_2 Sg$　　　　　　⑤ $\rho_0 (l - l_2) Sg$　　⑥ $\rho_0 l_2 Sg$

⑦ $\dfrac{(l - l_2) Sg}{\rho_0}$　　⑧ $\dfrac{l_2 Sg}{\rho_0}$　　　　⑨ $\dfrac{Sg}{\rho_0 (l - l_2)}$

⑩ $\dfrac{Sg}{\rho_0 l_2}$

(6)の解答群

① 重力はプラス，浮力はプラス　　② 重力はプラス，浮力はマイナス

③ 重力はマイナス，浮力はプラス　　④ 重力はマイナス，浮力はマイナス

(7)の解答群

① $\sin\theta$　　② $\cos\theta$　　③ $\tan\theta$　　④ $\dfrac{\sin\theta}{2}$　　⑤ $\dfrac{\cos\theta}{2}$

⑥ $\dfrac{\tan\theta}{2}$　　⑦ $\dfrac{1}{\sin\theta}$　　⑧ $\dfrac{1}{\cos\theta}$　　⑨ $\dfrac{1}{\tan\theta}$　　⑩ 1

(8)の解答群

① $\dfrac{1}{4}$　　② $\dfrac{1}{2}$　　③ 1　　④ $\dfrac{3}{2}$　　⑤ $\dfrac{5}{4}$

⑥ $\dfrac{7}{6}$　　⑦ $\dfrac{8}{7}$　　⑧ $\dfrac{14}{9}$　　⑨ $\dfrac{16}{7}$　　⑩ 3

(9)の解答群

① $\dfrac{1}{6}$　　② $\dfrac{1}{4}$　　③ $\dfrac{2}{7}$　　④ $\dfrac{2}{5}$　　⑤ $\dfrac{3}{7}$

⑥ $\dfrac{4}{9}$　　⑦ $\dfrac{3}{5}$　　⑧ $\dfrac{5}{7}$　　⑨ $\dfrac{9}{14}$　　⑩ 1

［1―Ⅲ］

　次に天板を上げて棒を液体から出し，図1―4のように棒の下端Bから液面

までの距離が L の地点で天板を固定して棒を静止させた。そして糸を静かに切断すると，棒は自由落下した。棒の下端が液面に達したときの棒の速さは ⑽ である。なお，剛体の位置エネルギーと運動エネルギーは，全質量が重心に集中したときのものと見なしてよいものとする。その後，棒は角度を変えずに鉛直方向を向いたまま，静かに液体の中に入った。その際に液面から受ける力や液体内での抵抗は無視できるものとする。棒の下端 B が液体に入った後，さらに棒は沈み続け，棒全体が液体内に入ったとする。

　このときに棒がされた仕事を考えよう。下端 B が液体中に入ってから上端 A が液体中に入るまでに，重力が棒にした仕事の大きさは ⑾ である。一方，力が変位に比例して増加する場合は，弾性力がする仕事（弾性力による位置エネルギー）と同様に，その力がする仕事は変位と力の関係を表すグラフの直線が変位の軸との間に作る三角形の面積で表される。これをふまえて，棒全体が液体内に入るまでに浮力が棒にした仕事の大きさは (b) である。それ以外の仕事はすべて無視できるとすると，力学的エネルギー保存則より，棒の上端 A が液体内に入った直後の棒の速さは (c) と表される。したがって，棒全体を液体内に沈み込ませるには，落下させる直前の棒の下端 B の液面からの高さ L を ⑿ 以上にしなければならないことがわかる。

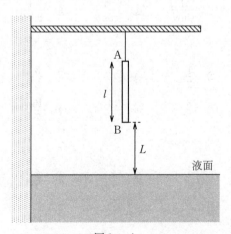

図 1 — 4

(10)の解答群

① $2\,gL$　　　② $2\,\rho\,lSgL$　　　③ $\dfrac{2\,\rho\,lSg}{L}$　　　④ $\dfrac{2\,lSg}{L}$

⑤ $\dfrac{2\,gL}{\rho\,lS}$　　　⑥ $\sqrt{2\,gL}$　　　⑦ $\sqrt{2\,\rho\,lSgL}$　　　⑧ $\sqrt{\dfrac{2\,\rho\,lSg}{L}}$

⑨ $\sqrt{\dfrac{2\,lSg}{L}}$　　　⓪ $\sqrt{\dfrac{2\,gL}{\rho\,lS}}$

(11)の解答群

① $\rho\,lSg$　　② $\rho\,l^{2}Sg$　　③ lSg　　④ $l^{2}Sg$　　⑤ $\dfrac{\rho\,Sg}{l}$

⑥ $\rho\,Sg$　　⑦ $\dfrac{lSg}{\rho}$　　⑧ $\dfrac{l^{2}Sg}{\rho}$　　⑨ $\dfrac{Sg}{\rho\,l}$　　⓪ $\dfrac{Sg}{\rho}$

(12)の解答群

① l　　　　　　　② $\dfrac{\rho}{\rho_{0}}l$　　　　　　③ $\dfrac{\rho_{0}}{\rho}l$

④ $\dfrac{\rho}{2\,\rho_{0}}l$　　　　　⑤ $\dfrac{2\,\rho_{0}}{\rho}l$　　　　　⑥ $\left(\dfrac{\rho_{0}}{\rho}-1\right)l$

⑦ $\left(\dfrac{\rho_{0}}{2\,\rho}-1\right)l$　　　⑧ $\left(1-\dfrac{\rho_{0}}{\rho}\right)l$　　　⑨ $\left(1-\dfrac{\rho}{2\,\rho_{0}}\right)l$

⓪ $(\rho_{0}-\rho)l$

2　以下の文章を読み，空欄⒀〜⒁にあてはまる最も適切な数値や式をそれぞれ解
答群から選び，**解答用紙（その1）**の該当する記号をマークせよ。なお，真空の透
磁率を $\mu_0 = 4\pi \times 10^{-7}$ N/A^2 とし，必要ならば電子の質量を $m_e = 9 \times 10^{-31}$ kg,
電気素量を $e = 2 \times 10^{-19}$ C として計算せよ。

[2—I]

　図2—1に示すように，真空中に半径 a[m]，長さ h[m]の円筒形をしたソレ
ノイド L がある。ソレノイドの軸にそった1m当たりの巻数は n[/m]である。
以下では，長さ h は半径 a よりじゅうぶん長い（$a \ll h$）とする。

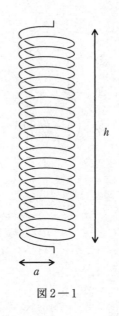

図2—1

　このソレノイド L に電流 I[A]を流したとき，両端付近を除けば，ソレノイド
内部の磁束密度の大きさは $B = $ ⒀ [T]である。コイルの一巻きを貫く磁
束は ⒁ [Wb]であり，ソレノイドの巻数は ⒂ だから，ソレノイ
ド全体を貫く磁束は ⒁ × ⒂ となる。従って，ソレノイド L の
自己インダクタンスは $L_0 = $ ⒃ [H]となる。

空欄(13)に対する解答群

① nI ② $n^2 I$ ③ nI^2 ④ $\dfrac{n}{I}$ ⑤ $\dfrac{I}{n}$

⑥ $\mu_0 nI$ ⑦ $\mu_0 n^2 I$ ⑧ $\mu_0 nI^2$ ⑨ $\dfrac{\mu_0 n}{I}$ ⓪ $\dfrac{\mu_0 I}{n}$

空欄(14)に対する解答群

① aB ② $2\pi B$ ③ $\pi a^2 B$ ④ $4\pi a^2 B$ ⑤ ahB

⑥ $\dfrac{4}{3}\pi a^3 B$ ⑦ $h^2 B$ ⑧ $\pi h^2 B$ ⑨ $\pi ha^2 B$ ⓪ $4\pi ha^2 B$

空欄(15)に対する解答群

① n ② na ③ $2na$ ④ $2\pi na$ ⑤ nh

⑥ ah ⑦ nah ⑧ nh^2 ⑨ na^2 ⓪ $2\pi ah$

空欄(16)に対する解答群

① $\pi\mu_0 n^2 ha^2$ ② $2\pi\mu_0 n^2 ha^2$ ③ $2\pi n^2 ha^2$ ④ $\dfrac{\pi n^2 ha^2}{\mu_0}$

⑤ $\dfrac{2\pi n^2 ha^2}{\mu_0}$ ⑥ $\pi\mu_0 nha^2$ ⑦ $2\pi\mu_0 nha^2$ ⑧ $2\pi nha^2$

⑨ $\dfrac{\pi nha^2}{\mu_0}$ ⓪ $\dfrac{2\pi nha^2}{\mu_0}$

[2―Ⅱ]

　[2―Ⅰ]で考えたソレノイド L，電気容量 C_0[F]のコンデンサ 4 個，起電力 V_0[V]の直流電源，さらに，2 個のスイッチ S_1，S_2 を図 2―2 に示す回路で真空中に置いた。はじめの状態では，スイッチ S_1，S_2 はともに開いており，4 個のコンデンサの電荷は全て 0 であった。

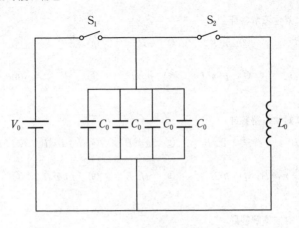

図 2 － 2

　スイッチ S_2 を開けたままスイッチ S_1 を閉じ，じゅうぶん時間が経過した。このとき，4 個のコンデンサに蓄えられた電荷の合計は $Q_1 = \boxed{(17)}$ [C]であり，さらに，4 個のコンデンサに蓄えられた静電エネルギーの合計は $\boxed{(18)}$ [J]である。

空欄(17)に対する解答群

① $\dfrac{1}{8} C_0 V_0$ 　② $\dfrac{3}{8} C_0 V_0$ 　③ $\dfrac{1}{4} C_0 V_0$ 　④ $\dfrac{1}{2} C_0 V_0$ 　⑤ $C_0 V_0$

⑥ $2 C_0 V_0$ 　⑦ $4 C_0 V_0$ 　⑧ $6 C_0 V_0$ 　⑨ $8 C_0 V_0$ 　⓪ 0

空欄(18)に対する解答群

① $\dfrac{1}{2} C_0^2 V_0$ 　② $\dfrac{1}{2} C_0 V_0^2$ 　③ $C_0^2 V_0$ 　④ $C_0 V_0^2$

⑤ $2 C_0^2 V_0$ 　⑥ $2 C_0 V_0^2$ 　⑦ $4 C_0^2 V_0$ 　⑧ $4 C_0 V_0^2$

⑨ $8 C_0^2 V_0$ 　⓪ $8 C_0 V_0^2$

　この後，スイッチ S_1 を開けた後に，時刻 $t = 0$ でスイッチ S_2 を閉じたところ，電気振動が観測され，その角周波数は $\omega_0 = \boxed{(19)}$ [rad/s]であった。

空欄(19)に対する解答群

① $\dfrac{1}{aC_0\sqrt{\pi\mu_0 nh}}$ 　　② $\dfrac{1}{2hn\sqrt{\pi\mu_0 aC_0}}$ 　　③ $\dfrac{1}{an\sqrt{\pi\mu_0 hC_0}}$

④ $\dfrac{1}{2an\sqrt{\pi\mu_0 hC_0}}$ 　　⑤ $\dfrac{1}{4an\sqrt{\pi\mu_0 hC_0}}$ 　　⑥ $aC_0 n\sqrt{\pi\mu_0 nh}$

⑦ $2hn\sqrt{\pi\mu_0 aC_0}$ 　　⑧ $an\sqrt{\pi\mu_0 hC_0}$ 　　⑨ $2an\sqrt{\pi\mu_0 hC_0}$

⓪ $4an\sqrt{\pi\mu_0 hC_0}$

　時刻 $t=0$ でスイッチ S_2 を閉じた後，時刻 $t=t_m=\boxed{\quad(20)\quad}$ [s]でソレノイドLを流れる電流の大きさが1回目の最大値 $I_m=Q_1\omega_0$[A]に到達する。ここで，$t_s=\dfrac{\pi}{\omega_0}$ よりもじゅうぶん短い時間間隔 $\varDelta t(>0)$[s]をとると，時刻 $t=t_m$ 前後のじゅうぶん短い時間間隔，$t_m-\varDelta t<t<t_m+\varDelta t$，ではソレノイドLを流れる電流の大きさは I_m のまま一定と考えることができることに注目しよう。

空欄(20)に対する解答群

① $\dfrac{\pi}{8\omega_0}$ 　② $\dfrac{\pi}{4\omega_0}$ 　③ $\dfrac{3\pi}{8\omega_0}$ 　④ $\dfrac{\pi}{2\omega_0}$ 　⑤ $\dfrac{5\pi}{8\omega_0}$

⑥ $\dfrac{3\pi}{4\omega_0}$ 　⑦ $\dfrac{7\pi}{8\omega_0}$ 　⑧ $\dfrac{\pi}{\omega_0}$ 　⑨ $\dfrac{3\pi}{2\omega_0}$ 　⓪ $\dfrac{2\pi}{\omega_0}$

[2―Ⅲ]

　時刻 $t=0$ で[2―Ⅱ]の電気振動がはじまった後，時刻 $t=t_m$ で，図2―3に示すようにソレノイドLの一方の端から電子がソレノイド内部へ入射した。時刻 $t=t_m$ で電子はソレノイドLの中心軸上にあり，入射時の電子の速度はソレノイドの中心軸と $45°$ の角度をなしていた。入射時の電子の速度の中心軸に平行な成分は $u_0=1\times10^6\,\mathrm{m/s}$ であり，中心軸に垂直な成分の大きさも $u_0=1\times10^6\,\mathrm{m/s}$ であった。以下では，[2―Ⅰ]や[2―Ⅱ]で考えたソレノイドLは $a=0.1\,\mathrm{m}$，$h=1\,\mathrm{m}$，$n=1\times10^2\mathrm{/m}$ を持ち，コンデンサの電気容量は $C_0=4\times10^{-3}\,\mathrm{F}$，直流電源の起電力は $V_0=5\times10^3\,\mathrm{V}$ であるとする。重力場の影響は無視できるものとする。電子の作る電場や磁場の影響も無視できる。さらに簡単のため，ソレノイド内部の磁束密度は両端まで一様であるとする。

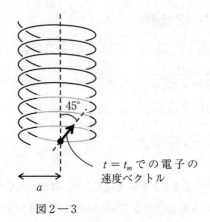

$t = t_m$ での電子の
速度ベクトル

図 2 — 3

　以下のように，$t = t_m$ 以降の電子の運動の様子についておおまかに推測してみよう。

　時刻 $t = t_m$ では，ソレノイド L の内部の磁束密度の大きさ B_m は，　(13)　，　(17)　，　(19)　などの結果を用いると $B_m =$ 　(21)　 T となる。すると，仮に電子が磁場によるローレンツ力をうけて等速円運動（サイクロトロン運動）を行うとしたときの軌道半径 $r = \dfrac{m_e u_0}{e B_m}$ とソレノイドの半径 a の数値を比較すると，　(22)　 ことがわかる。さらに，$t_s = \dfrac{\pi}{\omega_0} = 8 \times 10^{-3}$ s であり，また，

$$t_e = \frac{r}{u_0}, \ t_c = \frac{h}{u_0}$$

の数値を計算すると，t_s，t_e，t_c の大小関係について，　(23)　 ことがわかる。これらの結果から，時刻 $t = t_m$ の後，電子は 　(24)　 ことがわかる。

空欄(21)に対する解答群

　① 0　　　　② 0.2　　　③ 0.4　　　④ 0.8　　　⑤ 1
　⑥ 2　　　　⑦ 4　　　　⑧ 8　　　　⑨ 10　　　　⓪ 20

空欄⑵に対する解答群

① r は a よりじゅうぶん小さい（$r \ll a$）

② r は a よりじゅうぶん大きい（$r \gg a$）

空欄⑵に対する解答群

① t_s は t_e よりじゅうぶん小さく，t_e は t_c よりじゅうぶん小さい（$t_s \ll t_e \ll t_c$）

② t_s は t_c よりじゅうぶん小さく，t_c は t_e よりじゅうぶん小さい（$t_s \ll t_c \ll t_e$）

③ t_e は t_s よりじゅうぶん小さく，t_s は t_c よりじゅうぶん小さい（$t_e \ll t_s \ll t_c$）

④ t_e は t_c よりじゅうぶん小さく，t_c は t_s よりじゅうぶん小さい（$t_e \ll t_c \ll t_s$）

⑤ t_c は t_s よりじゅうぶん小さく，t_s は t_e よりじゅうぶん小さい（$t_c \ll t_s \ll t_e$）

⑥ t_c は t_e よりじゅうぶん小さく，t_e は t_s よりじゅうぶん小さい（$t_c \ll t_e \ll t_s$）

空欄⑵に対する解答群

① ソレノイド L 内をほぼそのまま直進してソレノイドの導線に到達する

② ソレノイド L の中心軸付近でらせん運動をしながらソレノイドの反対
　側の端へ到達する

③ ソレノイド L の導線付近に到達し，そこから速度を中心軸方向にかえ
　て等速直線運動する

④ ソレノイド L の中心軸上のある場所に到達したあとソレノイド中心軸
　上で単振動を行う

3 　空欄(25)〜(37)についてはあてはまる最も適切なものを解答群から選び，**解答用紙**（その1）の該当する記号をマークせよ。弦の張力を S [N]，弦の単位長さ当たりの質量である線密度を ρ [kg/m]としたとき，弦を伝わる波の速さ v [m/s]は

$$v = \sqrt{\frac{S}{\rho}}$$ で与えられる。

[3 ― I]

　図 3 ― 1 のように一端をAで壁に固定した弦を，支持台の先に付けた滑車を通して，もう一つの端におもりCを吊り下げピンと張った状態にした。Aから滑車の上端Bまでの弦の長さは ℓ [m]である。この弦の基本振動の波長 λ_0 [m]は 　(25)　 [m]で，弦を伝わる波の速さを v [m/s]とすると，基本振動数 f_0 [Hz]は 　(26)　 [Hz]である。図 3 ― 2 のようにこの弦の近くに置いた音源から振動数 f_0 の音を発したところ弦に基本振動が発生した。空気中の音速を V [m/s]とすると音源が発した音の波長 λ_1 [m]は 　(27)　 [m]で，弦を伝わる波の速さ v [m/s]と音速 V の関係は，$v =$ 　(28)　 である。

　次に音源の発する音と弦の振動を止めてから，おもりCに小さな質量を持つ物体をつけ加えた。ふたたび音源から振動数 f_0 [Hz]の音を出し，弦をはじいたところ，周期が 0.5 秒のうなりが発生した。このときの弦の基本振動数 f [Hz]は，f_0 を用いて $f =$ 　(29)　 [Hz]と表すことができ，弦の張力は物体をつける前より 　(30)　 倍になったことがわかる。

　また，弦の長さと張力を変えずに，弦の材料を線密度が a 倍のものに取りかえたとき，弦の基本振動数は取りかえる前の弦の基本振動数の 　(31)　 倍になる。

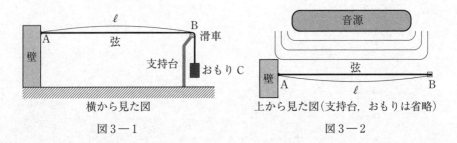

図 3 ― 1　　　　横から見た図

図 3 ― 2　　　　上から見た図（支持台，おもりは省略）

㉕の解答群

① $\dfrac{\ell}{4}$　　② $\dfrac{\ell}{2}$　　③ $\dfrac{2\ell}{3}$　　④ ℓ

⑤ $\dfrac{3\ell}{2}$　　⑥ 2ℓ　　⑦ 4ℓ

㉖の解答群

① $\dfrac{\ell v}{2}$　② ℓv　③ $2\ell v$　④ $\dfrac{v}{4\ell}$　⑤ $\dfrac{v}{2\ell}$

⑥ $\dfrac{v}{\ell}$　⑦ $\dfrac{2v}{\ell}$　⑧ $\dfrac{\ell}{2v}$　⑨ $\dfrac{\ell}{v}$　⓪ $\dfrac{2\ell}{v}$

㉗の解答群

① $\dfrac{V}{2f_0}$　② $\dfrac{V}{f_0}$　③ $\dfrac{2V}{f_0}$　④ $\dfrac{f_0}{2V}$　⑤ $\dfrac{f_0}{V}$

⑥ $\dfrac{2f_0}{V}$　⑦ $\dfrac{f_0 V}{2}$　⑧ $f_0 V$　⑨ $2f_0 V$　⓪ $2f_0$

㉘の解答群

① $\dfrac{\lambda_1 V}{2\ell}$　② $\dfrac{\lambda_1 V}{\ell}$　③ $\dfrac{2\lambda_1 V}{\ell}$　④ $\dfrac{\ell V}{2\lambda_1}$　⑤ $\dfrac{\ell V}{\lambda_1}$

⑥ $\dfrac{2\ell V}{\lambda_1}$　⑦ $\dfrac{2V}{\ell\lambda_1}$　⑧ $\dfrac{V}{\ell\lambda_1}$　⑨ $\dfrac{V}{2\ell\lambda_1}$　⓪ $2\ell\lambda_1 V$

㉙の解答群

① f_0　② $f_0 + 0.5$　③ $f_0 + 1$　④ $f_0 + 2$　⑤ $\dfrac{f_0}{2}$

⑥ $2f_0$　⑦ $4f_0$　⑧ $f_0 - 0.5$　⑨ $f_0 - 1$　⓪ $f_0 - 2$

㉚の解答群

① $\left(1 + \dfrac{1}{2f_0}\right)^2$　　② $\left(1 + \dfrac{1}{f_0}\right)^2$　　③ $\left(1 + \dfrac{2}{f_0}\right)^2$

④ $\left(1 - \dfrac{1}{2f_0}\right)^2$　　⑤ $\left(1 - \dfrac{1}{f_0}\right)^2$　　⑥ $\left(1 - \dfrac{2}{f_0}\right)^2$

⑦ $(1 + 2f_0)^2$　　⑧ $\left(1 + \dfrac{f_0}{2}\right)^2$　　⑨ $(1 - 2f_0)^2$

⓪ $\left(1 - \dfrac{f_0}{2}\right)^2$

(31)の解答群

① a　　　　② a^2　　　　③ $\dfrac{1}{a}$　　　　④ $\dfrac{1}{a^2}$

⑤ 1　　　　⑥ $\sqrt{a}$　　　　⑦ $\sqrt{\dfrac{1}{a}}$

[3―Ⅱ]

　2種類の音の振動数の比が1からわずかにずれたときには，うなりが観測される。今度は複数の音の振動数の比が簡単な整数比で表すことができるときについて考えてみよう。

　3本の弦1，弦2，弦3を用意し，図3―3のようにこれらの一端を壁に固定しそれぞれ滑車を通して，もう一つの端におもり1，おもり2，おもり3を吊り下げる。各弦は壁と滑車の間で互いに平行にピンと張った状態になっている。壁から滑車の上端までの3本の弦の長さはいずれも ℓ である。以下では弦1，弦2，弦3を同時にはじいたときに弦1，弦2，弦3から生じる基本音の振動数の比を4：5：6とする方法を考える。

　まず，線密度が同じ3本の弦を用い，おもり1，おもり2，おもり3の質量を変えることによって調節する場合を考える。弦1，弦2，弦3の張力の大きさ S_1，S_2，S_3 について，S_2 が S_1 の　(32)　倍，S_3 が S_1 の　(33)　倍になるように調節すればよい。

　次に，3本の弦の張力の大きさは同じで，線密度が異なる弦を用いて調節する場合を考える。弦1，弦2，弦3の線密度 ρ_1，ρ_2，ρ_3 について，ρ_2 が ρ_1 の　(34)　倍，ρ_3 が ρ_1 の　(35)　倍になるように調節すればよい。

　最後に，3本の弦の線密度と張力の大きさが同じであるとし，図3―4のように，弦2，弦3の下に三角柱の台を置くことによって振動する弦の長さを弦1，弦2，弦3の順に短くする場合を考える。弦2と弦3をはじく位置は三角柱の台の接点と滑車の上端の間である。このときには，弦2，弦3の振動する部分の長さ ℓ_2，ℓ_3 について，ℓ_2 が ℓ の　(36)　倍，ℓ_3 が ℓ の　(37)　倍になるよう調節すればよい。

　弦楽器の演奏では，弦の種類，張力，長さを変えることによって目的とする振

動数の音を生み出している。また，和音のひとつである"ドミソ"の音の振動数比

はほぼ4：5：6である。

(32)，(33)，(34)，(35)，(36)，(37)の解答群

① $\dfrac{3}{2}$　　② $\dfrac{5}{4}$　　③ $\dfrac{6}{5}$　　④ $\dfrac{5}{6}$　　⑤ $\dfrac{4}{5}$

⑥ $\dfrac{2}{3}$　　⑦ $\dfrac{9}{4}$　　⑧ $\dfrac{25}{16}$　　⑨ $\dfrac{16}{25}$　　⓪ $\dfrac{4}{9}$

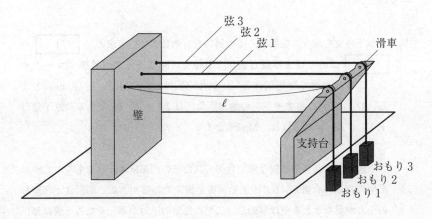

図 3 — 3

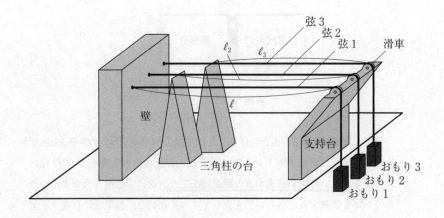

図 3 — 4

■化学■

(80 分)

Ⅰ 次の問 1，問 2 の答をマーク・シート解答用紙の指定された番号の解答欄にマークせよ。

問 1 以下の文を読み，設問(1)，(2)の解答を有効数字 2 桁で求め，┃ 1 ┃ ～
┃ 9 ┃ にあてはまる最も適切な数値を，同じ番号の解答欄にマークせよ。気体はすべて理想気体とし，気体定数は 8.3×10^3 Pa·L/(K·mol) とする。47℃におけるアセトンの飽和蒸気圧は 7.6×10^4 Pa とする。原子量は H 1，C 12，N 14，O 16，Mg 24 とする。

　下図のような移動可能な壁で仕切られた二つの部屋 A，B をもち，二つの部屋の容積の合計が 4.0 L の加熱装置を備えた容器がある。部屋 A と部屋 B の圧力が異なるとき壁は移動し，二つの部屋の圧力が等しくなると壁は停止する。容器内に液体や固体が存在する場合は，それらの体積は容器の容積に比べて十分に小さいものとする。

移動可能な壁

　部屋 A に酸素と窒素の混合気体 312 mg，およびマグネシウムの単体 288 mg を入れ，部屋 B にはアセトン 1.74 g を入れて容器全体の温度を 47℃に保った。十分に長い時間が経過すると壁が停止した。次に，部屋 A のマグネシウムの単体を強熱すると明るい光を放ってすべて燃焼し，部屋 A に存在する気体中の窒素のモル分率は 2.5 倍に増加した。

(1)　部屋Aに入れた酸素の物質量は $\boxed{}$. $\boxed{}$ $\times 10^{-\boxed{}}$ mol である。

(2)　下線の状態では，部屋Aの体積は $\boxed{}$. $\boxed{}$ $\times 10^{\boxed{}}$ L，

全圧は $\boxed{}$. $\boxed{}$ $\times 10^{\boxed{}}$ Pa である。

問 2　以下の文を読み，設問(1)，(2)の $\boxed{}$ ～ $\boxed{}$ にあてはまる最も適切な数値を同じ番号の解答欄にマークせよ。ただし，25 ℃，1.013×10^5 Pa における生成熱は，メタン（気）80 kJ/mol，プロパン（気）100 kJ/mol，ブタン（気）120 kJ/mol，二酸化炭素（気）390 kJ/mol，水（液）280 kJ/mol であり，燃焼によって生成する水は液体とする。また，気体はすべて理想気体とし，原子量は H 1，C 12，O 16 とする。

　　ある天然ガスAの主な成分はメタンであり，その他の気体としてプロパンとブタンを含んでいる。気体であるAを完全燃焼したところ，燃焼したAの体積に対する消失した酸素の体積の比の値は同温同圧において 3.5 であった。また，Aに含まれる全物質量に対するメタンの物質量の比の値は 60 ％であった。

(1)　Aに含まれる気体の平均分子量を有効数字2桁で求め，以下の形式で示せ。

$$\boxed{} . \boxed{} \times 10^{\boxed{}}$$

(2)　45 g のAを完全燃焼した時，25 ℃，1.013×10^5 Pa において生じる熱量を有効数字2桁で求め，以下の形式で示せ。

$$\boxed{} . \boxed{} \times 10^{\boxed{}} \text{ kJ}$$

Ⅱ　次の問 1 の答をマーク・シート解答用紙に，問 2 の答を記述式解答用紙に記入
　　せよ。

問 1　以下の文を読み，設問(1)〜(5)の答をマーク・シート解答用紙の指定された
　　　番号の解答欄にマークせよ。ただし，ファラデー定数を F (C/mol) とし，
　　　Sn と Pb の原子量はそれぞれ M_{Sn}, M_{Pb} とする。

　　　　複数種類の金属イオンを含む水溶液に白金電極を入れ直流電源をつないで
　　　電気分解を行った場合，通常，イオン化傾向が最も　| 16 |　金属が主とし
　　　て　| 17 |　に析出する。例えば Pb^{2+} と Sn^{2+} を含む水溶液に 2 本の白金電
　　　極を入れ電気分解を行った場合，主として　| 18 |　が析出する。しかし，
　　　Sn と Pb のイオン化傾向の差は小さいため，ある条件では電極での Sn^{2+} と
　　　Pb^{2+} の還元を同時に起こすことができる。

(1)　| 16 |，| 17 |，| 18 |　にあてはまる語句や元素記号を以
　　下の①〜⑥からそれぞれ一つ選べ。

　　① 大きい　　　　　　② 小さい　　　　　　③ 陽極
　　④ 陰極　　　　　　　⑤ Sn　　　　　　　　⑥ Pb

(2)　この電気分解で Q (C) の電気量を流したときに，電極に析出した金属が
　　すべて　| 18 |　であった場合に，析出した金属の質量 (g) として最も適
　　切なものを以下の①〜⓪の中から一つ選べ。　| 19 |

　　① $\dfrac{M_{Sn}Q}{F}$　　② $\dfrac{M_{Sn}Q}{2F}$　　③ $\dfrac{2M_{Sn}Q}{F}$　　④ $\dfrac{M_{Sn}F}{Q}$　　⑤ $\dfrac{M_{Sn}F}{2Q}$

　　⑥ $\dfrac{M_{Pb}Q}{F}$　　⑦ $\dfrac{M_{Pb}Q}{2F}$　　⑧ $\dfrac{2M_{Pb}Q}{F}$　　⑨ $\dfrac{M_{Pb}F}{Q}$　　⓪ $\dfrac{M_{Pb}F}{2Q}$

(3)　ある条件で電気分解を行ったところ，Sn と Pb の合金が析出した。
　　Q (C) の電気量を流したとき，この析出した合金の質量が W (g) であった
　　場合，Pb の析出に使用された電気量 (C) として最も適切なものを以下の
　　①〜⓪の中から一つ選べ。　| 20 |

① $\dfrac{M_{Pb} - M_{Sn}}{2FW - M_{Sn}Q}$

② $\dfrac{M_{Pb} - M_{Sn}}{2FW - M_{Pb}Q}$

③ $\dfrac{2FW - M_{Sn}Q}{M_{Pb} - M_{Sn}}$

④ $\dfrac{2FW - M_{Pb}Q}{M_{Pb} - M_{Sn}}$

⑤ $\dfrac{M_{Pb} - M_{Sn}}{FW - M_{Sn}Q}$

⑥ $\dfrac{M_{Pb} - M_{Sn}}{FW - M_{Pb}Q}$

⑦ $\dfrac{FW - M_{Sn}Q}{M_{Pb} - M_{Sn}}$

⑧ $\dfrac{FW - M_{Pb}Q}{M_{Pb} - M_{Sn}}$

⑨ $\dfrac{2FW - M_{Sn}}{Q(M_{Pb} - M_{Sn})}$

⓪ $\dfrac{2FW - M_{Pb}}{Q(M_{Pb} - M_{Sn})}$

(4) (3)に関して，この合金中の Sn の含有率(質量パーセント)として最も適切なものを以下の①〜⓪の中から一つ選べ。ただし，質量パーセントとは，試料全体の質量に対するその元素の質量の百分率である。　　21

① $\dfrac{100FW(M_{Pb} - M_{Sn})}{M_{Sn}(M_{Pb}Q - 2FW)}$

② $\dfrac{100FW(M_{Pb} - M_{Sn})}{M_{Pb}(M_{Sn}Q - 2FW)}$

③ $\dfrac{100M_{Sn}(M_{Pb}Q - FW)}{FW}$

④ $\dfrac{100M_{Sn}(M_{Pb}Q - 2FW)}{2FW}$

⑤ $\dfrac{100M_{Pb}(M_{Pb}Q - FW)}{FW}$

⑥ $\dfrac{100M_{Pb}(M_{Pb}Q - 2FW)}{2FW}$

⑦ $\dfrac{100M_{Sn}(M_{Pb}Q - 2FW)}{2FW(M_{Pb} - M_{Sn})}$

⑧ $\dfrac{100M_{Pb}(M_{Sn}Q - 2FW)}{2FW(M_{Pb} - M_{Sn})}$

⑨ $\dfrac{100M_{Sn}(M_{Pb}Q - FW)}{FW(M_{Pb} - M_{Sn})}$

⓪ $\dfrac{100M_{Pb}(M_{Sn}Q - FW)}{FW(M_{Pb} - M_{Sn})}$

(5) Pb と Sn の合金に関して，以下の　　22　　〜　　27　　の文章で正しいものには①を，間違っているものには②をマークせよ。

　22　しんちゅうとよばれ，加工性がよく 5 円硬貨や金管楽器に使用されている。

　23　ジュラルミンとよばれ，強度が大きいため航空機や車両に使われている。

　24　洋銀とよばれ，銀白色で耐食性があるため食器や装飾品に使われている。

　25　金属の接合などに使用されてきたが，現在は環境問題を考慮し Pb のかわりに Ag と Cu を用いた Sn との合金が使用されている。

26 　金属の接合などに使用されてきたが，現在は環境問題を考慮し Pb のかわりに Al と Ni を用いた Sn との合金が使用されている。

27 　金属の接合などに使用されてきたが，現在は環境問題を考慮し Pb のかわりに Cu と Mg を用いた Sn との合金が使用されている。

問 2　硫化水素に関して，以下の設問(1)〜(3)の答を記述式解答用紙の解答欄に記入せよ。

(1)　硫化水素に関して，以下のア〜クから正しいものをすべて選び解答欄に記号で記せ。

ア　捕集方法としては上方置換が適している。

イ　捕集方法としては下方置換が適している。

ウ　標準状態で無臭の気体である。

エ　標準状態で無色の気体である。

オ　強い酸化作用を示し，二酸化硫黄と反応して硫黄の単体を生じる。

カ　硫化鉄(Ⅱ)に希硫酸を加えると発生する。

キ　塩基性の水溶液中で Zn^{2+} と反応し，黒色の沈殿を形成する。

ク　酸性の水溶液中で Ca^{2+} と反応し，黒色の沈殿を形成する。

(2)　硫化水素は水に少し溶けて，水溶液は弱い酸性を示す。このときの 2 段階の化学反応を，イオンを含む 2 つの化学反応式で示せ。

(3)　硫化水素とヨウ素の反応を表す化学反応式を示せ。

Ⅲ　以下の文を読み，設問(1)〜(6)の答を記述式解答用紙の解答欄に記入せよ。ただ
し，構造式は下の例にならって示せ。

例)

$$CH_3$$
$$CHCH_2CH_3$$

分子式 $C_9H_{12}O$ で表される化合物A〜Dがあり，いずれもトルエンの *p*- 位が
置換された構造をもつ。A，Bはナトリウムの単体と反応して水素を発生する
が，C，Dは反応しなかった。Aは不斉炭素原子をもち，水酸化ナトリウムとヨ
ウ素を加えて加熱すると，特有のにおいをもつ<u>黄色固体</u>が生成した。AとBのそ
れぞれに酸触媒を加えてから加熱し，脱水反応をおこなったところ，同じ化合物
Eが生成した。Eに触媒の存在下，水素を反応させると付加反応が起こり，化合
物Fが得られた。Fのベンゼン環の水素原子1個を臭素原子に置換すると，2種
類の化合物GとHが生成した。

(1)　AとBの構造式を示せ。

(2)　CとDの構造式を示せ。ただし，CとDは区別する必要はない。

(3)　EとFの構造式を示せ。

(4)　GとHの構造式を示せ。ただし，GとHは区別する必要はない。

(5)　下線部の黄色固体の分子式と名称を記せ。

(6)　Aの構造異性体で，フェノールの *p*- 位が置換された化合物の構造式を全て
示せ。

解答編

数学

1 **解答**
(1) $\boxed{1}\boxed{2}$ -2　$\boxed{3}$ 2　$\boxed{4}\boxed{5}$ -2
(2) $\boxed{6}$ 3　$\boxed{7}\boxed{8}$ 10　$\boxed{9}$ 6
(3) $\boxed{10}\boxed{11}$ 14　(4) $\boxed{12}\boxed{13}\boxed{14}$ -26

◀解　説▶

≪4次の相反方程式，2次方程式と実数解の個数≫

$$3x^4-10x^3+ax^2-10x+3=0 \quad (x\neq0) \quad \cdots\cdots(*)$$

(1)　　　$t=x+\dfrac{1}{x}$　……①

とおく。①の両辺に x をかけると

　　　$tx=x^2+1$

　　　$x^2-tx+1=0$　……②

$x=0$ は②を満たさないため，②が $x=0$ 以外の実数解をもつ条件は，2次方程式②の判別式を D とすると，$D\geqq0$ より

　　　$D=(-t)^2-4\cdot1\cdot1\geqq0$

　　　$t^2-4\geqq0$　　　$(t+2)(t-2)\geqq0$

　　　$t\leqq-2,\ 2\leqq t$　$(\to\boxed{1}\sim\boxed{3})$

また，①の両辺を2乗して

　　　$t^2=\left(x+\dfrac{1}{x}\right)^2$　　　$t^2=x^2+2+\dfrac{1}{x^2}$

　　　$x^2+\dfrac{1}{x^2}=t^2-2$　……③

となるので

　　　$b=-2$　$(\to\boxed{4}\boxed{5})$

(2)　(*)の両辺を $x^2\ (\neq0)$ で割ると

$$3x^2-10x+a-\dfrac{10}{x}+\dfrac{3}{x^2}=0$$

$$3\left(x^2+\frac{1}{x^2}\right)-10\left(x+\frac{1}{x}\right)+a=0$$

$$3(t^2-2)-10t+a=0 \quad (①, ③より)$$

$$3t^2-10t+a-6=0 \quad (→ \boxed{6} \sim \boxed{9})$$

(3)　(1)・(2)より

$$3t^2-10t+a-6=0 \quad (t \leqq -2, \ 2 \leqq t) \quad \cdots\cdots④$$

とおくと，t の 2 次方程式④が実数解をもつことと，x の 4 次方程式（＊）が実数解をもつことは同値である。このとき，④を変形すると

$$-3t^2+10t+6=a$$

ここで

$$\begin{cases} y=f(t)=-3t^2+10t+6 & \cdots\cdots⑤ \\ y=a & \cdots\cdots⑥ \end{cases}$$

とおくと，⑤より

$$f(t)=-3\left(t^2-\frac{10}{3}t\right)+6$$

$$=-3\left(t-\frac{5}{3}\right)^2+\frac{43}{3}$$

$$(t \leqq -2, \ 2 \leqq t)$$

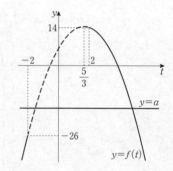

であるから，$y=f(t)$ のグラフは右図のようになり，グラフと直線 $y=a$ の共有点の t 座標と 2 次方程式④の実数解は一致するので，求める a の値の範囲は

$$a \leqq 14 \quad (→ \boxed{10}\boxed{11})$$

(4)　(1)より，$t<-2, \ 2<t$ のとき，x の 2 次方程式②は異なる 2 つの実数解をもつので，x の 4 次方程式（＊）が異なる 4 つの実数解をもつためには，t の 2 次方程式④が，$t<-2, \ 2<t$ において，異なる 2 つの実数解をもてばよい。よって，(3)の図より，求める a の値の範囲は

$$a<-26 \quad (→ \boxed{12} \sim \boxed{14})$$

$\boxed{2}$ **解答**　(1) $\boxed{15}$ 3　$\boxed{16}\boxed{17}$ 16　$\boxed{18}$ 6

(2) $\boxed{19}\boxed{20}\boxed{21}$ -27　$\boxed{22}$ 3　$\boxed{23}\boxed{24}\boxed{25}$ 160

(3) $\boxed{26}$ 1　$\boxed{27}$ 3　$\boxed{28}$ 3　$\boxed{29}$ 5　$\boxed{30}\boxed{31}$ 12

━━━━━ ◀解　説▶ ━━━━━

≪定積分の計算，三角関数の半角の公式・積和の公式・相互関係≫

(1) 半角の公式を用いると

$$\int_0^{\frac{\pi}{3}} \sin^2 2x\,dx = \int_0^{\frac{\pi}{3}} \frac{1-\cos 4x}{2}\,dx = \frac{1}{2}\int_0^{\frac{\pi}{3}}(1-\cos 4x)\,dx$$

$$= \frac{1}{2}\left[x - \frac{1}{4}\sin 4x\right]_0^{\frac{\pi}{3}} = \frac{1}{2}\left\{\frac{\pi}{3} - \frac{1}{4}\left(-\frac{\sqrt{3}}{2}\right) - 0\right\}$$

$$= \frac{\sqrt{3}}{16} + \frac{\pi}{6} \quad (\to \boxed{15}\sim\boxed{18})$$

(2) 積和の公式を用いると

$$\int_0^{\frac{\pi}{2}} \cos 3x\cos\frac{x}{3}\,dx = \int_0^{\frac{\pi}{2}} \frac{1}{2}\left\{\cos\left(3x+\frac{x}{3}\right)+\cos\left(3x-\frac{x}{3}\right)\right\}dx$$

$$= \frac{1}{2}\int_0^{\frac{\pi}{2}}\left(\cos\frac{10}{3}x + \cos\frac{8}{3}x\right)dx$$

$$= \frac{1}{2}\left[\frac{3}{10}\sin\frac{10}{3}x + \frac{3}{8}\sin\frac{8}{3}x\right]_0^{\frac{\pi}{2}}$$

$$= \frac{1}{2}\left\{\frac{3}{10}\left(-\frac{\sqrt{3}}{2}\right) + \frac{3}{8}\left(-\frac{\sqrt{3}}{2}\right) - 0\right\}$$

$$= \frac{1}{2}\left(-\frac{3\sqrt{3}}{4}\right)\left(\frac{1}{5}+\frac{1}{4}\right)$$

$$= \frac{-27\sqrt{3}}{160} \quad (\to \boxed{19}\sim\boxed{25})$$

(3) $1+\tan^2 x = \dfrac{1}{\cos^2 x}$ より，$\tan^2 x = \dfrac{1}{\cos^2 x}-1$ であるから

$$\int_{-\frac{\pi}{6}}^{\frac{\pi}{4}} \tan^2 x\,dx = \int_{-\frac{\pi}{6}}^{\frac{\pi}{4}}\left(\frac{1}{\cos^2 x}-1\right)dx = \left[\tan x - x\right]_{-\frac{\pi}{6}}^{\frac{\pi}{4}}$$

$$= 1 - \frac{\pi}{4} - \left(-\frac{1}{\sqrt{3}}+\frac{\pi}{6}\right) = 1 + \frac{\sqrt{3}}{3} - \frac{5}{12}\pi \quad (\to \boxed{26}\sim\boxed{31})$$

$\boxed{3}$ **解答** (1) A(1, 0, 0), B(0, 1, 0), C(0, 0, 1),
D(1, 1, 1)

平面 $\alpha : z = \dfrac{k}{n} \quad (0<k<n)$

平面 α と線分 AC，AD の交点をそれぞれ P，Q とする。

また，直線 AC の方程式は

$$z=-x+1 \quad \cdots\cdots① , \quad y=0$$

であるから，①に $z=\dfrac{k}{n}$ を代入して

$$\dfrac{k}{n}=-x+1 \qquad x=1-\dfrac{k}{n}$$

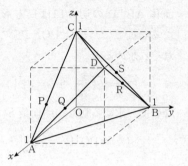

よって，点 P の座標は

$$P\left(1-\dfrac{k}{n},\ 0,\ \dfrac{k}{n}\right)$$

また，直線 AD の方程式は

$$x=1,\ z=y$$

$z=\dfrac{k}{n}$ より，$y=\dfrac{k}{n}$ であるから，点 Q の座標は

$$Q\left(1,\ \dfrac{k}{n},\ \dfrac{k}{n}\right)$$

以上より，求める交点の座標は，それぞれ

$$P\left(1-\dfrac{k}{n},\ 0,\ \dfrac{k}{n}\right),\ Q\left(1,\ \dfrac{k}{n},\ \dfrac{k}{n}\right) \quad \cdots\cdots(答)$$

⑵　平面 α と線分 BD，BC の交点をそれぞれ，R，S とする。

また，直線 BD の方程式は

$$x=z,\ y=1$$

$z=\dfrac{k}{n}$ より，$x=\dfrac{k}{n}$ であるから，点 R の座標は

$$R\left(\dfrac{k}{n},\ 1,\ \dfrac{k}{n}\right)$$

また，直線 BC の方程式は

$$x=0,\ z=-y+1$$

$z=\dfrac{k}{n}$ より，$y=1-\dfrac{k}{n}$ であるから，点 S の座標は

$$S\left(0,\ 1-\dfrac{k}{n},\ \dfrac{k}{n}\right)$$

平面 α を上から見た図を描くと下図のようになるので，平面 α による四

面体 ABCD の切り口は長方形 PQRS と
なる。ここで，線分 PQ，PS の長さをそ
れぞれ求めると

$$PQ=\sqrt{2}\,\frac{k}{n},\ \ PS=\sqrt{2}\left(1-\frac{k}{n}\right)$$

なので，求める切り口の面積 $S(k)$ は

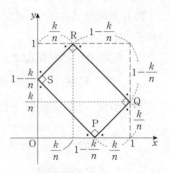

$$S(k)=PQ\cdot PS=\sqrt{2}\,\frac{k}{n}\cdot\sqrt{2}\left(1-\frac{k}{n}\right)$$

$$=2\left\{\frac{k}{n}-\left(\frac{k}{n}\right)^2\right\}\ \ \cdots\cdots（答）$$

(3)　$f(x)=2(x-x^2)$ とおくと

$$\lim_{n\to\infty}\frac{1}{n}\sum_{k=1}^{n-1}S(k)=\lim_{n\to\infty}\frac{1}{n}\sum_{k=1}^{n-1}2\left\{\frac{k}{n}-\left(\frac{k}{n}\right)^2\right\}=\lim_{n\to\infty}\frac{1}{n}\sum_{k=1}^{n-1}f\left(\frac{k}{n}\right)$$

$$=\int_0^1 f(x)dx=\int_0^1 2(x-x^2)dx$$

$$=2\left[\frac{1}{2}x^2-\frac{1}{3}x^3\right]_0^1=2\left(\frac{1}{2}-\frac{1}{3}\right)$$

$$=\frac{1}{3}\ \ \cdots\cdots（答）$$

━━━━━━━━━━ ◀解　説▶ ━━━━━━━━━━

≪空間座標，区分求積法≫

(1)・(2)　平面 $\alpha:z=\dfrac{k}{n}$ と線分 AC，AD，BD，BC の交点の座標を求め

ると，平面 α による四面体 ABCD の切り口の図形がわかる。

(3)　$S(k)$ を $\dfrac{k}{n}$ で表すと，区分求積法が利用できる。

$\boxed{4}$　**解答**　(1)　$C:y=-x^2+x+3|x-1|$

(ⅰ)$x\geqq1$ のとき

$$y=-x^2+x+3(x-1)$$

$$=-x^2+4x-3$$

$$=-(x-2)^2+1$$

(ⅱ)$x<1$ のとき

$$y=-x^2+x+3\{-(x-1)\}$$
$$\quad =-x^2-2x+3$$
$$\quad =-(x+1)^2+4$$

以上，(i)，(ii)より，C を図示すると右図のようになる。

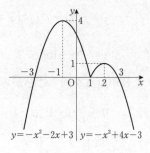

$y=-x^2-2x+3 \mid y=-x^2+4x-3$

(2) $k<0$ のとき，C と $y=kx$ との共有点は2個である。

$k\geqq0$ について，まず

$$\begin{cases} y=-x^2+4x-3 & \cdots\cdots① \\ y=kx & \cdots\cdots② \end{cases}$$

とおくと，①，②より，y を消去して

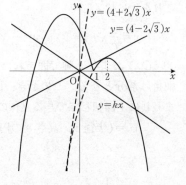

$$-x^2+4x-3=kx$$
$$x^2+(k-4)x+3=0 \quad \cdots\cdots③$$

①，②が接する条件は，2次方程式③の判別式を D とすると，$D=0$ より

$$D=(k-4)^2-4\cdot3\cdot1=0$$
$$(k-4)^2=12 \qquad k-4=\pm2\sqrt{3}$$
$$k=4\pm2\sqrt{3}$$

図から，$0\leqq k\leqq4-2\sqrt{3}$ のときは，C と $y=kx$ との共有点は3個以上となるので，適する k の値の範囲は，$4-2\sqrt{3}<k$ となる。

以上より，求める k の値の範囲は

$$k<0,\ 4-2\sqrt{3}<k \quad \cdots\cdots(答)$$

◆解　説▶

≪絶対値のついた2次関数のグラフ，放物線と直線の共有点の個数≫

(1) 場合分けをして，絶対値をはずす。

(2) 共有点が3個，または4個のときの k の値の範囲を除けばよい。

5 **解答** (1) $f(x)=\log x$ とおくと，$f'(x)=\dfrac{1}{x}$ より

$y=f(x)$ 上の点 $(t,\ f(t))$ における接線の方程式は

$$y-f(t)=f'(t)(x-t) \qquad y-\log t=\frac{1}{t}(x-t)$$

$$y=\frac{1}{t}x+\log t-1 \quad \cdots\cdots ①$$

これが原点を通ることから

$$0=\frac{1}{t}\cdot 0+\log t-1$$

$$\log t=1 \qquad t=e$$

これを①に代入して

$$y=\frac{1}{e}x+1-1 \qquad y=\frac{1}{e}x \quad \cdots\cdots(答)$$

(2) C, l および x 軸で囲まれた図形 D は右図の
網掛け部分となる。このとき，図形 D を x 軸の
まわりに1回転してできる立体の体積 V_x は

$$V_x=(半径1，高さ e の円錐の体積)$$

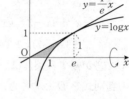

$$-\int_1^e \pi(\log x)^2 dx$$

$$=\frac{1}{3}\cdot\pi\cdot 1^2\cdot e-\pi\int_1^e (x)'(\log x)^2 dx$$

$$=\frac{e\pi}{3}-\pi\left[\left[x(\log x)^2\right]_1^e-\int_1^e x\{(\log x)^2\}' dx\right]$$

$$=\frac{e\pi}{3}-\pi\left\{(e\cdot 1-1\cdot 0)-\int_1^e x\cdot 2\log x\cdot\frac{1}{x} dx\right\}$$

$$=\frac{e\pi}{3}-\pi\left(e-2\int_1^e \log x dx\right)=\frac{e\pi}{3}-e\pi+2\pi\int_1^e (x)'\log x dx$$

$$=-\frac{2}{3}e\pi+2\pi\left\{\left[x\log x\right]_1^e-\int_1^e x(\log x)' dx\right\}$$

$$=-\frac{2}{3}e\pi+2\pi\left\{(e\cdot 1-1\cdot 0)-\int_1^e x\cdot\frac{1}{x} dx\right\}$$

$$=-\frac{2}{3}e\pi+2\pi\left(e-\int_1^e dx\right)$$

$$=-\frac{2}{3}e\pi+2\pi\left(e-\left[x\right]_1^e\right)=-\frac{2}{3}e\pi+2\pi\{e-(e-1)\}$$

$$=\frac{2(3-e)}{3}\pi \quad \cdots\cdots(答)$$

(3)　まず，$y = \log x$ を変形すると　　　$x = e^y$

このとき，図形 D を y 軸のまわりに 1 回転して
できる立体の体積 V_y は

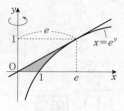

$$V_y = \int_0^1 \pi (e^y)^2 dy$$

$$- (\text{半径 } e, \ \text{高さ 1 の円錐の体積})$$

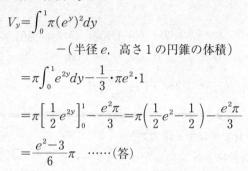

$$= \pi \int_0^1 e^{2y} dy - \frac{1}{3} \cdot \pi e^2 \cdot 1$$

$$= \pi \left[\frac{1}{2} e^{2y} \right]_0^1 - \frac{e^2 \pi}{3} = \pi \left(\frac{1}{2} e^2 - \frac{1}{2} \right) - \frac{e^2 \pi}{3}$$

$$= \frac{e^2 - 3}{6} \pi \quad \cdots\cdots(\text{答})$$

◀━━━━ ◀解　説▶ ━━━━▶

≪接線の方程式，x 軸または y 軸のまわりの回転体の体積≫

⑴　接点 $(t, \log t)$ を設定し，t を求めると接線の方程式が得られる。

⑵・⑶　円錐の体積を利用すると，多少計算が楽になる。

❖講　評

　出題数は大問 5 題で，[1]と[2]はマークシート法，[3]〜[5]は記述式となっている。記述問題では，B 4 判大の解答用紙が大問ごとに 1 枚ずつあり，結果を記すだけでなく，途中計算や論述，図示も求められる。

　[1]　高次方程式，2 次関数の問題。設問の順序通り解けば完答できる基本問題。

　[2]　積分法の問題。基本レベルの頻出問題である。

　[3]　ベクトル，積分法の問題。空間認知力が求められる標準問題。

　[4]　2 次関数の問題。ケアレスミスに注意して完答したい標準問題。

　[5]　微・積分法の問題。微分・積分の標準融合問題。

物理

1 **解答** 　(1)—⑦　(2)—⑥　(3)—②　(4)—⑥　(5)—⑥　(6)—②

(7)—②　(8)—⑨　(9)—⑤　(10)—⑥　(11)—②　(12)—⑦

(a) $\dfrac{l^2}{l_2(2l-l_2)}$　(b) $\dfrac{1}{2}\rho_0 l^2 S g$　(c) $\sqrt{2gL+\left(2-\dfrac{\rho_0}{\rho}\right)gl}$

◀解　説▶

≪液体中につり下げられた棒に働く浮力≫

(1)　棒の体積は lS，質量は ρlS であるから，棒が受ける重力の大きさは ρlSg である。

(2)　棒が排除した液体の体積は $l_1 S$ であるから，アルキメデスの原理より棒が受ける浮力の大きさは $\rho_0 l_1 Sg$ である。

(3)　重力の作用点（重心）は棒の中心にあるので，点 A から重力の作用点までの距離は $\dfrac{l}{2}$ である。

(4)　浮力の作用点（浮心）は液体中にある長さ l_2 の棒の部分の中心軸上にあるので，点 A から浮力の作用点までの距離は $l-\dfrac{l_2}{2}$ である。

(5)　棒が排除した液体の体積は $l_2 S$ であるから，アルキメデスの原理より棒が受ける浮力の大きさは $\rho_0 l_2 Sg$ である。

(6)　点 A のまわりの重力による力のモーメントは反時計回りなのでプラス，浮力による力のモーメントは時計回りなのでマイナスである。

(7)　重力による力のモーメントの大きさは

$$\rho lSg \times \frac{l}{2} \times \cos\theta$$

浮力による力のモーメントの大きさは

$$\rho_0 l_2 Sg \times \left(l-\frac{l_2}{2}\right) \times \cos\theta$$

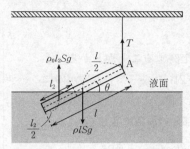

(a)　点 A のまわりの力のモーメントのつりあいの式より

$$\rho l S g \times \frac{l}{2} \times \cos\theta - \rho_0 l_2 S g \times \left(l - \frac{l_2}{2}\right) \times \cos\theta = 0$$

$$\therefore\quad \frac{\rho_0}{\rho} = \frac{l^2}{2l_2\left(l - \frac{l_2}{2}\right)} = \frac{l^2}{l_2(2l - l_2)}$$

(8)　$l_2 = \dfrac{l}{4}$ のとき

$$\frac{\rho_0}{\rho} = \frac{l^2}{\dfrac{l}{4}\left(2l - \dfrac{l}{4}\right)} = \frac{16}{7}$$

(9)　糸の張力の大きさを T とすると，鉛直方向の力のつりあいより

$$T + \rho_0 l_2 S g - \rho l S g = 0$$

この式に，$l_2 = \dfrac{l}{4}$，$\rho_0 = \dfrac{16}{7}\rho$ を代入して T を求めると

$$T = \frac{3}{7} \times \rho l S g$$

(10)　棒の下端が液面に達したときの棒の速さを v とする。力学的エネルギー保存則より

$$\rho l S g L = \frac{1}{2}\rho l S v^2$$

$$\therefore\quad v = \sqrt{2gL}$$

(11)　下端 B が液体中に入ってから上端 A が液体中に入るまでに棒が鉛直下向きに移動した距離は l であるから，重力 $\rho l S g$ が棒にした仕事の大きさを W_G とすると

$$W_G = \rho l S g l = \rho l^2 S g$$

(b)　棒の下端 B が液面から鉛直下向きに距離 x だけ移動したとき，棒に

働く浮力の大きさを F とすると

$$F = \rho_0 x S g$$

となり，F は x に比例することがわかる。よって，棒全体が液体内に入るまでに浮力が棒にした仕事の大きさを $|W_F|$ とすると，これは F-x グラフの網掛け部分の面積に等しく

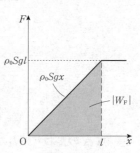

$$|W_F| = \frac{1}{2}\rho_0 Sgl \times l = \frac{1}{2}\rho_0 l^2 Sg$$

別解　浮力が変化するので，浮力のする仕事は F を x で積分することにより求められる。

$$|W_F| = \int_0^l F dx = \int_0^l \rho_0 Sgx\, dx = \left[\frac{1}{2}\rho_0 Sgx^2\right]_0^l = \frac{1}{2}\rho_0 l^2 Sg$$

(c)　浮力は移動の向きと逆向きの鉛直上向きに働くので，浮力が棒にした仕事 W_F は負になり

$$W_F = -\frac{1}{2}\rho_0 l^2 Sg$$

棒の上端 A が液体内に入った直後の棒の速さを v' とすると，糸を切ってから速さ v' となるまでの力学的エネルギーと仕事の関係より

$$\rho l S g L + W_G + W_F = \frac{1}{2}\rho l S v'^2$$

$$\rho l S g L + \rho l^2 Sg - \frac{1}{2}\rho_0 l^2 Sg = \frac{1}{2}\rho l S v'^2$$

$$\therefore \quad v' = \sqrt{2gL + \left(2 - \frac{\rho_0}{\rho}\right)gl}$$

⑿　棒全体を液体内に沈み込ませるためには $v' \geqq 0$ でなければならない。よって上の式より

$$2gL + \left(2 - \frac{\rho_0}{\rho}\right)gl \geqq 0$$

$$\therefore \quad L \geqq \left(\frac{\rho_0}{2\rho} - 1\right)l$$

2 **解答**　(13)—⑥　(14)—③　(15)—⑤　(16)—①　(17)—⑦　(18)—⑥
(19)—④　(20)—④　(21)—⑦　(22)—①　(23)—④　(24)—②

◀解　説▶

≪ソレノイドの自己インダクタンス，電気振動回路，ローレンツ力による円運動≫

⒀　ソレノイド内部の磁場の強さを H〔A/m〕とすると

$$H=nI〔\text{A/m}〕$$

$$B=\mu_0 H=\mu_0 nI〔\text{T}〕$$

⒁　コイルの断面積を S〔m^2〕，貫く磁束を $\varPhi$〔Wb〕とすると

$$S=\pi a^2〔\text{m}^2〕$$

$$\phi=BS=\pi a^2 B〔\text{Wb}〕$$

⒂　1 m 当たりの巻き数が n〔/m〕なので，長さ h〔m〕のソレノイドの巻き数 N は

$$N=nh$$

⒃　微小時間 $\varDelta t$〔s〕の間に電流が $\varDelta I$〔A〕，ソレノイドを貫く磁束が $\varDelta \phi$〔Wb〕だけ変化するとき，ソレノイドの両端に発生する自己誘導起電力 V〔V〕は，ファラデーの電磁誘導の法則より

$$V=-N\frac{\varDelta \phi}{\varDelta t}=-nh\times\pi a^2 \mu_0 n \frac{\varDelta I}{\varDelta t}$$

この式と自己インダクタンス L_0 を用いた式 $V=-L_0\dfrac{\varDelta I}{\varDelta t}$ とを比較して

$$L_0=\pi\mu_0 n^2 h a^2〔\text{H}〕$$

⒄　並列に接続された 4 個のコンデンサのそれぞれに電圧 V_0 が加わるので，4 個のコンデンサに蓄えられた電荷の合計 Q_1〔C〕は

$$Q_1=4C_0 V_0〔\text{C}〕$$

⒅　4 個のコンデンサに蓄えられた静電エネルギーの合計を U_1〔J〕とすると

$$U_1=4\times\frac{1}{2}C_0 V_0{}^2=2C_0 V_0{}^2〔\text{J}〕$$

⒆　並列に接続された 4 個のコンデンサの合成電気容量を C〔F〕とすると，$C=4C_0$ である。コイルを流れる電流の最大値と合成コンデンサを流れる最大電流は等しいので

$$\frac{V_0}{\omega_0 L_0}=\omega_0 C V_0$$

$$\therefore \quad \omega_0 = \frac{1}{\sqrt{L_0 C}} = \frac{1}{\sqrt{\pi \mu_0 n^2 h a^2 \times 4C_0}} = \frac{1}{2an\sqrt{\pi \mu_0 h C_0}} \text{[rad/s]}$$

⒇ 電気振動の周期を T[s] とすると

$$T = \frac{2\pi}{\omega_0}$$

スイッチ S_2 を閉じた直後の電流は0Aなので，電流の大きさが1回目の最大値 I_m[A] になるまでの時間 t_m[s] は

$$t_m = \frac{1}{4}T = \frac{\pi}{2\omega_0} \text{[s]}$$

㉑ 電流の最大値 $I_m = Q_1 \omega_0$[A] が流れているときの磁束密度の大きさ B_m[T] は

$$B_m = \mu_0 n I_m = \mu_0 n Q_1 \omega_0$$

$$= \mu_0 n \times 4C_0 V_0 \times \frac{1}{2an\sqrt{\pi \mu_0 h C_0}}$$

$$= \frac{2V_0}{a}\sqrt{\frac{\mu_0 C_0}{\pi h}} = \frac{2 \times 5 \times 10^3}{0.1}\sqrt{\frac{4\pi \times 10^{-7} \times 4 \times 10^{-3}}{\pi \times 1}}$$

$$= 4 \text{[T]}$$

㉒ ローレンツ力による円運動の軌道半径 r[m] は

$$r = \frac{m_e u_0}{eB_m} = \frac{9 \times 10^{-31} \times 1 \times 10^6}{2 \times 10^{-19} \times 4} = \frac{9}{8} \times 10^{-6}$$

$$\fallingdotseq 1 \times 10^{-6} \text{[m]}$$

ソレノイドの半径は $a = 0.1$ m であるから $r \ll a$ である。

㉓ $t_s = 8 \times 10^{-3}$[s] であり

$$t_e = \frac{r}{u_0} = \frac{\dfrac{9}{8} \times 10^{-6}}{1 \times 10^6} \fallingdotseq 1 \times 10^{-12} \text{[s]}$$

$$t_c = \frac{h}{u_0} = \frac{1}{1 \times 10^6} = 1 \times 10^{-6} \text{[s]}$$

よって $t_e \ll t_c \ll t_s$

㉔ ソレノイドの中心軸に垂直な面内のローレンツ力による円運動の周期を τ[s] とすると

$$\tau = \frac{2\pi r}{u_0} = 2\pi t_e = 2\pi \times \frac{9}{8} \times 10^{-12} \fallingdotseq 7 \times 10^{-12} \text{[s]}$$

であり，τ は電気振動によって電流が変化する周期 T の半分の時間 t_s に比べてじゅうぶん小さく，中心軸に平行にソレノイドを通過する時間 t_c も t_s に比べてじゅうぶん小さい。また，(22)より，$r \ll a$ なので，電子はソレノイドの中心軸付近でらせん運動をしながらソレノイドの反対側の端へ到達することがわかる。

$\boxed{3}$　**解答**　　(25)—⑥　(26)—⑤　(27)—②　(28)—⑥　(29)—④　(30)—③
　　　　　　　　(31)—⑦　(32)—⑧　(33)—⑦　(34)—⑨　(35)—⓪　(36)—⑤
(37)—⑥

━━━━━━━━━　◀解　説▶　━━━━━━━━━

≪弦の基本振動とうなり，3本の弦による和音≫

(25)　弦の基本振動は両端を節とする腹が1個の定常波なので

$$\frac{1}{2}\lambda_0 = l \qquad \therefore \quad \lambda_0 = 2l\,[\text{m}]$$

(26)　弦の基本振動数 $f_0\,[\text{Hz}]$ は波の基本式より

$$f_0 = \frac{v}{\lambda_0} = \frac{v}{2l}\,[\text{Hz}]$$

(27)　空気中を伝わる音波の波長 $\lambda_1\,[\text{m}]$ は

$$\lambda_1 = \frac{V}{f_0}\,[\text{m}]$$

(28)　弦の振動数は音波の振動数 $f_0\,[\text{Hz}]$ に等しいので

$$f_0 = \frac{v}{2l} = \frac{V}{\lambda_1}$$

$$\therefore \quad v = \frac{2lV}{\lambda_1}$$

(29)　周期が $0.5\,\text{s}$ のうなりの毎秒の回数 $n\,[\text{回/s}]$ は

$$n = \frac{1}{0.5} = 2\,[\text{回/s}]\ (\text{または}\,[\text{Hz}])$$

おもりに物体をつけ加えたので弦の張力は大きくなり，弦を伝わる波の速さ v も大きくなる。弦の長さは同じなので(26)の式より振動数が大きくなる。よって，$f > f_0$ となり

$$f = f_0 + 2\,[\text{Hz}]$$

(30)　物体をつけ加えて弦の張力が $S\,[\text{N}]$ から $S'\,[\text{N}]$ になったとすると

$$f_0 = \frac{v}{2l} = \frac{1}{2l}\sqrt{\frac{S}{\rho}}$$

$$f = f_0 + 2 = \frac{1}{2l}\sqrt{\frac{S'}{\rho}}$$

$$\sqrt{\frac{S'}{S}} = \frac{f_0 + 2}{f_0}$$

$$\therefore \quad \frac{S'}{S} = \left(1 + \frac{2}{f_0}\right)^2$$

(31)　弦の線密度を ρ〔kg/m〕から $a\rho$〔kg/m〕にかえたとき，弦の基本振動数が f_0〔Hz〕から f'〔Hz〕になったとすると

$$f_0 = \frac{1}{2l}\sqrt{\frac{S}{\rho}}$$

$$f' = \frac{1}{2l}\sqrt{\frac{S}{a\rho}}$$

$$\therefore \quad \frac{f'}{f_0} = \sqrt{\frac{1}{a}}$$

(32)・(33)　弦 1，弦 2，弦 3 から生じる基本音の振動数をそれぞれ f_1〔Hz〕，f_2〔Hz〕，f_3〔Hz〕とすると

$$f_1 = \frac{1}{2l}\sqrt{\frac{S_1}{\rho}}, \quad f_2 = \frac{1}{2l}\sqrt{\frac{S_2}{\rho}}, \quad f_3 = \frac{1}{2l}\sqrt{\frac{S_3}{\rho}}$$

$f_1 : f_2 : f_3 = 4 : 5 : 6$ とするので

$$\frac{f_2}{f_1} = \sqrt{\frac{S_2}{S_1}} \qquad \therefore \quad \frac{S_2}{S_1} = \left(\frac{f_2}{f_1}\right)^2 = \left(\frac{5}{4}\right)^2 = \frac{25}{16}$$

$$\frac{f_3}{f_1} = \sqrt{\frac{S_3}{S_1}} \qquad \therefore \quad \frac{S_3}{S_1} = \left(\frac{f_3}{f_1}\right)^2 = \left(\frac{6}{4}\right)^2 = \frac{9}{4}$$

(34)・(35)　前問と同様にして

$$f_1 = \frac{1}{2l}\sqrt{\frac{S}{\rho_1}}, \quad f_2 = \frac{1}{2l}\sqrt{\frac{S}{\rho_2}}, \quad f_3 = \frac{1}{2l}\sqrt{\frac{S}{\rho_3}}$$

$f_1 : f_2 : f_3 = 4 : 5 : 6$ とするので

$$\frac{f_2}{f_1} = \sqrt{\frac{\rho_1}{\rho_2}} \qquad \therefore \quad \frac{\rho_2}{\rho_1} = \left(\frac{f_1}{f_2}\right)^2 = \left(\frac{4}{5}\right)^2 = \frac{16}{25}$$

$$\frac{f_3}{f_1} = \sqrt{\frac{\rho_1}{\rho_3}} \qquad \therefore \quad \frac{\rho_3}{\rho_1} = \left(\frac{f_1}{f_3}\right)^2 = \left(\frac{4}{6}\right)^2 = \frac{4}{9}$$

(36)・(37)　前問と同様にして

$$f_1 = \frac{1}{2l}\sqrt{\frac{S}{\rho}}, \ f_2 = \frac{1}{2l_2}\sqrt{\frac{S}{\rho}}, \ f_3 = \frac{1}{2l_3}\sqrt{\frac{S}{\rho}}$$

$f_1 : f_2 : f_3 = 4 : 5 : 6$ とするので

$$\frac{f_2}{f_1} = \frac{l}{l_2} \qquad \therefore \quad \frac{l_2}{l} = \frac{f_1}{f_2} = \frac{4}{5}$$

$$\frac{f_3}{f_1} = \frac{l}{l_3} \qquad \therefore \quad \frac{l_3}{l} = \frac{f_1}{f_3} = \frac{4}{6} = \frac{2}{3}$$

❖講　評

　例年通り，大問 3 題で，試験時間は 80 分。範囲は「物理基礎・物理」で，2023 年度は力学，電磁気，波動の 3 分野から出題された。出題形式も例年通りで，2023 年度は 1 が解答群から数式や語句や数値を選択するマークシート方式と，結果の式だけを記述させる問題の混在であり，2，3 は全問マークシート方式であった。

　1　前半はつり下げられた棒を液体中に沈め，重力，浮力，糸の張力との力のつりあいや力のモーメントのつりあいの式を立てていく基本的な問題である。後半は糸を切った後，棒が自由落下し，さらに液体中に沈んでいくときの速さを求めていく問題である。棒が液体中に入ってからは浮力の大きさが液面から入った距離に比例して大きくなるため，浮力がする仕事を，問題文の誘導にしたがって，力と変位の関係を表すグラフを描いて求める。グラフを描くかわりに積分して求めても構わない。棒が液面から入った距離を x とおいて，浮力の大きさ F との関係式を導くことがポイントである。

　2　Ⅰはソレノイドに電流を流したとき内部を貫く磁場の強さ，磁束密度，磁束を求め，最後に自己インダクタンスを求める頻出の基本問題である。Ⅱは並列接続された 4 つのコンデンサとコイルによる電気振動回路の問題である。電気振動の周期や角周波数は公式として覚えておくことが望ましい。ⅢはⅠとⅡを踏まえ，ソレノイドに振動電流が流れているときにソレノイド内部に電子が入射したときのローレンツ力による運動を考える。数値計算で得られた 3 種類の時間の大小関係から電子の運動を推察する。3 種類の時間はそれぞれ何を意味するのか思考力が問われる。

[3]　Ⅰは近くに置いた音源による弦の共振とうなり，また，弦を伝わる波の速さと線密度，張力との関係に関する基本問題。ⅡはⅠを踏まえ，3 本の弦の基本振動によってドミソの和音を作り出すことを考える問題である。振動数を表す式を 3 つ並べて書き，それらを比較するとわかりやすい。

　　入試頻出の典型的な問題がほとんどで，基本問題からその応用まで丁寧な誘導で一つずつ問われるので問題文をしっかり読み取り題意を把握していくことが大切である。過去問に当たって記述式とマーク式の混在という問題形式にも慣れておこう。

化学

I　解答

問1．1－8　　2－0　　3－3　　4－1　　5－0
　　6－0　　7－2　　8－7　　9－4

問2．10－3　　11－0　　12－1　　13－2　　14－3　　15－3

◀解　説▶

≪混合気体と蒸気圧，天然ガスの平均分子量と燃焼反応≫

問1．(1)　マグネシウム 288 mg の物質量は

$$\frac{288 \times 10^{-3}}{24} = 0.012 \, [\text{mol}]$$

マグネシウムを燃焼したときの反応は，次のように表せる。

$$2Mg + O_2 \longrightarrow 2MgO$$

この反応で，マグネシウム 288 mg を完全燃焼させるために必要な酸素の物質量は，化学反応式の係数から

$$0.012 \times \frac{1}{2} = 0.006 \, [\text{mol}]$$

部屋 A にある酸素と窒素の物質量をそれぞれ x[mol]，y[mol] とすると，この混合気体の質量が 312 mg であることから，次式が成り立つ。

$$32x + 28y = 312 \times 10^{-3} \quad \cdots\cdots ①$$

マグネシウムとの燃焼後，部屋 A にある酸素は 0.006 mol 消費され，残る酸素は $(x - 0.006)$ mol となる。よって，部屋 A に存在する窒素のモル分率が 2.5 倍に増加したことから次式が成り立つ。

$$\frac{y}{x+y} \times 2.5 = \frac{y}{x - 0.006 + y}$$

∴　$x + y = 0.01$ 　……②

①と②から

$$x = 0.008 \, [\text{mol}], \quad y = 0.002 \, [\text{mol}]$$

よって，部屋 A に入れた酸素の物質量は　　8.0×10^{-3}[mol]

(2)　47℃ で，部屋 B に液体のアセトンが残っていると仮定すると，部屋 B の圧力はアセトンの飽和蒸気圧 7.6×10^4 Pa となっている。よって，部

屋 A の全圧も 7.6×10^4 Pa となる。

部屋 A にある酸素と窒素の混合気体の物質量は前述のとおり

$$x + y = 0.008 + 0.002 = 0.010 \text{〔mol〕}$$

部屋 A の体積を V〔L〕とすると，気体の状態方程式から次式が成り立つ。

$$7.6 \times 10^4 \times V = 0.010 \times 8.3 \times 10^3 \times (47 + 273)$$

　∴　$V = 0.349 \fallingdotseq 0.35$〔L〕

よって，部屋 B の体積は

　$4.0 - 0.35 = 3.65$〔L〕

部屋 B で気体として存在するアセトンの物質量を n〔mol〕とすると

$$7.6 \times 10^4 \times 3.65 = n \times 8.3 \times 10^3 \times (47 + 273)$$

　∴　$n = 0.104$〔mol〕

部屋 B にアセトンを 0.03 mol しか入れていないので，この結果は部屋 B に液体のアセトンが存在するとした仮定が間違っていたことを示す。よって，部屋 B ではすべてのアセトンが気体となっている。

部屋 A の圧力を P〔Pa〕，体積を V'〔L〕とすると部屋 A と部屋 B ではそれぞれ次の式が成り立つ。

部屋 A：$P \times V' = 0.01 \times 8.3 \times 10^3 \times (47 + 273)$　　……③

部屋 B：$P \times (4.0 - V') = 0.03 \times 8.3 \times 10^3 \times (47 + 273)$　……④

③と④から

$$\frac{V'}{4.0 - V'} = \frac{1}{3}$$

　∴　$V' = 1.0$〔L〕

　∴　$P = 2.65 \times 10^4 \fallingdotseq 2.7 \times 10^4$〔Pa〕

問 2．(1) V〔L〕の天然ガス A 中に，メタン，プロパン，ブタンがそれぞれ x〔mol〕，y〔mol〕，z〔mol〕含まれるとする。メタン，プロパン，ブタンがそれぞれ完全燃焼するときの化学反応式は次の通りである。

$$CH_4 + 2O_2 \longrightarrow CO_2 + 2H_2O$$

$$C_3H_8 + 5O_2 \longrightarrow 3CO_2 + 4H_2O$$

$$2C_4H_{10} + 13O_2 \longrightarrow 8CO_2 + 10H_2O$$

天然ガス A を燃焼させるために要する酸素の物質量は，化学反応式の係数から

$$2x+5y+6.5z〔\text{mol}〕$$

燃焼した A の体積に対する要した酸素の体積の比は 3.5 倍であったことから，体積比＝物質量比より次式が成り立つ。

$$\frac{2x+5y+6.5z}{x+y+z}=3.5 \quad \cdots\cdots①$$

A に含まれる全物質量に対するメタンの比の値は 60％であったことから，A 中のメタンのモル分率は 0.60 である。

$$\frac{x}{x+y+z}=0.60$$

A 中のプロパン，ブタンのモル分率をそれぞれ m，n とすると，次式が成り立つ。

$$\frac{y}{x+y+z}=m, \quad \frac{z}{x+y+z}=n$$

ここで，A 中のメタン，プロパン，ブタンのモル分率について，次式が成り立つ。

$$0.60+m+n=1.0$$

$$\therefore \quad m+n=0.40 \quad \cdots\cdots②$$

①について，A 中の各成分についてモル分率を適用すると次式が得られる。

$$2\times0.60+5m+6.5n=3.5 \quad \cdots\cdots③$$

②と③から

$$m=0.20, \quad n=0.20$$

A に含まれる気体の平均分子量は，モル分率から

$$16\times0.60+44\times0.20+58\times0.20=30$$

⑵　A の平均分子量から，45 g の A に含まれる成分の全物質量を求めると

$$\frac{45}{30}=1.5〔\text{mol}〕$$

モル分率から A に含まれる各成分の物質量を求めると

メタン　：$1.5\times0.60=0.90〔\text{mol}〕$

プロパン：$1.5\times0.20=0.30〔\text{mol}〕$

ブタン　：$1.5\times0.20=0.30〔\text{mol}〕$

与えられた生成熱を熱化学方程式で表すと

$$C(黒鉛)+2H_2(気)=CH_4(気)+80\,kJ \qquad \cdots\cdots ④$$
$$3C(黒鉛)+4H_2(気)=C_3H_8(気)+100\,kJ \qquad \cdots\cdots ⑤$$
$$4C(黒鉛)+5H_2(気)=C_4H_{10}(気)+120\,kJ \qquad \cdots\cdots ⑥$$
$$C(黒鉛)+O_2(気)=CO_2(気)+390\,kJ \qquad \cdots\cdots ⑦$$
$$H_2(気)+\frac{1}{2}O_2(気)=H_2O(液)+280\,kJ \qquad \cdots\cdots ⑧$$

熱化学方程式を利用して，天然ガス A 中の各成分について生成熱から燃焼熱を求める。

⑦＋2×⑧－④ より，C(黒鉛) と H₂(気) を消去して

$$CH_4(気)+2O_2(気)=CO_2(気)+2H_2O(液)+870\,kJ$$

3×⑦＋4×⑧－⑤ より，C(黒鉛) と H₂(気) を消去して

$$C_3H_8(気)+5O_2(気)=3CO_2(気)+4H_2O(液)+2190\,kJ$$

4×⑦＋5×⑧－⑥ より，C(黒鉛) と H₂(気) を消去して

$$C_4H_{10}(気)+\frac{13}{2}O_2(気)=4CO_2(気)+5H_2O(液)+2840\,kJ$$

よって，メタン，プロパン，ブタンの燃焼熱はそれぞれ 870 kJ/mol，2190 kJ/mol，2840 kJ/mol となる。45 g の A を完全燃焼したとき，生じる熱量を燃焼熱から求めると

$$870×0.90+2190×0.30+2840×0.30=2292≒2.3×10^3\,〔kJ〕$$

別解 メタン，プロパン，ブタンの燃焼熱をそれぞれ a〔kJ/mol〕，b〔kJ/mol〕，c〔kJ/mol〕 とし，エネルギー図を利用して生成熱から燃焼熱を求める。

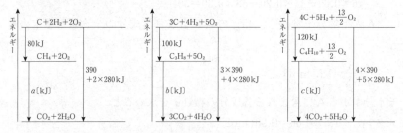

エネルギー図より次式が成り立ち，燃焼熱を求めることができる。

$$80+a=390+2×280$$
$$∴ \quad a=870〔kJ/mol〕$$
$$100+b=3×390+4×280$$

$\therefore\quad b=2190$〔kJ/mol〕

$120+c=4\times390+5\times280$

$\therefore\quad c=2840$〔kJ/mol〕

Ⅱ　解答　問 1．(1) 16―② 17―④ 18―⑥

(2) 19―⑦　(3) 20―③　(4) 21―⑦

(5) 22―②　23―②　24―②　25―①　26―②　27―②

問 2．(1) イ，エ，カ

(2) $H_2S \rightleftharpoons H^+ + HS^-$

$HS^- \rightleftharpoons H^+ + S^{2-}$

(3) $H_2S + I_2 \longrightarrow S + 2HI$

◀解　説▶

≪鉛とスズの電気分解と硫化水素の性質と反応≫

問 1．(1)　Pb^{2+} と Sn^{2+} を含む水溶液を電気分解したとき，イオン化傾向 Sn＞Pb より，主として鉛が析出する。その反応は次のように表される。

$Pb^{2+} + 2e^- \longrightarrow Pb$ ……(i)

(2)　Q〔C〕の電気量で，このとき流れた電子の物質量は，ファラデー定数 F〔C/mol〕から，$\dfrac{Q}{F}$〔mol〕となる。(i)より，2 mol の電子で 1 mol の Pb が析出することから，析出した Pb の物質量は，$\dfrac{Q}{2F}$〔mol〕である。

よって，析出した金属の質量は，Pb の原子量 M_{Pb} から　$\dfrac{M_{Pb}Q}{2F}$〔g〕

(3)　Pb の析出に使用された電気量を Q_1〔C〕，Sn の析出に使用された電気量を Q_2〔C〕とすると，次式が成り立つ。

$Q_1 + Q_2 = Q$ ……(ii)

また，このとき析出した Pb と Sn の質量はそれぞれ次のように表される。

Pb：$\dfrac{M_{Pb}Q_1}{2F}$〔g〕　　Sn：$\dfrac{M_{Sn}Q_2}{2F}$〔g〕

よって，析出した合金の質量 W〔g〕について次式が成り立つ。

$\dfrac{M_{Pb}Q_1}{2F} + \dfrac{M_{Sn}Q_2}{2F} = W$ ……(iii)

(iii)に(ii)を代入すると

$$\frac{M_{Pb}Q_1}{2F}+\frac{M_{Sn}(Q-Q_1)}{2F}=W$$

上式を Q_1 について解くと

$$Q_1=\frac{2FW-M_{Sn}Q}{M_{Pb}-M_{Sn}}\text{[C]}$$

(4) 析出した合金の質量が W〔g〕であった場合,Sn の析出に使用された電気量 Q_2〔C〕は,⑶で求めた Q_1 と同じように表される。

$$Q_2=\frac{2FW-M_{Pb}Q}{M_{Sn}-M_{Pb}}\text{[C]}$$

また,この電気量から析出する Sn の質量は

$$Q_2\times\frac{M_{Sn}}{2F}=\frac{2FW-M_{Pb}Q}{M_{Sn}-M_{Pb}}\times\frac{M_{Sn}}{2F}\text{〔g〕}$$

よって,合金中の Sn の含有率は,次のように表すことができる。

$$\frac{\dfrac{2FW-M_{Pb}Q}{M_{Sn}-M_{Pb}}\times\dfrac{M_{Sn}}{2F}}{W}\times100=\frac{100M_{Sn}(M_{Pb}Q-2FW)}{2FW(M_{Pb}-M_{Sn})}\text{〔％〕}$$

(5) 22.誤り。しんちゅうは,Cu と Zn の合金である。

23.誤り。ジュラルミンは Al,Cu,Mg,Mn の合金である。

24.誤り。洋銀は,Cu,Ni,Zn の合金である。

25.正しい。26・27.誤り。金属の接合に使われる Pb と Sn の合金は,「はんだ」と呼ばれ,現在は Pb のかわりに Ag と Cu を用いた Sn との合金が使用されている。

問2.(1)オ.誤り。硫化水素は強い還元作用を示し,二酸化硫黄と反応して硫黄の単体を生じる。

キ.誤り。硫化水素は塩基性の水溶液中で Zn^{2+} と反応して,白色の沈殿 ZnS を形成する。

ク.誤り。Ca^{2+} は,どんな液性でも沈殿しない。

(3) 硫化水素とヨウ素を反応させると,単体の硫黄を遊離する。このとき,硫化水素は還元剤,ヨウ素は酸化剤としてはたらく。

(還元剤) $H_2S \longrightarrow S+2H^++2e^-$ ……①

(酸化剤) $I_2+2e^- \longrightarrow 2I^-$ ……②

①+② より,電子を消去して化学反応式を求めると

$$H_2S + I_2 \longrightarrow S + 2HI$$

Ⅲ **解答** (1)A.　$CH_3-\langle\bigcirc\rangle-\underset{\underset{\displaystyle OH}{|}}{CH}-CH_3$

B.　$CH_3-\langle\bigcirc\rangle-CH_2-CH_2-OH$

(2)C・D.　$CH_3-\langle\bigcirc\rangle-O-CH_2-CH_3$　　$CH_3-\langle\bigcirc\rangle-CH_2-O-CH_3$

(3)E.　$CH_3-\langle\bigcirc\rangle-CH=CH_2$　　F.　$CH_3-\langle\bigcirc\rangle-CH_2-CH_3$

(4)G・H.　$CH_3-\underset{\underset{\displaystyle Br}{}}{\langle\bigcirc\rangle}-CH_2-CH_3$　　$CH_3-\underset{\underset{\displaystyle Br}{}}{\langle\bigcirc\rangle}-CH_2-CH_3$

(5)分子式：CHI_3　名称：ヨードホルム

(6)$HO-\langle\bigcirc\rangle-CH_2-CH_2-CH_3$　　$HO-\langle\bigcirc\rangle-\underset{\underset{\displaystyle CH_3}{|}}{CH}-CH_3$

◀解　説▶

≪芳香族化合物の構造決定≫

(1)　化合物 A～D の分子式が $C_9H_{12}O$ であり，トルエンの *p*-位が置換された構造をもつことから，次の 4 種類の構造異性体が考えられる（＊は不斉炭素原子）。

$CH_3-\langle\bigcirc\rangle-CH_2-CH_2-OH$　　　$CH_3-\langle\bigcirc\rangle-\underset{\underset{\displaystyle OH}{|}}{{}^*CH}-CH_3$

$CH_3-\langle\bigcirc\rangle-O-CH_2-CH_3$　　　$CH_3-\langle\bigcirc\rangle-CH_2-O-CH_3$

A と B はナトリウムと反応して水素を発生することから，ともにアルコールである。A が不斉炭素原子をもつことから，A と B が決定する。A と B のそれぞれに脱水反応をおこなったとき，同じ化合物の E が得られる。

$CH_3-\langle\bigcirc\rangle-\underset{\underset{\displaystyle OH}{|}}{CH}-CH_3 \xrightarrow{\text{脱水}} CH_3-\langle\bigcirc\rangle-CH=CH_2$

化合物 A　　　　　　　　　　　　　化合物 E

脱水 ↗

$CH_3-\langle\bigcirc\rangle-CH_2-CH_2-OH$

化合物 B

(2)　C と D はナトリウムと反応しなかったことから，エーテルであることがわかる。

$$CH_3-\!\!\!\bigcirc\!\!\!-O-CH_2-CH_3 \qquad CH_3-\!\!\!\bigcirc\!\!\!-CH_2-O-CH_3$$

(3)　E に水素を付加したとき，ベンゼン環にあるビニル基がエチル基に変化し，化合物 F が生成する。

$$CH_3-\!\!\!\bigcirc\!\!\!-CH=CH_2+H_2 \longrightarrow CH_3-\!\!\!\bigcirc\!\!\!-CH_2-CH_3$$
化合物 E　　　　　　　　　　　　　　　　　　化合物 F

(4)　F のベンゼン環の水素原子 1 個を臭素原子に置換したとき，2 種類の化合物 G，H が得られる。

$$CH_3-\!\!\!\bigcirc\!\!\!-CH_2-CH_3$$
化合物 F

$$\xrightarrow{Br_2} CH_3-\!\!\!\bigcirc\!\!\!-CH_2-CH_3+CH_3-\!\!\!\bigcirc\!\!\!-CH_2-CH_3$$
$\quad\quad\quad\quad Br \quad\quad\quad\quad\quad\quad\quad\quad\quad Br$

(5)　A は分子内に $CH_3CH(OH)-$ をもつため，ヨードホルム反応が起こる。

$$CH_3-\!\!\!\bigcirc\!\!\!-\overset{\displaystyle CH-CH_3}{\underset{\displaystyle OH}{}}$$

(6)　A の分子式が $C_9H_{12}O$ であり，フェノールの p-位にある置換基はプロピル基となる。この化合物には，2 種類の構造異性体がある。

$$HO-\!\!\!\bigcirc\!\!\!-CH_2-CH_2-CH_3 \qquad HO-\!\!\!\bigcirc\!\!\!-\overset{\displaystyle CH-CH_3}{\underset{\displaystyle CH_3}{}}$$

❖講　評

　出題数は大問 3 題で，Ⅰ とⅡ問 1 がマークシート法，Ⅱ問 2 とⅢが記述方式であった。

　Ⅰ　問 1 は，2 つの部屋 A，B について，A には酸素と窒素の混合気体，B にはアセトンが入っている。A と B の間にある壁は圧力が異なるときに移動し，圧力が等しくなると停止する設定となっている。ここで，B のアセトンが液体として存在するかが問題を解く鍵となる。液体として存在するならば，B の圧力はアセトンの飽和蒸気圧である。液

体がなければ，AとBの気体に対して気体の状態方程式を適用すれば
よい。その見極めを最初に行ってから，問題を解いていくことが重要で
ある。まずは解法の方針を立てた上で，解き進めてほしい。問2は，天
然ガスの平均分子量を求める問題となっている。与えられた条件に対し
て，各成分の物質量とそのモル分率の関係が問題を解く鍵となる。天然
ガスの発熱量を求めるためには燃焼熱が必要となる。燃焼熱は，与えら
れた生成熱からエネルギー図などを使って手際よく求めてほしい。

　Ⅱ　問1は，鉛とスズのイオンを含む水溶液を電気分解する内容であ
る。鉛とスズのイオン化傾向は同程度なので，条件によっては同時に析
出することがある。この問題では，流れた電気量に対して金属の析出量
が，どのような関係になっているかを反応式から見極めることがポイン
トとなる。問題自体は，式の変形で解答できる内容である。式変形に着
実に取り組めば，比較的容易に解くことができる。問2は，硫化水素に
ついての知識を問う問題である。基本事項だけであり，短時間に解答で
きる。硫化水素の電離式，硫化水素とヨウ素の反応は，教科書レベルな
ので，確実に解答したい。

　Ⅲ　芳香族化合物の構造決定の問題である。トルエンのパラ位が置換
された構造をもつ有機化合物に対して，構造異性体を書くことが求めら
れる。4種類の構造異性体は，比較的容易に書けると思われる。内容的
には，ナトリウムとの反応，ヨードホルム反応，水素の付加反応，ベン
ゼン環の臭素の置換反応で，比較的解きやすい問題となっている。該当
する物質を着実に当てはめていけば，解答に困難な点はあまりない。有
機化学の対策として，構造異性体をしっかり書けるよう，普段から練習
しておきたい。

　全体を通してみると，Ⅰ問1は思考力が求められ，時間を要する問題
といえる。できれば，Ⅱ，Ⅲを着実に解答した上で，じっくりⅠに取り
組みたい。

■一般選抜（個別学部日程）：理工学部A方式

問題編

▶試験科目・配点

学　科	テスト区分	教科	科　　　　　目	配点
物理科学科	独自問題	外国語	コミュニケーション英語Ⅰ・Ⅱ・Ⅲ，英語表現Ⅰ・Ⅱ	150 点
		数　学	数学Ⅰ・Ⅱ・Ⅲ・A・B	150 点
		理　科	物理基礎・物理	150 点
化 学・生命科学科	独自問題	外国語	コミュニケーション英語Ⅰ・Ⅱ・Ⅲ，英語表現Ⅰ・Ⅱ	150 点
		数　学	数学Ⅰ・Ⅱ・Ⅲ・A・B	150 点
		理　科	化学基礎・化学	150 点
その他の学　科	独自問題	外国語	コミュニケーション英語Ⅰ・Ⅱ・Ⅲ，英語表現Ⅰ・Ⅱ	150 点
		数　学	数学Ⅰ・Ⅱ・Ⅲ・A・B	150 点
		理　科	「物理基礎・物理」，「化学基礎・化学」から1科目選択	150 点

▶備　考

- 合否判定は総合点による。ただし，場合により特定科目の成績・調査書を考慮することもある。
- 「数学B」は「数列・ベクトル」から出題する。
- 試験日が異なる学部・学科・方式は併願ができ，さらに同一日に実施する試験であっても「AM」と「PM」の各々で実施される場合は併願ができる。
- 試験時間帯が同じ学部・学科・方式は併願できない。

試験日	試験時間帯	学　部	学　科　（方　式）
2 月 10 日	終日	理　　工	物理科（A） 数理サイエンス（A） 化学・生命科（A） 電気電子工（A） 機械創造工（A） 経営システム工（A） 情報テクノロジー（A）
	AM	地球社会共生	地球社会共生

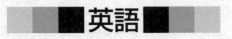

英語

(80 分)

1 次の文を読み，以下の問いに答えなさい。

Memorial Day weekend is the unofficial start of summer. It's also the possible turning point in our country's beginning to reopen the economy.

For the last several months, we've been told by local, state and government officials to stay at home and nonessential businesses must close down operations. You've probably noticed an emerging trend on social media of people seeking to return to some sort of normalcy.

Less-impacted states have reopened and those states hit hard by the Covid-19 pandemic are talking about easing up on some of the restrictions. This week, Dr. Anthony Fauci said that keeping the economy closed for too long could cause "irreparable damage."

Taking the lead, some well-respected tech CEOs started making the tough decisions. <u>Weighing the options</u>, a number of top executives have elected to
11
continue allowing their employees to work from home. As a result, we're now watching the work-from-home trend take off.

Jack Dorsey, the dual CEO of both Twitter and Square, informed his employees at both companies that they can continue working from home "forever." Mark Zuckerberg, CEO of Facebook, followed with his own announcement that his employees may also work from home. Although, there was a dark underlying warning. People who move out of San Francisco to a lower-cost location may have to take a pay cut commensurate with the salary rate appropriate to their new home.

A recent Gallup poll revealed, "Now that some of these employees may be able to return to their workplace, it appears only a quarter are emotionally ready. Another quarter are reluctant to return specifically because of concerns about contracting COVID-19, while half have a personal preference for working remotely."

Kate Lister, president of Global Workplace Analytics, said, "Seventy-seven percent of the workforce say they want to continue to work from home, at least weekly, when the pandemic is over." Lister estimates, "Twenty-five to thirty percent of the workforce will be working-from-home multiple days a week by the end of 2021."

The consensus seems that the widespread availability and ease of use of technologies to collaborate and stay in constant contact, such as Zoom, Slack, Google Hangouts and other services, enabled people to smoothly adapt to the new work-from-home setup.

Employees appreciated the chance to avoid long commutes, look after their homebound children (as schools closed) and tend to family members who may have been impacted by the virus. <u>Executives noticed the potential cost savings, as expensive long-term leases for office space may no longer be needed.</u>

A

Corporate executives are cognizant that their employees enjoy the chance to work from home, they're able to do their part in helping the environment (as less people drive or take busses to and from the office) and their real estate costs will drop precipitously (as less people will be working in the office).

Shopify, Coinbase, Upwork, Lambda Schools and others have also permitted their people to work from home.

Shopify is a fast-growing, Canadian-based, global company that offers an e-commerce platform for online stores and retail point-of-sale systems. Shopify has over one million businesses in about 175 countries with total gross merchandise volume exceeding $41.1 billion.

CEO and founder Tobi Lutke tweeted, "As of today, Shopify is a digital by default company. We will keep our offices closed until 2021 so that we can rework them for this new reality. And after that, most will permanently work remotely. Office centricity is over." Lutke added, "Until recently, work happened in the office. We've always had some people remote, but they used the internet as a bridge to the office. This will reverse now. The future of the office is to act as an on-ramp to the same digital workplace that you can access from your #WFH setup."

Critics of the work-from-home trend contend that companies will lose their identity and culture. Employees, particularly younger ones, will miss the lack of social interactions. Part of the camaraderie at work is seeing your co-workers, going out to lunch together or having a drink after work. This will be absent from the new remote environment.

Acknowledging the challenge, Lutke said in a tweet, "We haven't figured this whole thing out. There is a lot of change ahead, but that is what we're good at. 'Thrive on change' is written on our （now digital） walls for a reason."

Hayden Brown, the CEO of Upwork, a global freelancing platform, said in a tweet, "Building on our 20 years of experience as a remote work company, we are now permanently embracing a 'remote-first' model." Brown continued, "Going forward, working remotely will be the default for everyone, while teams will also be able to come together — once it's safe — for intentional collaboration and socialization. The #futureofwork is here."

Coinbase CEO Brian Armstrong announced Wednesday that his digital currency exchange, headquartered in San Francisco, is "moving to a remote-first policy in light of COVID-19, meaning most employees will have the option to work from home." Armstrong said he's planning for the future to look different, in light of the coronavirus pandemic. "Over the last two months, I have come to believe that not only is remote work here to stay, but that it represents a huge opportunity and strategic advantage for us."

Armstrong said that employees will still be able to work in an office, but they will now have the option to work remotely or split their time between time working in and out of the office.

This theme has been echoed by Jack Dorsey as well. Understanding that not everyone wants to work remotely and may want to break up their weekly schedule, there will be a home office to go to if they so desire. <u>This seems like</u>
                                                      B
<u>a reasonable approach to allow for interactions between workers and building social networks and friendships within the organization.</u>

Austen Allred, CEO of Lambda School, an online classroom that uses interactive technology to teach people the tech skills they need to <u>launch</u> a
                                                                   13
new career, said that the school has rolled out a permanent "work from anywhere" policy. Allred tweeted that employees are free to work from home, from an office or from anywhere within the United States.

Google, Microsoft, Morgan Stanley, JPMorgan, Capital One, Zillow, Slack, Amazon, PayPal, Salesforce and other major companies have extended their work-from-home options, according to the largest human resources organization, SHRM, and other sources.

Apple is one of the lone tech giants bucking this trend. The company, according to *Business Insider*, has requested some employees to return to work. Apple is known for its unique culture and tendency toward secrecy, which may account for the hesitancy to fully <u>embrace</u> remote work.
                                                            14

There are some other companies <u>taking the middle ground</u>. Aaron Levie,
                                                  15
the CEO of Box, a cloud content management and file-sharing service for businesses, wrote in a blog post, "Today, we're excited to share that we're taking further steps to enable a unified digital workplace, with increased work flexibility for Boxers. As a part of that, we're announcing that all Boxers can work from anywhere until the end of the year, providing increased flexibility and peace of mind for our nearly 2,000 employees globally."

Similar to Apple, Levie recognizes, "At the same time, we know the power of having office hubs where in-person communities, mentorship, networking, and creativity can happen...That is why our future is a hybrid one."

This trend is gaining momentum and is likely to become the new norm post Covid-19.

Notes:

normalcy　正常，underlying　潜んでいる，commensurate　相応の，

contract(ing)　〜に感染する，cognizant　認識して，

precipitously　急に，centricity　中心性，on-ramp　進入路，

#WFH = #work-from-home，camaraderie　友情，

echo(ed)　〜を繰り返す，buck(ing)　〜に抵抗する

〔1〕　下線部A，Bを日本語にしなさい。(**解答用紙その2**)

〔2〕　1〜15 の質問に対して**英文の内容から判断し**，最も適切なものを一つ選び，その番号をマークしなさい。(**解答用紙その1**)

　　1.　What is the best title for this passage?

　　(1)　Here are the companies leading the work-from-home revolution

　　(2)　The new trend sweeping the post-Covid-19 world

　　(3)　Companies providing more marketplace flexibility

　　(4)　Work-from-home works for everyone

　　2.　According to Dr. Anthony Fauci,

　　(1)　reopening the economy too soon might do lasting damage.

　　(2)　some tech CEOs have started making difficult decisions.

　　(3)　closing the economy for a long period might do permanent harm.

　　(4)　the economy will be hurt if some restrictions are ended.

　　3.　Mark Zuckerberg decided to let his employees work from home,

　　(1)　and they can work from there forever.

　　(2)　but he might reduce their salaries if they move to cheaper areas.

(3) and not decrease salaries even if they leave San Francisco.

(4) but he could change his mind later based on company profits.

4. A recent Gallup survey found that

(1) a quarter of workers are unable to work remotely.

(2) less than a quarter of employees are ready to return to work.

(3) more than 75% of workers have fears about returning to work.

(4) three quarters of those surveyed prefer to continue working from home.

5. Specifically, employees prefer to work from home because they can

(1) use simple technologies to work independently.

(2) use technologies which help them avoid contact with others.

(3) care for their children while commuting to work.

(4) care for their children and family members while avoiding long trips to work.

6. CEO and founder of Shopify, Tobi Lutke, has decided to allow

(1) most employees to permanently work from home after 2021.

(2) some people to work remotely if they use the internet as a bridge after 2021.

(3) all Shopify offices to remain closed after 2021.

(4) only a few employees to work from home after 2021.

7. One criticism of the work-from-home movement is that companies

(1) will enjoy the lack of social interactions.

(2) will lose their culture and identity.

(3) might see their employees eating and drinking together.

(4) might encourage employees to gather at after-work parties.

8. Hayden Brown, the CEO of Upwork, wants employees to work remotely

　(1)　for 20 years to gain valuable experience.

　(2)　until the Covid-19 pandemic is over.

　(3)　yet gather in order to socialize and/or collaborate, if safe.

　(4)　because it is sometimes necessary to socialize or collaborate.

9.　Coinbase, a digital currency exchange, will allow its employees

　(1)　to split their time between working in and out of the office.

　(2)　to have the option to work from home.

　(3)　the opportunity to work from their offices, if they choose.

　(4)　All of the above.

10.　The author believes that after the Covid-19 pandemic, many technology companies will

　(1)　reexamine the value of employees working from home.

　(2)　return to original workplace policies.

　(3)　adopt a hybrid-approach to the work-from-home model.

　(4)　limit traditional office-based working to senior executives.

11.　The phrase "Weighing the options" means

　(1)　considering alternatives carefully before deciding.

　(2)　feeling a particular heaviness when having to make a choice.

　(3)　thinking about the possibility of their toughness.

　(4)　reflecting on the selection of people.

12.　The phrase "Building on" means

　(1)　making a judgement about something.

　(2)　using something as a basis for further progress.

　(3)　disregarding a project that someone has begun.

(4) moving forward to the future.

13. The word "launch" means to

(1) improve.

(2) throw.

(3) start.

(4) terminate.

14. The word "embrace" means to

(1) accept.

(2) hug.

(3) exclude.

(4) comprehend.

15. The phrase "taking the middle ground" means

(1) avoiding the file-sharing service for businesses.

(2) accepting neither advantage from both ends.

(3) taking up a defensive position in the center field.

(4) allowing for both work from home and office-based working.

2 以下のそれぞれの定義に従って，最初と最後の文字が与えられた最も適切な英単語を書きなさい。ただし，1 下線に 1 文字が入る。**（解答用紙その 2 ）**

（解答例）

someone who is trained in science, especially someone whose job is to do scientific research

⇒(s _ _ _ _ _ _ _ t)   正解(s c i e n t i s t)

1. a job or duty that is given to someone; a task someone is required to do

⇒(a _ _ _ _ _ _ _ _ t)

2. a spoken or written summary of observations

⇒(d _ _ _ _ _ _ _ _ _ n)

3. not allowed by the law

⇒(i _ _ _ _ _ l)

4. a person who travels in search of geographical or scientific information

⇒(e _ _ _ _ _ _ r)

5. a drawing that explains or shows the parts of something

⇒(d _ _ _ _ _ m)

6. normal for a person, thing, or group; average or usual

⇒(t _ _ _ _ _ l)

7. a person who works with you; a fellow worker

⇒(c _ _ _ _ _ _ _ e)

8. without any delay, at once

⇒(i _ _ _ _ _ _ _ _ y)

9. very old; having lived or existed for a very long time

⇒(a _ _ _ _ _ t)

10. a special skill or type of experience or knowledge that makes someone suitable to do a particular job or activity

⇒(q _ _ _ _ _ _ _ _ _ _ n)

3 下線部に最も適切なものを一つ選び，その番号をマークしなさい。(**解答用紙その1**)

16. The fire that broke out last night _____ four large warehouses to the ground.
(1) have burned
(2) burning
(3) burned
(4) was burning

17. ABC Electronics vacuum cleaners are _____ of all products sold in this store.
(1) eco-friendly
(2) more eco-friendly
(3) most eco-friendly
(4) the most eco-friendly

18. Those people have to work hard to make ends _____.
(1) together

(2)　happy

(3)　clear

(4)　meet

19.　This rug will _____ beautifully with our sofa.

(1)　make

(2)　come

(3)　go

(4)　leave

20.　Honesty is said to pay in the long _____.

(1)　course

(2)　track

(3)　way

(4)　run

21.　I wasn't there, and _____.

(1)　neither was Mary

(2)　neither did Mary

(3)　nor did Mary

(4)　Mary was neither

22.　He was _____ around outside the house.

(1)　bringing

(2)　hanging

(3)　making

(4)　teasing

23.　My father is taking a bath right now, so please call back _____.

(1)　for an hour

(2) an hour after

(3) in an hour

(4) an hour before

24. We will be competing _____ strong teams from all over the world.

(1) against

(2) by

(3) at

(4) back

25. The number of people who went to the stadium _____ much higher than we had expected.

(1) are

(2) were

(3) is

(4) was

26. With _____ to your request, we are sorry to say that we must refuse.

(1) respect

(2) concern

(3) dealing

(4) regarding

27. Sign up by July 20th, _____ we will include two months of service and 100 apps for free. Hurry! Don't wait.

(1) or

(2) but

(3) and

(4) yet

28. The research workshop is scheduled to run for ＿＿＿＿ two hours.

(1) approximating

(2) approximately

(3) approximation

(4) approximate

29. Because several sales were held, the book sold ＿＿＿＿ well.

(1) amazing

(2) amazement

(3) amaze

(4) amazingly

30. The bookstore ＿＿＿＿ two changes in management in the last five years.

(1) is undergoing

(2) has undergone

(3) undergo

(4) to undergo

31. ＿＿＿＿ the fast-approaching deadline, the sales manager is confident the team will have everything ready on time.

(1) Still

(2) However

(3) Despite

(4) Unlike

32. Ten million students love ＿＿＿＿ able to use our service for free.

(1) be

(2) being

(3) are

(4) was

33. _____ rates at the hotel have increased since it began offering free breakfast.

(1) Occupancy

(2) Occupations

(3) Occupants

(4) Occupied

34. The car company claims its new all-electric car goes _____ on one charge than any other electric car on the market.

(1) long

(2) farther

(3) again

(4) hack

35. I wish I _____ to my son before signing the contract.

(1) had talked

(2) have talked

(3) will talk

(4) should talk

4 次の会話文を読んで，以下の問いに答えなさい。

Daisuke: Good morning. Excuse me. Are you lost?

Frank: Oh, no. Well, I'm not sure.

Susan: I think that we're *definitely* lost!

Daisuke: My name is Daisuke, and I'm from Kamakura.

Frank: Nice to meet you, Dai-su-ke. This is my wife, Susan. We're from Arizona in America.

Susan: Hi. This is our first trip to Japan...and to Kamakura.

Daisuke: Wonderful. You're early, but the shops will open soon.

Susan: We don't want to go shopping. We want to see the big Buddha.

Daisuke: Okay. This is the JR Kamakura Station, and you will need to take the Enoden train. I mean, you must change train lines.

Frank: I can't believe this. More walking?

Susan: Oh, come on, Frank! It's （　36　）.

Frank: It's so crowded and hot in this station. How do we get （　37　）?

Daisuke: The Enoden Kamakura Station is this way. Please follow me.

Frank: Pardon me?

Susan: You'll have to （　38　）, Daisuke. Frank is a little （　39　）.

Frank: I heard that!

Daisuke: Now, here is the Enoden Kamakura Station. Just walk through these gates.

Frank: Great! But, where do we get off?

Susan: At Hase Station. I've told you that a hundred times!

Daisuke: Shall I go with you?

Susan: Oh no, we're fine. We can （　40　）. Come on, Frank. Hurry up. We don't want to miss the train.

Frank: Thank you, Daisuke. You've been a big help. Have a nice day.

Daisuke: You're welcome. Have a safe trip.

〔1〕 下の選択肢 1 〜 0 の中から，空欄 36〜40 に最も適切なものを一つ選び，その番号をマークしなさい。ただし，同じ語句を複数回選択してはならない。(**解答用紙その1**)

1. hard of hearing	6. out of here
2. on the ball	7. speak up for
3. no big deal	8. get out of hand
4. comparing apples to oranges	9. speak up
5. call in sick	0. handle it

〔2〕 次の文で，会話文の内容と一致するものは 1 を，一致しないものは 2 をマークしなさい。(**解答用紙その1**)

41. Frank and Susan are visiting Japan for the first time.

42. Susan would like to go shopping.

43. Daisuke seems happy to help the American tourists.

44. Frank and Susan need help to find Hase Station.

45. Susan is impatient with Frank.

5 次の日本語の文を表す英文を，与えられた語句を用いて完成させた場合，2 番目と 4 番目になる語句の組み合わせを一つ選び，その番号をマークしなさい。

（解答用紙その 1 ）

46. このアプリは，患者による一般的な使用を意図していない。

The app ☐ ☐ ☐ ☐ ☐ ☐ patients.
（2番目）　　　（4番目）

　A．by　　　　　　　　B．intended　　　　　C．general

　D．is not　　　　　　E．use　　　　　　　F．for

　1）D — C　　　2）D — F　　　3）B — E　　　4）B — C

47. あのような混雑した場所では，自分の声を人に聞いてもらうのが難しくなることがある。

It can ☐ ☐ ☐ ☐ ☐ ☐ in such a crowded place.
（2番目）　　　（4番目）

　A．yourself　　　　　B．be　　　　　　　C．heard

　D．to　　　　　　　E．difficult　　　　　F．make

　1）E — D　　　2）E — F　　　3）A — C　　　4）C — D

48. 音が人間の行動に影響を及ぼし得ることは知られている。

It ☐ ☐ ☐ ☐ ☐ ☐ human beings.
（2番目）　　　（4番目）

　A．sound　　　　　　B．is　　　　　　　C．the behavior of

　D．known that　　　　E．affect　　　　　F．can

　1）E — A　　　2）D — A　　　3）D — F　　　4）F — E

49. いつ来たら良いかについて助言するために，あとで電話する。

I ☐ ☐ ☐ ☐ ☐ ☐ come.
（2番目）　　　（4番目）

　A．a call　　　　　　B．you　　　　　　C．when to

　D．later to　　　　　E．advise you　　　　F．will give

　1）B — D　　　2）B — E　　　3）A — D　　　4）A — C

■ 数学 ■

(100 分)

マーク・シート記入上の注意

1 解答は，解答用紙の問題番号に対応した解答欄にマークすること．

2 問題の文中の $\boxed{1}$, $\boxed{2}$ $\boxed{3}$ などには，特に指示がないかぎり，符号 $(-)$，数字（0〜9）又は文字（a〜d）が入る．1，2，3，… の一つ一つは，これらのいずれか一つに対応する．それらを解答用紙の1，2，3，… で示された解答欄にマークして答えよ．

 例 $\boxed{1}$ $\boxed{2}$ $\boxed{3}$ に -83 と答えたいとき

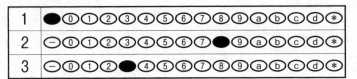

 なお，同一の問題文中に $\boxed{1}$, $\boxed{2}$ $\boxed{3}$ などが2度以上現れる場合，2度目以降は，$\boxed{1}$, $\boxed{2}$ $\boxed{3}$ のように細字で表記する．

3 分数形で解答する場合，分数の符号は分子につけ，分母につけてはいけない．

 例えば，$\dfrac{\boxed{4}\ \boxed{5}}{\boxed{6}}$ に $-\dfrac{4}{5}$ と答えたいときは，$\dfrac{-4}{5}$ として答えよ．

 また，それ以上約分できない形で答えること．

 例えば，$\dfrac{3}{4}$ と答えるところを，$\dfrac{6}{8}$ のように答えてはいけない．

4 根号あるいは対数を含む形で解答する場合は，根号の中や真数に現れる自然数が最小となる形で答えよ．

 例えば，$\boxed{7}\sqrt{\boxed{8}}$ に $4\sqrt{2}$ と答えるところを，$2\sqrt{8}$ のように答えてはいけない．また，$\boxed{9}\log_2\boxed{10}$ に $6\log_2 3$ と答えるところを，$3\log_2 9$ のよ

うに答えてはいけない.

5　分数形で根号を含む形で解答する場合，$\dfrac{\boxed{11}+\boxed{12}\sqrt{\boxed{13}}}{\boxed{14}}$ に $\dfrac{3+2\sqrt{2}}{2}$

と答えるところを，$\dfrac{6+4\sqrt{2}}{4}$ や $\dfrac{6+2\sqrt{8}}{4}$ のように答えてはいけない.

$\boxed{1}$　解答を解答用紙（その1）に記入せよ.

1個のさいころを3回投げるとき，出た目を順に X_1，X_2，X_3 とする.
また，$Y = \dfrac{X_2 X_3}{X_1}$ とする.

(1)　$X_1 = 2$ のとき，Y が整数となる確率は $\dfrac{\boxed{1}}{\boxed{2}}$ である.

(2)　$X_1 = 3$ のとき，Y が整数となる確率は $\dfrac{\boxed{3}}{\boxed{4}}$ である.

(3)　$X_1 = 4$ のとき，Y が整数となる確率は $\dfrac{\boxed{5}}{\boxed{6}\,\boxed{7}}$ である.

(4)　Y が整数となる確率は $\dfrac{\boxed{8}\,\boxed{9}}{\boxed{10}\,\boxed{11}}$ である.

2 解答を解答用紙(その1)に記入せよ.

四面体 OABC は

$$OA = OB = 2, \quad OC = 3, \quad AB = 1, \quad BC = 4$$

を満たすとする. また, 三角形 ABC の重心を G とするとき, $OG = \sqrt{2}$ である.

(1) $\overrightarrow{OA} \cdot \overrightarrow{OB} = \dfrac{\boxed{12}}{\boxed{13}}$, $\overrightarrow{OA} \cdot \overrightarrow{OC} = \dfrac{\boxed{14}\ \boxed{15}}{\boxed{16}}$

(2) $\overrightarrow{OG}$ と $\overrightarrow{OA} + k\,\overrightarrow{OB}$ が垂直であるのは $k = \boxed{17}\ \boxed{18}$ のときである.

(3) t を実数とする. $\left| t\,\overrightarrow{OA} - 2\,t\,\overrightarrow{OB} + \overrightarrow{OC} \right|$ の最小値は $\dfrac{\sqrt{\boxed{19}\ \boxed{20}\ \boxed{21}}}{\boxed{22}}$

であり, そのときの t の値は $\dfrac{\boxed{23}\ \boxed{24}}{\boxed{25}}$ である.

3 解答を解答用紙(その2)の **3** 欄に記入せよ.

関数
$$f(x) = \sqrt{4 - 2\cos x} - \frac{1}{2}x \quad (0 \le x \le \pi)$$
について, 以下の問に答えよ.

(1) $f'(x)$ を求めよ.

(2) $f'(x) > 0$ となる x の値の範囲を求めよ.

(3) $f(x)$ の増減を調べ, 極値を求めよ.

$\boxed{4}$ 解答を解答用紙(その3)の $\boxed{4}$ 欄に記入せよ.

$x > 0$ を定義域とする関数 $f(x)$ が次の等式

$$f(x) = \int_1^e \log(xt) f(t)\,dt + x$$

を満たすとき,以下の問に答えよ.

(1) $\displaystyle\int_1^e \log x\,dx$ を求めよ.

(2) $\displaystyle\int_1^e (\log x)^2\,dx$ を求めよ.

(3) $\displaystyle\int_1^e x \log x\,dx$ を求めよ.

(4) $f(x)$ を求めよ.

$\boxed{5}$ 解答を解答用紙(その4)の $\boxed{5}$ 欄に記入せよ.

xy 平面上に,円 $C : (x-5)^2 + y^2 = 5$ と直線 $\ell : y = mx$ がある.以下の問に答えよ.

(1) C と ℓ が共有点をもつような m の値の範囲を求めよ.

m の値が(1)で求めた範囲にあるとき,C と ℓ の2つの共有点をP,Qとし,線分 PQ の中点をMとする.ただし,ℓ が C に接するときはP = Q = Mとする.

(2) 点 M の座標を m を用いて表せ.

(3) m が(1)で求めた範囲を動くときの点 M の軌跡を求め,図示せよ.

⑷ 原点から C に引いた 2 本の接線と ⑶ で求めた点 M の軌跡で囲まれた図形を D とする. 図形 D を x 軸のまわりに 1 回転してできる回転体の体積 V を求めよ.

■■■■ 物理 ■■■

（80 分）

1　以下の文章を読み，空欄(1)～(8)にあてはまる最も適切な数値や式をそれぞれ解答群から選び，**解答用紙（その１）**の該当する記号をマークせよ。また，空欄㋐～㋚にあてはまる**数値を解答用紙（その２）**の解答欄に記入せよ。

　なお，空欄㋐～㋚については，下記の（記入例）を参考にしながら，答えが整数の場合はその値を解答欄に記入し，そうでない場合は 3 桁目を四捨五入し有効数字 2 ケタで解答せよ。

（記入例）

$$x(t) = \boxed{\text{㋐}} \times t^2 + \boxed{\text{㋑}} \times t + \boxed{\text{㋒}}$$

という空欄に対して答えが

$$x(t) = \frac{7}{2}t - 5$$

となるとき，

　㋐の解答欄には「0」を，

　㋑の解答欄には「3.5」を，

　㋒の解答欄には「− 5」を，

それぞれ記入せよ。

　図 1 − 1 のように，水平な地面に固定された x 軸にそってトラックが直線運動をしている。その荷台はなめらかな水平面である。荷台の左端の壁 P と右端の壁 Q の間の距離は 8 m である。以下では，壁 P が原点 $x = 0$ m を通過する時刻を $t = 0$ s とする。速度は x 軸正の向きを正とする。

　$t = 0$ s に，壁 P から大きさの無視できる小球 A を壁 Q へ向かって x 軸に平

行に，ある初速度で打ち出した。以下では壁P，Q，および小球Aの運動はx軸方向に限るものとする。

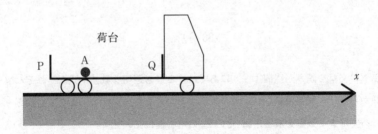

図1－1

時刻$t = 0$sから$t = 0.7$sまでの間は，壁P，Qや小球Aは図1－2のx－tグラフであらわされる運動をしていた。このとき，図1－2から，地面に対するトラックの速度は　(1)　m/s，地面に対する小球Aの速度は　(2)　m/sである。

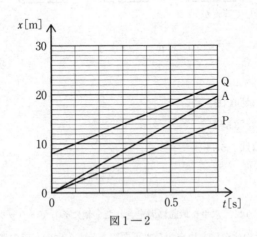

図1－2

空欄(1)，(2)，(4)，(6)に対する解答群

① 0　　　　② 4　　　　③ 8　　　　④ 12　　　　⑤ 16

⑥ 20　　　　⑦ 24　　　　⑧ 28　　　　⑨ 32　　　　⓪ 36

(I)　トラックの速度は $t = 0.7$ s 後も一定であった。すると，$t = \boxed{}$ s で小球Aは壁Qに弾性衝突した。トラックの質量に比べて小球Aの質量はじゅうぶん小さいため，衝突前後でトラックの速度は変わらなかった。衝突直後の地面に対する小球Aの速度は $\boxed{}$ m/s であった。

　この後，$t = t_1 = \boxed{}$ s で小球Aは壁Pに初めて弾性衝突したが，このときも衝突前後でトラックの速度は変わらなかった。衝突直後の地面に対する小球Aの速度は $\boxed{}$ m/s であった。

空欄(3)，(5)に対する解答群

①　0.8　　　②　1.0　　　③　1.2　　　④　1.4　　　⑤　1.6
⑥　1.8　　　⑦　2.0　　　⑧　2.2　　　⑨　2.4　　　⓪　2.6

(Ⅱ)　トラックは，時刻 $t = t_1$[s] から Δt[s]$(\Delta t > 0)$ の間，加速度の大きさ a[m/s^2] の等加速度運動を行い，時刻 $t = t_1 + \Delta t$[s] で，ある速度に達し，$t > t_1 + \Delta t$[s] ではトラックはその速度を保ちながら再び等速直線運動を行った。すると，$t = t_1 + \Delta t$ で小球Aは静かに壁Qに到達し，その後は壁Qにとどまったままであった。このことから，時刻 $t = t_1 + \Delta t$[s] でのトラックに対する小球Aの速度 u'_A[m/s] について，a と Δt の満たすべき条件式として，

$$u'_A = \boxed{} \times \Delta t + \boxed{} = 0$$

と書くことができる。

空欄(7)に対する解答群

①　a　　　　　　②　$(a + 1)$　　　　　③　$(a - 1)$
④　$2a$　　　　　⑤　$(2a - 1)$　　　　⑥　$(2a + 1)$
⑦　$(-a)$　　　　⑧　$(-a - 1)$　　　　⑨　$(-a + 1)$
⓪　$(-2a + 1)$

空欄(8)に対する解答群

①　0　　　②　2　　　③　4　　　④　6　　　⑤　8
⑥　10　　　⑦　12　　　⑧　14　　　⑨　16　　　⓪　18

さらに，トラックから見て $\Delta t\,[\mathrm{s}]$ の間に小球 A は壁 P から $8\,\mathrm{m}$ 離れた壁 Q へ到達したことになるので，$a =$ [(あ)] $\mathrm{m/s^2}$，$\Delta t =$ [(い)] s であることがわかる。

以上のことから，$t_1 < t < t_1 + \Delta t\,[\mathrm{s}]$ での壁 P，Q，および小球 A の x 座標の値をそれぞれ $x_\mathrm{P}(t)\,[\mathrm{m}]$，$x_\mathrm{Q}(t)\,[\mathrm{m}]$，$x_\mathrm{A}(t)\,[\mathrm{m}]$ とすると，

$$x_\mathrm{P}(t) = \boxed{\text{(う)}} \times t^2 + \boxed{\text{(え)}} \times t + \boxed{\text{(お)}}$$

$$x_\mathrm{Q}(t) = \boxed{\text{(か)}} \times t^2 + \boxed{\text{(き)}} \times t + \boxed{\text{(く)}}$$

$$x_\mathrm{A}(t) = \boxed{\text{(け)}} \times t^2 + \boxed{\text{(こ)}} \times t + \boxed{\text{(さ)}}$$

となる。

---

2 空欄(9)―(32)にあてはまる最も適切な式，数値をそれぞれの解答群より選び，**解答用紙（その1）の該当する記号をマークせよ。**以下では重力と地磁気は無視できるものとする。

図2―1のように3次元空間のある平面上に x 軸，y 軸をとる。$x < 0$ の領域では磁場が無く，$x > 0$ の領域では磁束密度の大きさが $B_1\,[\mathrm{T}]$ の一様な磁場が紙面裏から表に向かって紙面に垂直にかけられている。質量 $m\,[\mathrm{kg}]$，電荷 $q\,[\mathrm{C}]$（$q > 0$）の点電荷が $x < 0$ の領域で x 軸上を正の向きに速さ $v_0\,[\mathrm{m/s}]$ で運動し，時刻 $t = 0\,\mathrm{s}$ において $x = 0$ に達した。

$x > 0$ の領域に入った直後に点電荷が受けるローレンツ力の大きさは，[(9)] $[\mathrm{N}]$ で，向きは [(10)] である。この点電荷は時刻 $t = t_1\,[\mathrm{s}]$（$t_1 > 0$）においてふたたび y 軸を横切った。$t = t_1\,[\mathrm{s}]$ における点電荷の速さは [(11)] $[\mathrm{m/s}]$，運動の向きは [(12)] である。また，y 軸を横切ったときの y 座標は [(13)] $[\mathrm{m}]$ である。

次に同じ点電荷が $x < 0$ の領域で x 軸上を正の向きに速さ $2v_0\,[\mathrm{m/s}]$ で運動している場合を考える。このときも点電荷が $x = 0$ に達した時刻を $t = 0\,\mathrm{s}$ とする。この点電荷が $x > 0$ の領域を通ってふたたび y 軸を横切る時刻 t_2 は [(14)] $[\mathrm{s}]$，y 軸を切ったときの y 座標 [(15)] $[\mathrm{m}]$ である。点電荷を速さ $2v_0\,[\mathrm{m/s}]$ で打ち出した場合の $x > 0$ の領域における経路を，$B_1\,[\mathrm{T}]$ 中へ速

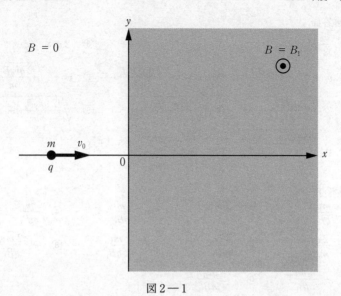

図 2 ― 1

さ v_0[m/s]で打ち出した場合と一致させるには，$x > 0$ の領域の磁場を
⒃ [T]にすればよい。x 軸上を正の向きに速さ $2v_0$[m/s]で運動し，
$t = 0$ s において $x = 0$ に達した点電荷が磁場 ⒃ [T]のもとで y 軸をふ
たたび横切る時刻 t_3 は ⒄ [s]である。

(9)の解答群

① $\dfrac{qB_1}{v_0}$ 　　② $\dfrac{B_1}{qv_0}$ 　　③ $\dfrac{v_0B_1}{q}$ 　　④ $q^2v_0B_1$ 　　⑤ $2q^2v_0B_1$

⑥ $qv_0B_1^{\,2}$ 　　⑦ $2qv_0B_1^{\,2}$ 　　⑧ $qv_0^{\,2}B_1$ 　　⑨ $2qv_0^{\,2}B_1$ 　　⓪ qv_0B_1

(10), (12)の解答群

① x 軸の正の向き 　　② x 軸の負の向き 　　③ y 軸の正の向き

④ y 軸の負の向き 　　⑤ xy 平面に垂直で紙面裏から表に向かう向き

⑥ xy 平面に垂直で紙面表から裏に向かう向き

(11)の解答群

① $\dfrac{v_0}{2}$ ② v_0 ③ $2\,v_0$

④ $v_0 + \sqrt{\dfrac{2\,q^2 v_0 B_1 t_1}{m}}$ ⑤ $v_0 + \sqrt{\dfrac{2\,q v_0{}^2 B_1 t_1}{m}}$ ⑥ $v_0 + \sqrt{\dfrac{2\,q v_0 B_1{}^2 t_1}{m}}$

⑦ $\sqrt{\dfrac{2\,q^2 v_0 B_1 t_1}{m} + v_0{}^2}$ ⑧ $\sqrt{\dfrac{2\,q v_0{}^2 B_1}{m} + v_0{}^2}$ ⑨ $\sqrt{\dfrac{2\,q v_0 B_1{}^2}{m} + v_0{}^2}$

⓪ $\sqrt{\dfrac{2\,q v_0 B_1 t_1}{m} + v_0{}^2}$

(13), (15)の解答群

① $\dfrac{m v_0}{q B_1}$ ② $\dfrac{2\,m v_0}{q B_1}$ ③ $\dfrac{4\,m v_0}{q B_1}$ ④ $\dfrac{q v_0}{m B_1}$

⑤ $\dfrac{2\,q v_0}{m B_1}$ ⑥ $\dfrac{4\,q v_0}{m B_1}$ ⑦ $-\dfrac{m v_0}{q B_1}$ ⑧ $-\dfrac{2\,m v_0}{q B_1}$

⑨ $-\dfrac{4\,m v_0}{q B_1}$ ⓪ $-\dfrac{q v_0}{m B_1}$

(14), (17)の解答群

① $\dfrac{m}{q B_1}$ ② $\dfrac{2\,m}{q B_1}$ ③ $\dfrac{m}{q B_1 v_0}$ ④ $\dfrac{2\,m}{q B_1 v_0}$ ⑤ $\dfrac{\pi m}{q B_1}$

⑥ $\dfrac{2\,\pi m}{q B_1}$ ⑦ $\dfrac{\pi m}{q B_1 v_0}$ ⑧ $\dfrac{2\,\pi m}{q B_1 v_0}$ ⑨ $\dfrac{\pi m}{2\,q B_1}$ ⓪ $\dfrac{\pi m}{2\,q B_1 v_0}$

(16)の解答群

① $\dfrac{B_1}{4}$ ② $\dfrac{B_1}{2}$ ③ $\dfrac{2}{3} B_1$ ④ B_1 ⑤ $\dfrac{3}{2} B_1$

⑥ $2 B_1$ ⑦ $3 B_1$ ⑧ $4 B_1$ ⑨ $6 B_1$ ⓪ $8 B_1$

    図 2－2 のように，3 次元空間のある平面上に x 軸，y 軸をとる。y 軸を中心として y 軸に沿った幅が $2d\,[\mathrm{m}]$（$d > 0$）の領域にのみ x 軸方向に電場をかけることができる。それ以外の領域には紙面裏から表に向かって紙面に垂直に磁束密度の大きさが $B_1\,[\mathrm{T}]$ の一様な磁場がかけられており，y 軸をはさんだ幅が $2d\,[\mathrm{m}]$ の領域には磁場が無い。磁場がかけられた領域について，$x < -d\,[\mathrm{m}]$ の領域を領域 A，$x > d\,[\mathrm{m}]$ の領域を領域 B とする。

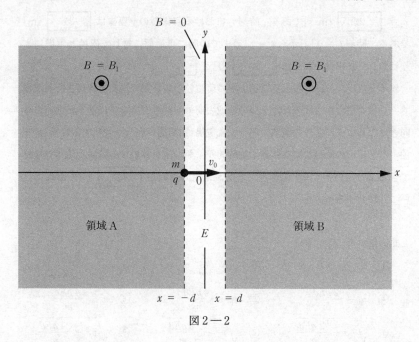

図 2 ― 2

　x 軸の正の向きに大きさ $E[\mathrm{V/m}]$ の電場がかかっている状態で，時刻 $t = 0\,\mathrm{s}$ において，$x = -d[\mathrm{m}]$，$y = 0$ の位置から質量 $m[\mathrm{kg}]$，電荷 $q[\mathrm{C}]\,(q > 0)$ の点電荷が速さ $v_0[\mathrm{m/s}]$ で x 軸の正の向きに打ち出された。$-d < x < d$ においては点電荷の運動エネルギーが電場によって大きくなることを考えると，時刻 t_1 において $x = d[\mathrm{m}]$，$y = 0$ の位置に到達したときの点電荷の速さ v_1 は，$v_1 =$ 　(18)　 $[\mathrm{m/s}]$，時刻 t_1 は d および v_0，v_1 を用いると $t_1 =$ 　(19)　 $[\mathrm{s}]$ と表せる。点電荷は領域Bを通って，時刻 t_2 にふたたび $x = d[\mathrm{m}]$ の平面上に達した。t_2 は $t_2 = t_1 +$ 　(20)　 $[\mathrm{s}]$，t_2 における点電荷の速さ v_2 は $v_2 =$ 　(21)　 $[\mathrm{m/s}]$ である。

　時刻 t_1 と時刻 t_2 の間に y 軸に沿った幅が $2d[\mathrm{m}]$ の領域の電場の大きさ E を変えずに向きを x 軸の負の向きに変えた。時刻 t_2 において $x = d[\mathrm{m}]$ の平面上にあった点電荷が時刻 $t_3[\mathrm{s}]$ に $x = -d[\mathrm{m}]$ の線上に達した。このときの速さ v_3 は $v_3 =$ 　(22)　 $[\mathrm{m/s}]$ で，点電荷が領域Aを通って再び $x = -d[\mathrm{m}]$ の線上に達する時刻 t_4 は $t_4 = t_3 +$ 　(23)　 $[\mathrm{s}]$，このときの点電荷の速さ v_4 は

$v_4 = \boxed{(24)}$ [m/s]である。時刻 t_4 における点電荷の y 座標は $\boxed{(25)}$ [m]

である。時刻 $t = 0$ [s]から $t = t_4$ [s]までの間に点電荷に対して磁場と電場によ

り行われた仕事はそれぞれ $\boxed{(26)}$ [J]と $\boxed{(27)}$ [J]である。

　サイクロトロンはこのような磁場中の荷電粒子の運動の性質を利用した加速器

で，一様な磁場がかけられた 2 つの領域の間の空間の電場を常に電子が加速する

向きになるように 2 つの領域の間に交流電場（周期的に向きが変化する電場）を印

加する。領域の間の空間を移動する時間が，領域内を移動する時間と比べて無視

できるほど短いとすると，印加する交流電場の周期が $\boxed{(28)}$ [s]であれば良

いことがわかる。

(18)の解答群

① v_0

② $v_0 + \dfrac{qEd}{m}$

③ $v_0 + \dfrac{2\,qEd}{m}$

④ $v_0 - \dfrac{2\,qEd}{m}$

⑤ $v_0 + \dfrac{4\,qEd}{m}$

⑥ $v_0 - \dfrac{4\,qEd}{m}$

⑦ $\sqrt{v_0{}^2 + \dfrac{2\,qEd}{m}}$

⑧ $\sqrt{v_0{}^2 - \dfrac{2\,qEd}{m}}$

⑨ $\sqrt{v_0{}^2 + \dfrac{4\,qEd}{m}}$

⓪ $\sqrt{v_0{}^2 - \dfrac{4\,qEd}{m}}$

(19)の解答群

① $\dfrac{d}{v_0}$

② $\dfrac{d}{v_1}$

③ $\dfrac{2\,d}{v_0}$

④ $\dfrac{2\,d}{v_1}$

⑤ $\dfrac{2\,d}{v_0 + v_1}$

⑥ $\dfrac{2\,d}{\sqrt{v_0 v_1}}$

⑦ $\dfrac{4\,d}{v_0}$

⑧ $\dfrac{4\,d}{v_1}$

⑨ $\dfrac{4\,d}{v_0 + v_1}$

⓪ $\dfrac{4\,d}{\sqrt{v_0 v_1}}$

(20), (28)の解答群

① $\dfrac{m}{qB_1}$

② $\dfrac{2\,m}{qB_1}$

③ $\dfrac{m}{qB_1 v_1}$

④ $\dfrac{2\,m}{qB_1 v_1}$

⑤ $\dfrac{\pi m}{qB_1}$

⑥ $\dfrac{2\,\pi m}{qB_1}$

⑦ $\dfrac{\pi m}{qB_1 v_1}$

⑧ $\dfrac{2\,\pi m}{qB_1 v_1}$

⑨ $\dfrac{\pi m}{2\,qB_1}$

⓪ $\dfrac{\pi m}{2\,qB_1 v_1}$

⑵⑴の解答群

① $\dfrac{v_1}{2}$

② v_1

③ $2\,v_1$

④ $v_1 + \sqrt{\dfrac{2\,q^2 v_1 B_1 (\,t_2 - t_1\,)}{m}}$

⑤ $v_1 + \sqrt{\dfrac{2\,q v_1{}^2 B_1 (\,t_2 - t_1\,)}{m}}$

⑥ $v_1 + \sqrt{\dfrac{2\,q v_1 B_1{}^2 (\,t_2 - t_1\,)}{m}}$

⑦ $\sqrt{\dfrac{2\,q^2 v_1 B_1 (\,t_2 - t_1\,)}{m} + v_1{}^2}$

⑧ $\sqrt{\dfrac{2\,q v_1{}^2 B_1 (\,t_2 - t_1\,)}{m} + v_1{}^2}$

⑨ $\sqrt{\dfrac{2\,q v_1 B_1{}^2 (\,t_2 - t_1\,)}{m} + v_1{}^2}$

⓪ $\sqrt{\dfrac{2\,q v_1 B_1 (\,t_2 - t_1\,)}{m} + v_1{}^2}$

⑵⑵の解答群

① v_2

② $v_2 + \dfrac{qEd}{m}$

③ $v_2 + \dfrac{2\,qEd}{m}$

④ $v_2 - \dfrac{2\,qEd}{m}$

⑤ $v_2 + \dfrac{4\,qEd}{m}$

⑥ $v_2 - \dfrac{4\,qEd}{m}$

⑦ $\sqrt{v_2{}^2 + \dfrac{2\,qEd}{m}}$

⑧ $\sqrt{v_2{}^2 - \dfrac{2\,qEd}{m}}$

⑨ $\sqrt{v_2{}^2 + \dfrac{4\,qEd}{m}}$

⓪ $\sqrt{v_2{}^2 - \dfrac{4\,qEd}{m}}$

⑵⑶の解答群

① $\dfrac{m}{qB_1}$

② $\dfrac{2\,m}{qB_1}$

③ $\dfrac{m}{qB_1 v_3}$

④ $\dfrac{2\,m}{qB_1 v_3}$

⑤ $\dfrac{\pi m}{qB_1}$

⑥ $\dfrac{2\,\pi m}{qB_1}$

⑦ $\dfrac{\pi m}{qB_1 v_3}$

⑧ $\dfrac{2\,\pi m}{qB_1 v_3}$

⑨ $\dfrac{\pi m}{2\,qB_1}$

⓪ $\dfrac{\pi m}{2\,qB_1 v_3}$

⑵⑷の解答群

① $\dfrac{v_3}{2}$

② v_3

③ $2\,v_3$

④ $v_3 + \sqrt{\dfrac{2\,q^2 v_3 B_1 (\,t_4 - t_3\,)}{m}}$

⑤ $v_1 + \sqrt{\dfrac{2\,q v_3{}^2 B_1 (\,t_4 - t_3\,)}{m}}$

⑥ $v_3 + \sqrt{\dfrac{2\,q v_3 B_1{}^2 (\,t_4 - t_3\,)}{m}}$

⑦ $\sqrt{\dfrac{2\,q^2 v_3 B_1 (\,t_4 - t_3\,)}{m} + v_3{}^2}$

⑧ $\sqrt{\dfrac{2\,q v_3{}^2 B_1 (\,t_4 - t_3\,)}{m} + v_3{}^2}$

⑨ $\sqrt{\dfrac{2\,q v_3 B_1{}^2 (\,t_4 - t_3\,)}{m} + v_3{}^2}$

⓪ $\sqrt{\dfrac{2\,q v_3 B_1 t_1 (\,t_4 - t_3\,)}{m} + v_3{}^2}$

⑳の解答群

① 0　　　　　　　　　② $\dfrac{mv_4}{qB_1}$

③ $-\dfrac{mv_4}{qB_1}$　　　　　④ $\dfrac{2m(2v_4-v_3)}{qB_1}$

⑤ $\dfrac{2m(v_3-v_1)}{qB_1}$　　　　⑥ $-\dfrac{2m(v_3-v_1)}{qB_1}$

⑦ $\dfrac{4m(2v_4-v_3)}{qB_1}$　　　⑧ $-\dfrac{4m(2v_4-v_3)}{qB_1}$

⑨ $\dfrac{m(v_3-v_1)}{qB_1}$　　　　⓪ $-\dfrac{m(v_3-v_1)}{qB_1}$

⑳, ㉗の解答群

① 0　　　　② qEd　　　　③ $2qEd$

④ $3qEd$　　　⑤ $4qEd$　　　⑥ $qv_1B_1(t_2-t_1)$

⑦ $qv_3B_1(t_4-t_3)$　　⑧ $qB_1\{v_1(t_2-t_1)+v_3(t_4-t_3)\}$

⑨ $qv_1B_1(t_4-t_1)$　　⓪ $qv_3B_1(t_4-t_1)$

　直線導体に電流を流す場合にも，導体内を運動する荷電粒子に対して磁場によるローレンツ力が作用する。ただし，荷電粒子の運動空間は導体内に限定されている。

　図2—3のように，細い直線導体を電荷 q [C]（$q>0$）を含む微小長さ $\varDelta x$ [m] の部分がつながったものと考える。直線導体に垂直に磁束密度の大きさ B_1 [T] の磁場が印加されており，この1つの微小部分内の電荷が速さ v [m/s] で導体に沿って動いているとすると，導体の微小長さ $\varDelta x$ のなかの電荷 q が磁場から受けるローレンツ力の大きさは　㉙　[N]，電流 I の大きさは，$I=$　㉚　[A] と表せる。

　真空中で電流 I [A] の直線電流が r [m] 離れた位置に作る磁束密度 B の大きさは，真空の透磁率 μ_0 を用いて $B=\mu_0 I/2\pi r$ [T] と書ける。1mの間隔で平行に置かれた2本の細い直線導体のうち，1つの直線導体のなかの微小長さ $\varDelta x$ [m] に含まれ速さ v [m/s] で導体に沿って動いている電荷が q [C] の部分が，電流 I [A] が流れているもう1本の直線導体が作る磁場によって受けるローレンツ力

の大きさは，　(31)　[N]であり，直線導体 1 m あたりではその $1/\Delta x$ 倍にな
る。

　2019 年に改訂されるまでの国際単位系では 1 A を，「真空中で 1 m の間隔で置
かれた無限に長い 2 本の平行導線に同じ大きさの電流を流したときに，導線 1 m
あたりにはたらく力が 2×10^{-7} N となる電流の大きさ」と定義していた。以上よ
り，真空の透磁率 μ_0 の値は　(32)　[T·m/A]（$=$[N/A^2]）であることがわか
る。

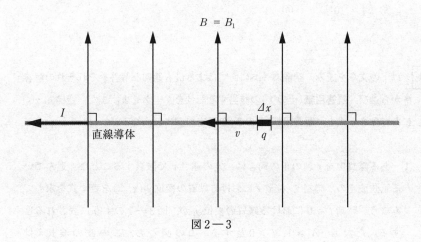

図 2 — 3

(29)の解答群

① $\dfrac{qB_1}{v}$　　② $\dfrac{B_1}{qv}$　　③ $\dfrac{vB_1}{q}$　　④ q^2vB_1　　⑤ $2q^2vB_1$

⑥ qvB_1^2　　⑦ $2qvB_1^2$　　⑧ qv^2B_1　　⑨ $2qv^2B_1$　　⓪ qvB_1

(30)の解答群

① qv　　② $qv\Delta x$　　③ $\dfrac{qv}{\Delta x}$　　④ qv^2　　⑤ $qv^2\Delta x$

⑥ $\dfrac{qv^2}{\Delta x}$　　⑦ $2qv$　　⑧ $2qv\Delta x$　　⑨ $\dfrac{2qv}{\Delta x}$　　⓪ $\dfrac{2qv^2}{\Delta x}$

(31)の解答群

① $\dfrac{\mu_0 qvI}{\pi}$　② $\dfrac{\mu_0 qvI}{2\pi}$　③ $\dfrac{\mu_0 qv}{\pi}$　④ $\dfrac{\mu_0 qv}{2\pi}$　⑤ $\dfrac{qvI}{\pi}$

⑥ $\dfrac{qvI}{2\pi}$　⑦ $\mu_0 qvI$　⑧ $\dfrac{\mu_0 qvI}{2}$　⑨ $\mu_0 qv$　⓪ $\dfrac{\mu_0 qv}{2}$

(32)の解答群

① $\pi \times 10^{-7}$　② $2\pi \times 10^{-7}$　③ $4\pi \times 10^{-7}$　④ $\pi \times 10^{-6}$

⑤ $2\pi \times 10^{-6}$　⑥ $4\pi \times 10^{-6}$　⑦ 1×10^{-7}　⑧ 2×10^{-7}

⑨ 4×10^{-7}　⓪ 1

---

3 以下の文章を読み，空欄(33)〜(45)にあてはまる最も適切な解答をそれぞれの解答群から選び，**解答用紙（その 1）**の該当する記号をマークせよ。また，空欄(a)〜(c)にあてはまる式を，**解答用紙（その 2）**の所定の欄に記入せよ。

(I) ある媒質中を x 軸の正の向きに一定の速さ v で減衰することなく進んでいる正弦波 1 の，時刻 t，位置 x における媒質の変位 $y_1(x, t)$ を表す式を求めてみよう。時刻 $t = 0$ における媒質の変位 y_1 が，図 3—1 のように表されるとする。ただし，$A > 0$，$l > 0$ とする。この図から，この波の波長 λ は $\boxed{(33)}$ であることが分かる。また，$t = 0$ での任意の x における変位は，A，λ を用いて $y_1(x, 0) = \boxed{(34)}$ と表される。一方，この波の周期 T は，v，λ を用いて $\boxed{(35)}$ と表される。また，$x = 0$ における任意の時刻 t での変位 $y_1(0, t)$ を表す最も適切なグラフは $\boxed{(36)}$ である。ここで，$\dfrac{1}{4}$ 周期（$T/4$ [s]）の間に波は x 軸の正の方向に $\boxed{(37)}$ だけ進むので，$t = T/4$ における位置 x の媒質の振動は $t = 0$ における位置 $x - \boxed{(37)}$ の媒質の振動と同じと見なせる。つまり，$y_1\left(x, \dfrac{T}{4}\right) = y_1\left(x - \boxed{(37)}, 0\right)$ の関係が成り立つ。これらをもとに，時刻 t での x における媒質の変位を表す式は，A，l，v，x，t を用いて $y_1(x, t) = \boxed{(a)}$ で表される。

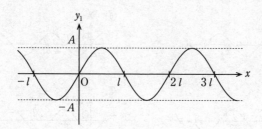

図 3 － 1

⑶の解答群

① 0　　　　② $\dfrac{l}{2}$　　　③ l　　　　④ $2l$　　　⑤ $3l$

⑥ $4l$　　　⑦ $\dfrac{A}{2}$　　　⑧ A　　　⑨ $2A$　　　⓪ $4A$

⑶の解答群

① $A \sin \lambda x$　　② $A \sin 2\pi \lambda x$　　③ $A \sin \dfrac{x}{\lambda}$　　④ $A \sin \dfrac{2\pi x}{\lambda}$

⑤ $A \sin \dfrac{x}{2\pi \lambda}$　　⑥ $A \cos \lambda x$　　⑦ $A \cos 2\pi \lambda x$　　⑧ $A \cos \dfrac{x}{\lambda}$

⑨ $A \cos \dfrac{2\pi x}{\lambda}$　　⓪ $A \cos \dfrac{x}{2\pi \lambda}$

⑶の解答群

① $v\lambda$　　　② $\dfrac{v}{\lambda}$　　　③ $\dfrac{\lambda}{v}$　　　④ $2\pi v\lambda$　　　⑤ $\dfrac{v}{2\pi \lambda}$

⑥ $\dfrac{2\pi v}{\lambda}$　　⑦ $\dfrac{\lambda}{2\pi v}$　　⑧ $\dfrac{2\pi \lambda}{v}$　　⑨ $\dfrac{1}{v\lambda}$　　⓪ $\dfrac{1}{2\pi v\lambda}$

⑶の解答群

① 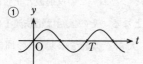　　　②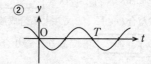

③ 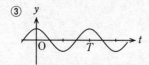　　　④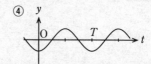

⑤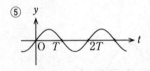

⑥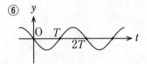

⑦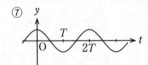

⑧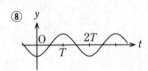

(37)の解答群

① $\dfrac{T}{4}$　　② $\dfrac{T}{2}$　　③ $\dfrac{Tl}{4}$　　④ $\dfrac{Tl}{2}$　　⑤ $\dfrac{Tv}{4}$

⑥ $\dfrac{Tv}{2}$　　⑦ $\dfrac{Tl}{4v}$　　⑧ $\dfrac{Tl}{2v}$　　⑨ $\dfrac{Tv}{4l}$　　⓪ $\dfrac{Tv}{2l}$

(Ⅱ)　次に，図3—2のように $x = 10l$ の地点に x 軸に対して垂直な壁を置いた。図3—1で示した正弦波1を発生させたところ，正弦波1はこの壁で自由端反射し，x 軸の負の向きに進む反射波が発生した。原点 $x = 0$ の媒質の振動が，x 軸の正の向きに伝わって壁で反射された後，x 軸の負の向きに伝わって $x(< 10l)$ の位置にある媒質に伝わるまでの時間は ⏢(38) である。自由端では反射の際に波の位相は変化しないので，自由端反射した反射波の x における振動は，入射波（正弦波1）の $x = 0$ における振動に比べてこの時間だけ遅れる。したがって，反射波の時刻 t，位置 x における振動は，正弦波1の時刻 $t -$ (38) ，位置 $x = 0$ における振動と同じと見なせる。つまり反射波の変位 $y_{1R}(x, t)$ と入射波の変位 $y_1(x, t)$ の間には，$y_{1R}(x, t) = y_1(0, t -$ (38) $)$ の関係が成り立つ。これらをもとに，反射波の時刻 t での x における変位は，A, l, v, x, t を用いて $y_{1R}(x, t) =$ (b) と表される。なお，この反射波と正弦波1の重ね合わせによって生じる合成波は定常波となる。その振幅は正弦波1の振幅の (39) 倍であり，隣り合う腹（最も大きく振動する場所）の間隔は (40) である。

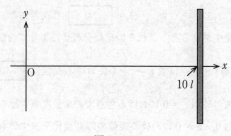

図 3 — 2

(38)の解答群

① $10\,lv$ ② $20\,lv$ ③ $(10\,l - x)v$

④ $(20\,l - x)v$ ⑤ $(20\,l + x)v$ ⑥ $\dfrac{10\,l}{v}$

⑦ $\dfrac{20\,l}{v}$ ⑧ $\dfrac{10\,l - x}{v}$ ⑨ $\dfrac{20\,l - x}{v}$

⓪ $\dfrac{20\,l + x}{v}$

(39)の解答群

① $\dfrac{1}{4}$ ② $\dfrac{1}{2}$ ③ 1   ④ $\dfrac{3}{2}$ ⑤ 2

⑥ 3   ⑦ 4   ⑧ 6   ⑨ 8   ⓪ 0

※(39)については，条件が不足しており，正解が定まらないことが判明したため，全員正解の措置が取られたことが大学から公表されている。

(40)の解答群

① $\dfrac{l}{4}$ ② $\dfrac{l}{2}$ ③ l ④ $2\,l$ ⑤ $3\,l$

⑥ $4\,l$ ⑦ $\dfrac{l}{2v}$ ⑧ $\dfrac{l}{v}$ ⑨ $\dfrac{2\,l}{v}$ ⓪ $\dfrac{4\,l}{v}$

(Ⅲ)　時刻 $t = 0$ における媒質の各点での変位 y_2 が図 3 — 3 のように表される正弦波 2 を考える。正弦波 2 も，正弦波 1 と同じように x 軸の正の向きに速さ v で進んでいる。この正弦波 2 の振動数は　(41)　であり，正弦波 1 の振動数の　(42)　倍となる。また，正弦波 2 の時刻 t での x における変位を表す式

は，A，l，v，x，t を用いて $y_2(x,\ t) =$ ⬚ (c) ⬚ と表される。正弦波 1 と正弦波 2 を同時に発生させると，これらの重ね合わせによって合成波ができる。

この合成波の時刻 $t = 0$，位置 $x = \dfrac{1}{4}l$ における変位は ⬚(43)⬚ となる。

また，この合成波の時刻 $t = 0$ における各点での変位を表す最も適切なグラフは ⬚(44)⬚ であり，$x = 0$ における変位の時間変化を表す最も適切なグラフは ⬚(45)⬚ である。なお，解答群のグラフ中の λ_1 と T_1 は，それぞれ正弦波 1 の波長と周期を表す。

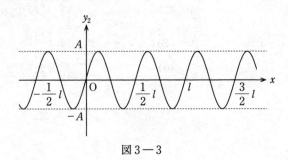

図 3 — 3

(41)の解答群

① $\dfrac{lv}{2}$　　② lv　　③ $2\,lv$　　④ $4\,lv$　　⑤ $2\pi lv$

⑥ $\dfrac{v}{2\,l}$　　⑦ $\dfrac{v}{l}$　　⑧ $\dfrac{2\,v}{l}$　　⑨ $\dfrac{4\,v}{l}$　　⓪ $\dfrac{2\pi v}{l}$

(42)の解答群

① $\dfrac{1}{4}$　　② $\dfrac{1}{2}$　　③ 1　　④ $\dfrac{3}{2}$　　⑤ 2

⑥ 3　　⑦ 4　　⑧ 6　　⑨ 8　　⓪ 0

(43)の解答群

① $\dfrac{1}{4}A$　　② $\dfrac{1}{2}A$　　③ $\dfrac{\sqrt{2}}{2}A$　　④ $\dfrac{\sqrt{3}}{2}A$　　⑤ A

⑥ $\sqrt{2}\,A$　　⑦ $\dfrac{3}{2}A$　　⑧ $\sqrt{3}\,A$　　⑨ $2A$　　⓪ $2\sqrt{2}\,A$

⒁の解答群

①

②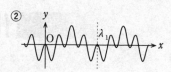

③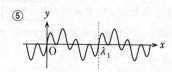

④

⑤

⑥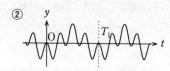

⑦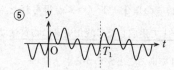

⑧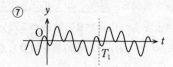

⒂の解答群

①

②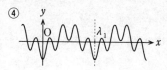

③

④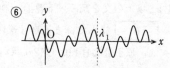

⑤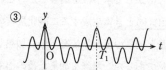

⑥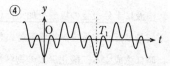

⑦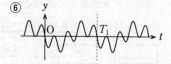

⑧

■■■ 化学 ■

（80 分）

I 　次の問 1，問 2 の答を解答用マーク・シートの指定された欄にマークせよ。

問 1　以下の文を読み，下線①，②の値を有効数字 2 桁で求め， 1 〜
6 にあてはまる最も適切な数値を，同じ番号の解答欄にマークせ
よ。原子量は H 1.0，C 12.0，O 16.0，Na 23.0，Cl 35.5 とする。

　　塩化ナトリウムの飽和水溶液にアンモニアと二酸化炭素を吹き込むと，比
較的溶解度の小さい化合物 A が沈殿する。また，水酸化ナトリウムの水溶液
に二酸化炭素を吹き込むと化合物 B が生成する。以下の実験では，反応で生
成した二酸化炭素の量を正確に測定するために，強酸性にした溶液に窒素を
吹き込むことで，溶液に溶解している全ての二酸化炭素を気体として取り出
した。また，20 ℃における化合物 B の無水物の水に対する溶解度は 20.0 と
する。

　　化合物 A と化合物 B の混合物 X を水に溶かして水溶液を調製した。この水
溶液に十分な量の塩酸を加えた（実験操作 1）ときに生成する二酸化炭素の物
質量は，水溶液を調製する時に使った量と同量の混合物 X を十分に加熱した
時に生成する二酸化炭素の物質量の 3 倍であった。塩酸を加えた後の溶液を
加熱して液体を全て蒸発させると 1.17 g の塩化ナトリウムが得られた。以
上の実験から，下線で示した実験操作 1 で生成した二酸化炭素の物質量は，
①
1 . 2 × 10⁻ 3 mol であることがわかる。

　　次に，化合物 B の 20 ℃の飽和水溶液を調製し，温度を 20 ℃に保ちながら
水を蒸発させる（実験操作 2）と，水和水をもつ化合物 B の結晶が 5.72 g 析
出した。析出した結晶の全量を水に溶かして 100 mL の水溶液を調製した。
この水溶液を 20.0 mL はかりとり，pH 指示薬としてフェノールフタレイン

を数滴加えた。この溶液に濃度 0.20 mol/L の塩酸を少しずつ滴下したところ，滴下量が 20.0 mL になったときに溶液の色が赤色から無色に変化した。以上の実験から，下線で示した実験操作 2 で蒸発した水の質量は，
②

$\boxed{4}$. $\boxed{5}$ × 10 $\boxed{6}$ g であることがわかる。

問 2　以下の文を読み，下線①〜④，⑥，⑦の値を有効数字 2 桁で求め，

$\boxed{7}$ 〜 $\boxed{18}$ ， $\boxed{20}$ 〜 $\boxed{25}$ にあてはまる最も適切な

数値を，同じ番号の解答欄にマークせよ。また，下線⑤として $\boxed{19}$ に

あてはまる最も適切な反応速度式を，下線⑧として $\boxed{26}$ にあてはまる

最も適切な素反応を，それぞれ，語群から選び同じ番号の解答欄にマークせよ。ただし，気体はすべて理想気体とし，気体定数は $8.3 × 10^3$ Pa·L/ (K·mol) とする。

　　気体の五酸化二窒素 (N_2O_5) は分解して，気体の二酸化窒素 (NO_2) と酸素 (O_2) を生成する。

$$2\,N_2O_5 \rightarrow 4\,NO_2 + O_2 \quad \cdots\cdots\cdots \text{(A)}$$

この分解反応の速さ（反応速度）は，反応物 (N_2O_5) の濃度の単位時間あたりの減少量によって表される。

　　温度 47℃ に保った一定容積の容器に，N_2O_5 を圧力が $3.32 × 10^5$ Pa になるように入れ，(A)式の分解反応を行ったところ，5 分後の全圧は初期圧力の 1.60 倍になった。このことから，初めに容器に入れた N_2O_5 のうち 5 分後に
①

分解した N_2O_5 の割合は $\boxed{7}$. $\boxed{8}$ × 10 $\boxed{9}$ ％であり，5 分後

の N_2O_5 のモル濃度 [N_2O_5] は $\boxed{10}$. $\boxed{11}$ × 10$^{-\boxed{12}}$ mol/L と計

算される。したがって，最初の 5 分間の平均の反応速度は
③

$\boxed{13}$. $\boxed{14}$ × 10$^{-\boxed{15}}$ mol/(L·min) とわかる。また，10 分後の

全圧は初期圧力の 1.96 倍であった。この結果から，5 分から 10 分の間の平
④

均の反応速度を計算すると $\boxed{16}$. $\boxed{17}$ × 10$^{-\boxed{18}}$ mol/(L·min)

となる。これら 2 つの 5 分間ごとの平均の反応速度から，反応速度式を決定

し，反応速度定数 k を求めると，反応速度式は ┃ 19 ┃ となり，反応速

度定数 k は ┃ 20 ┃．┃ 21 ┃ $\times 10^{-\boxed{22}}$ /min となる。そして，15 分

後の $[N_2O_5]$ は ┃ 23 ┃．┃ 24 ┃ $\times 10^{-\boxed{25}}$ mol/L と計算される。

　　ここで，(A)式の分解反応は，次のような 3 つの反応段階(素反応)を経てお

り，それぞれの素反応の反応速度式は，次のように表されることがわかって

いる。

$N_2O_5 \rightarrow N_2O_3 + O_2$ …… (a)　　反応(a)の反応速度式：$v_a = k_a[N_2O_5]$

$N_2O_3 \rightarrow NO + NO_2$ …… (b)　　反応(b)の反応速度式：$v_b = k_b[N_2O_3]$

$N_2O_5 + NO \rightarrow 3NO_2$ … (c)　　反応(c)の反応速度式：$v_c = k_c[N_2O_5][NO]$

((a)式＋(b)式＋(c)式＝(A)式)　　　　ただし，k_a，k_b，k_c はそれぞれの素反応の

　　　　　　　　　　　　　　　　　　　反応速度定数

　　上記の実験結果から，N_2O_5 の分解反応の反応速度式が ┃ 19 ┃ で表さ

れることから，反応(a)〜反応(c)のうち律速段階((A)式全体の反応速度を決め

る素反応)は ┃ 26 ┃ であることがわかる。

[語群]

┃ 19 ┃

①　$v = k[N_2O_5]^2$ 　　　　　　　②　$v = k[NO_2]^4[O_2]$

③　$v = k[N_2O_5]$ 　　　　　　　　④　$v = k[N_2O_3]$

⑤　$v = k[N_2O_5][NO]$ 　　　　　⑥　$v = k[N_2O_5]^2[N_2O_3][NO]$

┃ 26 ┃

①　反応(a)　　　　　②　反応(b)　　　　　③　反応(c)

④　反応(a)と反応(b)　⑤　反応(a)と反応(c)　⑥　反応(b)と反応(c)

Ⅱ　次の文を読み，設問(1)～(5)の答を解答欄に記入せよ。ただし，原子量は
H 1，N 14，O 16，Na 23，Cl 35，Ca 40，Fe 56，Cu 64，Zn 65，Ag 108，
Ba 137，Pb 207 とし，アボガドロ定数は 6.0×10^{23}/mol とする。

　金属元素A，B，C，Dは Na, Ca, Fe, Cu, Zn, Ag, Ba, Pb のいずれかで
あり，異なる元素である。A，B，C，Dは，それぞれ対応するイオンa，b，
c，dを形成する。a，b，c，dは，いずれも1種類だけの陽イオンである。
また，b，c，dは2価あるいは3価のイオンである。これらを用いて以下の実
験(実験ア～ク)を実施した。なお，各実験では，主たる反応のみが進行したもの
とする。

実験ア　5.4 g の金属Aを濃硝酸と完全に反応させると，aを陽イオン成分とす
　　　　る硝酸塩Eが 8.5 g 得られた。

実験イ　aは塩化物イオンと反応して化合物Fを生じた。Fの飽和水溶液を
　　　　1.0 L つくったところ，1.43×10^{-3} g のFが完全に溶解していた。この水
　　　　溶液中の塩化物イオンの濃度を 1.0×10^{-4} mol/L に増加したところ，<u>一</u>
　　　　<u>部のFが沈殿として析出した。</u>①

実験ウ　aとbとcを含む硝酸水溶液に硫化水素を通じたところ，黒色沈殿Gと
　　　　硫黄の沈殿が生じた。全ての沈殿をろ過によって分離した後，ろ液を加熱
　　　　し，硫化水素を除いた。続いて，濃硝酸を数滴加え，さらにアンモニア水
　　　　を十分な量加えたところ，赤褐色沈殿Hが生じた。沈殿Hをろ過によって
　　　　分離した後，ろ液に再度硫化水素を通じたところ，白色沈殿Ⅰが生じた。

実験エ　bを陽イオン成分とする硫酸塩J，dを陽イオン成分とする硫酸塩K
　　　　は，いずれも水によく溶けた。また，金属Cに希硫酸を加えると溶けた。

実験オ　Eの水溶液に金属Dを浸したところ，金属Aが析出した。一方，金属B
　　　　の板をKの水溶液に浸したところ，金属Bの板の表面に<u>金属Dが析出し，</u>②

薄い膜が形成された。

実験カ　b を含む水溶液に，少量の水酸化ナトリウム水溶液を加えると L の白色
　　　　ゲル状沈殿が生じた。さらに水酸化ナトリウム水溶液を加えると沈殿 L は
　　　　溶解し，無色の溶液が得られた。また，沈殿 L は過剰のアンモニア水にも
　　　　溶け，無色の溶液が得られた。

実験キ　金属 C に塩酸を加えると，気体を発生して溶けた。
　　③

実験ク　K を水に溶かし，少量のアンモニア水を加えたところ，青白色沈殿 M が
　　　　生じた。さらにアンモニア水を加えると沈殿は溶解し，深青色水溶液とな
　　　　　　　　　④
　　　　った。

(1)　E，G，H，I，L，M として最も適切な化合物の化学式をそれぞれ記せ。

(2)　下線①について，塩化物イオンの増加に伴って析出した F の質量(g)を有効
　　　数字 2 桁で求めよ。ただし，水溶液中の塩化物イオンの濃度を増加しても，水
　　　溶液の体積と温度の変化は無視するものとする。

(3)　下線②について，析出した金属 D の質量は 0.36 g であり，生じた膜の面積
　　　は 1.0×10^2 cm^2 であった。金属 B の平らな板の上に金属 D が均一に析出した
　　　ものとし，析出した金属 D の膜の厚さ(cm)を有効数字 2 桁で求めよ。ただ
　　　し，析出した金属 D の結晶構造は面心立方格子とし，単位格子の体積は
　　　4.7×10^{-23} cm^3 とする。

(4)　下線③の反応の化学反応式を示せ。

(5)　下線④の反応の化学反応式を示せ。

III　次の問1，問2の答を解答欄に記入せよ。構造式は例にならって示せ。

構造式の例

CH₂－CH₃

問1　以下の文を読み，設問(1)～(4)の答を解答欄に記入せよ。

　　　炭素の原子価は4である。エタンの炭素原子は3つの水素原子と1つの炭素原子と結合している。メタノールの炭素原子は3つの水素原子と1つの酸素原子と結合している。分子式 C_6H_{14} である飽和炭化水素**A**には，4つの結合全てが炭素原子と結合した炭素原子が存在している。

(1)　化合物**A**の構造式を示せ。

(2)　化合物**A**の水素原子のうち1つだけをヒドロキシ基に置換した化合物のなかで，不斉炭素原子が存在する化合物の構造式を示せ。

(3)　化合物**A**の水素原子のうち2つだけをヒドロキシ基に置換した化合物のなかで，不斉炭素原子が存在する化合物の構造式を全て示せ。ただし，2つのヒドロキシ基は異なる炭素原子に置換しているものとする。

(4)　(3)の下線部の化合物（2つのヒドロキシ基は異なる炭素原子に置換している）のなかで，不斉炭素原子が存在しない化合物について考える。2つのヒドロキシ基の1つだけを酢酸と反応させてエステル化を行い，化合物**B**を得た。**B**には不斉炭素原子が存在した。化合物**B**の構造式を示せ。

問2　以下の文を読み，設問(1)～(2)の答を解答欄に記入せよ。

　　　トルエンを濃硫酸と濃硝酸の混合物と反応させると，化合物**A**が得られた。**A**はオルト位が置換した二置換体であった。**A**をスズと塩酸を用いて反応させた後に，中和すると化合物**B**が得られた。氷水を用いて冷却しながら，**B**を塩酸と亜硝酸ナトリウムと反応させた後に，この水溶液を5℃以上に温めると**C**が得られた。**C**と無水酢酸を反応させると化合物**D**が得られ

た。

(1) 化合物 **A** ～ **D** の構造式を示せ。

(2) 分子式 C_9H_{12} である芳香族炭化水素 **E** がある。**E** を濃硫酸と濃硝酸の混合物と反応させたところ，ベンゼン環の水素原子が 1 つだけ置換した生成物のみが生成し，2 つ以上置換した生成物は生成しなかった。この反応では，置換する水素原子の位置が異なる構造異性体が生成するが，**E** から得られる生成物は 1 種類であった。化合物 **E** の構造式を示せ。ただし，置換基の種類にかかわらず，置換反応は全ての位置において同じ起こりやすさとする。

解答編

■英語■

1　**解答**　〔1〕全訳下線部A，B参照。

〔2〕1—(1)　2—(3)　3—(2)　4—(4)　5—(4)　6—(1)　7—(2)　8—(3)　9—(4)　10—(3)　11—(1)　12—(2)　13—(3)　14—(1)　15—(4)

━━━━━◆全　訳◆━━━━━

≪在宅勤務改革を先導する企業≫

メモリアルデー（戦没将兵追悼記念日）の週末は，公式ではないが夏の始まりである。同時に，わが国において経済を再開し始めるターニングポイントにもなるかもしれない。

この数カ月，私たちは地元や州や政府の役人からステイホームを言われ，不要不急の業種はその活動を停止せざるを得なくなった。あなたはおそらく，人々がある種の正常な状態に戻ろうとしている傾向がソーシャルメディアに現れつつあることに気付いているだろう。

コロナウイルスの影響が少なかった州は（経済を）再開し，感染爆発に見舞われた州では，規制のいくつかを緩和することが話に上がっている。アンソニー゠ファウチ博士は今週，経済をあまりに長い間停止させておけば，「取り返しのつかない被害」を引き起こしかねないと述べた。

評判の良いテック企業の CEO たちの中には，会社を率いながら厳しい決定をし始めた人々もいた。選択肢を慎重に検討し，多くの経営幹部が従業員に対し在宅勤務を引き続き認めることを選んでいる。結果として，在宅勤務の傾向が強まってきている。

ツイッターとスクエア両方の CEO を務めるジャック゠ドーシー氏は，この2社の従業員に対し，「永久に」在宅勤務を続けることができるという通知を出した。フェイスブックの CEO，マーク゠ザッカーバーグ氏はこれに続き，フェイスブックの従業員も在宅勤務をしてよいと発表した。

しかし，これには注意すべき警告が潜んでいる。サンフランシスコから物価の安い地域へ引っ越した者は，新居に見合った賃金率に相応する賃金カットを受け入れなければならない可能性があるのだ。

　最近のギャラップ調査によると，「こうした従業員のいくらかはオフィスに戻れるかもしれないが，気持ちの上で準備ができているのはわずか4分の1のようである。別の4分の1は特にコロナウイルス感染を心配してオフィスに戻りたがらず，残り半分は個人的にテレワークを好んでいる」ことが明らかとなった。

　グローバル・ワークプレイス・アナリティクスのケイト＝リスター社長は，「社員の77％が，このパンデミックが終息した後も，少なくとも週に1回は在宅勤務を続けたいと言っている」と述べた。リスター社長は，「2021年の年末までには，25〜30％の社員が，週に数日在宅勤務をしているだろう」と予測している。

　ズームやスラック，グーグルハングアウトといったサービスのような，他者と協働し絶えずつながっていられる技術が広く利用され，しかも使いやすくなったことで，私たちは新たな在宅勤務体制にスムーズに順応することができた，というのが大方の見方のようである。

　従業員たちは，長時間通勤から免れ，（学校が閉まっているため）家にいる子供たちの面倒を見て，コロナウイルスにかかったかもしれない家族の世話をする機会を持てたことに感謝した。経営幹部たちは，費用を削減できる可能性があるということに気付いた。というのも，オフィススペースを借り上げるための高い長期間リースがもう必要ないかもしれないからである。

　企業の幹部たちは，社員が在宅勤務の機会を享受し，環境保護の一端を担うことができ（職場との行き来に車やバスを使うことがなくなるため），不動産費用が急激に下落するであろう（オフィスで働く人が少なくなるため）ことを認識している。

　ショッピファイ，コインベース，アップワーク，ラムダスクールやその他企業も，社員の在宅勤務を認めている。

　ショッピファイは，オンラインストア向けのeコマースプラットフォームや小売り用POSシステムを提供する，カナダに拠点を置く急成長中のグローバル企業である。ショッピファイは世界約175カ国の100万店舗以

上で利用され，流通取引総額は 411 億ドルを超える。

　CEO であり創業者のトビ＝ルーク氏は「本日をもって，ショッピファイはデジタル・バイ・デフォルトの企業になる。我々は 2021 年までオフィスを閉め，この新たな現実に向けて作り直せるようにする。そしてその後は，ほとんどの従業員が永久にテレワークをするようになるだろう。オフィス中心主義は終わったのだ」とツイートした。ルーク氏はまた，「最近まで，仕事と言えばオフィスで行うものだった。当社ではいつも誰かが離れた場所で働いてはいたが，オフィスへの架け橋としてインターネットを用いていた。これからはそれが逆になるだろう。未来のオフィスは，社員の「#在宅勤務」設定からアクセスできる同一のデジタルワークプレイスへの進入路としての役割を担うことになるだろう」と付け加えた。

　在宅勤務の流行を批判する者たちは，在宅勤務では企業らしさやその企業の文化が失われてしまうと主張している。従業員，特に若い従業員は，相互交流がなくなることを寂しく思うだろう。職場の友情には，同僚と会い，一緒にランチに出かけ，あるいは仕事の後で飲みに行くということも含まれており，新たなリモート環境では，こうしたことがなくなってしまうだろう。

　課題を認めながらも，ルーク氏はツイッターで，「我々はこのことをすべて解決したわけではない。今後はたくさんの変化があるだろうが，それは我々が得意とするところだ。弊社の壁（今はデジタルだが）には『変化においてこそ栄えよ』という言葉が，ある理由で書かれている」と述べた。

　フリーランスの世界的なプラットフォームであるアップワークの CEO，ヘイデン＝ブラウン氏はツイッターで，「リモートワーク企業としての 20 年間の経験を足掛かりとして，我々は『リモートファースト』モデルを永久に採用する」と述べた。ブラウン氏は，「リモートワークをしながら前進することが，皆にとってデフォルトとなるだろう。一方で様々なチームも，一度安全だとなれば，意思をもって協働し人とつきあっていくということに向けて，1 つに集まることができるだろう。「#仕事の未来」はここにあるのだ」と続けて述べた。

　コインベースの CEO，ブライアン＝アームストロング氏は，水曜日，サンフランシスコを本拠地とする彼の仮想通貨取引会社が，「コロナウイルスを考慮し，リモートファーストの方針へと移行する。従業員のほとん

どが，在宅勤務の選択肢を与えられるだろう」と発表した。アームストロング氏は，「コロナウイルスの感染爆発を鑑み，将来に向けて今とは異なった形態を考えている」と述べた。「この 2 カ月，私はリモートワークが定着してきているだけでなく，我々にとって大きな機会であり，戦略的優位性もあると考えるようになった」。

　アームストロング氏は，従業員たちはオフィスで働くこともできるが，これからはリモートワークをするか，日によってオフィスでの勤務とリモートワークとを分けるという選択肢が与えられるだろう，と述べた。

　この問題については，ジャック＝ドーシー氏も繰り返し述べてきた。従業員全員がリモートワークをしたがっているわけではなく，週の予定を分割したいと思っているかもしれないということを理解した上で，彼らが望むのなら出勤するホームオフィスを残すつもりだ，と彼は言う。これは，従業員同士が触れ合うための，また組織においてソーシャルネットワークや友情を築くための余裕を取る，理にかなった方法のように思われる。

　双方向性技術を利用して，新たなキャリアを始めるために必要なテクノロジースキルを教えるオンライン教室であるラムダスクールの CEO，オースティン＝オールレッド氏は，ラムダスクールは永久に「どこからでも仕事ができる」という方針を打ち出している，と述べた。オールレッド氏は，従業員は家でもオフィスでも，あるいは米国内ならどこでも自由に仕事ができる，とツイートした。

　人材マネジメントに関するアメリカ最大の組織 SHRM（米国人材マネジメント協会）やその他の情報源によると，グーグル，マイクロソフト，モルガンスタンレー，JP モルガン，キャピタルワン，ズィロー，スラック，アマゾン，ペイパル，セールスフォースやその他大手企業は，在宅勤務の選択肢を拡大したところである。

　アップルはこの傾向に単独で抵抗しているテックの大企業の 1 つである。ウェブサイトの「ビジネス・インサイダー」によると，アップルはオフィスに戻るよう何人かの従業員に求めているという。アップルは独自の文化や秘密主義の傾向があることで知られており，それがリモートワークを全面的に受け入れることを躊躇している理由かもしれない。

　中には中立の立場をとっている企業もある。企業向けのクラウドコンテンツ管理およびファイル共有サービスを行うボックスの CEO，アーロン

＝レヴィ氏は,「今日皆さんに発表するのは, 我々が統合型デジタルワークプレイスを可能にするためのさらなる取り組みを進めているということです。これにより, ボックス社員の仕事の柔軟性が高まるでしょう。その一環として, 今年の年末まで, ボックスのすべての社員はどこからでも仕事をしてよい, ということを発表します。世界中の約 2,000 名の従業員は, 柔軟性と精神的な安らぎが高まるでしょう」とブログに投稿した。

　アップルと同様, レヴィ氏も,「同時に我々は, ハブとしてのオフィスを持つ利点はわかっています。オフィスでは人と直に会ってのコミュニティやメンターシップ, ネットワーキングや創造性が生まれるからです。だから, 我々の未来はハイブリッド型になるのです」と認めている。

　こうした傾向は勢いを増しており, ポストコロナの新たな標準になりそうである。

━━━━━◀解　説▶━━━━━

〔1〕A. potential は「そうなりうる」という意味の形容詞であり, the potential cost savings で「cost savings になりうるもの」という意味である。また, 文中の as は理由を表す接続詞と考えると文意が通じる。

B. to allow for 〜 the organization が a reasonable approach を修飾すると考える。for の目的語は interactions between workers と building … the organization の 2 つである。allow for 〜「〜を考慮する, 〜の余裕をみておく」

〔2〕1.「この文章に対する最も適切な題名は何か」

⑴「これが在宅勤務改革を先導する企業である」

⑵「ポストコロナの世界を席巻する新たな傾向」

⑶「市場の柔軟性をより多く提供している企業」

⑷「在宅勤務は誰にとってもうまく行くものである」

本文の段落構成に注目すると, 第 4 段 (Taking the lead, …) までは, コロナ禍のために在宅勤務を奨励する傾向が企業の中で見え始めたという内容。第 5 段 (Jack Dorsey, …) から第 24 段 (Similar to Apple, …) までは, 在宅勤務ファーストを推進する企業もあるが, 在宅と出勤の両方の選択肢を与える企業もあり, またアップル社のように在宅勤務に反対する企業もあるという内容。最終段は, ハイブリッド型勤務が勢いをつけており, ポストコロナの世界の新しい標準になりそうだという内容である。⑵は

sweep「席巻する，瞬く間に広がる，大流行する」が間違い。(3) marketplace flexibility「市場の柔軟性」に言及した文はない。(4)第 19 段第 2 文（Understanding that not everyone wants …）「従業員全員がリモートワークをしたがっているわけではない」という内容から，不適切である。よって正解は(1)である。

2．「アンソニー＝ファウチ博士によると，…」

(1)「経済をあまりにも早く再開しすぎると，永続的な損害を被るかもしれない」

(2)「テック企業の CEO の中には，困難な決定を下し始めた者もいる」

(3)「長期間経済を停止させていると，恒久的な損害を被るかもしれない」

(4)「規制のいくつかが解除されると，経済に悪影響を及ぼすだろう」

第 3 段最終文（This week, Dr. Anthony Fauci said …）より，ファウチ博士は経済を長い期間停止させておくと取り返しのつかない損害を被る可能性がある，と述べていることがわかる。よって正解は(3)である。

3．「マーク＝ザッカーバーグ氏は従業員の在宅勤務を許可することを決めた。…」

(1)「そして，彼らは恒久的に在宅勤務ができる」

(2)「しかし，従業員が物価の安い地域に引っ越せば，彼は賃金を減らすかもしれない」

(3)「そして従業員がサンフランシスコから引っ越したとしても，賃金を減らすことはないだろう」

(4)「しかし，企業の利益に基づき，後になって気持ちを変える可能性がある」

第 5 段最終文（People who move out of San Francisco …）より，サンフランシスコから物価の安い地域に引っ越した場合，賃金がカットされる恐れがあるということがわかる。よって正解は(2)である。

4．「最近のギャラップ調査により，…ということがわかった」

(1)「従業員の 4 分の 1 がリモートワークをできていない」

(2)「職場に戻る準備ができている従業員は 4 分の 1 以下である」

(3)「75％以上の従業員が職場に戻ることに不安を感じている」

(4)「調査をされた人の 4 分の 3 が在宅勤務を続けたいと思っている」

第 6 段より，ギャラップ調査でオフィスに戻ってもよいと思っていると答

えたのは 4 分の 1，つまり全体の 4 分の 3 がリモートワークを希望しているのだから，正解は(4)である。75％の内訳は 25％がコロナが理由，50％が個人的な好みが理由である。

5．「特に，従業員が在宅勤務を好むのは，…からである」

(1)「ひとりで仕事をするための簡単な技術が使える」

(2)「他人との接触を避ける手助けとなるような技術が使える」

(3)「通勤しながら子どもの世話ができる」

(4)「長時間通勤を免れる一方で，子どもや家族の面倒を見られる」

第 9 段第 1 文（Employees appreciated the chance to avoid …）より，従業員は長時間通勤をしなくてよい一方，（学校が休業のため）子供の面倒を見たり，コロナにかかった家族の世話をしたりする機会を喜ばしく思っていることがわかる。よって正解は(4)である。

6．「ショッピファイの CEO 兼創業者のトビ＝ルーク氏は…の許可を決定した」

(1)「従業員のほとんどが 2021 年以降，恒久的に在宅勤務ができること」

(2)「何人かの従業員は，2021 年以降，職場との懸け橋としてインターネットを利用すれば，リモートワークができること」

(3)「ショッピファイのオフィスはすべて，2021 年以降ずっと閉めておくこと」

(4)「従業員のごくわずかだけ，2021 年以降在宅勤務ができること」

第 13 段第 3 文（And after that, most will permanently …）より，2021 年以降はほとんどの従業員が永久的にリモートワークをできる，とルーク氏が述べたことがわかる。よって正解は(1)である。

7．「在宅勤務への動きへの批判の一つは，企業が…ということである」

(1)「社会的やり取りの不足を享受する」

(2)「その文化やその企業らしさをなくしてしまう」

(3)「社員が一緒に飲食するのを目にするかもしれない」

(4)「仕事後のパーティーに集まるよう社員を促すかもしれない」

第 14 段第 1 文（Critics of the work-from-home trend contend that …）より，在宅勤務を批判する人たちは，企業がその企業らしさやその文化をなくしてしまうと主張していることがわかる。よって正解は(2)である。

8．「アップワークの CEO，ヘイデン＝ブラウン氏は，…従業員にリモー

トワークをしてほしいと考えている」

(1)「貴重な経験をするため，20 年間」

(2)「コロナウイルスの流行が終わるまで」

(3)「安全であれば，やり取りし，(あるいは) 協働するために集まりながらも」

(4)「やり取りや協働は時には必要なので」

第 16 段第 2 文 (Brown continued, "Going forward, working remotely will …) より，ブラウン氏はリモートワークがデフォルトとなる一方，安全だとなればチームは協働ややり取りのために集まることができるだろう，と述べている。よって正解は(3)である。

9.「仮想通貨取引会社のコインベースは，従業員が…のを認めるだろう」

(1)「労働時間をオフィスでの勤務とリモートワークに分ける」

(2)「在宅勤務する選択肢を手にする」

(3)「もしそうしたいなら，オフィスで仕事をする機会を設ける」

(4)「上記すべて」

第 17 段第 1 文 (Coinbase CEO Brian Armstrong announced Wednesday that …) より，コインベースではリモートファースト，つまり従業員は在宅勤務が認められることがわかり，さらに第 18 段 (Armstrong said that employees …) より，従業員はオフィスで働くこともできるが，オフィス勤務と在宅勤務とを分ける (併用する) ことができる，ということもわかる。よって正解は(4)である。

10.「筆者は，コロナウイルスの世界的流行の後，多くのテック企業が…と考えている」

(1)「従業員が在宅勤務をする重要性を再検討するだろう」

(2)「オフィス第一という元の方針に戻るだろう」

(3)「在宅勤務モデルへのハイブリッドな方法を採用するだろう」

(4)「経営幹部に対し，従来のオフィス重視の勤務を制限するだろう」

最終段 (This trend is gaining momentum and …) より，この傾向，つまり直前にあるハイブリッド型勤務が勢いを増しており，ポストコロナの新たな標準になりそうだ，と筆者が述べていることがわかる。よって正解は(3)である。

11.「Weighing the options という表現は…という意味である」

(1)「決定する前に選択肢を慎重に検討する」

(2)「決断を下す際に特別な困難さを感じる」

(3)「困難かそうでないかについて考える」

(4)「人選をよく考える」

option は「選択肢」であるが，他動詞 weigh は「～の重さを量る，～を慎重に検討する」という意味である。よって正解は(1)である。

12.「Building on という表現は…という意味である」

(1)「何かについて判断を行う」

(2)「あるものをさらなる進歩に向けた基盤として用いる」

(3)「人が始めたプロジェクトを無視する」

(4)「未来に向けて進んでいく」

build on は「（さらなる発展のために）～を基にする，足がかりにする」という意味である。よって正解は(2)である。本文は「20 年間の経験を基にして」という意味となる。

13.「launch という語は…という意味である」

(1)「改善する」

(2)「投げる」

(3)「始める」

(4)「終わらせる」

launch は「～を開始する」という意味であるから，(3)が最も近い意味である。

14.「embrace という語は…という意味である」

(1)「受け入れる」

(2)「抱きしめる」

(3)「除外する」

(4)「理解する」

embrace には「～に喜んで応じる」という意味があり，最も近いのは(1)である。また，embrace は「～を抱きしめる」という意味もあるが，目的語が remote work となっているため，本文には合わない。

15.「taking the middle ground という表現は…という意味である」

(1)「企業向けのファイル共有サービスを使わないようにする」

(2)「利点をどちらの側からも受け入れない」

(3)「センターフィールドで守備位置につく」

(4)「在宅勤務とオフィス勤務の両方を認める」

ground には「立場」という意味があり，the middle ground は「真ん中の立場」となる。下線部直前の第 22 段で，在宅勤務に反対するアップルの例が述べられていることから，「真ん中の立場」とは，在宅勤務に対して中立の立場のことだとわかる。よって正解は(4)である。

出典追記：Here Are The Companies Leading The Work-From-Home Revolution, Forbes on May 24, 2020 by Jack Kelly

 2 **解答** 1．assignment　2．description　3．illegal
4．explorer　5．diagram　6．typical
7．colleague　8．immediately　9．ancient　10．qualification

◀解　説▶

1．「人に与えられる仕事や義務，やらなければいけない課題」⇒「仕事，課題」

2．「観察したものを口頭で，あるいは書いてまとめたもの」⇒「記述，描写」

3．「法律で禁止されている」⇒「違法な」

4．「地理的あるいは科学的情報を求めて各地を旅する人」⇒「探検家」

5．「あるものの部分を説明あるいは示す線画」⇒「図」

6．「ある人やもの，集団にとって普通であること，平均的あるいは通例のもの」⇒「典型的な，普通の」

7．「一緒に働く人，職場の仲間」⇒「同僚」

8．「遅れることなく，すぐに」⇒「ただちに，すぐに」

9．「非常に古い，非常に長い間生きている，あるいは存在している」⇒「古来の」

10．「特定の仕事や活動をするのに求められる，特別なスキルあるいは経験や知識」⇒「資格，適性」

 3 **解答** 16—(3)　17—(4)　18—(4)　19—(3)　20—(4)　21—(1)
22—(2)　23—(3)　24—(1)　25—(4)　26—(1)　27—(3)
28—(2)　29—(4)　30—(2)　31—(3)　32—(2)　33—(1)　34—(2)　35—(1)

■━━━━ ◀解　説▶ ━━━━■

16.「昨夜起こった火事で，４つの大きな倉庫が完全に焼失してしまった」
burn *A* to the ground「*A* を完全に焼失させる」

17.「ABC エレクトロニクスの掃除機は，この店で売られているすべての商品の中で一番環境にやさしい」
of all products とあることから，最上級がふさわしい。

18.「そういった人たちは，収入の範囲内でやりくりするために一生懸命働かなければならない」
make (both) ends meet「生活の収支を合わせる，収入の範囲でやりくりする」

19.「このラグはうちのソファによく合うだろう」
go with ～ で match「～と調和する」の意味である。

20.「正直さは長い目で見れば報われる，と言われる」
in the long run「長い目で見れば」

21.「私はそこにいなかったし，メアリーもいなかった」
否定文で「～も（ない）」は Neither V S となる。倒置が起こることに注意。肯定文の「～も」は So V S である。

22.「彼は家の外をうろついていた」
hang around「うろつく」

23.「父は今風呂に入っているので，１時間後に電話をかけ直してください」
現在を基準に「～後」は in を用いる。

24.「私たちは世界中の強いチームと競うことになるだろう」
compete against ～「～と競う」

25.「その競技場に行った人の数は，思っていたよりもずっと多かった」
主語は The number という単数形であり，we had expected と過去完了形を用いていることから，was がふさわしい。

26.「ご依頼については，残念ながらお断りしなければなりません」
with respect to ～「～に関しては，～については」

27.「７月 20 日までにお申込みいただければ，２カ月分のサービスと 100 のアプリを無料で差し上げます。さあ今すぐお申し込みを！」
〈命令文, and S V〉で「～しなさい，そうすれば…」という意味である。

28.「そのリサーチワークショップは約 2 時間行われる予定である」
approximately は about とほぼ同義である。

29.「セールがいくつか催されたため，その本は驚くほどよく売れた」
副詞 well を修飾する語も副詞でなければならない。

30.「その本屋はこの 5 年で 2 回の経営転換を経てきた」
in the last five years があるので，現在完了形がふさわしい。undergo
「〜を経験する」

31.「締め切りが近づいてきているにもかかわらず，セールスマネージャ
ーは，チームがすべてを期限内に準備できると自信を持っている」
直後に名詞があることから，前置詞である必要がある。Unlike「〜と違っ
て」も前置詞になりうるが，文意が通らない。

32.「1000 万人の学生が，私たちのサービスを無料で利用できることを大
変喜んでいる」
動詞 love のあとは to 不定詞か動名詞がくる。

33.「そのホテルの客室利用率は，朝食を無料で提供し始めて以来，増加
している」
occupancy rate「利用率，稼働率」

34.「その自動車会社は，市場のどの電気自動車よりも，自社の新型完全
電気自動車の方が 1 回の充電で遠くまで走れると主張している」
than があることから，空所に入る語は比較級である必要がある。

35.「その契約書にサインする前に息子に話しておけばよかった」
I wish の後は仮定法が続く。ここでは仮定法過去完了である。

 4 **解答**　〔1〕36—3　37—6　38—9　39—1　40—0
　　　　　　　〔2〕41—1　42—2　43—1　44—2　45—1

◆全　訳◆

≪日本人と，鎌倉旅行中の夫婦の会話≫
ダイスケ：おはようございます。あのう，迷ってしまいましたか？
フランク：あぁ，いや。えぇと，よくわからないんです。
スーザン：完全に迷ったと思うわ！
ダイスケ：僕はダイスケと言います。鎌倉出身なんです。
フランク：初めまして，ダイスケ。こちらは妻のスーザンです。アメリカ

のアリゾナから来ました。

スーザン：こんにちは。日本は今回が初めてなんです…そして鎌倉も。

ダイスケ：そうでしたか！　まだ早いですが，お店ならすぐに開きますよ。

スーザン：買い物はいいんです。大仏を見たいんです。

ダイスケ：わかりました。ここは JR の鎌倉駅なのですが，江ノ電に乗らなきゃいけません。路線を乗り換えなくちゃいけません。

フランク：信じられない。まだ歩くんですか？

スーザン：もう，やめてよ，フランク！　大したことじゃないわよ。

フランク：この駅はとても混んでいて暑いですね。どうやってここから出るんでしょうか？

ダイスケ：江ノ電の鎌倉駅はこっちです。ついてきてください。

フランク：何ですか？

スーザン：大きな声で話さなきゃだめなの，ダイスケ。フランクはちょっと耳が遠いのよ。

フランク：聞こえてるよ！

ダイスケ：さあ，ここが江ノ電の鎌倉駅です。この改札を通り抜けてください。

フランク：素晴らしい！　ですが，どこで降りたらいいですか？

スーザン：長谷駅よ。もう何百回と言ったわ！

ダイスケ：一緒に行きましょうか？

スーザン：いえいえ，大丈夫です。自分たちで行けますよ。こっちよ，フランク。急いで。電車に遅れたくないわ。

フランク：ありがとう，ダイスケ。とても助かったよ。さよなら。

ダイスケ：どういたしまして。気を付けてくださいね。

◀解　説▶

〔1〕36. no big deal「大したことではない」

37. get out of here「ここから出る」

38. speak up「大きな声で話す」

39. hard of hearing「耳が遠い」

40. handle「対処する」

〔2〕41.「フランクとスーザンは初めて日本を訪れている」

スーザンの第2発言から，2人は初めて日本に来たことがわかる。よって

本文の内容に一致。

42.「スーザンは買い物に行きたがっている」

スーザンの第 3 発言から，買い物には特に行きたがっていないことがわかる。よって本文の内容に不一致。

43.「ダイスケはアメリカ人旅行者の手助けをして喜んでいるようである」

ダイスケの第 5 発言や第 7 発言から，ダイスケが 2 人の観光の手伝いに積極的であることがわかる。よって本文の内容に一致。

44.「フランクとスーザンは長谷駅を見つけるのに助けが必要である」

スーザンの第 6 発言や最終発言から，スーザンは長谷駅で降りることがわかっており，自分たちで行けるということがわかる。よって本文の内容に不一致。

45.「スーザンはフランクにいらいらしている」

スーザンの第 4 発言「やめてよ」や第 6 発言「何百回と言ったわ」から，フランクの発言に対してスーザンがいら立っていることがわかる。よって本文の内容に一致。

5　解答　46−4）　47−2）　48−3）　49−1）

◀解　説▶
━━━━━━━

46. (The app) is not <u>intended</u> for <u>general</u> use by (patients.)

「このアプリは，…を意図していない」とあるが，The app が与えられていることから，「このアプリは…を意図されていない」と考える。

47. (It can) be <u>difficult</u> to <u>make</u> yourself heard (in such a crowded place.)

make *oneself* heard で「自分の声を聞いてもらう」の意味である。

48. (It) is <u>known that</u> sound <u>can</u> affect the behavior of (human beings.) 与えられている It は形式主語であり，その内容は that 以下であると考えればよい。助動詞 can は「～し得る」の意味である。

49. (I) will give <u>you</u> a call <u>later to</u> advise you when to (come.)

「電話する」は，ここでは give you a call である。また，when to *do* で「いつ～したらよいか」の意味である。

❖講　評

　例年通り，大問5題の出題であった。

　1　〔1〕の下線部和訳2問については，下線部Aの potential の訳し方や，as が理由を表す接続詞であることがポイントである。下線部Bは approach に続く語句がどこなのかがやや難解であり，全体の文構造を把握するのが難しかったかもしれない。〔2〕は，内容に関わるものや語の意味を問うものであった。1．が本文のタイトルに関するものであったこと以外は文章の流れに沿って作問してあるので，該当箇所を正しく見つけることができれば正解を導けると思われる。設問によっては選択肢すべてが正しく，「上記すべて」が正解となるものがあるので，注意が必要である。

　2　英語による定義文に基づく語彙記述10問。問われている語は標準的なものであり，落ち着いて考えれば解答がひらめくだろう。

　3　文法・語法問題20問。難易度は標準的である。文法・語法，イディオムの知識，品詞の理解，語彙などが求められている。

　4　会話文の空所補充5問と内容真偽5問。会話文の内容は非常に易しいものである。落ち着いて解答し，確実に得点したい問題である。

　5　語句整序問題4問。与えられている和文をしっかり分析し，その状況を言い表すのに最もふさわしい英文を考える。全体の文構造を見抜き，論理的に語句を並べ替えられるよう，イディオムや語法的知識を身に付けておく必要がある。

数学

1 **解答** (1)① 3　② 4　(2)③ 5　④ 9
(3)⑤ 5　⑥⑦ 12　(4)⑧⑨ 31　⑩⑪ 54

◀解　説▶

≪さいころと確率，整数となる条件≫

1 個のさいころを 3 回投げるとき，出た目を順に X_1，X_2，X_3 とし，
$Y = \dfrac{X_2 X_3}{X_1}$ とする。

(1)　$X_1 = 2$ のとき，Y が整数となるのは，X_2，X_3 のうち少なくとも 1 つ
が偶数，すなわち，2，4，6 のいずれかであればよい。ここで，X_2，
X_3 がともに奇数となる確率は

$$\frac{3}{6} \cdot \frac{3}{6} = \frac{1}{4}$$

であるから，求める確率は余事象を用いて

$$1 - \frac{1}{4} = \frac{3}{4} \quad (\rightarrow ①②)$$

(2)　$X_1 = 3$ のとき，Y が整数となるのは，X_2，X_3 のうち少なくとも 1 つ
が 3 の倍数，すなわち，3，6 のいずれかであればよい。ここで，X_2，
X_3 がともに 3 の倍数でない確率は

$$\frac{4}{6} \cdot \frac{4}{6} = \frac{4}{9}$$

であるから，求める確率は余事象を用いて

$$1 - \frac{4}{9} = \frac{5}{9} \quad (\rightarrow ③④)$$

(3)　$X_1 = 4$ のとき，Y が整数となるのは，$X_2 X_3$ が 4 の倍数となればよい。

(i)$X_2 = 4$ または $X_3 = 4$ のとき，その確率は

　　　($X_2 = 4$ となる確率)＋($X_3 = 4$ となる確率)

　　　　　　　　　　　　　－(X_2，X_3 がともに 4 となる確率)

$$= \frac{1}{6} + \frac{1}{6} - \frac{1}{6} \cdot \frac{1}{6} = \frac{11}{36}$$

(ii) $X_2 \neq 4$ かつ $X_3 \neq 4$ のとき, $X_2 X_3$ が 4 の倍数となるのは

$$(X_2, X_3) = (2, 2), (2, 6), (6, 2), (6, 6)$$

の 4 通りであるから, その確率は

$$\frac{4}{6^2} = \frac{1}{9}$$

以上(i)と(ii)は互いに排反なので, 求める確率は

$$\frac{11}{36} + \frac{1}{9} = \frac{5}{12} \quad (\rightarrow \boxed{5} \sim \boxed{7})$$

(4) 準備として, 以下の(ア)～(ウ)の確率を求める。

(ア) $X_1 = 1$ のとき, Y は整数となるので, その確率は 1

(イ) $X_1 = 5$ のとき, Y が整数となるのは, $X_2 = 5$ または $X_3 = 5$ のときであるから, その確率は, (3)の(i)と同様に $\dfrac{11}{36}$

(ウ) $X_1 = 6$ のとき, Y が整数となるのは, $X_2 X_3$ が 6 の倍数となればよいので

(i) $X_2 = 6$ または $X_3 = 6$ のとき, その確率は, (3)の(i)と同様に $\dfrac{11}{36}$

(ii) $X_2 \neq 6$ または $X_3 \neq 6$ のとき $X_2 X_3$ が 6 の倍数となるのは

$$(X_2, X_3) = (2, 3), (3, 2), (3, 4), (4, 3)$$

の 4 通りであるから, その確率は $\dfrac{4}{6^2} = \dfrac{1}{9}$

以上(i)と(ii)は互いに排反なので, 求める確率は

$$\frac{11}{36} + \frac{1}{9} = \frac{5}{12}$$

また, $X_1 = n$ $(n = 1, 2, \cdots, 6)$ となる確率を $P(n)$ とおくと

$$P(n) = \frac{1}{6} \quad (n = 1, 2, \cdots, 6)$$

であり, $X_1 = n$ $(n = 1, 2, \cdots, 6)$ のとき, Y が整数となる確率を $P_n(Y)$ とおくと

(1)～(3), (ア)～(ウ)より

$$P_1(Y) = 1, \ P_2(Y) = \frac{3}{4}, \ P_3(Y) = \frac{5}{9}, \ P_4(Y) = \frac{5}{12},$$

$$P_5(Y) = \frac{11}{36}, \ P_6(Y) = \frac{5}{12}$$

である。これより，Y が整数となる確率は，事象(1)〜(3)，(ア)〜(ウ)は互いに排反なので

$$P(1)P_1(Y)+P(2)P_2(Y)+P(3)P_3(Y)+P(4)P_4(Y)$$
$$+P(5)P_5(Y)+P(6)P_6(Y)$$

$$=\frac{1}{6}\cdot1+\frac{1}{6}\cdot\frac{3}{4}+\frac{1}{6}\cdot\frac{5}{9}+\frac{1}{6}\cdot\frac{5}{12}+\frac{1}{6}\cdot\frac{11}{36}+\frac{1}{6}\cdot\frac{5}{12}$$

$$=\frac{1}{6}\left(1+\frac{3}{4}+\frac{5}{9}+\frac{5}{12}+\frac{11}{36}+\frac{5}{12}\right)$$

$$=\frac{1}{6}\cdot\frac{36+27+20+15+11+15}{36}=\frac{1}{6}\cdot\frac{124}{36}$$

$$=\frac{31}{54}\quad(\rightarrow\boxed{8}\sim\boxed{11})$$

2 解答　(1)$\boxed{12}$ 7　$\boxed{13}$ 2　$\boxed{14}\boxed{15}$ −3　$\boxed{16}$ 2　(2)$\boxed{17}\boxed{18}$ −1
(3)$\boxed{19}\boxed{20}\boxed{21}$ 138　$\boxed{22}$ 4　$\boxed{23}\boxed{24}$ −1　$\boxed{25}$ 4

◀解　説▶

≪空間ベクトル，内積計算，重心，垂直条件，ベクトルの大きさの最小値≫

OA=OB=2，OC=3，AB=1，BC=4

OG=$\sqrt{2}$

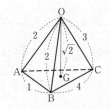

(1)　$|\overrightarrow{AB}|=1$ より

$|\overrightarrow{OB}-\overrightarrow{OA}|=1$

両辺を 2 乗して

$|\overrightarrow{OB}-\overrightarrow{OA}|^2=1^2$

$|\overrightarrow{OB}|^2-2\overrightarrow{OA}\cdot\overrightarrow{OB}+|\overrightarrow{OA}|^2=1$

$2^2-2\overrightarrow{OA}\cdot\overrightarrow{OB}+2^2=1$

$\overrightarrow{OA}\cdot\overrightarrow{OB}=\frac{7}{2}\quad(\rightarrow\boxed{12}\boxed{13})$

同様に，$|\overrightarrow{BC}|=4$ より

$|\overrightarrow{OC}-\overrightarrow{OB}|=4$

$|\overrightarrow{OC}-\overrightarrow{OB}|^2=4^2$

$$|\overrightarrow{OC}|^2 - 2\overrightarrow{OB}\cdot\overrightarrow{OC} + |\overrightarrow{OB}|^2 = 16$$

$$3^2 - 2\overrightarrow{OB}\cdot\overrightarrow{OC} + 2^2 = 16$$

$$\overrightarrow{OB}\cdot\overrightarrow{OC} = -\frac{3}{2}$$

また，点 G は △ABC の重心なので

$$\overrightarrow{OG} = \frac{\overrightarrow{OA} + \overrightarrow{OB} + \overrightarrow{OC}}{3}$$

$$|\overrightarrow{OG}| = \frac{1}{3}|\overrightarrow{OA} + \overrightarrow{OB} + \overrightarrow{OC}|$$

両辺を 2 乗して

$$|\overrightarrow{OG}|^2 = \frac{1}{9}|\overrightarrow{OA} + \overrightarrow{OB} + \overrightarrow{OC}|^2$$

$$|\overrightarrow{OG}|^2 = \frac{1}{9}(|\overrightarrow{OA}|^2 + |\overrightarrow{OB}|^2 + |\overrightarrow{OC}|^2 + 2\overrightarrow{OA}\cdot\overrightarrow{OB} + 2\overrightarrow{OB}\cdot\overrightarrow{OC}$$
$$+ 2\overrightarrow{OC}\cdot\overrightarrow{OA})$$

$$(\sqrt{2})^2 = \frac{1}{9}\left\{2^2 + 2^2 + 3^2 + 2\cdot\frac{7}{2} + 2\left(-\frac{3}{2}\right) + 2\overrightarrow{OA}\cdot\overrightarrow{OC}\right\}$$

$$2 = \frac{1}{9}(21 + 2\overrightarrow{OA}\cdot\overrightarrow{OC})$$

$$\overrightarrow{OA}\cdot\overrightarrow{OC} = \frac{-3}{2} \quad (\rightarrow \boxed{14} \sim \boxed{16})$$

別解 △OAB に余弦定理を用いて

$$\cos\angle AOB = \frac{OA^2 + OB^2 - AB^2}{2OA\cdot OB} = \frac{2^2 + 2^2 - 1^2}{2\cdot 2\cdot 2} = \frac{7}{8}$$

よって

$$\overrightarrow{OA}\cdot\overrightarrow{OB} = |\overrightarrow{OA}||\overrightarrow{OB}|\cos\angle AOB = 2\cdot 2\cdot\frac{7}{8} = \frac{7}{2}$$

(2)　$\overrightarrow{OG} \perp (\overrightarrow{OA} + k\overrightarrow{OB})$ より

$$\overrightarrow{OG}\cdot(\overrightarrow{OA} + k\overrightarrow{OB}) = 0$$

$$\frac{\overrightarrow{OA} + \overrightarrow{OB} + \overrightarrow{OC}}{3}\cdot(\overrightarrow{OA} + k\overrightarrow{OB}) = 0$$

$$(\overrightarrow{OA} + \overrightarrow{OB} + \overrightarrow{OC})\cdot(\overrightarrow{OA} + k\overrightarrow{OB}) = 0$$

$$|\overrightarrow{OA}|^2+k\overrightarrow{OA}\cdot\overrightarrow{OB}+\overrightarrow{OA}\cdot\overrightarrow{OB}+k|\overrightarrow{OB}|^2+\overrightarrow{OA}\cdot\overrightarrow{OC}+k\overrightarrow{OB}\cdot\overrightarrow{OC}=0$$

$$2^2+k\cdot\frac{7}{2}+\frac{7}{2}+k\cdot2^2+\left(-\frac{3}{2}\right)+k\left(-\frac{3}{2}\right)=0$$

$$6+6k=0$$

$$k=-1 \quad (\to \boxed{17}\boxed{18})$$

(3)　$|t\overrightarrow{OA}-2t\overrightarrow{OB}+\overrightarrow{OC}|^2$

$$=t^2|\overrightarrow{OA}|^2+4t^2|\overrightarrow{OB}|^2+|\overrightarrow{OC}|^2-4t^2\overrightarrow{OA}\cdot\overrightarrow{OB}-4t\overrightarrow{OB}\cdot\overrightarrow{OC}+2t\overrightarrow{OA}\cdot\overrightarrow{OC}$$

$$=t^2\cdot2^2+4t^2\cdot2^2+3^2-4t^2\cdot\frac{7}{2}-4t\left(-\frac{3}{2}\right)+2t\left(-\frac{3}{2}\right)$$

$$=6t^2+3t+9=6\left(t^2+\frac{1}{2}t\right)+9$$

$$=6\left\{\left(t+\frac{1}{4}\right)^2-\frac{1}{16}\right\}+9=6\left(t+\frac{1}{4}\right)^2+\frac{69}{8}$$

これより，$t=-\dfrac{1}{4}$ のとき，$|t\overrightarrow{OA}-2t\overrightarrow{OB}+\overrightarrow{OC}|^2$ すなわち

$|t\overrightarrow{OA}-2t\overrightarrow{OB}+\overrightarrow{OC}|$（$\geqq0$）は最小となるので，その最小値は

$$\sqrt{\frac{69}{8}}=\frac{\sqrt{69}}{2\sqrt{2}}=\frac{\sqrt{138}}{4}$$

以上より，$|t\overrightarrow{OA}-2t\overrightarrow{OB}+\overrightarrow{OC}|$ の最小値は $\dfrac{\sqrt{138}}{4}$ であり，そのときの t

の値は $\dfrac{-1}{4}$ である。　（$\to \boxed{19}\sim\boxed{25}$）

3　**解答**　$f(x)=\sqrt{4-2\cos x}-\dfrac{1}{2}x \quad (0\leqq x\leqq\pi)$

(1)　$f(x)=(4-2\cos x)^{\frac{1}{2}}-\dfrac{1}{2}x$

より

$$f'(x)=\frac{1}{2}(4-2\cos x)^{-\frac{1}{2}}(4-2\cos x)'-\frac{1}{2}$$

$$=\frac{1}{2(4-2\cos x)^{\frac{1}{2}}}\cdot2\sin x-\frac{1}{2}$$

$$= \frac{\sin x}{\sqrt{4-2\cos x}} - \frac{1}{2}$$

$$= \frac{2\sin x - \sqrt{4-2\cos x}}{2\sqrt{4-2\cos x}} \quad \cdots\cdots (答)$$

(2)　(1)より

$$f'(x) = \frac{(2\sin x - \sqrt{4-2\cos x})(2\sin x + \sqrt{4-2\cos x})}{2\sqrt{4-2\cos x}\,(2\sin x + \sqrt{4-2\cos x})}$$

$$= \frac{4\sin^2 x - (4-2\cos x)}{2\sqrt{4-2\cos x}\,(2\sin x + \sqrt{4-2\cos x})}$$

$$= \frac{4(1-\cos^2 x) - 4 + 2\cos x}{2\sqrt{4-2\cos x}\,(2\sin x + \sqrt{4-2\cos x})}$$

$$= \frac{-2\cos^2 x + \cos x}{\sqrt{4-2\cos x}\,(2\sin x + \sqrt{4-2\cos x})}$$

$$= \frac{-2\cos x\left(\cos x - \dfrac{1}{2}\right)}{\sqrt{4-2\cos x}\,(2\sin x + \sqrt{4-2\cos x})}$$

ここで，$0 \leqq x \leqq \pi$ より，（分母）>0 であるから，$f'(x)>0$ のとき

$$（分子）= -2\cos x\left(\cos x - \frac{1}{2}\right) > 0$$

$$\cos x\left(\cos x - \frac{1}{2}\right) < 0$$

$$0 < \cos x < \frac{1}{2} \quad (-1 \leqq \cos x \leqq 1 \text{ を満たす})$$

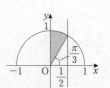

$0 \leqq x \leqq \pi$ より

$$\frac{\pi}{3} < x < \frac{\pi}{2} \quad \cdots\cdots (答)$$

(3)　(2)と同様に，$f'(x)<0$ のとき
$0 \leqq x \leqq \pi$ より

$$0 \leqq x < \frac{\pi}{3}, \quad \frac{\pi}{2} < x \leqq \pi$$

また，$f'(x)=0$ のとき

$$-2\cos x\left(\cos x - \frac{1}{2}\right) = 0$$

$$\cos x = 0, \quad \frac{1}{2}$$

$$x=\frac{\pi}{3}, \ \frac{\pi}{2} \quad (0 \le x \le \pi)$$

x	0	$\cdots$	$\dfrac{\pi}{3}$	$\cdots$	$\dfrac{\pi}{2}$	$\cdots$	π
$f'(x)$		$-$	0	$+$	0	$-$	
$f(x)$		↘	極小	↗	極大	↘	

これより，$f(x)$ の増減表は上のようになるので，求める極値は

$$\left.\begin{array}{l} 極大値 \ f\!\left(\dfrac{\pi}{2}\right)=\sqrt{4-2\cdot 0}-\dfrac{1}{2}\cdot\dfrac{\pi}{2}=2-\dfrac{\pi}{4} \\[4mm] 極小値 \ f\!\left(\dfrac{\pi}{3}\right)=\sqrt{4-2\cdot\dfrac{1}{2}}-\dfrac{1}{2}\cdot\dfrac{\pi}{3}=\sqrt{3}-\dfrac{\pi}{6} \end{array}\right\} \quad \cdots\cdots(答)$$

◀解　説▶

≪三角関数の微分法，増減表，極値≫

(1)　合成関数の微分法を用いる。

(2)　$f'(x)$ の分子の有理化がポイントである。

(3)　(2)に加え，$f'(x)<0$，$f'(x)=0$ の x の値の範囲を求め，増減表を書いて，極値を求めればよい。

4 **解答** (1) 　$\displaystyle\int_1^e \log x \, dx = \int_1^e (x)' \log x \, dx$

$$= \Big[x\log x \Big]_1^e - \int_1^e x(\log x)' \, dx$$

$$= e\cdot 1 - 1\cdot 0 - \int_1^e x\cdot\frac{1}{x} \, dx$$

$$= e - \Big[x \Big]_1^e = e-(e-1)$$

$$= 1 \quad \cdots\cdots(答)$$

(2) 　$\displaystyle\int_1^e (\log x)^2 \, dx = \int_1^e (x)' (\log x)^2 \, dx$

$$= \Big[x(\log x)^2 \Big]_1^e - \int_1^e x\{(\log x)^2\}' \, dx$$

$$= e\cdot 1^2 - 1\cdot 0^2 - \int_1^e x\cdot 2\log x (\log x)' \, dx$$

$$= e - \int_1^e x\cdot 2\log x\cdot\frac{1}{x} \, dx$$

$$= e - 2\int_1^e \log x \, dx = e - 2 \cdot 1 \quad ((1)\text{より})$$

$$= e - 2 \quad \cdots\cdots(\text{答})$$

(3) 　$\displaystyle\int_1^e x\log x \, dx = \int_1^e \left(\frac{1}{2}x^2\right)' \log x \, dx$

$$= \left[\frac{1}{2}x^2\log x\right]_1^e - \int_1^e \frac{1}{2}x^2 \cdot \frac{1}{x} \, dx$$

$$= \frac{1}{2}e^2 \cdot 1 - \frac{1}{2}\cdot 1^2 \cdot 0 - \frac{1}{2}\int_1^e x \, dx$$

$$= \frac{1}{2}e^2 - \frac{1}{2}\left[\frac{1}{2}x^2\right]_1^e = \frac{1}{2}e^2 - \frac{1}{2}\left(\frac{1}{2}e^2 - \frac{1}{2}\cdot 1^2\right)$$

$$= \frac{1}{4}e^2 + \frac{1}{4} \quad \cdots\cdots(\text{答})$$

(4) 　$\displaystyle f(x) = \int_1^e \log(xt)f(t)\,dt + x \quad (x > 0)$

$$= \int_1^e (\log x + \log t)f(t)\,dt + x$$

$$= \int_1^e \log x \cdot f(t)\,dt + \int_1^e \log t \cdot f(t)\,dt + x$$

$$= \log x \int_1^e f(t)\,dt + \int_1^e f(t)\log t \, dt + x \quad \cdots\cdots①$$

ここで

$$\int_1^e f(t)\,dt = a \quad (\text{定数}) \quad \cdots\cdots②$$

$$\int_1^e f(t)\log t \, dt = b \quad (\text{定数}) \quad \cdots\cdots③$$

とおくと，①は

$$f(x) = \log x \cdot a + b + x = a\log x + x + b \quad \cdots\cdots④$$

これより

$$f(t) = a\log t + t + b \quad \cdots\cdots⑤$$

であるから，②，⑤より

$$\int_1^e (a\log t + t + b)\,dt = a$$

$$a\int_1^e \log t \, dt + \int_1^e (t + b)\,dt = a$$

$$a \cdot 1 + \left[\frac{1}{2}t^2 + bt\right]_1^e = a \quad ((1)\text{より})$$

$$\frac{1}{2}e^2 + be - \left(\frac{1}{2} + b\right) = 0$$

$$(e-1)b = -\frac{1}{2}(e^2 - 1)$$

$$(e-1)b = -\frac{1}{2}(e+1)(e-1)$$

$$b = -\frac{1}{2}(e+1)$$

また，③，⑤より

$$\int_1^e (a\log t + t + b)\log t\, dt = b$$

$$a\int_1^e (\log t)^2 dt + \int_1^e t\log t\, dt + b\int_1^e \log t\, dt = b$$

$$a(e-2) + \left(\frac{1}{4}e^2 + \frac{1}{4}\right) + b\cdot 1 = b \quad ((1)\sim(3)より)$$

$$(e-2)a = -\frac{1}{4}(e^2 + 1)$$

$$a = \frac{e^2 + 1}{4(2-e)}$$

以上より，求める $f(x)$ は，④より

$$f(x) = \frac{e^2 + 1}{4(2-e)}\log x + x - \frac{1}{2}(e+1) \quad \cdots\cdots(答)$$

━━━━━━◀解　説▶━━━━━━

≪定積分の部分積分法と関数 $f(x)$ の決定≫

(1)〜(3)　定積分の部分積分法を用いる。また，(2)は(1)の結果を利用する。

(4)　一般に，a，b が定数のとき，$\int_a^b f(t)dt$ は定数である。これを利用して $f(x)$ を求めればよい。

$\boxed{5}$ **解答**　$C : (x-5)^2 + y^2 = 5 \quad \cdots\cdots①$
$\qquad\qquad l : y = mx \quad \cdots\cdots②$

(1)　①，②より，y を消去して

$$(x-5)^2 + (mx)^2 = 5$$

$$x^2 - 10x + 25 + m^2 x^2 = 5$$

$$(m^2+1)x^2-10x+20=0 \quad \cdots\cdots ③$$

C と l が共有点をもつ条件は，x についての 2 次方程式③の判別式を D とすると，$D \geqq 0$ であるから

$$\frac{D}{4}=(-5)^2-(m^2+1)\cdot 20 \geqq 0$$

$$4m^2-1 \leqq 0 \quad (2m+1)(2m-1) \leqq 0$$

$$-\frac{1}{2} \leqq m \leqq \frac{1}{2} \quad \cdots\cdots(答)$$

別解 円 C は，中心 $(5,\ 0)$，半径 $\sqrt{5}$ の円であり，②より，$mx-y=0$ であるから，C と l が共有点をもつ条件は，点と直線の距離の公式より

$$\frac{|m\cdot 5-0|}{\sqrt{m^2+(-1)^2}} \leqq \sqrt{5} \quad |5m| \leqq \sqrt{5}\sqrt{m^2+1}$$

両辺（>0）を 2 乗して

$$|5m|^2 \leqq (\sqrt{5}\sqrt{m^2+1})^2 \quad 25m^2 \leqq 5(m^2+1)$$

$$4m^2-1 \leqq 0 \quad (2m+1)(2m-1) \leqq 0$$

$$-\frac{1}{2} \leqq m \leqq \frac{1}{2}$$

(2) C と l の 2 つの共有点 P，Q の座標を P$(\alpha,\ m\alpha)$，Q$(\beta,\ m\beta)$ $(\alpha<\beta)$ とおくと線分 PQ の中点 M の座標は

$$\left(\frac{\alpha+\beta}{2},\ \frac{m(\alpha+\beta)}{2}\right)$$

ここで，α，β は 2 次方程式③の解であるから，解と係数の関係より

$$\alpha+\beta=-\frac{-10}{m^2+1}=\frac{10}{m^2+1}$$

となるので

$$\frac{\alpha+\beta}{2}=\frac{5}{m^2+1}$$

よって，求める中点 M の座標は

$$\left(\frac{5}{m^2+1},\ \frac{5m}{m^2+1}\right) \quad \cdots\cdots(答)$$

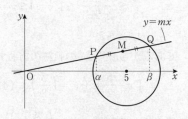

(3) 点 M を $(x,\ y)$ とおくと，(2)より

$$x=\frac{5}{m^2+1} \quad \cdots\cdots④$$

$$y = \frac{5m}{m^2 + 1}$$

となり

$$y = \frac{5}{m^2 + 1} \cdot m$$

$$y = xm$$

ここで，④より，$x \neq 0$ であるから，この両辺を x（$\neq 0$）で割ると

$$m = \frac{y}{x}$$

これを④に代入して

$$x = \frac{5}{\left(\dfrac{y}{x}\right)^2 + 1}$$

$$x = \frac{5x^2}{y^2 + x^2}$$

両辺を x（$\neq 0$）で割って

$$1 = \frac{5x}{y^2 + x^2} \qquad y^2 + x^2 = 5x$$

$$x^2 - 5x + y^2 = 0 \quad \cdots\cdots ⑤$$

$$\left(x - \frac{5}{2}\right)^2 + y^2 = \left(\frac{5}{2}\right)^2$$

また，$-\dfrac{1}{2} \leqq m \leqq \dfrac{1}{2}$ より

$$0 \leqq m^2 \leqq \frac{1}{4} \qquad 1 \leqq m^2 + 1 \leqq \frac{5}{4}$$

$$\frac{4}{5} \leqq \frac{1}{m^2 + 1} \leqq 1 \qquad 4 \leqq \frac{5}{m^2 + 1} \leqq 5$$

$$4 \leqq x \leqq 5$$

であるから，点 M の軌跡の方程式は

$$\left(x - \frac{5}{2}\right)^2 + y^2 = \left(\frac{5}{2}\right)^2 \quad (4 \leqq x \leqq 5)$$

であり，これは，中心 $\left(\dfrac{5}{2},\ 0\right)$，半径 $\dfrac{5}{2}$ の円の一部
を表す。これを図示すると，点 M の軌跡は右図の実
線部分となる。

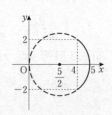

(4)　円 C と直線 l が接するのは，③の

$\dfrac{D}{4}=0$，すなわち $m=\pm\dfrac{1}{2}$ のときなの

で，原点から C に引いた 2 本の接線の

方程式は，$y=\pm\dfrac{1}{2}x$ であり，これと点

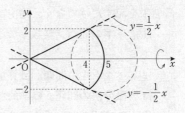

M の軌跡で囲まれた図形 D は右図の実線部分の内部となる。ここで，図形 D は x 軸に関して対称であるから $y\geqq0$ で考えると，⑤より

$$y^2=-x^2+5x$$
$$y=\sqrt{-x^2+5x}　(y\geqq0)$$

以上より，図形 D を x 軸のまわりに 1 回転してできる回転体の体積 V は

$$V=\int_0^4\pi\left(\frac{1}{2}x\right)^2dx+\int_4^5\pi(\sqrt{-x^2+5x})^2dx$$

$$=\pi\int_0^4\frac{1}{4}x^2dx+\pi\int_4^5(-x^2+5x)dx$$

$$=\pi\left[\frac{1}{12}x^3\right]_0^4+\pi\left[-\frac{1}{3}x^3+\frac{5}{2}x^2\right]_4^5$$

$$=\pi\left(\frac{16}{3}-0\right)+\pi\left\{-\frac{125}{3}+\frac{125}{2}-\left(-\frac{64}{3}+40\right)\right\}$$

$$=\frac{15}{2}\pi　\cdots\cdots(答)$$

■■■■■　◀解　説▶　■■■■■

≪円と直線の共有点，中点の座標，軌跡，体積≫

(1)　y を消去して，x の 2 次方程式を作り，その判別式が 0 以上となる m の値の範囲を求めればよい。〔別解〕は点と直線の距離の公式を用いた解法である。

(2)　交点 P，Q の座標を設定し，中点 M の座標を求める。

(3)　点 M を $(x,\ y)$ とおいて，m を消去すればよい。

(4)　原点から C に引いた 2 本の接線と(3)の図形を考えればよい。

❖講　評

　出題数は大問 5 題，1 と 2 はマークシート法，3 〜 5 は記述式となっている。記述問題では，B4 判大の解答用紙が大問ごとに 1 枚ずつあり，

結果を記すだけでなく，途中計算や論述，図示も求められる。

　　1　確率の問題。整数となる条件を考えて確率を求める基本的な問題である。

　　2　ベクトルの問題。計算量は多少あるが，基本的な頻出問題である。

　　3　微分法の問題。標準的な頻出問題である。

　　4　積分法の問題。定積分の等式から関数を決定する頻出問題である。

　　5　図形と方程式，積分法の問題。標準的な融合問題である。

物理

1 解答

(1)—⑥　(2)—⑧　(3)—②　(4)—④　(5)—⑦　(6)—⑧
(7)—⑦　(8)—⑤

(あ)4　(い)2　(う)2　(え)12　(お)8　(か)2　(き)12　(く)16
(け)0　(こ)28　(さ)−16

◀解　説▶

《トラックの荷台の両端で弾性衝突する小球の運動》

(1)　地面に対するトラックの速度を V[m/s] とする。図1−2で与えられた x-t グラフの傾きより

$$V=\frac{10}{0.5}=20[\mathrm{m/s}]$$

(2)　地面に対する小球Aの速度を v[m/s] とする。(1)と同様にして

$$v=\frac{14}{0.5}=28[\mathrm{m/s}]$$

(I)(3)　トラックに対する小球Aの相対速度を u[m/s] とすると

$$u=v-V=28-20=8[\mathrm{m/s}]$$

PQ間の距離を l[m] とすると，小球Aが壁Qに衝突する時刻 t[s] は

$$t=\frac{l}{u}=\frac{8}{8}=1.0[\mathrm{s}]$$

(4)　衝突直後の地面に対する小球Aの速度を v'[m/s] とする。弾性衝突をするので反発係数の式より

$$1=-\frac{v'-V}{v-V}=-\frac{v'-20}{28-20}$$

$$\therefore\quad v'=12[\mathrm{m/s}]$$

(5)　壁Qに衝突直後のトラックに対する小球Aの相対速度を u'[m/s] とすると

$$u'=v'-V=12-20=-8[\mathrm{m/s}]$$

つまり，弾性衝突なので，衝突で相対速度の大きさは変わらず8m/sである。よって，小球Aが壁Pに初めて衝突する時刻 t_1[s] は

$$t_1 = 1.0 + \frac{8}{8} = 2.0 \text{(s)}$$

(6)　壁 P に衝突直後の地面に対する小球 A の速度を v''(m/s) とする。トラックに対する相対速度が 8 m/s なので

$$v'' = V + 8 = 28 \text{(m/s)}$$

(Ⅱ)(7)・(8)　トラックが加速をはじめて $\varDelta t$(s) 後の速度を V'(m/s) とする。等加速度直線運動の式より

$$V' = V + a\varDelta t$$

このとき，トラックに対する小球 A の速度 u'_A(m/s) が 0 になるので

$$
\begin{aligned}
u'_A &= v'' - V' \\
&= v'' - (V + a\varDelta t) \\
&= 28 - (20 + a\varDelta t) \\
&= -a\varDelta t + 8 = 0
\end{aligned}
$$

(あ)・(い)　この間のトラックに対する小球 A の速度の時間変化をグラフにすると右図のようになる。グラフと座標軸に囲まれた面積が PQ 間の距離 $l = 8$(m) になるので，三角形の面積より

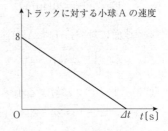

トラックに対する小球 A の速度

$$\frac{1}{2} \times 8 \times \varDelta t = 8$$

∴ $\varDelta t = 2$(s)

$$-a\varDelta t + 8 = 0 \Longrightarrow a = 4 \text{(m/s}^2\text{)}$$

(う)～(く)　等加速度直線運動の式より

$$
\begin{aligned}
x_P(t) &= Vt_1 + V(t - t_1) + \frac{1}{2}a(t - t_1)^2 \\
&= 20t + \frac{1}{2} \times 4 \times (t - 2)^2 \\
&= 2t^2 + 12t + 8 \\
x_Q(t) &= x_P(t) + 8 \\
&= 2t^2 + 12t + 16
\end{aligned}
$$

(け)～(さ)　等速直線運動の式より

$$x_A(t) = Vt_1 + v''(t - t_1)$$

$$=20 \times 2 + 28 \times (t-2)$$
$$=0 \times t^2 + 28t - 16$$

$\boxed{2}$ **解答** (9)—⓪ (10)—④ (11)—② (12)—② (13)—⑧ (14)—⑤
(15)—⑨ (16)—⑥ (17)—⑨ (18)—⑨ (19)—⑨ (20)—⑤
(21)—② (22)—⑨ (23)—⑤ (24)—② (25)—⑤ (26)—① (27)—⑤ (28)—⑥
(29)—⓪ (30)—③ (31)—② (32)—③

◀解　説▶

≪サイクロトロンの仕組み≫

(9)　点電荷が受けるローレンツ力の大きさを f〔N〕とすると

$$f = qv_0 B_1 \text{〔N〕}$$

(10)　正の電荷の運動の向きは電流の向きに等しいので，フレミングの左手の法則より，中指の向きを x 軸の正の向きに，人差し指の向きを紙面裏から表の向きに合わせるとローレンツ力の向きは親指の向きで，y 軸の負の向きになる。

(11)　ローレンツ力は速度に垂直にはたらくため仕事をせず，速さが変化しない。よって，y 軸をふたたび横切るときの速さは v_0〔m/s〕である。

(12)　点電荷は磁場のある領域で円運動し，y 軸をふたたび横切るまでに $180°$ 回転するので，運動の向きは x 軸の負の向きになる。

(13)　ローレンツ力を向心力とする円運動の運動方程式は，円の半径を r〔m〕とすると

$$m\frac{v_0{}^2}{r} = qv_0 B_1$$

$$\therefore \quad r = \frac{mv_0}{qB_1} \text{〔m〕}$$

よって，y 軸を横切ったときの y 座標は

$$y = -2r = -\frac{2mv_0}{qB_1} \text{〔m〕}$$

(14)　速さが v_0〔m/s〕のとき，ローレンツ力による円運動の周期を T〔s〕とすると

$$T = \frac{2\pi r}{v_0} = \frac{2\pi m}{qB_1} \text{〔s〕}$$

よって，v_0 が $2v_0$ になっても，周期 T は変化しない。

$$t_2 = t_1 = \frac{1}{2}T = \frac{\pi m}{qB_1}\,\text{[s]}$$

⑮　⑬の答えの式で v_0 を $2v_0$ に置き換えると

$$y = -\frac{2m \times 2v_0}{qB_1} = -\frac{4mv_0}{qB_1}\,\text{[m]}$$

⑯　⑬で求めた円運動の半径 r の式 $r = \dfrac{mv_0}{qB_1}$ で，v_0 を $2v_0$ にしても r を変化させないためには，B_1 を $2B_1$ にすればよい。

⑰　⑭の答えの式で B_1 を $2B_1$ に置き換えることにより

$$t_3 = \frac{\pi m}{q \times 2B_1} = \frac{\pi m}{2qB_1}\,\text{[s]}$$

⑱　仕事とエネルギーの関係より

$$\frac{1}{2}mv_0{}^2 + qE \times 2d = \frac{1}{2}mv_1{}^2$$

$$\therefore\ v_1 = \sqrt{v_0{}^2 + \frac{4qEd}{m}}\,\text{[m/s]}$$

⑲　区間 $-d < x < d$ では等加速度直線運動なので，平均の速さは $\dfrac{v_0 + v_1}{2}\,\text{[m/s]}$ である。よって

$$2d = \frac{v_0 + v_1}{2} \times t_1$$

$$\therefore\ t_1 = \frac{4d}{v_0 + v_1}\,\text{[s]}$$

⑳　ローレンツ力による円運動の周期 $T\,\text{[s]}$ は速さによらず

$$T = \frac{2\pi m}{qB_1}\,\text{[s]}$$

よって，時刻 $t_2\,\text{[s]}$ は

$$t_2 = t_1 + \frac{1}{2}T = t_1 + \frac{\pi m}{qB_1}\,\text{[s]}$$

㉑　領域Bでは等速円運動になるので

$$v_2 = v_1\,\text{[m/s]}$$

㉒　仕事とエネルギーの関係より

$$\frac{1}{2}mv_2{}^2 + qE \times 2d = \frac{1}{2}mv_3{}^2$$

$$\therefore \quad v_3 = \sqrt{v_2{}^2 + \frac{4qEd}{m}} \text{ [m/s]}$$

⒇　⒇と同様に

$$t_4 = t_3 + \frac{1}{2}T = t_3 + \frac{\pi m}{qB_1} \text{ [s]}$$

⒇　領域 A では等速円運動になるので

$$v_4 = v_3 \text{ [m/s]}$$

⒇　領域 B, A での円運動の半径をそれぞれ, r_1 [m], r_2 [m] とする。
⒀と同様にして

$$r_1 = \frac{mv_1}{qB_1} \text{ [m]}, \quad r_2 = \frac{mv_3}{qB_1} \text{ [m]}$$

よって, 時刻 t_4 における点電荷の y 座標は

$$y = -2r_1 + 2r_2 = -\frac{2mv_1}{qB_1} + \frac{2mv_3}{qB_1} = \frac{2m(v_3 - v_1)}{qB_1} \text{ [m]}$$

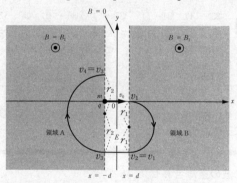

⒇　ローレンツ力は仕事をしないので, 磁場による仕事は 0 J。

⒇　電場による仕事を W [J] とすると

$$W = qE \times 2d + qE \times 2d = 4qEd \text{ [J]}$$

⒇　円運動の半周期ごとに電場が反転すればよいので, 交流電場の周期
T' [s] が円運動の周期 T [s] に一致すればよい。

$$T' = T = \frac{2\pi m}{qB_1} \text{ [s]}$$

⒇　電荷 q が受けるローレンツ力の大きさは qvB_1 [N]。

⒇　電流とは導線のある断面を 1 s 間に通過する電気量に等しい。1 m あ
たりの電荷が $\dfrac{q}{\Delta x}$ [C/m] であり, 微小部分が 1 s あたりに進む距離が

v [m/s] なので，電流の大きさ I [A] は

$$I = \frac{qv}{\Delta x} [\text{C/s}] = \frac{qv}{\Delta x} [\text{A}]$$

(31) 求めるローレンツ力の大きさを F [N] とすると

$$F = qvB = qv \times \frac{\mu_0 I}{2\pi \times 1} = \frac{\mu_0 qvI}{2\pi} [\text{N}]$$

(32) 直線導体 1 m あたりの力の大きさを F_1 [N] とすると

$$F_1 = \frac{F}{\Delta x} = \frac{\mu_0 qvI}{2\pi \Delta x} = \frac{\mu_0 I^2}{2\pi} [\text{N}]$$

$I = 1$ [A] のとき，$F_1 = 2 \times 10^{-7}$ [N] と定義するので

$$2 \times 10^{-7} = \frac{\mu_0}{2\pi}$$

$$\therefore \quad \mu_0 = 4\pi \times 10^{-7} [\text{N/A}^2]$$

$\boxed{3}$ **解答** (33)—④ (34)—④ (35)—③ (36)—② (37)—⑤ (38)—⑨
(39)—※ (40)—③ (41)—⑧ (42)—⑦ (43)—③

(44)—⑤ (45)—⑥

(a) $A \sin \dfrac{\pi}{l} (x - vt)$ (b) $-A \sin \dfrac{\pi}{l} (x + vt - 20l)$ (c) $A \sin \dfrac{4\pi}{l} (x - vt)$

※(39)については，条件が不足しており，正解が定まらないことが判明したため，全員
正解の措置が取られたことが大学から公表されている。

━━━━━◀ 解 説 ▶━━━━━

≪正弦波の式と波の重ね合わせ≫

(I)(33) 波の波長 λ は

$$\lambda = 2l$$

(34) 時刻 $t = 0$ での任意の x における変位は

$$y_1(x, 0) = A \sin \frac{2\pi x}{\lambda}$$

(35) 波は T [s] の間に λ だけ進むので

$$T = \frac{\lambda}{v} [\text{s}]$$

(36) $x = 0$ における時刻 $t = 0$ での変位は 0 であり，波が x 軸の正の向きに
進むと，この変位は 0 から負の値になっていくのでグラフは②か⑥である。

周期 T は位相 2π に対応するので，最も適切なグラフは②である。

(37)　速さ v の波が $\dfrac{T}{4}$〔s〕の間に進む距離は

$$v \times \frac{T}{4} = \frac{Tv}{4}\left(=\frac{\lambda}{4}\right)$$

(a)　時刻 t における位置 x の媒質の振動は $t=0$ における $x-vt$ の媒質の振動と同じと見なせるので

$$
\begin{aligned}
y_1(x,\ t) &= y_1(x-vt,\ 0) \\
&= A\sin\frac{2\pi}{\lambda}(x-vt) \\
&= A\sin\frac{2\pi}{2l}(x-vt) \\
&= A\sin\frac{\pi}{l}(x-vt)
\end{aligned}
$$

(II)(38)　波は速さ v で x 軸の正の向きに $10l$ だけ進み，自由端で反射して負の向きに $10l-x$ だけ進むので，これに要する時間は

$$\frac{10l}{v} + \frac{10l-x}{v} = \frac{20l-x}{v}\ \text{〔s〕}$$

(b)　位置 $x=0$ における任意の時刻 t での変位 $y_1(0,\ t)$ は(36)の答えのグラフ②より

$$y_1(0,\ t) = -A\sin\frac{2\pi t}{T}$$

よって，反射波の時刻 t での x における変位は

$$
\begin{aligned}
y_{1R}(x,\ t) &= y_1\left(0,\ t-\frac{20l-x}{v}\right) \\
&= -A\sin\frac{2\pi}{T}\left(t-\frac{20l-x}{v}\right) \\
&= -A\sin\frac{2\pi v}{2l}\left(t-\frac{20l-x}{v}\right) \\
&= -A\sin\frac{\pi}{l}(x+vt-20l)
\end{aligned}
$$

(40)　定常波の隣り合う腹の間隔は半波長なので

$$\frac{\lambda}{2} = \frac{2l}{2} = l$$

⑾(41)　正弦波 2 の波長を λ_2, 振動数を f_2 とすると，図 3 − 3 より

$$\lambda_2 = \frac{1}{2}l$$

波の基本式より

$$f_2 = \frac{v}{\lambda_2} = \frac{v}{\frac{1}{2}l} = \frac{2v}{l}$$

(42)　正弦波 1 の振動数を f_1 とすると

$$f_1 = \frac{v}{\lambda} = \frac{v}{2l}$$

$$\therefore \quad \frac{f_2}{f_1} = \frac{\frac{2v}{l}}{\frac{v}{2l}} = 4 \text{ 倍}$$

(c)　正弦波 2 の時刻 $t=0$ での任意の x における変位 $y_2(x, 0)$ は

$$y_2(x, 0) = A\sin\frac{2\pi x}{\lambda_2}$$

時刻 t における位置 x の媒質の振動は $t=0$ における $x-vt$ の媒質の振動と同じと見なせるので

$$y_2(x, t) = y_2(x-vt, 0)$$

$$= A\sin\frac{2\pi}{\lambda_2}(x-vt)$$

$$= A\sin\frac{2\pi}{\frac{1}{2}l}(x-vt)$$

$$= A\sin\frac{4\pi}{l}(x-vt)$$

(43)　正弦波 1 と正弦波 2 の合成波の位置 x, 時刻 t での変位を $Y(x, t)$ とすると

$$Y(x, t) = y_1(x, t) + y_2(x, t)$$

$$= A\sin\frac{\pi}{l}(x-vt) + A\sin\frac{4\pi}{l}(x-vt)$$

この合成波の時刻 $t=0$, 位置 $x=\frac{1}{4}l$ における変位は

$$Y\left(\frac{1}{4}l,\ 0\right)=A\sin\frac{\pi}{l}\left(\frac{1}{4}l-0\right)+A\sin\frac{4\pi}{l}\left(\frac{1}{4}l-0\right)$$

$$=A\sin\frac{\pi}{4}+A\sin\pi=\frac{\sqrt{2}}{2}A$$

⑷　時刻 $t=0$ での正弦波1と正弦波2の位置 x における変位を $0\leqq x\leqq\lambda_1$（$=l$）の範囲で重ね合わせ合成波を作図する。最も適切なグラフは⑤である。

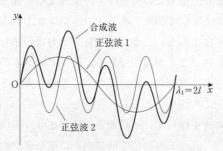

⑷　位置 $x=0$ での正弦波1と正弦波2の時刻 t における変位を $0\leqq t\leqq T_1$ の範囲で重ね合わせ合成波を作図する。最も適切なグラフは⑥である。

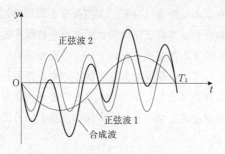

❖講　評

　例年通り，大問3題で，試験時間は80分。範囲は「物理基礎・物理」である。2022 年度は，力学，電磁気，波動の3分野から出題された。出題形式も例年通りで，2022 年度は①と③が解答群から数値や数式を選択するマークシート法と，数値や式を記述させる問題の混在で，②は全問マークシート法であった。描図問題は 2022 年度は出題されなかったが，グラフを読み取る問題や図の選択問題は出題された。

　　①　トラックが走行中，荷台の壁で弾性衝突する小球の運動を考えて

いく問題である。弾性衝突では衝突の前後で相対速度の大きさが変化しないことに注意し，次の衝突までの時間や速度の合成の式を求めていく。トラックが加速するときの問題では相対速度と時間のグラフを描くとわかりやすい。最後の位置 x と時刻 t の関係式では時刻の原点をずらした式をつくることがポイントになる。

　② 前半は磁場だけがある領域でのローレンツ力による円運動の基本問題からはじまり，電場での荷電粒子の加速運動を加えたサイクロトロンの仕組みを考えていく問題である。ローレンツ力による円運動では周期が速さや半径によらないこと，ローレンツ力は仕事しないことなどの要点を押さえておくことが大切である。後半では 2 本の直線電流間の間にはたらく力を微小部分の電荷にはたらく力から考える。電流の式を求めるときは次元にも注意しよう。

　③ 進行波の式を作っていく問題からはじまり，自由端での反射波や定常波，さらに，異なる振動数で同じ向きに進む 2 つの波の合成波を求めていく問題である。波の式の作り方はいろいろあるが，誘導にしたがって答えていくことが大切である。合成波の波形グラフの選択問題では，合成波の式から求めるのではなく，1 波長や 1 周期の短い区間で実際に 2 つの波を重ね合わせて合成波のおよその形を作図するとよい。

　3 大問とも，基本の関係式を求めていくことからはじまり，次第に応用的な問題になっていく構成である。後半のやや踏み込んだ問題では誘導にしたがい，問題文をしっかり読み取ることが何より大切である。過去問に当たって記述式とマークシート法の混在という問題形式にも慣れておこう。

■化学■

$\boxed{\text{I}}$ $\boxed{\text{解答}}$ 問 1 ． 1 － 1 　 2 － 5 　 3 － 2 　 4 － 7 　 5 － 0
　　　　　　 6 － 0

問 2 ． 7 － 4 　 8 － 0 　 9 － 1 　 10 － 7 　 11 － 5 　 12 － 2 　 13 － 1
14 － 0 　 15 － 2 　 16 － 6 　 17 － 0 　 18 － 3 　 19 －③ 　 20 － 1 　 21 － 0
22 － 1 　 23 － 2 　 24 － 7 　 25 － 2 　 26 －①

◀解　説▶

≪Na_2CO_3 と $NaHCO_3$ の生成と中和反応，N_2O_5 の分解反応と反応速度≫

問 1 ． 1 ～ 3 ．塩化ナトリウムの飽和水溶液にアンモニアと二酸化炭素を吹き込むと，化合物 A の炭酸水素ナトリウム $NaHCO_3$ が沈殿する。

$$NaCl + NH_3 + CO_2 + H_2O \longrightarrow NaHCO_3 + NH_4Cl$$

また，水酸化ナトリウム水溶液に二酸化炭素を吹き込むと，化合物 B の炭酸ナトリウム Na_2CO_3 が生成する。

$$2NaOH + CO_2 \longrightarrow Na_2CO_3 + H_2O$$

混合物 X（化合物 A と化合物 B）と塩酸の間で起こる反応は，それぞれ次の通りである。

$$NaHCO_3 + HCl \longrightarrow NaCl + H_2O + CO_2 \quad \cdots\cdots①$$
$$Na_2CO_3 + 2HCl \longrightarrow 2NaCl + H_2O + CO_2 \quad \cdots\cdots②$$

また，混合物 X を十分に加熱したとき，混合物 X 中の $NaHCO_3$ が熱分解して CO_2 が発生する。

$$2NaHCO_3 \longrightarrow Na_2CO_3 + H_2O + CO_2 \quad \cdots\cdots③$$

混合物 X に含まれる $NaHCO_3$ と Na_2CO_3 の物質量を，それぞれ $x[\text{mol}]$，$y[\text{mol}]$ とすると，①と②の反応式から，生成する CO_2 の物質量は，$x + y[\text{mol}]$ となる。

③より，$NaHCO_3$ の熱分解で生成する CO_2 の物質量は，$\dfrac{1}{2}x[\text{mol}]$ となる。

混合物 X と塩酸を反応させたとき生成した CO_2 の物質量は，混合物 X を加熱したとき生成する CO_2 の物質量の 3 倍であったことから次式が成り

立つ。

$$x+y=3\times\frac{1}{2}x \quad\cdots\cdots④$$

また，混合物 X に塩酸を加えた後の溶液を加熱して液体をすべて蒸発させたとき，生成した 1.17 g の塩化ナトリウムの物質量は

$$\frac{1.17}{58.5}=0.0200[\text{mol}]$$

①と②の反応式から，生成した塩化ナトリウムの物質量は，$x+2y[\text{mol}]$ となり，次式が成り立つ。

$$x+2y=0.0200 \quad\cdots\cdots⑤$$

④と⑤から

$$x=0.0100[\text{mol}], \quad y=0.00500[\text{mol}]$$

よって，実験操作 1 で生成した CO_2 の物質量は

$$x+y=0.0100+0.00500=0.01500≒1.5\times10^{-2}[\text{mol}]$$

4 ～ 6．水和水をもつ化合物 B の結晶 5.72 g を水に溶かして 100 mL の水溶液に調製した。水和水をもつ化合物 B の式量を M とすると，この水溶液のモル濃度は次式で表すことができる。

$$\frac{5.72}{M}\times\frac{1000}{100}=\frac{57.2}{M}[\text{mol/L}]$$

この水溶液 20 mL を指示薬フェノールフタレインにより 0.20 mol/L の塩酸で滴定したとき，フェノールフタレインの変色は次式で表される中和反応の完了を示している。

$$Na_2CO_3+HCl\longrightarrow NaCl+NaHCO_3$$

よって，塩酸の滴下量 20.0 mL から，次式が成り立つ。

$$\frac{57.2}{M}\times\frac{20}{1000}=0.20\times\frac{20}{1000}$$

$$\therefore\quad M=286$$

水和水をもつ化合物 B の組成式を $Na_2CO_3\cdot nH_2O$ とすると，式量 286 から次式が成り立つ。

$$106+18n=286$$

$$\therefore\quad n=10$$

よって，化合物 B の組成式は $Na_2CO_3\cdot10H_2O$ である。

組成式から，水和水をもつ化合物 B 5.72 g 中の Na_2CO_3 と水の質量は

$$Na_2CO_3 : 5.72 \times \frac{106}{286} = 2.12 \, [g]$$

$$水 \quad\quad : 5.72 - 2.12 = 3.60 \, [g]$$

化合物 B の無水物 2.12 g から飽和水溶液をつくるのに必要な水の質量を $m \, [g]$ とすると，20℃ における化合物 B（無水物）の溶解度 20.0 から次式が成り立つ。

$$\frac{2.12}{m} = \frac{20.0}{100}$$

$$\therefore \quad m = 10.6 \, [g]$$

よって，実験操作 2 で化合物 B の 20℃ の飽和水溶液 10.6 + 2.12 = 12.72 [g] から，水和水をもつ結晶が 5.72 g 析出したとき，蒸発した水の質量は

$$10.6 - 3.60 = 7.0 \, [g]$$

問 2．7 ～ 15．温度 47℃ に保った一定容積の容器内で，N_2O_5 の圧力が $3.32 \times 10^5 \, Pa$ になったとき，N_2O_5 のモル濃度 $[N_2O_5] \, [mol/L]$ は，気体の状態方程式 $pV = nRT$ から求められる。

$$[N_2O_5] = \frac{n}{V} = \frac{p}{RT} = \frac{3.32 \times 10^5}{8.3 \times 10^3 \times (47 + 273)} = 0.125 \, [mol/L]$$

初めに容器に入れた N_2O_5 のうち，5 分後に分解した N_2O_5 の割合を α とすると，5 分後の各成分気体のモル濃度は次の表の通りとなる。

	$2N_2O_5$	$\longrightarrow$	$4NO_2$	+	O_2	
反応前	0.125		0		0	[mol/L]
5 分後	$0.125(1-\alpha)$		$2 \times 0.125\alpha$		$\frac{1}{2} \times 0.125\alpha$	[mol/L]

5 分後の混合気体のモル濃度の和は

$$0.125(1-\alpha) + 2 \times 0.125\alpha + \frac{1}{2} \times 0.125\alpha = 0.125 + 0.1875\alpha \, [mol/L]$$

気体の圧力は気体の物質量に比例し，5 分後の全圧は初期圧力の 1.60 倍になったことから，次式が成り立つ。

$$\frac{0.125 + 0.1875\alpha}{0.125} = 1.60$$

$$\therefore \quad \alpha = 0.40$$

よって，初めに容器に入れた N_2O_5 のうち，5 分後に分解した N_2O_5 の割合は 40％である。5 分後の N_2O_5 のモル濃度は

$$[N_2O_5]=0.125\times(1-\alpha)=0.125\times(1-0.40)$$

$$=0.0750\fallingdotseq7.5\times10^{-2}[mol/L]$$

最初の 5 分間の平均の反応速度 $v[mol/(L\cdot min)]$ は

$$v=-\frac{0.0750-0.125}{5}=0.0100\fallingdotseq1.0\times10^{-2}[mol/(L\cdot min)]$$

16〜18. 初めに容器に入れた N_2O_5 のうち 10 分後に分解した N_2O_5 の割合を β とすると，10 分後の各成分気体のモル濃度は前の表と同じになる。よって，10 分後の混合気体のモル濃度の和は

$$0.125+0.1875\beta[mol/L]$$

気体の圧力は気体の物質量に比例し，10 分後の全圧は初期圧力の 1.96 倍になったことから，次式が成り立つ。

$$\frac{0.125+0.1875\beta}{0.125}=1.96$$

$$\therefore \quad \beta=0.64$$

よって，初めに容器に入れた N_2O_5 のうち 10 分後に分解した N_2O_5 の割合は 64％である。10 分後の N_2O_5 のモル濃度は

$$[N_2O_5]=0.125\times(1-\beta)=0.125\times(1-0.64)=0.0450[mol/L]$$

5 分から 10 分の間の平均の反応速度 $v[mol/(L\cdot min)]$ は

$$v=-\frac{0.045-0.075}{5}=0.00600\fallingdotseq6.0\times10^{-3}[mol/(L\cdot min)]$$

19〜25. 時間 0〜5 min，5〜10 min，10〜15 min の間における平均の反応速度 $v[mol/(L\cdot min)]$ と N_2O_5 のモル濃度の平均値 $\overline{[N_2O_5]}$ を表にまとめると次の通りとなる。

時間[min]	$[N_2O_5]$[mol/L]	v[mol/(L·min)]	$\overline{[N_2O_5]}$[mol/L]	$\dfrac{v}{\overline{[N_2O_5]}}$[/min]
0	0.125			
		0.0100	0.100	0.100
5	0.0750			
		0.00600	0.0600	0.100
10	0.0450			
		$-\dfrac{x-0.0450}{5}$	$\dfrac{0.0450+x}{2}$	
15	x			

平均の反応速度 v と N_2O_5 のモル濃度の平均値 $\overline{[N_2O_5]}$ の比が反応速度定数である。よって，反応速度定数を求めると

$$k=\frac{v}{\overline{[N_2O_5]}}=\frac{0.0100}{0.100}=1.00\times10^{-1}[\text{/min}]$$

以上の結果から，この反応速度式は

$$v=k[N_2O_5]$$

となる。

15 分後の N_2O_5 のモル濃度を x[mol/L] とすると，$10\sim15\,\text{min}$ の間における平均の反応速度 v と N_2O_5 のモル濃度の平均値 $\overline{[N_2O_5]}$ は，それぞれ次のように表すことができる。

$$v=-\frac{x-0.0450}{5}\qquad\cdots\cdots①$$

$$\overline{[N_2O_5]}=\frac{0.0450+x}{2}$$

よって，反応速度式は次のように表すことができる。

$$v=k[\overline{N_2O_5}]=1.0\times10^{-1}\times\frac{0.0450+x}{2}\qquad\cdots\cdots②$$

①と②は等しくなることから次式が成り立つ。

$$-\frac{x-0.0450}{5}=1.0\times10^{-1}\times\frac{0.0450+x}{2}$$

$$\therefore\quad x=0.0270\fallingdotseq2.7\times10^{-2}[\text{mol/L}]$$

26. N_2O_5 の分解反応の反応速度式が，反応(a)の反応速度式と同じになることから，反応(a)が律速段階となる。

Ⅱ **解答** (1)E. $AgNO_3$　G. Ag_2S　H. $Fe(OH)_3$　I. ZnS
L. $Zn(OH)_2$　M. $Cu(OH)_2$

(2)$1.3×10^{-3}$ g　(3)$4.0×10^{-4}$ cm

(4)$Fe+2HCl \longrightarrow FeCl_2+H_2$

(5)$Cu(OH)_2+4NH_3 \longrightarrow [Cu(NH_3)_4](OH)_2$

━━━━━ ◀解　説▶ ━━━━━

≪金属イオンの系統分離，塩化銀の溶解度積，銅の結晶格子≫

(1)　実験クから，硫酸塩Kの水溶液に少量のアンモニア水を加えたとき，生じた青白色沈殿Mは $Cu(OH)_2$ である。さらにアンモニア水を加えて深青色水溶液になったことから，$[Cu(NH_3)_4]^{2+}$ が生じたことがわかる。よって，dを陽イオン成分とする硫酸塩Kは $CuSO_4$ であり，金属Dは Cu となる。

実験オから，硝酸塩Eの水溶液に金属D（Cu）を浸したとき，金属Aが析出した。このことから，析出した金属Aは，Cu よりイオン化傾向の小さい Ag であることがわかる。

実験カについて，Na，Ca，Ba のイオンは，少量の水酸化ナトリウム水溶液を加えても沈殿は生じない。Fe のイオンは少量の水酸化ナトリウム水溶液を加えると赤褐色の沈殿が生じるので，bではない。また，Pb のイオンは少量の水酸化ナトリウム水溶液を加えると白色の沈殿が生成するが，アンモニア水を過剰に加えても沈殿は溶解しないのでbではない。よって，これらの条件に合う金属イオンbは Zn のイオンである。よって，金属Bは Zn である。Zn^{2+} に水酸化ナトリウム水溶液を加えると，沈殿L（$Zn(OH)_2$）が生じる。さらに，過剰のアンモニア水によって $Zn(OH)_2$ は錯イオン $[Zn(NH_3)_4]^{2+}$ となって溶解する。

実験ウより，a（Ag^+）を含む硝酸水溶液に酸性の条件で硫化水素を通じたとき，黒色沈殿G（Ag_2S）が生じた。なお，Fe，Zn のイオンは，水溶液が酸性であるとき硫化水素を通じても硫化物の沈殿は生じない。沈殿を分離した後，濃硝酸を加え，さらにアンモニア水を加えたとき，赤褐色沈殿H（$Fe(OH)_3$）が生成したことから，金属Cは Fe であることがわかる。沈殿Hを分離した後，残ったbイオン（Zn^{2+}）を含む水溶液に硫化水素を通じると，白色沈殿I（ZnS）が生じる。

以上より，AがAg，BがZn，CがFe，DがCuである。

実験アで，金属A（Ag）を濃硝酸と反応させると，硝酸塩E（$AgNO_3$）が得られる。

$$Ag+2HNO_3 \longrightarrow AgNO_3+H_2O+NO_2$$

(2) Ag^+（イオンa）は Cl^- と反応して，化合物Fの AgCl を生じる。

実験ウ

Ag$^+$ Zn^{2+} Fe^{3+} 硝酸水溶液
　　│ H_2S
黒色沈殿G　　Zn^{2+} Fe^{2+}
Ag_2S　　　　　　濃 HNO_3
　　　　　Zn^{2+} Fe^{3+}
　　　　　　　NH$_3$ 水
赤褐色沈殿H　　Zn^{2+}
Fe(OH)$_3$　　　　│ H_2S
　　　　　　白色沈殿 I
　　　　　　ZnS

AgCl の飽和水溶液を 1.0 L つくったとき，溶解した 1.43×10^{-3} g の AgCl（式量143）の物質量は

$$\frac{1.43 \times 10^{-3}}{143} = 1.0 \times 10^{-5} [\text{mol}]$$

AgCl の飽和水溶液に溶解した AgCl は次式のように電離している。

$$AgCl \rightleftharpoons Ag^+ + Cl^-$$

よって，水溶液中に存在する Ag^+ と Cl^- のモル濃度は

$$[Ag^+] = [Cl^-] = 1.0 \times 10^{-5} [\text{mol/L}]$$

この水溶液は飽和しているので，溶解度積 K_w は

$$K_w = [Ag^+][Cl^-] = (1.0 \times 10^{-5})^2 = 1.0 \times 10^{-10} [(\text{mol/L})^2]$$

この水溶液中の塩化物イオンの濃度が 1.0×10^{-4} mol/L に増加したとき，溶液中の Ag^+ のモル濃度は溶解度積 K_w から求められる。

$$[Ag^+] = \frac{K_w}{[Cl^-]} = \frac{1.0 \times 10^{-10}}{1.0 \times 10^{-4}} = 1.0 \times 10^{-6} [\text{mol/L}]$$

析出した Ag^+ の物質量は，1.0 L の飽和水溶液に溶解していた Ag^+ の物質量から，水溶液に残った Ag^+ の物質量を差し引いた値となる。よって，析出した Ag^+ の物質量は

$$1.0 \times 10^{-5} - 1.0 \times 10^{-6} = 9.0 \times 10^{-6} [\text{mol}]$$

沈殿した AgCl（式量143）の質量は

$$9.0 \times 10^{-6} \times 143 = 1.28 \times 10^{-3} \fallingdotseq 1.3 \times 10^{-3} [\text{g}]$$

(3) 亜鉛板の表面に析出した 0.36 g の銅の物質量は

$$\frac{0.36}{64} = 5.625 \times 10^{-3} [\text{mol}]$$

この銅に含まれる原子数は

$$5.625 \times 10^{-3} \times 6.0 \times 10^{23} = 3.375 \times 10^{21} \text{ 個}$$

生じた膜の面積が $1.0 \times 10^2 \text{cm}^2$ であり，膜の厚さを x〔cm〕とすると，膜の体積は $1.0 \times 10^2 x$〔cm^3〕と表すことができる。銅の結晶構造は面心立方格子であり，単位格子には 4 個の原子が含まれる。この単位格子の体積が $4.7 \times 10^{-23} \text{cm}^3$ であることから，次式が成り立つ。

$$4 : (4.7 \times 10^{-23}) = (3.375 \times 10^{21}) : (1.0 \times 10^2 x)$$

$$\therefore \quad x = 3.96 \times 10^{-4} \fallingdotseq 4.0 \times 10^{-4} \text{〔cm〕}$$

Ⅲ **解答** 問 1．(1)

$$CH_3-\overset{\overset{\displaystyle CH_3}{|}}{\underset{\underset{\displaystyle CH_3}{|}}{C}}-CH_2-CH_3$$

(2)

$$CH_3-\overset{\overset{\displaystyle CH_3}{|}}{\underset{\underset{\displaystyle CH_3}{|}}{C}}\!\!-\!\!\overset{}{\underset{\underset{\displaystyle OH}{|}}{C}}H-CH_3$$

(3)

$$HO-CH_2-\overset{\overset{\displaystyle CH_3}{|}}{\underset{\underset{\displaystyle CH_3}{|}}{C}}\!\!-\!\!\overset{}{\underset{\underset{\displaystyle OH}{|}}{C}}H-CH_3 \qquad CH_3-\overset{\overset{\displaystyle CH_3}{|}}{\underset{\underset{\displaystyle CH_3}{|}}{C}}\!\!-\!\!\overset{}{\underset{\underset{\displaystyle OH}{|}}{C}}H-CH_2-OH$$

(4)

$$CH_3-\overset{\overset{\displaystyle O}{\|}}{C}-O-CH_2-\overset{\overset{\displaystyle CH_3}{|}}{\underset{\underset{\underset{\displaystyle OH}{|}}{\underset{\displaystyle CH_2}{|}}}{C}}-CH_2-CH_3$$

問 2．(1) A.

B.

C.

D.

(2)

━━━━ ◀解　説▶ ━━━━

≪アルコールの構造異性体と不斉炭素原子，トルエンの反応と芳香族炭化水素の構造異性体≫

問1．(2)　化合物 A の水素原子のうち1つだけを −OH 基に置換した化合物は3つあるが，その中で不斉炭素原子をもつ化合物は1つ存在する（＊は不斉炭素原子）。

$$HO-CH_2-\overset{\overset{\displaystyle CH_3}{|}}{\underset{\underset{\displaystyle CH_3}{|}}{C}}-CH_2-CH_3 \qquad CH_3-\overset{\overset{\displaystyle CH_3}{|}}{\underset{\underset{\displaystyle CH_3}{|}}{C}}-\overset{*}{\underset{\underset{\displaystyle OH}{|}}{C}}H-CH_3$$

$$CH_3-\overset{\overset{\displaystyle CH_3}{|}}{\underset{\underset{\displaystyle CH_3}{|}}{C}}-CH_2-CH_2-OH$$

(3)　A の水素原子のうち2つだけを −OH 基に置換した化合物は4つあるが，その中で不斉炭素原子をもつ化合物は2つ存在する（＊は不斉炭素原子）。

$$HO-CH_2-\overset{\overset{\displaystyle CH_3}{|}}{\underset{\underset{\underset{\displaystyle OH}{|}}{\underset{\displaystyle CH_2}{|}}}{C}}-CH_2-CH_3 \qquad HO-CH_2-\overset{\overset{\displaystyle CH_3}{|}}{\underset{\underset{\displaystyle CH_3}{|}}{C}}-\overset{*}{\underset{\underset{\displaystyle OH}{|}}{C}}H-CH_3$$

$$HO-CH_2-\overset{\overset{\displaystyle CH_3}{|}}{\underset{\underset{\displaystyle CH_3}{|}}{C}}-CH_2-CH_2-OH \qquad CH_3-\overset{\overset{\displaystyle CH_3}{|}}{\underset{\underset{\displaystyle CH_3}{|}}{C}}-\overset{*}{\underset{\underset{\displaystyle OH}{|}}{C}}H-CH_2-OH$$

(4)　A の水素原子のうち2つだけを −OH 基に置換した化合物の中で不斉炭素原子をもたない化合物は2つ存在する。2つの −OH 基の1つだけを酢酸とエステル化した化合物 B について，不斉炭素原子が存在する化合物は1つ存在する（＊は不斉炭素原子）。

$$HO-CH_2-\overset{\overset{\displaystyle CH_3}{|}}{\underset{\underset{\underset{\displaystyle OH}{|}}{\underset{\displaystyle CH_2}{|}}}{C}}-CH_2-CH_3$$

$$\xrightarrow{CH_3COOH} CH_3-C\overset{O}{\underset{O-CH_2-*C-CH_2-CH_3}{\diagdown}}$$

（構造式：$CH_3-CO-O-CH_2-*C(CH_3)(CH_2OH)-CH_2-CH_3$）

$$HO-CH_2-\underset{CH_3}{\overset{CH_3}{C}}-CH_2-CH_2-OH$$

$$\xrightarrow{CH_3COOH} CH_3-C\overset{O}{\diagdown}O-CH_2-\underset{CH_3}{\overset{CH_3}{C}}-CH_2-CH_2-OH$$

$$HO-CH_2-\underset{CH_3}{\overset{CH_3}{C}}-CH_2-CH_2-O\overset{O}{\diagup}C-CH_3$$

問2．(1)　トルエンから化合物 D までの物質変化をまとめると，次の通りとなる。

$$\text{トルエン}\xrightarrow[\text{}]{H_2SO_4+HNO_3}\text{化合物A}\xrightarrow[\text{}]{Sn+HCl}\text{(o-CH}_3\text{-C}_6\text{H}_4\text{-NH}_3\text{Cl)}$$

化合物A（o-ニトロトルエン，CH_3, NO_2）

$$\xrightarrow{\text{中和}}\text{化合物B}\xrightarrow[\text{氷中}]{HCl+NaNO_2}\text{(o-CH}_3\text{-C}_6\text{H}_4\text{-N}_2\text{Cl)}$$

化合物B（CH_3, NH_2）

$$\xrightarrow[\text{5℃以上}]{}\text{化合物C}\xrightarrow{(CH_3CO)_2O}\text{化合物D}$$

化合物C（CH_3, OH）　化合物D（CH_3, $OCOCH_3$）

(2)　分子式 C_9H_{12} である芳香族炭化水素 E の構造異性体は，下の 8 種類（a〜h）存在する。

a．C_6H_5-CH_2-CH_2-CH_3

b．C_6H_5-$\underset{CH_3}{\overset{}{CH}}$-$CH_3$

c.

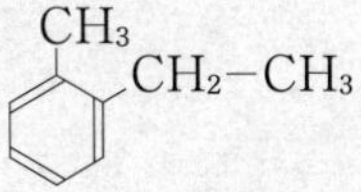

d.

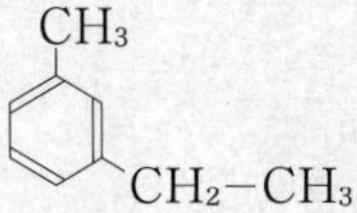

e.

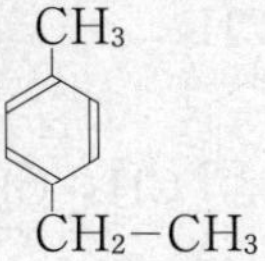

f.

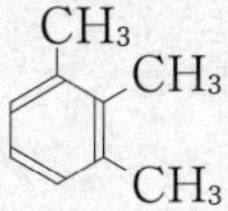

g.

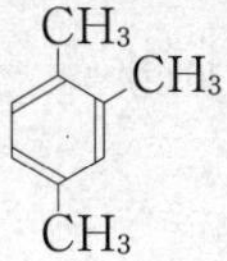

h.

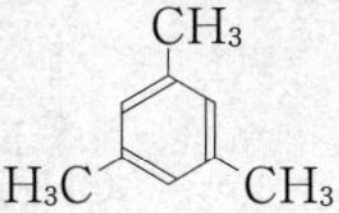

E を濃硫酸と濃硝酸の混合物と反応させると，ニトロ化が起こり，ベンゼン環に −NO₂ が入る。

E（a〜h）のベンゼン環に 1 つのニトロ基が入った化合物について，構造異性体がそれぞれ何種類存在するかを調べると以下の通りとなった。

a.

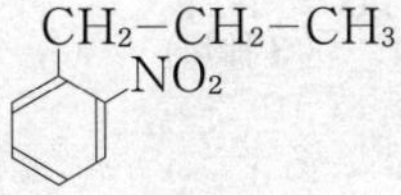

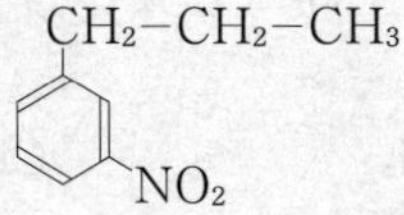

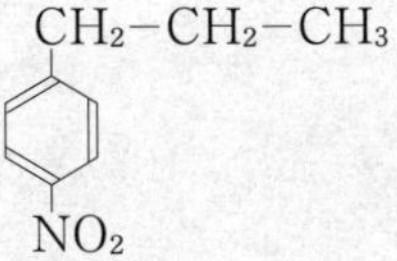

（3 種類）

b.

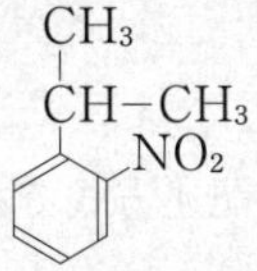

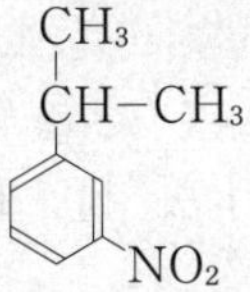

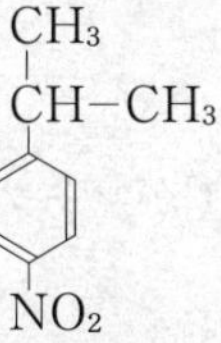

（3 種類）

c.

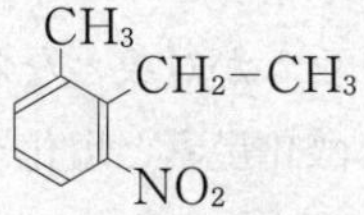

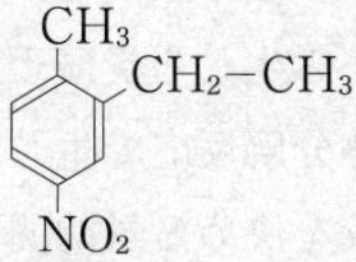

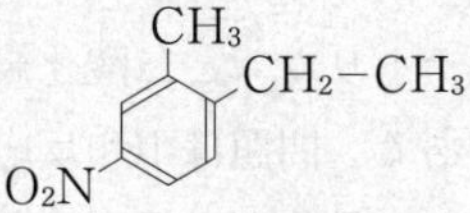

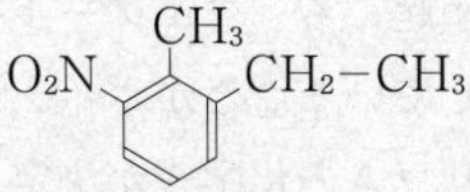

（4 種類）

d.

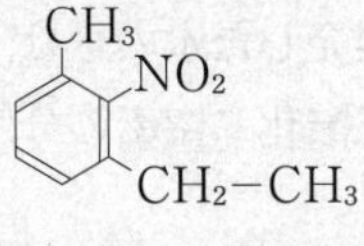

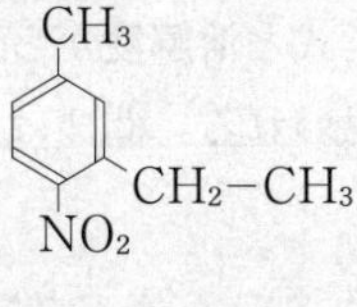

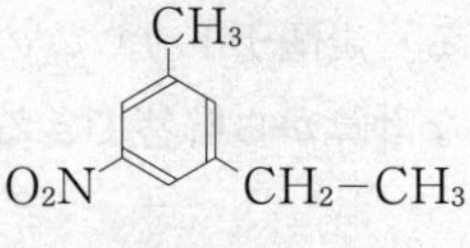

（4種類）

e. （2種類）

f. （2種類）

g. （3種類）

h. （1種類）

以上から，芳香族炭化水素 E は h である。

❖講　評

　出題数は大問3題で，Ⅰがマークシート法，Ⅱ，Ⅲが記述方式であった。

　Ⅰ　問1は，アンモニアソーダ法の生成物の炭酸水素ナトリウム，水酸化ナトリウムと二酸化炭素から生じる炭酸ナトリウムが対象となる物質である。問題は中和反応と熱分解反応で生じる二酸化炭素と塩化ナトリウムの量から，混合物の組成を決める量的関係が中心となっている。炭酸ナトリウムと塩酸の中和反応は2段階の反応が起こる。フェノールフタレインでの変色により，1段階の反応が完了していることがポイントとなり，滴定結果から，水和水をもつ炭酸ナトリウムの化学式が決定できる。炭酸ナトリウムの化学式と溶解度から，蒸発した水の量は，基本的な計算から解答できると思われる。問2は，五酸化二窒素の分解反

応における反応速度に関する問題である。与えられたデータから反応速度を求め，反応速度定数，反応速度式を決定する内容となっている。このとき，気体の物質量と圧力が比例関係であることが，五酸化二窒素の物質量を求める鍵となる。平均の反応速度と平均の濃度の比が反応速度定数であることに留意したい。また，計算しやすい数値であるが，計算間違いをしないように解答したい。Ⅰは2問とも思考力を求める内容となっているので，解き方の方針が見つからないようであれば，最後にじっくり取り組みたい。

　Ⅱ　問1は，与えられた実験結果から金属を特定する問題である。青白色，赤褐色などの沈殿の色から金属を決めることで，比較的容易に解答できる。2つの計算問題は，溶解度積と結晶格子がテーマとなっている。Ⅱは，方針が立てやすい問題であり，最初に取り組むことが望まれる。

　Ⅲ　問1は，2価アルコールの異性体に関する問題である。不斉炭素原子が存在するかどうかの見極めができれば比較的容易に解答できる。問2の(1)は，トルエンを出発物質として，ニトロ化，還元，ジアゾ化などによる生成物を答えさせる内容で，比較的取り組みやすい問題といえる。問2の(2)は，芳香族炭化水素の一置換体についての問題で，構造異性体の問題に慣れていれば容易に解答できる。有機化学の分野では，普段から反応系統図と異性体を中心に勉強していくことが重要である。

　全体を通してみると，Ⅰは思考力が求められ，時間を要する問題といえる。また，計算力が求められるので，計算ミスに十分気を付けたい。できれば，ⅡとⅢを着実に解答した上で，じっくりⅠに取り組みたい。

■一般選抜（個別学部日程）：理工学部 B 方式

問題編

▶試験科目・配点

学　科	テスト区分	教科	科目（出題範囲）	配点
物理科学科	大学入学共通テスト	外国語	英語（リーディング，リスニング）	100 点
		数　学	「数学 I・A」，「数学 II・B」	60 点
		理　科	物理	60 点
	独自問題	数　学	数学 I・II・III・A・B	140 点
		理　科	物理基礎・物理	140 点
化学・生命科学科	大学入学共通テスト	外国語	英語（リーディング，リスニング）	100 点
		数　学	「数学 I・A」，「数学 II・B」	60 点
		理　科	物理，化学，生物のうち 1 科目選択	60 点
	独自問題	数　学	数学 I・II・III・A・B	140 点
		理　科	化学基礎・化学	140 点
その他の学　科	大学入学共通テスト	外国語	英語（リーディング，リスニング）	100 点
		数　学	「数学 I・A」，「数学 II・B」	60 点
		理　科	物理，化学のうち 1 科目選択	60 点
	独自問題	数　学	数学 I・II・III・A・B	140 点
		理　科	「物理基礎・物理」，「化学基礎・化学」のうち 1 科目選択	140 点

▶備　考

- 合否判定は総合点による。ただし，場合により特定科目の成績・調査書を考慮することもある。
- 「数学 B」は「数列・ベクトル」から出題する。
- 大学入学共通テストの得点を上記の配点に換算する。英語の得点を扱う場合には，リーディング 100 点，リスニング 100 点の配点比率を変えず

にそのまま合計して 200 点満点としたうえで，上記の配点に換算する。

- 大学入学共通テストの選択科目のうち複数を受験している場合は，高得点の 1 科目を合否判定に使用する。

- 試験日が異なる学部・学科・方式は併願ができ，さらに同一日に実施する試験であっても「AM」と「PM」の各々で実施される場合は併願ができる。

- 試験時間帯が同じ学部・学科・方式は併願できない。

試験日	試験時間帯	学　部	学　科（方　式）
2 月 11 日	終日	理　　工	物理科（B） 数理サイエンス（B） 化学・生命科（B） 電気電子工（B） 機械創造工（B） 経営システム工（B） 情報テクノロジー（B）
	AM	コミュニティ人間科	コミュニティ人間科

■数学■

（100分）

マーク・シート記入上の注意

1　解答は，解答用紙の問題番号に対応した解答欄にマークすること．

2　問題の文中の $\boxed{1}$，$\boxed{2}$ $\boxed{3}$ などには，特に指示がないかぎり，符号（－），数字（0～9）又は文字（a～d）が入る．1，2，3，… の一つ一つは，これらのいずれか一つに対応する．それらを解答用紙の1，2，3，… で示された解答欄にマークして答えよ．

　　例　$\boxed{1}$ $\boxed{2}$ $\boxed{3}$ に －83 と答えたいとき

1	● ⊝ ⓪ ① ② ③ ④ ⑤ ⑥ ⑦ ⑧ ⑨ ⓐ ⓑ ⓒ ⓓ ＊
2	⊝ ⓪ ① ② ③ ④ ⑤ ⑥ ⑦ ⑧ ● ⑨ ⓐ ⓑ ⓒ ⓓ ＊
3	⊝ ⓪ ① ② ● ④ ⑤ ⑥ ⑦ ⑧ ⑨ ⓐ ⓑ ⓒ ⓓ ＊

　　なお，同一の問題文中に $\boxed{1}$，$\boxed{2}$ $\boxed{3}$ などが2度以上現れる場合，2度目以降は，$\boxed{1}$，$\boxed{2}$ $\boxed{3}$ のように細字で表記する．

3　分数形で解答する場合，分数の符号は分子につけ，分母につけてはいけない．

　　例えば，$\dfrac{\boxed{4}\ \boxed{5}}{\boxed{6}}$ に $-\dfrac{4}{5}$ と答えたいときは，$\dfrac{-4}{5}$ として答えよ．

　　また，それ以上約分できない形で答えること．

　　例えば，$\dfrac{3}{4}$ と答えるところを，$\dfrac{6}{8}$ のように答えてはいけない．

4　根号あるいは対数を含む形で解答する場合は，根号の中や真数に現れる自然数が最小となる形で答えよ．

　　例えば，$\boxed{7}\sqrt{\boxed{8}}$ に $4\sqrt{2}$ と答えるところを，$2\sqrt{8}$ のように答えてはいけない．また，$\boxed{9}\log_2\boxed{10}$ に $6\log_2 3$ と答えるところを，$3\log_2 9$ のよ

うに答えてはいけない.

5　分数形で根号を含む形で解答する場合，$\dfrac{\boxed{11}+\boxed{12}\sqrt{\boxed{13}}}{\boxed{14}}$ に $\dfrac{3+2\sqrt{2}}{2}$

と答えるところを，$\dfrac{6+4\sqrt{2}}{4}$ や $\dfrac{6+2\sqrt{8}}{4}$ のように答えてはいけない.

1　解答を解答用紙(その1)に記入せよ.

図のような正十二角形の12個の頂点から3点を選んで三角形をつくる.

(1)　このような三角形は全部で $\boxed{1}\ \boxed{2}\ \boxed{3}$ 個ある.

(2)　直角三角形は全部で $\boxed{4}\ \boxed{5}$ 個ある.

(3)　二等辺三角形は全部で $\boxed{6}\ \boxed{7}$ 個ある.

(4)　直角三角形でも二等辺三角形でもないものは全部で $\boxed{8}\ \boxed{9}\ \boxed{10}$ 個ある.

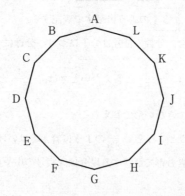

2 解答を解答用紙（その 1）に記入せよ.

a, b を実数として, 2 次関数

$$f(x) = x^2 + 2ax + b$$

を考える. 放物線 $y = f(x)$ の頂点 P が直線 $y = x$ 上にあるとする.

また, 関数 $g(x)$ を次の式で定義する.

$$g(x) = f(f(x))$$

(1) a が実数全体を動くとき, b の最小値は $\dfrac{\boxed{11}\ \boxed{12}}{\boxed{13}}$ である.

(2) $g(0) \leqq 0$ となるような a の値の範囲は $\boxed{14} \leqq a \leqq \boxed{15}$ である.

(3) 直線 $y = x$ と放物線 $y = f(x)$ の 2 つの共有点のうち, P 以外の点の x 座標を c とすると, $a + c = \boxed{16}$ である.

また, $g'(c) = \boxed{17}$ である.

3　解答を解答用紙（その 2 ）の **3** 欄に記入せよ.

　　△OAB は 2 辺の長さが OA = 1, OB = 2 であって, $\vec{a} = \overrightarrow{OA}$, $\vec{b} = \overrightarrow{OB}$ と表すとき, $\vec{a} \cdot \vec{b} = \dfrac{2}{3}$ を満たすとする.

⑴　AB の長さを求めよ.

⑵　$\theta = \angle AOB$ とするとき, $\sin\theta$ を求めよ.

　　さらに, 点 C, D, E を以下の条件を満たすようにとる.

- $\overrightarrow{OC} = \vec{a} + \vec{b}$
- 線分 CD の中点は B
- E は直線 AC 上にあり, ED ⊥ OC

⑶　$\overrightarrow{OE}$ を $\vec{a}$, $\vec{b}$ を用いて表せ.

⑷　△OCE の面積を求めよ.

4　解答を解答用紙(その3)の 4 欄に記入せよ.

a を定数とする. xy 平面上の円

$$C : x^2 + y^2 = a^2 + 1$$

と直線

$$\ell : 2x + y = -3a + 1$$

について, 以下の問に答えよ.

(1)　$a = -\dfrac{1}{2}$ のとき, C と ℓ の共有点の座標を求めよ.

(2)　C と ℓ が共有点をもつような a の値の範囲を求めよ.

(3)　a が整数のときを考える. C と ℓ の共有点であって x 座標と y 座標がとも
　　に整数のものが存在するような整数 a をすべて求めよ. また, 求めた a に対
　　して, x 座標と y 座標がともに整数であるような共有点をすべて書け.

5 解答を解答用紙(その4)の 5 欄に記入せよ.

関数

$$f(x) = \log\left(\sqrt{2}\,\cos x\right) \quad \left(-\frac{\pi}{2} < x < \frac{\pi}{2}\right)$$

について,以下の問に答えよ.

(1) $0 < a < 1$ とする.次の定積分を求めよ.

$$\int_0^a \frac{1}{1-t^2}\,dt$$

(2) $y = f(x)$ のグラフの概形を描け.凹凸は調べなくてよい.

(3) 曲線 $y = f(x)$ のうち,連立不等式 $\begin{cases} x \geq 0 \\ y \geq 0 \end{cases}$ の表す領域に含まれる部分の

長さを求めよ.

物理

（80 分）

<u>1</u>　以下の文章を読み，空欄(1)〜(14)にあてはまるもっとも適切な解答をそれぞれの解答群より選び**解答用紙**（その 1 ）の該当する記号をマークせよ。

　ケプラーの法則の第一法則は，「太陽系の惑星は太陽を 1 つの焦点とする楕円軌道を描く」というものであり，第二法則（面積速度一定の法則）は，「惑星と太陽を結ぶ線分が一定時間に描く面積は一定である」というものである。

　図 1 ―1 のように，太陽を 1 つの焦点とする楕円軌道上を公転運動する惑星を考える。時刻 t に点 P にあるこの惑星は，じゅうぶんに短い時間 Δt 後に点 Q に移動する。点 P と太陽を結ぶ線分の長さを r，惑星の速さを v，線分と速度がなす角を θ とする。Δt が非常に小さい場合，点 P から点 Q への移動が等速直線運動とみなせるので，時刻 t に長さ r であった線分が Δt の間に描く面積は
$\boxed{(1)}$ と近似される。楕円軌道の長軸上の点 X および点 Y と太陽との間の距離をそれぞれ r_X および r_Y とし，点 X および点 Y における惑星の速さをそれぞれ v_X および v_Y とすると，その比は $\dfrac{v_X}{v_Y} = \boxed{(2)}$ であることがわかる。

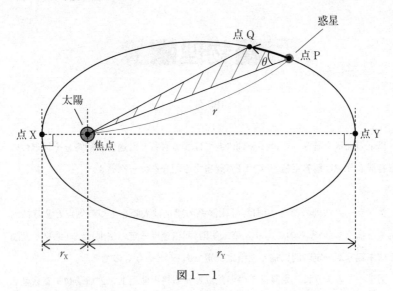

図 1 − 1

空欄(1)の解答群

① $\dfrac{1}{4} rv\Delta t \sin\theta$　　② $\dfrac{1}{4} rv \cos\theta$　　③ $rv\Delta t \sin\theta$

④ $rv \cos\theta$　　⑤ $\dfrac{1}{2} rv \cos\theta$　　⑥ $\dfrac{1}{2} rv \sin\theta$

⑦ $\dfrac{1}{2} rv\Delta t \sin\theta$　　⑧ $\dfrac{1}{2} rv\Delta t \cos\theta$　　⑨ $\dfrac{1}{2} rv$

⓪ $\dfrac{1}{4} r \sin\theta$

空欄(2)の解答群

① $\dfrac{1}{2}\dfrac{r_X}{r_Y}$　　② $\dfrac{1}{2}\dfrac{r_Y}{r_X}$　　③ $\dfrac{r_X{}^2}{r_Y{}^2}$　　④ $\dfrac{r_Y{}^2}{r_X{}^2}$　　⑤ $\sqrt{\dfrac{r_X}{r_Y}}$

⑥ $\sqrt{\dfrac{r_Y}{r_X}}$　　⑦ $\dfrac{r_X}{r_Y}$　　⑧ $\dfrac{r_Y}{r_X}$　　⑨ $\dfrac{2 r_X}{r_Y}$　　⓪ $\dfrac{2 r_Y}{r_X}$

　ニュートンは，惑星が太陽のまわりを運動するのは，惑星が太陽から引力を受けるためであると考えた。さらに，このような引力は質量をもつすべての物体の間にはたらくと考え，万有引力の法則を表す式を示した。以下では，太陽系の惑星の公転軌道は近似的に太陽を中心とする円軌道とみなせるとしよう。この場

合，太陽と惑星を結ぶ線分と惑星が運動する方向とがなす角はつねに　(3)　度となる。

　惑星の質量を m，円軌道の半径を r，角速度を ω，太陽と惑星の間にはたらく引力の大きさを F とすると，惑星の運動方程式は ω を使って　(4)　$=F$ で与えられる。ここで惑星の公転周期を T とし，ケプラーの第三法則を用いると，円軌道の場合，「k を定数とした場合，すべての惑星において $T^2 = kr^3$ の関係が成り立つ」。このことを用いて ω を k で表すと　(5)　$=F$ が得られる。万有引力定数を G とし「万有引力の法則」の式を適用すると，太陽の質量を M とした場合，G と M を用いて $k =$　(6)　であることがわかる。

空欄(3)の解答群

① 0　　　② 30　　　③ 40　　　④ 45　　　⑤ 60

⑥ 90　　⑦ 120　　⑧ 135　　⑨ 165　　⓪ 180

空欄(4)の解答群

① $m\omega$　　② $m\omega^2$　　③ $r\omega$　　④ $r\omega^2$　　⑤ $mr\omega$

⑥ $mr\omega^2$　　⑦ $m^2r^2\omega$　　⑧ $m^2r^2\omega^2$　　⑨ $mr^2\omega$　　⓪ $mr^2\omega^2$

空欄(5)の解答群

① $\dfrac{\pi^2 m}{kr}$　　② $\dfrac{2\pi^2}{kr}$　　③ $\dfrac{4\pi m}{kr}$　　④ $\dfrac{\pi^2 m}{2kr^2}$　　⑤ $\dfrac{\pi^2 m}{4kr^2}$

⑥ $\dfrac{\pi^2 m}{kr^2}$　　⑦ $\dfrac{4\pi^2 m}{kr^2}$　　⑧ $\dfrac{3\pi^2 m}{kr^3}$　　⑨ $\dfrac{4\pi m}{kr^3}$　　⓪ $\dfrac{2\pi^2 m}{kr^3}$

空欄(6)の解答群

① $\dfrac{4\pi^2}{GM}$　　② $\dfrac{\pi}{GM}$　　③ $\dfrac{2\pi^2}{GM}$　　④ $\dfrac{2\pi}{GM}$　　⑤ $\dfrac{GM}{3\pi^2}$

⑥ $\dfrac{GM}{2\pi^2}$　　⑦ $\dfrac{GM}{2\pi^3}$　　⑧ $\dfrac{GM}{\pi^3}$　　⑨ $\dfrac{G}{4\pi^2 M}$　　⓪ $\dfrac{GM}{4\pi^2}$

　地表や地表の上空にある物体にはたらく重力は，地球の全質量が地球の中心（重心）に集まっているとみなしたときに地球が物体におよぼす万有引力と一致する。この場合，地表の重力加速度の大きさ g を9.8 m/s^2，地球の半径を

6.4×10^6 m，地球の質量を 6.0×10^{24} kg とすると，万有引力定数 G は，

$G \fallingdotseq$ 　(7)　 N・m²/kg² と算出される。

　より厳密には，地球の重力は地球の自転による遠心力と万有引力の合力であり，遠心力は赤道上で最も大きくなる。地球の自転の周期を 24 時間とした場合の自転の角速度を 7.3×10^{-5} rad/s とすると，赤道上に置かれた質量 m_1 の物体に働く遠心力の大きさ F_c と重力の大きさの比は $\dfrac{F_c}{m_1 g} \fallingdotseq$ 　(8)　 となる。よって，重力に対する遠心力の影響はほぼ無視できることがわかる。

　　空欄(7)の解答群

　　① 0.7×10^5　　② 1.7×10^{-7}　　③ 2.7×10^{-9}　　④ 3.7×10^8

　　⑤ 4.7×10^{-9}　　⑥ 5.7×10^{-10}　　⑦ 6.7×10^{-11}　　⑧ 7.7×10^{11}

　　⑨ 8.7×10^{-13}　　⓪ 9.7×10^{14}

　　空欄(8)の解答群

　　① 0.7×10^2　　② 1.7×10^{-2}　　③ 3.5×10^{-3}　　④ 9.9×10^{-3}

　　⑤ 4.4×10^5　　⑥ 5.3×10^{-5}　　⑦ 5.7×10^{-6}　　⑧ 6.3×10^3

　　⑨ 8.2×10^{-4}　　⓪ 9.0×10^{-5}

　次に，質量 m_Z の人工衛星 Z が，質量 m の地球との間にはたらく万有引力だけを受けて運動している場合を考える。人工衛星 Z は図 1―2 のように地球の中心を 1 つの焦点 O とし，地球から最も近い位置を点 A，最も遠い位置を点 B とする楕円軌道を周回していた。点 A と点 O の距離は l，点 O と点 B の距離は $3l$ であった。なお，太陽を含むすべての天体からの影響や地球の運動による影響は無視できるものとし，万有引力による位置エネルギーの基準を無限遠にとるものとする。

　点 B における人工衛星の速さ v_B は，v_A を用いて $v_B =$ 　(9)　 と表されるので，点 A における人工衛星の速さ v_A を，G，m，および l を用いて表すと $v_A =$ 　(10)　 となる。したがって，人工衛星の力学的エネルギー E を G，m，m_Z，および l を用いて表すと，$E =$ 　(11)　 となる。

空欄(9)の解答群

① v_A ② $2v_A$ ③ $3v_A$ ④ $4v_A$ ⑤ $\dfrac{1}{2}v_A$

⑥ $\dfrac{1}{3}v_A$ ⑦ $\dfrac{1}{4}v_A$ ⑧ $\dfrac{2}{3}v_A$ ⑨ $\dfrac{3}{2}v_A$ ⓪ $\dfrac{4}{3}v_A$

空欄(10)の解答群

① $\sqrt{\dfrac{Gm}{l}}$ ② $\sqrt{\dfrac{Gm}{2l}}$ ③ $\sqrt{\dfrac{Gm}{3l}}$ ④ $\sqrt{\dfrac{2Gm}{3l}}$

⑤ $\sqrt{\dfrac{3Gm}{2l}}$ ⑥ $\dfrac{Gm}{l}$ ⑦ $\dfrac{Gm}{2l}$ ⑧ $\dfrac{Gm}{3l}$

⑨ $\dfrac{2}{Gml}$ ⓪ $\dfrac{2l}{3Gm}$

空欄(11)の解答群

① $\dfrac{Gmm_Z}{l^2}$ ② $\dfrac{2Gmm_Z}{l^2}$ ③ $\sqrt{\dfrac{2Gmm_Z}{3l}}$ ④ $\dfrac{4Gmm_Z}{l}$

⑤ $-\dfrac{Gmm_Z}{4l}$ ⑥ $\dfrac{Gmm_Z}{4l}$ ⑦ $-\dfrac{Gmm_Z}{2l}$ ⑧ $\dfrac{Gmm_Z}{2l}$

⑨ $-\dfrac{Gmm_Z}{l}$ ⓪ $\dfrac{Gmm_Z}{l}$

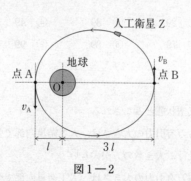

図1―2

　図1―2の楕円軌道を周回していた人工衛星の速さを，点Aに到達する瞬間に V に変えたところ，それ以降，人工衛星 Z は図1―3のように点 O を中心とする半径 l の円軌道上を運動するようになった。これより，$V =$ (12) v_A が成り立つ。この円軌道を周回する人工衛星 Z の内部にある質量 m_i の物体が地球から受ける万有引力の大きさは，l を 6.8×10^6 m，地球の半径を 6.4×10^6 m

とすると，地表における値の約 ⬚(13)⬚ ％となる。この人工衛星内部の乗組員から見ると，この物体は無重量状態にある。なぜなら， ⬚(14)⬚ からである。

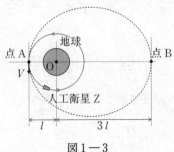

図 1 — 3

空欄(12)の解答群

① 1　　　② 2　　　③ 3　　　④ 4　　　⑤ $\dfrac{1}{2}$

⑥ $\sqrt{\dfrac{1}{3}}$　　⑦ $\dfrac{1}{4}$　　⑧ $\sqrt{\dfrac{3}{2}}$　　⑨ $\sqrt{\dfrac{2}{3}}$　　⓪ $\dfrac{3}{4}$

空欄(13)の解答群

① 19　　② 29　　③ 39　　④ 49　　⑤ 59

⑥ 69　　⑦ 79　　⑧ 89　　⑨ 99　　⓪ 9

空欄(14)の解答群

① 宇宙空間は真空状態とみなされる

② 物体にかかる万有引力の大きさは，人工衛星内部で受ける大きさと比べると，地表で受ける大きさの方が大きい

③ 物体にかかる万有引力の大きさは，人工衛星内部で受ける大きさと比べると，地表で受ける大きさの方が小さい

④ 人工衛星内部の物体には，物体にかかる万有引力と逆向きに，同じ大きさの遠心力がはたらく

2 以下の文章の空欄⒂から㉖にあてはまるもっとも適切な式をそれぞれの解答群から選び**解答用紙（その1）**に記された記号をマークせよ。また，空欄(ア)から(ケ)にはもっとも適切な数字，または式を**解答用紙（その2）**の該当する解答欄に記入せよ。

(I) 以下の問題において必要ならば，$\left(\sqrt{x}+\dfrac{a}{\sqrt{x}}\right)^2 = \left(\sqrt{x}-\dfrac{a}{\sqrt{x}}\right)^2 + 4a$ と変形できるので，$\left(\sqrt{x}+\dfrac{a}{\sqrt{x}}\right)^2$ は $x=a$ で最小値 $4a$ をとることを使え。

　　電池には一般に内部抵抗がある。図2－1のように内部抵抗 r をもつ起電力 V の電池に可変抵抗器からなるヒーターをつなぐ。ヒーターの発熱量を大きくするには可変抵抗器の抵抗の大きさをどうすれば良いかを考える。ヒーターの抵抗の大きさを R，流れる電流を I とする。このヒーターの単位時間当たりの発熱量は抵抗 R によって消費される電力 P に等しい。P は I と R によって　(ア)　と表される。これを V，r，R で表すと，

$P=$　(イ)　$\times R =$　⒂　となる。これより，ヒーターの発熱量は R が $R_{\max} =$　(ウ)　$\times r$ のとき最大値 $P_{\max} =$　(エ)　をとることがわかる。R の大きさが $\dfrac{1}{2}R_{\max}$ になると発熱量は　(オ)　$\times P_{\max}$ に，$2R_{\max}$ になると　(カ)　$\times P_{\max}$ になる。

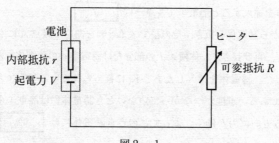

図2－1

⒂の解答群

① $\dfrac{1}{2}\dfrac{V}{\left(\sqrt{r}+\dfrac{R}{\sqrt{r}}\right)^2}$　　② $\dfrac{V}{\left(\sqrt{r}+\dfrac{R}{\sqrt{r}}\right)^2}$　　③ $\dfrac{1}{2}\dfrac{V^2}{\left(\sqrt{r}+\dfrac{R}{\sqrt{r}}\right)^2}$

④ $\dfrac{V^2}{\left(\sqrt{r}+\dfrac{R}{\sqrt{r}}\right)^2}$　　⑤ $\dfrac{1}{2}\dfrac{V}{\left(\sqrt{R}+\dfrac{r}{\sqrt{R}}\right)^2}$　　⑥ $\dfrac{V}{\left(\sqrt{R}+\dfrac{r}{\sqrt{R}}\right)^2}$

⑦ $\dfrac{1}{2}\dfrac{V^2}{\left(\sqrt{R}+\dfrac{r}{\sqrt{R}}\right)^2}$　　⑧ $\dfrac{V^2}{\left(\sqrt{R}+\dfrac{r}{\sqrt{R}}\right)^2}$

(Ⅱ)　以下では真空の誘電率を ϵ_0 とする。

　図2－2⒜のように二辺の長さが a, b, 面積 ab で，間隔 d の2組の平行平板電極からなるコンデンサー K_1, K_2 と，起電力 V の電池，スイッチからなる回路を用意する。K_1, K_2 は真空中に置かれ，最初は電荷を持っていない。スイッチを接点Aにつないで十分に時間がたった。このとき K_1 の電気容量の大きさを C_0 とすると，これは ϵ_0, a, b, d を用いて $C_0 =$ 　(キ)　と表され，K_1 に蓄えられている静電エネルギーは C_0 と V を用いて 　(ク)　と表される。その後，図2－2⒝のように K_1 に長さ ℓ, 体積 ℓbd の部分だけ誘電率 ϵ の誘電体を左からゆっくり挿入した。$\epsilon > \epsilon_0$ であり，誘電体は挿入された部分の平行平板の間の隙間をちょうど埋めるものとする。このときの K_1 の電気容量の大きさを $C(\ell)$ とすると $C(\ell) =$ 　⒃　であり，K_1 に蓄えられている静電エネルギーは $C(\ell)$ と V を用いて 　(ケ)　と表される。よってこのとき誘電体を挿入すると静電エネルギーは 　⒄　。

　次に K_1 から誘電体を抜き，その後でスイッチを開いて接点Aにも接点Bにもつながず，再び長さ ℓ, 体積 ℓbd の部分だけ誘電率 ϵ の誘電体を左からゆっくり挿入した。誘電体を挿入したあと K_1 に蓄えられている静電エネルギーは 　⒅　である。電池がつながっていないとき誘電体には静電エネルギーを小さくする方向に力が働く。よってこのとき誘電体には 　⒆　 の力が働く。

　その後，K_1 から誘電体を抜いてスイッチを接点Bにつないだ。十分時間がたった後，K_1 と K_2 に蓄えられている全静電エネルギーは 　⒇　である。

その後，再び図2―2のように K_1 に長さ ℓ，体積 ℓbd の部分だけ誘電率 ϵ の誘電体を左からゆっくり挿入したところ，K_1 の極板間の電位差は $\boxed{(21)}$，電気量は $\boxed{(22)}$ であり，K_2 の極板間の電位差は $\boxed{(23)}$，電気量は $\boxed{(24)}$ となった。このとき，全静電エネルギーは $\boxed{(25)}$ であり，誘電体には $\boxed{(26)}$ の力が働く。

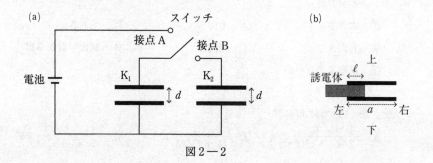

図2―2

(16)の解答群

① $\dfrac{b}{2d}\{\epsilon_0(a-\ell)+\epsilon\ell\}$ 　　　　② $\dfrac{b}{d}\{\epsilon_0(a-\ell)+\epsilon\ell\}$

③ $\dfrac{b}{2d}\dfrac{1}{\epsilon_0(a-\ell)+\epsilon\ell}$ 　　　　④ $\dfrac{b}{d}\dfrac{1}{\epsilon_0(a-\ell)+\epsilon\ell}$

⑤ $\dfrac{b}{2d}\left\{\dfrac{1}{\epsilon_0(a-\ell)}+\dfrac{1}{\epsilon\ell}\right\}$ 　　　⑥ $\dfrac{b}{d}\left\{\dfrac{1}{\epsilon_0(a-\ell)}+\dfrac{1}{\epsilon\ell}\right\}$

⑦ $\dfrac{b}{2d}\dfrac{1}{\epsilon_0(a-\ell)-\epsilon\ell}$ 　　　　⑧ $\dfrac{b}{d}\dfrac{1}{\epsilon_0(a-\ell)-\epsilon\ell}$

⑨ $\dfrac{b}{2d}\left\{\dfrac{1}{\epsilon_0(a-\ell)}-\dfrac{1}{\epsilon\ell}\right\}$ 　　　⓪ $\dfrac{b}{d}\left\{\dfrac{1}{\epsilon_0(a-\ell)}-\dfrac{1}{\epsilon\ell}\right\}$

(17)の解答群

①　変わらない　　　　②　小さくなる　　　　③　大きくなる

(18)，(20)，(25)の解答群

① $\dfrac{1}{4}C_0V^2$ 　　　　　　　　② $\dfrac{1}{2}C_0V^2$

③ $\dfrac{1}{4}\dfrac{C_0^2}{C(\ell)}V^2$ 　　　　　　④ $\dfrac{1}{2}\dfrac{C_0^2}{C(\ell)}V^2$

⑤ $\dfrac{1}{4}\dfrac{C(\ell)^2}{C_0}V^2$ 　　　　　　　⑥ $\dfrac{1}{2}\dfrac{C(\ell)^2}{C_0}V^2$

⑦ $\dfrac{1}{4}\dfrac{C_0{}^2}{C_0+C(\ell)}V^2$ 　　　　⑧ $\dfrac{1}{2}\dfrac{C_0{}^2}{C_0+C(\ell)}V^2$

⑨ $\dfrac{1}{4}\dfrac{C(\ell)^2}{C_0+C(\ell)}V^2$ 　　　⓪ $\dfrac{1}{2}\dfrac{C(\ell)^2}{C_0+C(\ell)}V^2$

⒆, ⒇の解答群

① 大きさ 0 　　　　② 上向き 　　　　③ 下向き

④ 右向き 　　　　　⑤ 左向き 　　　　⑥ 紙面手前から奥

⑦ 紙面奥から手前

(21), (22), (23), (24)の解答群

① $\dfrac{1}{2}\dfrac{C_0}{C_0+C(\ell)}V$ 　　② $\dfrac{C_0}{C_0+C(\ell)}V$ 　　③ $\dfrac{1}{2}\dfrac{C(\ell)}{C_0+C(\ell)}V$

④ $\dfrac{C(\ell)}{C_0+C(\ell)}V$ 　　⑤ $\dfrac{1}{2}\dfrac{C_0{}^2}{C_0+C(\ell)}V$ 　　⑥ $\dfrac{C_0{}^2}{C_0+C(\ell)}V$

⑦ $\dfrac{1}{2}\dfrac{C(\ell)^2}{C_0+C(\ell)}V$ 　　⑧ $\dfrac{C(\ell)^2}{C_0+C(\ell)}V$

⑨ $\dfrac{1}{2}\dfrac{C_0C(\ell)}{C_0+C(\ell)}V$ 　　⓪ $\dfrac{C_0C(\ell)}{C_0+C(\ell)}V$

3 以下の文章を読み，空欄(27)〜(32)に最も良くあてはまる式または語句をそれぞれ
の解答群より選び，**解答用紙（その１）**の解答欄の該当する記号をマークせよ。ま
た，空欄(ア)〜(カ)に最も良くあてはまる式または数値を**解答用紙（その２）**の解答欄
に記入せよ。

(I)　真空中での光の速さを c，屈折率 $n\,(>1)$ の物質中での光の速さを v とする
と，$v = \boxed{\quad(27)\quad}$ となる。このため，物質中を光が距離 l 進むのにかかる時
間は，真空中の距離 $\boxed{\quad(28)\quad}$ を進む時間と等しくなる。距離 $\boxed{\quad(28)\quad}$ を光
路長と呼ぶ。

(27), (28)の解答群

① n/l　　　② n　　　③ nl　　　④ nl/c　　　⑤ nlc

⑥ c　　　⑦ cn　　　⑧ c/n　　　⑨ l/c

(II)　図３—１のように，真空中に屈折率 $n\,(>1)$ の物質が置かれており，真空か
ら入射角 i で入射した平行光線が，屈折角 r で屈折する場合を考える。このと
き，$\boxed{\quad(29)\quad}$ という関係が成り立つ。

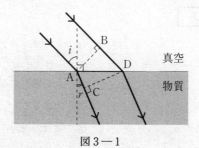

図３—１

(29), (31)の解答群

① $n = \sin i$　　　　　　② $n = \sin r$

③ $n = \sin i / \sin r$　　　④ $n = \sin r / \sin i$

⑤ $n = 1 / \sin i$　　　　　⑥ $n = 1 / \sin r$

⑦ $n = 2 \cos i$ ⑧ $n = 2 \cos r$

⑨ $n = 2 (\sin r - \sin i)$

これは以下のように理解できる。平行光線の波面が図3-1のABに到達し，その後Aで物質に入射した光線はすぐに屈折しCへ到達する。一方Bを通過した光線はDで物質に入射する。その後，波面がCDに平行な平行光線となって物質内を伝わっていく。このとき，AからCへ到達する光の光路長と，BからDへ到達する光の光路長の差は，AD間の距離 d を用いて ⑶⓪ と表される。平行光線の波面がCDに平行であるためにはこの光路長の差が0でなければならないことから，⑵⑨ が導かれる。

⑶⓪の解答群

① nd ② d/n ③ $d \sin r - d \sin i$

④ $nd \sin r - d \sin i$ ⑤ $nd (\sin r - \sin i)$ ⑥ $2nd \cos r$

⑦ $2nd \sin r$ ⑧ $2nd \cos i$ ⑨ $2nd \sin i$

次に，この物質側から光を入射角 i で入射した場合を考える。⑶⑴ が成り立つとき，屈折角 r がちょうど90度となる。これよりも入射角を大きくすると，光は ⑶⑵ 。

⑶⑵の解答群

① 吸収される   ② 全て屈折する

③ 全反射される   ④ 止まる

⑤ 逆向きに屈折する   ⑥ 物質の表面に沿って進む

（Ⅲ） 真空中に，図3-2のような装置が置かれている。光源Sから入射した波長 λ の単色光は，ハーフミラー上の点Oに45度の入射角で入射する。ハーフミラーとは，光の半分を反射し，のこり半分の光を透過する鏡である。ハーフミラーによって分けられた光は，鏡PおよびQによってそれぞれが垂直に反射され，再び点Oに戻ってくる。鏡Pで反射されて戻ってきた光がハーフミ

ラーを透過し，また鏡Qで反射された光がハーフミラーで反射され，これら
の光の干渉が検出器Rによって観測される。なお，ハーフミラーの厚さは無
視できるものとする。

　OP間の距離をl_1，OQ間の距離をl_2とする。このとき，光源Sを出てから
検出器Rに到達する光の光路長を考える。鏡Qで反射される光と鏡Pで反射
される光の光路長の差をΔとすると，$\Delta = \boxed{\phantom{(\mathcal{P})}(\mathcal{P})}$である。検出器Rで2
つの経路を通った波長λの光が干渉して強め合う条件は，整数mを用いて
$\Delta = \boxed{\phantom{(\mathcal{I})}(\mathcal{I})}$と表される。

　ここで距離l_1を固定したまま，鏡Qの位置を図3—2のように動かしてl_2
を変化させたところ，検出器Rで観測した光の強度(明るさ)は図3—3のよ
うな振る舞いを示した。この結果より，光の波長は$\lambda = \boxed{\phantom{(\mathcal{\tau})}(\mathcal{\tau})}$ mである
ことがわかる。

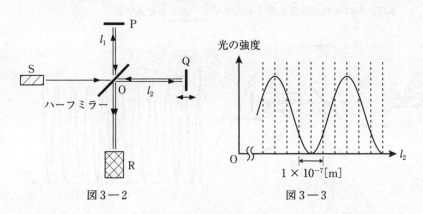

図3—2　　　　　　　　　　　図3—3

(Ⅳ)　先ほどの装置に，図3—4のように長さLのガラス管を追加し，点Oから
出て鏡Qに達する光と，鏡Qで反射されて点Oに戻る光の両方がガラス管の
中を通るようにした。ガラス管の壁は十分に薄く，またガラス管での光の反射
・吸収は無視できるものとする。最初はガラス管の中も真空であった。

　光源Sより先ほどと同じ波長λの光を入射した。このときに，鏡Qの位置
を調整して，鏡Qで反射されてから検出器Rに届く光と鏡Pで反射されてか
ら検出器Rに届く光が強めあい，検出器Rでの光の強度が最大となるように

して，そこで鏡Qを固定した。

　その後，ガラス管の中をゆっくりと空気で満たしていった。ガラス管内の空気の屈折率をnとする。ただし，nは空気の密度に依存し，真空の屈折率1よりも少しだけ大きな値($n>1$)をとる。このとき，光源Sを出てから検出器Rに到達する光の光路長を考える。鏡Qで反射される光と鏡Pで反射される光の光路長の差は，ガラス管内が真空だったときに比べて　(エ)　だけ変化する。

　$L=1\times10^{-2}$ mのときに，ガラス管内の空気の圧力を0から1気圧までゆっくりと変化させたところ，検出器Rにおける光の強度は図3—5のようにちょうど10回振動した。したがって，空気の圧力が変化する間に鏡Qで反射される光と鏡Pで反射される光の光路長の差は波長λの　(オ)　倍だけ変化したことになる。またλの値は　(ウ)　で与えられていることから，1気圧における空気の屈折率は$n-1=$　(カ)　を満たす。

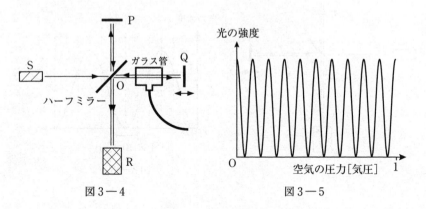

図3—4　　　　　　　　　　図3—5

■化学■

（80 分）

I 次の問１，問２の答を解答用マーク・シートの指定された欄にマークせよ。

問１　以下の文を読み，下線①，②，④〜⑦の値を有効数字２桁で求め，
　　　　1　〜　6　，　8　〜　19　にあてはまる最も適切な
　　　数値を，同じ番号の解答欄にマークせよ。下線③の比として　7　にあ
　　　てはまる最も適切な整数を，同じ番号の解答欄にマークせよ。また，
　　　　20　にあてはまる最も適切な滴定曲線を，図群から選び，同じ番号の
　　　解答欄にマークせよ。必要があれば，$\sqrt{2} = 1.41$，$\sqrt{3} = 1.73$，
　　　$\sqrt{5} = 2.24$，$\sqrt{7} = 2.65$，$\log_{10} 2 = 0.30$，$\log_{10} 3 = 0.48$，$\log_{10} 5 = 0.70$，
　　　$\log_{10} 7 = 0.85$ を使うこと。ただし，滴定はすべて 25 ℃で行われ，中和によ
　　　る温度変化はないものとし，アンモニアは水溶液から気体として出ていかな
　　　いものとする。

　　　0.10 mol/Lのアンモニア水を 0.10 mol/Lの塩酸で滴定したときの滴定曲
　　線を考える。ここで，$[NH_3]$，$[NH_4^+]$，$[H^+]$，$[OH^-]$は，それぞれ，アン
　　モニア，アンモニウムイオン，水素イオン，水酸化物イオンのモル濃度を表
　　すとして，25 ℃におけるアンモニアの電離定数 K_b および水のイオン積 K_w
　　は，それぞれ，次の値をとるものとする。

$$K_b = \frac{[NH_4^+][OH^-]}{[NH_3]} = 2.0 \times 10^{-5} \text{ mol/L}$$
$$K_w = [H^+][OH^-] = 1.0 \times 10^{-14} (\text{mol/L})^2$$

(a)　アンモニアは弱塩基であるため，水溶液における電離度が１と比べて非
　　常に小さい。この近似を用いると，0.10 mol/Lのアンモニア水の$[OH^-]$①
　　は　1　．　2　× 10⁻ ³ mol/Lとなり，その pH② は

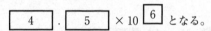　．　　　×10　　　となる。

(b) 0.10 mol/Lのアンモニア水20 mLに，0.10 mol/Lの塩酸10 mLを滴下
　した混合水溶液では，$\underset{③}{[NH_3]:[NH_4^+]}=1:$　7　　であるから，この
　混合水溶液の$\underset{④}{[OH^-]}$は　8　．　9　×10^{-}┃10┃ mol/Lとなり，
　その$\underset{⑤}{pH}$は　11　．　12　×10┃13┃となる。

(c) 0.10 mol/Lのアンモニア水20 mLに，0.10 mol/Lの塩酸20 mLを滴下
　した混合水溶液では，中和反応によって生成した塩化アンモニウムが水溶
　液中で電離し，生じたアンモニウムイオンの一部が水と反応し，電離平衡
　が成り立つ。水と反応したアンモニウムイオンの割合が1と比べて非常に
　小さいという近似を用いると，この混合水溶液の$\underset{⑥}{pH}$は
　14　．　15　×10┃16┃となる。

(d) 0.10 mol/Lのアンモニア水20 mLに，0.10 mol/Lの塩酸40 mLを滴下
　した混合水溶液の$\underset{⑦}{pH}$は　17　．　18　×10┃19┃となる。

　(a)から(d)より，0.10 mol/Lのアンモニア水を0.10 mol/Lの塩酸で滴定し
たときの滴定曲線は　20　となることがわかる。

[図群]

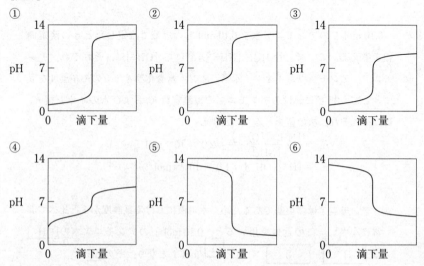

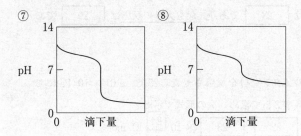

問2　メタンまたはアンモニアを出発物質とした水素の生成および燃焼に関する

以下の文を読み，設問(1)~(2)の　　21　　~　　27　　にあてはまる最も適

切な数値を，同じ番号の解答欄にマークせよ。また，　　28　　，

　　29　　には，下線①，②の反応について，それぞれ最も適切な反応を語

群から選び，同じ番号の解答欄にマークせよ。ただし，25℃，

1.01×10^5 Pa において，アンモニア(気)，二酸化炭素(気)，水(気)の生成

熱をそれぞれ 46 kJ/mol，394 kJ/mol，242 kJ/mol とし，メタン(気)の燃焼

熱(生成した水は液体とする)を 891 kJ/mol，水の蒸発熱を 44 kJ/mol とす

る。また，すべての反応は完全に進み，水(気)は十分な量存在する。

　無色・無臭であり，最も軽い気体である水素は，次世代のエネルギーとし

て期待されている。水素の生成法として次の3つの反応を考える。

反応1：メタンの改質

　　　$CH_4(気) + 2H_2O(気) \longrightarrow CO_2(気) + 4H_2(気)$

反応2：メタンの熱分解

　　　$CH_4(気) \longrightarrow C(黒鉛) + 2H_2(気)$

反応3：アンモニアの分解

　　　$NH_3(気) \longrightarrow \frac{1}{2} N_2(気) + \frac{3}{2} H_2(気)$

　反応1~3において，それぞれの出発物質から水素(気)を生成し，得られ

たすべての水素(気)を完全燃焼させる一連の反応(生成した水は液体とする)

の反応熱を考える。25℃，1.01×10^5 Pa において，同じ物質量の出発物質

(メタンまたはアンモニア)から水素の完全燃焼までの反応における反応熱

が，最も小さい反応は $\boxed{28}$ であり，最も大きい反応は $\boxed{29}$ である。
①　　　　　　　　　　　　　②

(1)　反応 1 で 1 mol のメタン(気)を反応させた。25 ℃，1.01×10^5 Pa における反応熱を有効数字 3 桁で求め，次の形式で示せ。

$$- \boxed{21} . \boxed{22} \boxed{23} \times 10^{\boxed{24}} \text{ kJ/mol}$$

(2)　25 ℃，1.01×10^5 Pa におけるメタン(気)の生成熱を有効数字 2 桁で求め，次の形式で示せ。

$$\boxed{25} . \boxed{26} \times 10^{\boxed{27}} \text{ kJ/mol}$$

語群

① 反応 1　　　　　　② 反応 2　　　　　　③ 反応 3

Ⅱ　次の問 1，問 2 に答えよ。

問 1　以下の文を読み，設問(1)～(7)の答を解答欄に記入せよ。

ただし，気体はすべて理想気体とし，気体定数は 8.31×10^3 Pa·L/(K·mol)，原子量は，H 1.0，O 16.0，S 32.1，Na 23.0，I 126.9 とする。

オゾンは酸素の(ア)であり，特異臭のある(イ)の気体であり，強い(ウ)を示す。オゾンをヨウ化カリウム水溶液に吸収させると，ヨウ素
①
が生成する。生成したヨウ素はチオ硫酸ナトリウムと以下のように反応する。

$$\text{I}_2 + 2\text{Na}_2\text{S}_2\text{O}_3 \longrightarrow 2\text{NaI} + \text{Na}_2\text{S}_4\text{O}_6$$

これらの化学反応を用いて，ある気体中のオゾン濃度を求める実験を行っ
②
た。ヨウ化カリウム水溶液 500 mL に，この気体を 1800 L 通じ，気体中のオ
③
ゾンを完全に吸収させた。このとき，水溶液の体積変化はなかったとする。このオゾンを吸収させた水溶液 500 mL を，0.100 mol/L のチオ硫酸ナトリウムで精密に滴定したところ終点までに 2.00 mL が必要であった。通気した

気体は標準状態にあるとし，気体中のオゾン以外の気体は水溶液には溶けないものとする。

(1)　（　ア　）にあてはまる最も適した語句を以下のa〜dから選び記号で答えよ。

　　a．同位体　　　　　b．異性体　　　　　c．同素体　　　　　d．触媒

(2)　（　イ　）にあてはまる最も適した色を以下のa〜eから選び記号で答えよ。

　　a．緑色　　　　　　b．淡黄色　　　　　c．淡赤色

　　d．淡青色　　　　　e．褐色

(3)　（　ウ　）に当てはまる最も適した語句を以下のa〜eから選び記号で答えよ。

　　a．触媒作用　　　　b．酸化作用　　　　c．緩衝作用

　　d．還元作用　　　　e．脱水作用

(4)　下線①の化学反応の化学反応式を示せ。

(5)　下線③の500 mLのヨウ化カリウムの中性水溶液中に生成したヨウ素（I_2）の質量（mg）を有効数字3桁で求めよ。

(6)　下線③の500 mLのヨウ化カリウムの中性水溶液に吸収されたオゾンの標準状態における体積（mL）を有効数字3桁で求めよ。

(7)　下線②で示した気体に関して，気体全体に対するオゾンの物質量の比の値を有効数字3桁で求めよ。

問2　以下の文を読み，設問(1)〜(5)の答を解答欄に記入せよ。

　　ただし，原子量は Na 23.0，Cl 35.5 とし，

　　ファラデー定数は 9.65×10^4 C/mol とする。

　　塩化ナトリウムはNaCl型のイオン結晶であり，単位格子は一辺が 5.64×10^{-1} nm の立方体である。単位格子中に含まれる陽イオンの数は（　ア　）個であり陰イオンの数は（　イ　）個である。この結晶構造において陰イオンは，金属の結晶構造である（　ウ　）と同じ配置をとっており，陽イ

オンに対する陰イオンの配位数は（　エ　）である。

　Na は（　オ　）が大きいため，そのイオンを含む水溶液を電気分解しても単体を得ることは困難である。そのため塩化ナトリウムを高温で融解し電気分解を行う溶融塩電解によって単体を得る。

(1)　（　ア　），（　イ　），（　エ　）に当てはまる最も適した数字を解答欄に記入せよ。

(2)　（　ウ　）に当てはまる最も適した結晶構造の名前を解答欄に記入せよ。

(3)　（　オ　）に当てはまる最も適した語句を以下の a ～ d から選び記号で答えよ。

　　a．電子親和力　　　　　　　　b．イオン化に必要なエネルギー
　　c．イオン化傾向　　　　　　　d．イオン半径

(4)　塩化物イオンのイオン半径を 1.67×10^{-1} nm とした場合，ナトリウムイオンのイオン半径(nm)を有効数字3桁で求めよ。ただし，塩化物イオンとナトリウムイオンは球であり接しているとする。

(5)　下線に示した塩化ナトリウムの溶融塩分解で陽極と陰極の間に 10.0 A の直流電流を流した場合，23.0 g の Na 単体を得るために必要な通電時間(秒)を有効数字3桁で求めよ。ただし，通じた電気はすべてナトリウムイオンの還元に使われたとする。

Ⅲ　以下の文を読み，設問(1)，(2)の答を解答欄に記入せよ。ただし，構造式は下の例にならって示せ。

$$\underset{\substack{|| \\ CH_3-C-O-CH_2-CH_3}}{例\quad\overset{O}{}}$$

　カルボン酸とアルコールが脱水縮合すると，エステル結合 –COO– をもつ化合物が生成する。このような結合をもつ化合物をエステルという。エステルに希塩酸や希硫酸を加えて加熱するとエステル化の逆反応が進みカルボン酸とアルコールになる。この反応をエステルの加水分解という。エステル A〜I は互いに構造異性体の関係にあり，分子式 $C_5H_{10}O_2$ をもつ。A，B を加水分解すると同一のカルボン酸が得られた。C，D，E，F を加水分解すると同一のカルボン酸が得られた。また，G，H，I を加水分解するとそれぞれ異なる 3 種類のカルボン酸が得られた。A〜F を加水分解して得られるアルコールのうち，A，C から得られるアルコールを酸化すると中性の化合物が生成し，B，D，F から得られるアルコールを酸化すると弱酸性の化合物が生成した。E から得られるアルコールは酸化されなかった。H，I を加水分解すると同一のアルコールが得られた。G を加水分解して得られるアルコールの沸点は，H，I を加水分解して得られるアルコールの沸点よりも高かった。H を加水分解して生成するカルボン酸は直鎖構造をもち，F を加水分解して得られるアルコールを酸化した化合物と同じ構造であった。

(1)　化合物 A〜I の構造式を示せ。

(2)　化合物 A〜I の中で，不斉炭素原子を有するエステルはどれか，記号で記せ。

解答編

数学

1 **解答** (1)[1][2][3] 220　(2)[4][5] 60
(3)[6][7] 52　(4)[8][9][10] 120

◀解　説▶

≪三角形の個数と組合せ≫

(1) 正十二角形の 12 個の頂点から 3 つの頂点を選んで結べば，1 つの三角形ができるから，求める個数は

$$_{12}C_3 = \frac{12 \cdot 11 \cdot 10}{3 \cdot 2 \cdot 1} = 220 \text{ 個} \quad (\to \boxed{1} \sim \boxed{3})$$

(2) 直角三角形は，正十二角形の外接円の直径を斜辺とするから，斜辺の選び方は

　　12÷2＝6 通り

また，直角となる頂点の選び方は，12 個の頂点から斜辺となる 2 個の頂点を除いた 10 通り。

よって，直角三角形は全部で

　　6×10＝60 個　　(→[4][5])

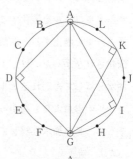

(3) まず，正三角形は全部で

　　△AEI，△BFJ，△CGK，△DHL

の 4 個ある。

また，図のように頂点を A とする正三角形AEI を除く二等辺三角形は全部で 4 個ある。

他の B〜L の 11 点についても同様に考えられるので，二等辺三角形は全部で

　　(正三角形を除いた二等辺三角形の個数)＋(正三角形の個数)

　　＝4×12＋4＝52 個　　(→[6][7])

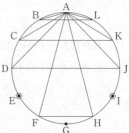

(4) まず，(3)の図において，頂点を A とする直角二等辺三角形は △ADJ

の 1 個である。他の B～L の 11 点についても同様に考えると，直角二等辺三角形は全部で 12 個ある。これより，直角三角形でも二等辺三角形でもないものは全部で

　　（すべての三角形の個数）−｛（直角三角形の個数）

　　　　　　　　　＋（二等辺三角形の個数）−（直角二等辺三角形の個数）｝

　＝220−60−52＋12

　＝120 個　　（→ 8 ～ 10 ）

2 解答

(1) 11 12 −1　 13 4　 (2) 14 0　 15 1

(3) 16 1　 17 4

◀解　説▶

≪2 次関数と最小値，合成関数と不等式，2 次関数と直線の交点，微分の計算≫

(1)　　$f(x)=x^2+2ax+b$

　　　　　$=(x+a)^2-a^2+b$

であるから，$y=f(x)$ の頂点 P の座標は　　$P(-a, -a^2+b)$

このとき，点 P は直線 $y=x$ 上にあるので

　　$-a^2+b=-a$

　　$b=a^2-a=\left(a-\dfrac{1}{2}\right)^2-\dfrac{1}{4}$

a が実数全体を動くとき，b は $a=\dfrac{1}{2}$ のとき最小値 $-\dfrac{1}{4}$ をとる。

　　　　　　　　　　　　　　　　　　　　　　　　　　（→ 11 ～ 13 ）

(2)　(1)より，$b=a^2-a$ であるから

　　$f(x)=x^2+2ax+b=x^2+2ax+a^2-a$

このとき

　　$g(x)=f(f(x))=(x^2+2ax+a^2-a)^2+2a(x^2+2ax+a^2-a)$

　　　　　　　　　　　　　　　　　　　　　　　　　　　$+a^2-a$

ここで，$g(0)\leqq 0$ のとき

　　$(0^2+2a\cdot 0+a^2-a)^2+2a(0^2+2a\cdot 0+a^2-a)+a^2-a\leqq 0$

　　$(a^2-a)^2+2a(a^2-a)+a^2-a\leqq 0$

$$(a^2-a)\{(a^2-a)+2a+1\}\le 0$$
$$(a^2-a)(a^2+a+1)\le 0 \quad \cdots\cdots ①$$

であり，$a^2+a+1=\left(a+\dfrac{1}{2}\right)^2+\dfrac{3}{4}>0$ より，①は

$$a^2-a\le 0 \quad a(a-1)\le 0$$
$$0\le a\le 1 \quad (\to \boxed{14}, \boxed{15})$$

(3) $y=x$ と $y=f(x)=x^2+2ax+a^2-a$ から y を消去して

$$x=x^2+2ax+a^2-a$$
$$x^2+(2a-1)x+a(a-1)=0$$
$$(x+a)(x+a-1)=0$$
$$x=-a,\ 1-a$$

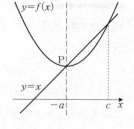

となるので，$y=x$ と $y=f(x)$ の 2 つの共有点の
うち，P 以外の点の x 座標 c は，$1-a$ となる。
よって

$$c=1-a$$
$$a+c=1 \quad (\to \boxed{16})$$

また

$$g(x)=(x^2+2ax+a^2-a)^2+2a(x^2+2ax+a^2-a)+a^2-a$$

より

$$g'(x)=2(x^2+2ax+a^2-a)\cdot(x^2+2ax+a^2-a)'+2a(2x+2a)$$
$$=2(x^2+2ax+a^2-a)(2x+2a)+2a(2x+2a)$$

であるから

$$g'(c)=2(c^2+2ac+a^2-a)(2c+2a)+2a(2c+2a)$$
$$=2\{(c+a)^2-a\}\cdot 2(c+a)+2a\cdot 2(c+a)$$
$$=2(1^2-a)\cdot 2\cdot 1+2a\cdot 2\cdot 1 \quad (a+c=1)$$
$$=4-4a+4a$$
$$=4 \quad (\to \boxed{17})$$

別解 $b=a^2-a$ だから

$$f(x)=(x+a)^2-a^2+b$$
$$=(x+a)^2-a$$

よって

$$g(x)=(x^2+2ax+a^2)^2-a$$
$$=(x+a)^4-a$$

ゆえに

$$g'(x)=4(x+a)^3$$
$$g'(c)=4(a+c)^3=4$$

3　**解答**　$OA=1$,　$OB=2$,　$\vec{a}=\overrightarrow{OA}$,　$\vec{b}=\overrightarrow{OB}$,　$\vec{a}\cdot\vec{b}=\dfrac{2}{3}$

(1)　$\vec{a}\cdot\vec{b}=|\vec{a}||\vec{b}|\cos\angle AOB$

より

$$\frac{2}{3}=1\cdot2\cdot\cos\angle AOB\qquad\cos\angle AOB=\frac{1}{3}$$

よって，△AOB に余弦定理を用いて

$$AB^2=OA^2+OB^2-2OA\cdot OB\cdot\cos\angle AOB$$
$$=1^2+2^2-2\cdot1\cdot2\cdot\frac{1}{3}=\frac{11}{3}$$

$AB>0$ より

$$AB=\sqrt{\frac{11}{3}}=\frac{\sqrt{33}}{3}\quad\cdots\cdots(答)$$

別解　$|\overrightarrow{AB}|^2=|\overrightarrow{OB}-\overrightarrow{OA}|^2=|\overrightarrow{OB}|^2-2\overrightarrow{OA}\cdot\overrightarrow{OB}+|\overrightarrow{OA}|^2$

$$=2^2-2\cdot\frac{2}{3}+1^2=\frac{11}{3}$$

$|\overrightarrow{AB}|>0$ より

$$|\overrightarrow{AB}|=\sqrt{\frac{11}{3}}=\frac{\sqrt{33}}{3}$$

(2)　$\theta=\angle AOB$ とおくと，$0°<\theta<180°$ より，$\sin\theta>0$ であるから，(1)より $\cos\angle AOB=\cos\theta=\dfrac{1}{3}$ を用いて

$$\sin\theta=\sqrt{1-\cos^2\theta}=\sqrt{1-\left(\frac{1}{3}\right)^2}=\frac{2\sqrt{2}}{3}\quad\cdots\cdots(答)$$

(3)　$\overrightarrow{OC}=\vec{a}+\vec{b}$ であり，点 B は線分 CD の中点であるので

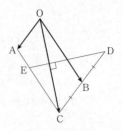

$$\overrightarrow{OB}=\frac{\overrightarrow{OC}+\overrightarrow{OD}}{2} \qquad 2\overrightarrow{OB}=\overrightarrow{OC}+\overrightarrow{OD}$$

$$\overrightarrow{OD}=2\overrightarrow{OB}-\overrightarrow{OC}=2\vec{b}-(\vec{a}+\vec{b})$$

$$=\vec{b}-\vec{a}$$

また，点 E は直線 AC 上にあるので

$$\overrightarrow{AE}=t\overrightarrow{AC} \quad (t\text{ は実数}) \quad \cdots\cdots①$$

$$\overrightarrow{OE}-\overrightarrow{OA}=t(\overrightarrow{OC}-\overrightarrow{OA})$$

$$\overrightarrow{OE}=(1-t)\overrightarrow{OA}+t\overrightarrow{OC}=(1-t)\vec{a}+t(\vec{a}+\vec{b})$$

$$=\vec{a}+t\vec{b} \quad \cdots\cdots②$$

このとき

$$\overrightarrow{ED}=\overrightarrow{OD}-\overrightarrow{OE}=(\vec{b}-\vec{a})-(\vec{a}+t\vec{b})$$

$$=-2\vec{a}+(1-t)\vec{b}$$

ここで，ED⊥OC より

$$\overrightarrow{ED}\cdot\overrightarrow{OC}=0$$

$$\{-2\vec{a}+(1-t)\vec{b}\}\cdot(\vec{a}+\vec{b})=0$$

$$-2|\vec{a}|^2+(-1-t)\vec{a}\cdot\vec{b}+(1-t)|\vec{b}|^2=0$$

$$-2\cdot1^2+(-1-t)\cdot\frac{2}{3}+(1-t)\cdot2^2=0$$

$$t=\frac{2}{7}$$

②より

$$\overrightarrow{OE}=\vec{a}+\frac{2}{7}\vec{b} \quad \cdots\cdots(\text{答})$$

(4) ①より，$\overrightarrow{AE}=\dfrac{2}{7}\overrightarrow{AC}$ であるから

$$AE:EC=2:5$$

また，平行四辺形 OACB において，△OAB の面積と △OAC の面積は等しいので，求める △OCE の面積 S は

$$S=\frac{5}{7}(\triangle OAC \text{ の面積})=\frac{5}{7}(\triangle OAB \text{ の面積})$$

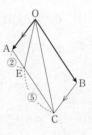

$$= \frac{5}{7} \times \frac{1}{2} OA \cdot OB \cdot \sin\theta = \frac{5}{7} \times \frac{1}{2} \cdot 1 \cdot 2 \cdot \frac{2\sqrt{2}}{3}$$

$$= \frac{10}{21}\sqrt{2} \quad \cdots\cdots(答)$$

━━◀解　説▶━━

≪余弦定理，三角比の相互関係，位置ベクトルと垂直条件，三角形の面積≫

(1)　内積の定義から余弦の値が得られる。〔別解〕はベクトルの大きさを利用した解法である。

(2)　$\sin^2\theta = 1 - \cos^2\theta$ を用いる。

(3)　点 E が AC 上にあることと垂直条件から，$\overrightarrow{OE}$ を求める。

(4)　平行四辺形の性質と面積公式を用いる。

$\boxed{4}$ **解答**　$C : x^2 + y^2 = a^2 + 1 \quad \cdots\cdots①$
$l : 2x + y = -3a + 1$

$y = -2x - 3a + 1 \quad \cdots\cdots②$

(1)　$a = -\dfrac{1}{2}$ のとき

①は

$$x^2 + y^2 = \left(-\frac{1}{2}\right)^2 + 1$$

$$x^2 + y^2 = \frac{5}{4} \quad \cdots\cdots①'$$

②は

$$y = -2x - 3\left(-\frac{1}{2}\right) + 1$$

$$y = -2x + \frac{5}{2} \quad \cdots\cdots②'$$

①′，②′ より，y を消去して

$$x^2 + \left(-2x + \frac{5}{2}\right)^2 = \frac{5}{4}$$

$$x^2 + 4x^2 - 10x + \frac{25}{4} = \frac{5}{4}$$

$$5x^2 - 10x + 5 = 0$$

$$x^2 - 2x + 1 = 0 \qquad (x-1)^2 = 0$$

$$x = 1$$

②′に代入して

$$y = -2 \cdot 1 + \frac{5}{2} = \frac{1}{2}$$

以上より，C と l の共有点の座標は　$\left(1, \ \dfrac{1}{2}\right)$　……(答)

(2)　①，②より，y を消去して

$$x^2 + (-2x - 3a + 1)^2 = a^2 + 1$$

$$x^2 + 4x^2 + 9a^2 + 1 + 12ax - 6a - 4x = a^2 + 1$$

$$5x^2 + 2(6a-2)x + 8a^2 - 6a = 0 \quad \cdots\cdots③$$

C と l が共有点をもつ条件は，x についての 2 次方程式③の判別式を D とすると，$D \geqq 0$ であるから

$$\frac{D}{4} = (6a-2)^2 - 5(8a^2 - 6a) \geqq 0$$

$$36a^2 - 24a + 4 - 40a^2 + 30a \geqq 0$$

$$-4a^2 + 6a + 4 \geqq 0$$

$$2a^2 - 3a - 2 \leqq 0 \qquad (a-2)(2a+1) \leqq 0$$

$$-\frac{1}{2} \leqq a \leqq 2 \quad \cdots\cdots(答)$$

別解　円 C の中心は $(0, \ 0)$，半径は $\sqrt{a^2+1}$ であり，直線 l の方程式を変形すると

$$2x + y + 3a - 1 = 0$$

であるから，C と l が共有点をもつ a の値の範囲は，点と直線の距離の公式より

$$\frac{|2 \cdot 0 + 0 + 3a - 1|}{\sqrt{2^2 + 1^2}} \leqq \sqrt{a^2 + 1}$$

$$|3a - 1| \leqq \sqrt{5}\,\sqrt{a^2 + 1}$$

両辺（>0）を 2 乗して

$$|3a - 1|^2 \leqq (\sqrt{5}\,\sqrt{a^2 + 1}\,)^2$$

$$9a^2 - 6a + 1 \leqq 5(a^2 + 1) \qquad 4a^2 - 6a - 4 \leqq 0$$

$$2a^2-3a-2\leqq0 \qquad (a-2)(2a+1)\leqq0$$
$$-\frac{1}{2}\leqq a\leqq2$$

(3) (2)より，C と l が共有点をもつような a の値の範囲は，$-\dfrac{1}{2}\leqq a\leqq2$ であるから，a が整数のとき，$a=0,\ 1,\ 2$ となる。

(i)$a=0$ のとき，③は
$$5x^2+2(6\cdot0-2)x+8\cdot0^2-6\cdot0=0$$
$$5x^2-4x=0 \qquad x(5x-4)=0$$
$$x=0,\ \frac{4}{5}$$

x が整数となるのは，$x=0$ のときである。
また，$a=0$ のとき，②は
$$y=-2x-3\cdot0+1 \qquad y=-2x+1$$
$x=0$ のとき，$y=1$ なので，共有点の座標は　　(0, 1)

(ii)$a=1$ のとき，③は
$$5x^2+2(6\cdot1-2)x+8\cdot1^2-6\cdot1=0$$
$$5x^2+8x+2=0$$
$$x=\frac{-4\pm\sqrt{4^2-5\cdot2}}{5}=\frac{-4\pm\sqrt{6}}{5}$$

となり，これは適さない。

(iii)$a=2$ のとき，③は
$$5x^2+2(6\cdot2-2)x+8\cdot2^2-6\cdot2=0$$
$$5x^2+20x+20=0 \qquad x^2+4x+4=0$$
$$(x+2)^2=0 \qquad x=-2$$

これは適する。また，$a=2$ のとき，②は
$$y=-2x-3\cdot2+1 \qquad y=-2x-5$$
$x=-2$ のとき，$y=-1$ なので，共有点の座標は　　(−2, −1)

以上(i)〜(iii)より，C と l の共有点であって x 座標と y 座標がともに整数のものが存在するような整数は，$a=0,\ 2$ であり，このときの共有点は
$$\begin{cases} a=0\text{ のとき} & (0,\ 1) \\ a=2\text{ のとき} & (-2,\ -1) \end{cases} \quad\cdots\cdots(\text{答})$$

━━━◀ 解　説 ▶━━━

≪円と直線の共有点，判別式，整数≫

(1) $a=-\dfrac{1}{2}$ を代入して，連立方程式を解けばよい。

(2) y を消去して，（判別式）$\geqq 0$ を解けばよい。〔別解〕は点と直線の距離の公式を用いた解法である。

(3) (2)で求めた a の範囲において，整数である a を求め，それぞれの場合における共有点を求めればよい。

$\boxed{5}$ **解答** (1)
$$
\begin{aligned}
\int_0^a \frac{1}{1-t^2}dt &= -\int_0^a \frac{1}{t^2-1}dt \\
&= -\int_0^a \frac{1}{(t-1)(t+1)}dt \\
&= \frac{1}{2}\int_0^a \left(\frac{1}{t+1}-\frac{1}{t-1}\right)dt \\
&= \frac{1}{2}\Big[\log|t+1|-\log|t-1|\Big]_0^a \\
&= \frac{1}{2}\{\log(a+1)-\log|a-1|\} \\
&= \frac{1}{2}\log\frac{a+1}{1-a} \quad \cdots\cdots(答)
\end{aligned}
$$

(2) $f(x)=\log(\sqrt{2}\cos x)\ \left(-\dfrac{\pi}{2}<x<\dfrac{\pi}{2}\right)$

$$
\begin{aligned}
f'(x) &= \frac{1}{\sqrt{2}\cos x}\cdot(\sqrt{2}\cos x)' \\
&= \frac{1}{\sqrt{2}\cos x}\cdot(-\sqrt{2}\sin x) \\
&= -\frac{\sin x}{\cos x} = -\tan x
\end{aligned}
$$

$f'(x)=0$ のとき

$\qquad -\tan x=0 \qquad x=0\ \left(-\dfrac{\pi}{2}<x<\dfrac{\pi}{2}\right)$

これより，$f(x)$ の増減表は右のようになる。

ここで

x	$-\dfrac{\pi}{2}$	$\cdots$	0	$\cdots$	$\dfrac{\pi}{2}$
$f'(x)$		$+$	0	$-$	
$f(x)$		$\nearrow$		$\searrow$	

$$f(0)=\log(\sqrt{2}\cdot 1)=\log\sqrt{2}$$

$f(x)=0$ となるのは

$$\sqrt{2}\cos x=1 \qquad \cos x=\frac{1}{\sqrt{2}}$$

$$x=\pm\frac{\pi}{4}$$

また，$\displaystyle\lim_{x\to\pm\frac{\pi}{2}}\sqrt{2}\cos x=+0$ であるから

$$\lim_{x\to\pm\frac{\pi}{2}}f(x)=\lim_{x\to\pm\frac{\pi}{2}}\log(\sqrt{2}\cos x)=-\infty$$

よって，$y=f(x)$ のグラフの概形は右図の
ようになる。

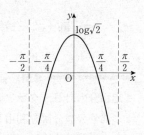

⑶　曲線 $y=f(x)$ のうち，$x\geqq 0$，$y\geqq 0$ の部分は下図の実線部分となる。
これより，求める曲線の長さ l は

$$l=\int_0^{\frac{\pi}{4}}\sqrt{1+\{f'(x)\}^2}\,dx$$

$$=\int_0^{\frac{\pi}{4}}\sqrt{1+(-\tan x)^2}\,dx$$

$$=\int_0^{\frac{\pi}{4}}\sqrt{1+\tan^2 x}\,dx=\int_0^{\frac{\pi}{4}}\sqrt{\frac{1}{\cos^2 x}}\,dx$$

$$=\int_0^{\frac{\pi}{4}}\frac{1}{|\cos x|}\,dx$$

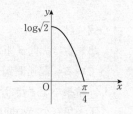

ここで，$0\leqq x\leqq\dfrac{\pi}{4}$ より $\cos x>0$ であるから

$$l=\int_0^{\frac{\pi}{4}}\frac{1}{\cos x}\,dx=\int_0^{\frac{\pi}{4}}\frac{\cos x}{\cos^2 x}\,dx=\int_0^{\frac{\pi}{4}}\frac{\cos x}{1-\sin^2 x}\,dx$$

ここで，$t=\sin x$ とおくと $\dfrac{dt}{dx}=\cos x$ より

$$dt=\cos x\,dx,\quad \begin{array}{c|ccc} x & 0 & \to & \dfrac{\pi}{4} \\ \hline t & 0 & \to & \dfrac{1}{\sqrt{2}} \end{array}$$

であるから

$$l=\int_0^{\frac{1}{\sqrt{2}}}\frac{1}{1-t^2}\,dt$$

ここで，$0<\dfrac{1}{\sqrt{2}}<1$ より(1)の結果を用いると

$$l=\frac{1}{2}\log\frac{\dfrac{1}{\sqrt{2}}+1}{1-\dfrac{1}{\sqrt{2}}}=\frac{1}{2}\log\frac{1+\sqrt{2}}{\sqrt{2}-1}$$

$$=\frac{1}{2}\log(\sqrt{2}+1)^2$$

$$=\log(\sqrt{2}+1)\quad\cdots\cdots(\text{答})$$

◀解　説▶

≪定積分の計算，グラフの概形，曲線の長さ≫

(1)　部分分数分解を利用して定積分の計算をすればよい。

(2)　$f'(x)$ を計算し，増減表を書けばよい。

(3)　曲線の長さの公式を用いる。

❖講　評

　出題数は大問5題で，①と②はマークシート法，③〜⑤は記述式となっている。記述問題では，B4判大の解答用紙が大問ごとに1枚ずつあり，結果を記すだけでなく，途中計算や論述，図示も求められる。

　①　場合の数の問題。ダブルカウントに気をつけて計算する基本的な問題である。

　②　2次関数・微分法の問題。融合問題であるが，ぜひ，完答したい。

　③　ベクトル・図形と計量の問題。標準的な頻出問題である。

　④　図形と方程式の問題。設問通り解けば完答できる標準問題である。

　⑤　微・積分法の問題。基本から標準的なレベルが揃った頻出融合問題である。

物理

1 解答

(1)—⑦　(2)—⑧　(3)—⑥　(4)—⑥　(5)—⑦　(6)—①
(7)—⑦　(8)—③　(9)—⑥　(10)—⑤　(11)—⑤　(12)—⑨
(13)—⑧　(14)—④

◀解　説▶

≪万有引力による楕円軌道の運動≫

(1) じゅうぶんに短い時間 Δt の間に動径が描く面積 ΔS は底辺 r，高さ $v\Delta t\sin\theta$ の三角形の面積に等しいので

$$\Delta S = \frac{1}{2}rv\Delta t\sin\theta$$

(2) (1)の答えの式より，面積速度は

$$\frac{\Delta S}{\Delta t} = \frac{1}{2}rv\sin\theta$$

と表される。点 X，点 Y で面積速度一定の法則を適用すると

$$\frac{1}{2}r_X v_X\sin90° = \frac{1}{2}r_Y v_Y\sin90°$$

$$\therefore \quad \frac{v_X}{v_Y} = \frac{r_Y}{r_X}$$

(3) 円軌道では太陽と惑星を結ぶ線分と惑星が運動する方向がなす角はつねに 90° である。

(4) 円運動の向心加速度の大きさは $r\omega^2$ なので，円運動の運動方程式は

$$mr\omega^2 = F$$

(5) 角速度 ω は周期 T を使って $\omega = \dfrac{2\pi}{T}$ と表されるので $T^2 = kr^3$ の関係を用いて

$$mr\omega^2 = mr\left(\frac{2\pi}{T}\right)^2 = mr\frac{4\pi^2}{kr^3} = \frac{4\pi^2 m}{kr^2}$$

(6) 惑星が太陽から受ける万有引力の大きさ F は

$$F = \frac{GMm}{r^2}$$

これを(4)の運動方程式に代入して

$$\frac{4\pi^2 m}{kr^2} = \frac{GMm}{r^2}$$

$$\therefore \quad k = \frac{4\pi^2}{GM}$$

(7) 地球の質量を m，地球の半径を R とする。地表付近で質量 m_1 の物体にはたらく重力の大きさ $m_1 g$ を万有引力の式を用いて表すと

$$m_1 g = \frac{Gmm_1}{R^2}$$

$$\therefore \quad G = \frac{gR^2}{m} = \frac{9.8 \times (6.4 \times 10^6)^2}{6.0 \times 10^{24}}$$

$$= 6.69\cdots \times 10^{-11} \fallingdotseq 6.7 \times 10^{-11} \,[\mathrm{N \cdot m^2/kg^2}]$$

(8) 地球の自転の角速度を ω_c とすると赤道上に置かれた質量 m_1 の物体にはたらく遠心力の大きさ F_c は

$$F_c = m_1 R \omega_c{}^2$$

$$\therefore \quad \frac{F_c}{m_1 g} = \frac{m_1 R \omega_c{}^2}{m_1 g} = \frac{R \omega_c{}^2}{g} = \frac{6.4 \times 10^6 \times (7.3 \times 10^{-5})^2}{9.8}$$

$$= 3.48\cdots \times 10^{-3} \fallingdotseq 3.5 \times 10^{-3}$$

(9) 面積速度一定の法則より

$$\frac{1}{2} v_A l = \frac{1}{2} v_B \times 3l$$

$$\therefore \quad v_B = \frac{1}{3} v_A$$

(10) 力学的エネルギー保存則より

$$\frac{1}{2} m_Z v_A{}^2 - \frac{Gmm_Z}{l} = \frac{1}{2} m_Z v_B{}^2 - \frac{Gmm_Z}{3l}$$

$$= \frac{1}{2} m_Z \left(\frac{1}{3} v_A\right)^2 - \frac{Gmm_Z}{3l}$$

$$\therefore \quad v_A = \sqrt{\frac{3Gm}{2l}}$$

(11) 人工衛星の力学的エネルギーを E とすると

$$E = \frac{1}{2} m_Z v_A{}^2 - \frac{Gmm_Z}{l}$$

$$=\frac{1}{2}m_{\rm Z}\times\frac{3Gm}{2l}-\frac{Gmm_{\rm Z}}{l}=-\frac{Gmm_{\rm Z}}{4l}$$

⑿　万有引力を向心力とする円運動の運動方程式より

$$m_{\rm Z}\frac{V^2}{l}=\frac{Gmm_{\rm Z}}{l^2}$$

$$\therefore\quad V=\sqrt{\frac{Gm}{l}}=\sqrt{\frac{2}{3}}v_{\rm A}$$

⒀　人工衛星Ｚの内部にある質量 m_i の物体が地球から受ける万有引力の大きさを F_i，この物体が地表にあるときに受ける万有引力の大きさを F_0 とすると

$$F_i=\frac{Gmm_i}{l^2},\quad F_0=\frac{Gmm_i}{R^2}$$

$$\therefore\quad \frac{F_i}{F_0}=\left(\frac{R}{l}\right)^2=\left(\frac{6.4\times10^6}{6.8\times10^6}\right)^2$$

$$=0.885\cdots\fallingdotseq0.89=89[\%]$$

⒁　一般に重力（万有引力）に逆らわない運動をする系内では，物体にはたらく重力と慣性力がつりあうため無重力状態になる。円運動の場合はこの慣性力は遠心力と呼ばれる。

2　解答

⒂―⑧　⒃―②　⒄―③　⒅―④　⒆―④　⒇―①

(21)―②　(22)―⓪　(23)―②　(24)―⑥　(25)―⑧　(26)―④

(ア) RI^2　(イ) $\dfrac{V^2}{(R+r)^2}$　(ウ) 1　(エ) $\dfrac{V^2}{4r}$　(オ) $\dfrac{8}{9}$　(カ) $\dfrac{8}{9}$　(キ) $\dfrac{\varepsilon_0 ab}{d}$

(ク) $\dfrac{1}{2}C_0V^2$　(ケ) $\dfrac{1}{2}C(l)V^2$

◀解　説▶

≪電池の内部抵抗と消費電力，平行板コンデンサー≫

(I)(ア)　抵抗 R によって消費される電力 P は

$$P=I^2R$$

(イ)　回路を流れる電流 I は

$$I=\frac{V}{R+r}$$

よって，消費電力 P は

$$P = I^2 R$$

$$= \frac{V^2}{(R+r)^2} \times R$$

⒂ 上の式の分母分子を R で割って

$$P = \frac{V^2}{\left(\sqrt{R} + \dfrac{r}{\sqrt{R}}\right)^2}$$

(ウ)・(エ) 問題文に指示されているように上の式を書き換えて

$$P = \frac{V^2}{\left(\sqrt{R} + \dfrac{r}{\sqrt{R}}\right)^2} = \frac{V^2}{\left(\sqrt{R} - \dfrac{r}{\sqrt{R}}\right)^2 + 4r}$$

よって，$R_{\max} = r = 1 \times r$ のとき $P_{\max} = \dfrac{V^2}{4r}$ をとる。

(オ) $R = \dfrac{1}{2} R_{\max} = \dfrac{1}{2} r$ のときの消費電力を P_1 とすると

$$P_1 = \frac{V^2 R}{(R+r)^2} = \frac{V^2 \times \dfrac{1}{2} r}{\left(\dfrac{1}{2} r + r\right)^2} = \frac{2V^2}{9r} = \frac{8}{9} \times P_{\max}$$

(カ) $R = 2R_{\max} = 2r$ のときの消費電力を P_2 とすると

$$P_2 = \frac{V^2 R}{(R+r)^2} = \frac{V^2 \times 2r}{(2r+r)^2} = \frac{2V^2}{9r} = \frac{8}{9} \times P_{\max}$$

(Ⅱ)(キ) コンデンサー K_1 の電気容量 C_0 は

$$C_0 = \frac{\varepsilon_0 ab}{d}$$

(ク) コンデンサー K_1 に蓄えられている静電エネルギー U_0 は

$$U_0 = \frac{1}{2} C_0 V^2$$

⒃ 部分的に誘電体を挿入したコンデンサー K_1 の静電容量 $C(l)$ は，挿入されていない部分と挿入した部分が並列に接続されたものと考えられるので

$$C(l) = \frac{\varepsilon_0 (a-l)b}{d} + \frac{\varepsilon l b}{d} = \frac{b}{d} \{\varepsilon_0 (a-l) + \varepsilon l\}$$

(ケ) このとき蓄えられている静電エネルギーを $U(l)$ とする。電池はつな

がれたままなので

$$U(l) = \frac{1}{2} C(l) V^2$$

⑰　$\varepsilon > \varepsilon_0$ であるから，$C(l) > C_0$ となり，したがって $U(l) > U_0$ となるので誘電体を挿入すると静電エネルギーが大きくなる。

⑱　スイッチを閉じたまま誘電体を抜いたときコンデンサーに蓄えられている電気量を Q_0 とすると

$$Q_0 = C_0 V$$

この後，スイッチを開くので電気量 Q_0 は変化しない。したがってコンデンサー K_1 にふたたび誘電体を挿入したとき蓄えられる静電エネルギーを $U(l)'$ とすると

$$U(l)' = \frac{Q_0^2}{2C(l)} = \frac{1}{2} \frac{C_0^2}{C(l)} V^2$$

⑲　誘電体を左から挿入する距離 l が大きくなると，⑱の答えの式より，静電エネルギー $U(l)'$ は小さくなる。よって，誘電体には右向きの力がはたらく。

⑳　スイッチを開いたまま誘電体を抜くので，コンデンサー K_1 に蓄えられている電気量は Q_0 のままである。次にスイッチを接点 B につなぐとコンデンサー K_1 と K_2 が並列になる。この並列接続されたコンデンサーに蓄えられている静電エネルギーを U_{12} とすると

$$U_{12} = \frac{Q_0^2}{2(C_0 + C_0)} = \frac{(C_0 V)^2}{4C_0} = \frac{1}{4} C_0 V^2$$

㉑・㉓　誘電体が挿入されたコンデンサー K_1 と挿入されていないコンデンサー K_2 が並列に接続されているので，この並列接続されたコンデンサーに加わる電圧を V' とすると

$$V' = \frac{Q_0}{C_0 + C(l)} = \frac{C_0}{C_0 + C(l)} V$$

V' はコンデンサー K_1，K_2 の極板間の電位差に等しい。

㉒　コンデンサー K_1 に蓄えられている電気量を Q_1 とすると

$$Q_1 = C(l) V' = \frac{C_0 C(l)}{C_0 + C(l)} V$$

㉔　コンデンサー K_2 に蓄えられている電気量を Q_2 とすると

$$Q_2 = C_0 V' = \frac{C_0{}^2}{C_0 + C(l)} V$$

⒄ 全静電エネルギーを $U'{}_{12}$ とすると

$$U'{}_{12} = \frac{Q_0{}^2}{2(C_0 + C(l))} = \frac{1}{2} \frac{C_0{}^2}{C_0 + C(l)} V^2$$

⒇ 上の式で l が大きくなると $U'{}_{12}$ が小さくなるので，l を大きくする向き，つまり，右向きの力がはたらく。

3 解答

⑵⒎—⑧　⑵⒏—③　⑵⒐—③　⑶⒪—④　⑶⒈—⑤　⑶⒉—③
(ア)$2(l_2 - l_1)$　(イ)$m\lambda$　(ウ)6×10^{-7}　(エ)$2(n-1)L$
(オ)10　(カ)3×10^{-4}

◀解　説▶

≪光の屈折と全反射，マイケルソン干渉計≫

(I)⑵⒎　屈折の法則より

$$n = \frac{c}{v}$$

$$\therefore \quad v = \frac{c}{n}$$

⑵⒏　屈折率 n の物質中を光が速さ v で距離 l だけ進むのにかかる時間は

$$\frac{l}{v} = \frac{l}{\dfrac{c}{n}} = \frac{nl}{c}$$

よってこの時間は，真空中を速さ c で距離 nl だけ進む時間に等しい。

(II)⑵⒐　屈折の法則より

$$n = \frac{\sin i}{\sin r}$$

⑶⒪　AC，BD 間の距離 $\overline{\mathrm{AC}}$，$\overline{\mathrm{BD}}$ はそれぞれ

$$\overline{\mathrm{AC}} = d\sin r$$

$$\overline{\mathrm{BD}} = d\sin i$$

AC，BD 間の光路長の差は

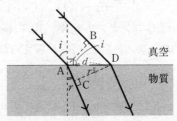

$$n\overline{\mathrm{AC}} - \overline{\mathrm{BD}} = nd\sin r - d\sin i$$

よって，$nd\sin r - d\sin i = 0$ より次式が

導かれる。

$$n = \frac{\sin i}{\sin r}$$

(31)　上の式で i と r を入れ替え，$r = 90°$ を代入すると

$$n = \frac{\sin r}{\sin i} = \frac{\sin 90°}{\sin i} = \frac{1}{\sin i}$$

(32)　上の式を満たす入射角 i を臨界角という。入射角を臨界角より大きくすると光は全反射される。

(Ⅲ)(ア)　求める光路長の差 $\varDelta$ は

$$\varDelta = 2l_2 - 2l_1$$
$$= 2(l_2 - l_1)$$

(イ)　2 つの経路を通った光が強め合う条件は

$$\varDelta = m\lambda$$

(ウ)　ある距離 l_2 で光の強め合いが起こり，$l_2 + \varDelta l$ でふたたび強め合いが起こったとすると

$$2(l_2 - l_1) = m\lambda$$
$$2(l_2 + \varDelta l - l_1) = (m+1)\lambda$$

$$\therefore\ 2\varDelta l = \lambda$$

図 3 − 3 より，$\varDelta l = 3 \times 10^{-7}$ [m] と読み取れるので

$$\lambda = 2\varDelta l = 2 \times (3 \times 10^{-7}) = 6 \times 10^{-7}\,[\text{m}]$$

(Ⅳ)(エ)　空気を入れることによる光路長の差の変化は

$$2nL - 2L = 2(n-1)L$$

(オ)　光の強度が 10 回振動したので，光路長の差の変化は波長 λ の 10 倍である。

(カ)　(エ)と(オ)より

$$2(n-1)L = 10\lambda$$

$$\therefore\ n-1 = \frac{10\lambda}{2L} = \frac{10 \times 6 \times 10^{-7}}{2 \times 1 \times 10^{-2}} = 3 \times 10^{-4}$$

❖講　評

　例年通り，大問 3 題で，試験時間は 80 分。範囲は「物理基礎・物理」で，2022 年度は力学，電磁気，波動の 3 分野から出題された。出題形

式も例年通りで，2022 年度は①が全問マークシート法，②，③は解答群から数式や語句を選択するマークシート法と，結果の数式や数値だけを記述させる問題の混在であった。よく出題される描図問題は 2022 年度は出題されなかったが，グラフの読み取りの問題は出題された。

① 前半では太陽系の惑星について，ケプラーの第一，第二，第三法則に関する問題を扱い，次に地表での重力を万有引力と地球の自転による遠心力との合力として数値計算させ，後半では地球のまわりを周回する人工衛星の楕円軌道や円軌道での速さを求めていくという問題構成である。楕円軌道の問題では面積速度一定の式と力学的エネルギー保存則の式を連立させて解くのが定石である。

② (I)は電池の外部抵抗での消費電力と内部抵抗の関係を問う頻出問題である。必要な式変形が与えられているので題意にしたがって計算すればよい。(II)は 2 つの平行板コンデンサーの一方に誘電体を挿入したり，スイッチによる接続替えをしたりしたときの電位差や静電エネルギーの変化を問う問題である。スイッチ操作で何が変化しないかに注目して公式を選んでいくことがポイントになる。解答群の式を先に見て，使う文字記号を確認すれば無駄な労力を省ける。

③ (I)・(II)は光の屈折と全反射に関する基本問題。(III)・(IV)はマイケルソン干渉計を使った光の干渉に関する問題で，最後にこの装置を使って空気の屈折率を求める。光路長の差の計算では，それぞれの経路で光路長を求めてから差をとるのが確実である。

　入試頻出の典型的な問題がほとんどで，基本問題からその応用まで丁寧な誘導で一つずつ問われるので問題文をしっかり読み取り題意を把握していくことが大切である。過去問に当たって問題形式にも慣れておこう。

化学

I **解答** 問1. 1−1　2−4　3−3　4−1　5−1
6−1　7−1　8−2　9−0　10−5　11−9
12−3　13−0　14−5　15−3　16−0　17−1　18−5　19−0
20−⑦
問2. 21−1　22−6　23−5　24−2　25−7　26−5　27−1
28−③　29−①

◀解　説▶

≪塩化アンモニウム水溶液の電離平衡，メタンとアンモニアからの水素生成と燃焼反応≫

問1. 1〜6. c〔mol/L〕のアンモニア水の電離度を α とすると，次のような電離平衡の状態になる。

$$NH_3 + H_2O \rightleftharpoons NH_4^+ + OH^-$$

反応前　　　c　　　　　　　　0　　　　0　　〔mol/L〕
平衡時　$c(1-\alpha)$　　　　　　$c\alpha$　　　$c\alpha$　〔mol/L〕

よって，アンモニアの電離定数から次式が成り立つ。

$$K_b = \frac{[NH_4^+][OH^-]}{[NH_3]} = \frac{c\alpha \cdot c\alpha}{c(1-\alpha)} = \frac{c\alpha^2}{1-\alpha}$$

ここで，$\alpha \ll 1$ より $1-\alpha \fallingdotseq 1$ とみなせるので

$$K_b = c\alpha^2 \quad \therefore \quad \alpha = \sqrt{\frac{K_b}{c}}$$

$$[OH^-] = c\alpha = c\sqrt{\frac{K_b}{c}} = \sqrt{cK_b} \quad \cdots\cdots①$$

よって，0.10 mol/L のアンモニア水の $[OH^-]$ は，①から

$$[OH^-] = \sqrt{0.10 \times 2.0 \times 10^{-5}} = \sqrt{2.0} \times 10^{-3}$$
$$= 1.41 \times 10^{-3} \fallingdotseq 1.4 \times 10^{-3} \text{〔mol/L〕}$$

$K_w = [H^+][OH^-] = 1.0 \times 10^{-14} \text{(mol/L)}^2$ より

$$[H^+] = \frac{1.0 \times 10^{-14}}{\sqrt{2.0} \times 10^{-3}} = \frac{1.0 \times 10^{-11}}{\sqrt{2.0}} \text{〔mol/L〕}$$

$$\mathrm{pH} = -\log_{10}\frac{1.0 \times 10^{-11}}{\sqrt{2.0}} = -\{\log_{10}(1.0 \times 10^{-11}) - \log_{10}\sqrt{2.0}\}$$

$$= -\left(-11 - \frac{1}{2} \times 0.30\right) = 11.15 \fallingdotseq 1.1 \times 10$$

7～13. 0.10 mol/L のアンモニア水 20 mL に含まれている NH_3 の物質量は

$$0.10 \times \frac{20}{1000} = 2.0 \times 10^{-3}\,[\mathrm{mol}]$$

また，0.10 mol/L の塩酸 10 mL に含まれている HCl の物質量は

$$0.10 \times \frac{10}{1000} = 1.0 \times 10^{-3}\,[\mathrm{mol}]$$

混合水溶液における中和反応の量的関係は，次の通りである

	NH_3	+	HCl	$\longrightarrow$	NH_4^+	+	Cl^-	
反応前	2.0×10^{-3}		1.0×10^{-3}		0		0	[mol]
反応後	1.0×10^{-3}		0		1.0×10^{-3}		1.0×10^{-3}	[mol]

中和反応の直後に残った NH_3 のモル濃度は

$$[NH_3] = \frac{1.0 \times 10^{-3}}{3.0 \times 10^{-2}} = 0.0333\,[\mathrm{mol/L}]$$

また，生じた NH_4^+ のモル濃度は

$$[NH_4^+] = \frac{1.0 \times 10^{-3}}{3.0 \times 10^{-2}} = 0.0333\,[\mathrm{mol/L}]$$

混合水溶液中の $[OH^-]$ を $x\,[\mathrm{mol/L}]$ とすると

	NH_3	$+ H_2O$	$\rightleftharpoons$	NH_4^+	$+ OH^-$	
平衡前	0.0333			0.0333	－	[mol/L]
平衡時	$0.0333 - x$			$0.0333 + x$	x	[mol/L]

生じた NH_4^+ のため電離平衡は左に偏り，x の値はきわめて小さいことから，次のように近似できる。

$$[NH_3] = 0.0333 - x \fallingdotseq 0.0333\,[\mathrm{mol/L}]$$

$$[NH_4^+] = 0.0333 + x \fallingdotseq 0.0333\,[\mathrm{mol/L}]$$

よって，混合水溶液において

$$[NH_3] : [NH_4^+] = 1 : 1 \quad \cdots\cdots ②$$

アンモニアの K_b と②の関係式から

$$K_b = \frac{[NH_4^+][OH^-]}{[NH_3]} = [OH^-]$$

$\therefore \quad [\mathrm{OH^-}]=2.0\times10^{-5}\,[\mathrm{mol/L}]$

$K_{\mathrm{w}}=[\mathrm{H^+}][\mathrm{OH^-}]=1.0\times10^{-14}\,(\mathrm{mol/L})^2$ より

$$[\mathrm{H^+}]=\frac{1.0\times10^{-14}}{2.0\times10^{-5}}=\frac{1.0\times10^{-9}}{2.0}\,[\mathrm{mol/L}]$$

$$\mathrm{pH}=-\log_{10}\frac{1.0\times10^{-9}}{2.0}=-\{\log_{10}(1.0\times10^{-9})-\log_{10}2.0\}$$

$$=-(-9-0.30)=9.3$$

14〜16. $c\,[\mathrm{mol/L}]$ の $\mathrm{NH_4^+}$ が水と反応した割合を h とすると，次のような電離平衡の状態になる。

$$\mathrm{NH_4^+}+\mathrm{H_2O}\rightleftharpoons \mathrm{NH_3}+\mathrm{H_3O^+}$$

反応前	c	0	0 〔mol/L〕
平衡時	$c(1-h)$	ch	ch 〔mol/L〕

加水分解定数 K_{h} は

$$K_{\mathrm{h}}=\frac{[\mathrm{NH_3}][\mathrm{H_3O^+}]}{[\mathrm{NH_4^+}]}=\frac{ch\cdot ch}{c(1-h)}=\frac{ch^2}{1-h}$$

ここで，$1-h\fallingdotseq 1$ とみなせるので

$$K_{\mathrm{h}}=ch^2$$

$$\therefore \quad h=\sqrt{\frac{K_{\mathrm{h}}}{c}}$$

$$[\mathrm{H_3O^+}]=[\mathrm{H^+}]=ch=c\sqrt{\frac{K_{\mathrm{h}}}{c}}=\sqrt{cK_{\mathrm{h}}}\quad\cdots\cdots③$$

加水分解定数 K_{h} の値は

$$K_{\mathrm{h}}=\frac{[\mathrm{NH_3}][\mathrm{H^+}]}{[\mathrm{NH_4^+}]}\times\frac{[\mathrm{OH^-}]}{[\mathrm{OH^-}]}=\frac{K_{\mathrm{w}}}{K_{\mathrm{b}}}=\frac{1.0\times10^{-14}}{2.0\times10^{-5}}$$

$$=\frac{10^{-9}}{2.0}\,[\mathrm{mol/L}]$$

0.10 mol/L のアンモニア水 20 mL と 0.10 mol/L の塩酸 20 mL に含まれている $\mathrm{NH_3}$ と HCl の物質量は，ともに 2.0×10^{-3} mol である。

混合水溶液における中和反応の量的関係は，次の通りである。

$$\mathrm{HCl}\ +\ \mathrm{NH_3}\ \longrightarrow\ \mathrm{NH_4^+}\ +\ \mathrm{Cl^-}$$

反応前	2.0×10^{-3}	2.0×10^{-3}	0	0 〔mol〕
反応後	0	0	2.0×10^{-3}	2.0×10^{-3} 〔mol〕

混合水溶液の体積は 40 mL で，生成した $\mathrm{NH_4^+}$ が 2.0×10^{-3} mol である

ことから，NH_4^+ のモル濃度は

$$\frac{2.0 \times 10^{-3}}{4.0 \times 10^{-2}} = \frac{10^{-1}}{2.0}\,\text{[mol/L]}$$

よって，$\dfrac{10^{-1}}{2.0}$ mol/L の塩化アンモニウム水溶液中の $[H^+]$ は，③から

$$[H^+] = \sqrt{cK_h} = \sqrt{\frac{10^{-1}}{2.0} \times \frac{10^{-9}}{2.0}} = \frac{10^{-5}}{2.0}\,\text{[mol/L]}$$

$$pH = -\log_{10}\frac{10^{-5}}{2.0} = -(-5 - \log_{10}2)$$

$$= -(-5 - 0.30) = 5.3$$

17〜19．0.10 mol/L のアンモニア水 20 mL に含まれている NH_3 の物質量は

$$0.10 \times \frac{20}{1000} = 2.0 \times 10^{-3}\,\text{[mol]}$$

また，0.10 mol/L の塩酸 40 mL に含まれている HCl の物質量は

$$0.10 \times \frac{40}{1000} = 4.0 \times 10^{-3}\,\text{[mol]}$$

混合水溶液における中和反応の量的関係は，次の通りである

$$HCl\ +\ NH_3\ \longrightarrow\ NH_4^+\ +\ Cl^-$$

	HCl	NH_3	NH_4^+	Cl^-	
反応前	4.0×10^{-3}	2.0×10^{-3}	0	0	〔mol〕
反応後	2.0×10^{-3}	0	2.0×10^{-3}	2.0×10^{-3}	〔mol〕

混合水溶液中に HCl が 2.0×10^{-3} mol 残り，そのモル濃度は

$$[HCl] = \frac{2.0 \times 10^{-3}}{6.0 \times 10^{-2}} = \frac{10^{-1}}{3.0}\,\text{[mol/L]}$$

なお，NH_4^+ の加水分解は，混合水溶液が強酸性であるため，ほとんど起こらない。

よって，混合水溶液の $[H^+]$ と pH は，塩酸の電離から

$$[H^+] = \frac{10^{-1}}{3.0}\,\text{[mol/L]}$$

$$pH = -\log_{10}\frac{10^{-1}}{3.0} = -(-1 - \log_{10}3)$$

$$= -(-1 - 0.48) = 1.48 \fallingdotseq 1.5$$

20．アンモニア水を塩酸で滴定したとき，(b)から中和点前の pH が弱塩基

性，(c)から中和点の pH が弱酸性，(d)から中和点後の pH が強酸性である
ことから，滴定曲線は⑦となる。

問 2．25〜27．メタン（気）の生成熱を x[kJ/mol] とすると，熱化学方
程式は

$$C(黒鉛)+2H_2(気)=CH_4(気)+xkJ \quad ……①$$

二酸化炭素（気），水（気）の生成熱を熱化学方程式で表すと

$$C(黒鉛)+O_2(気)=CO_2(気)+394kJ \quad ……②$$

$$H_2(気)+\frac{1}{2}O_2(気)=H_2O(気)+242kJ \quad ……③$$

メタン（気）の燃焼熱を熱化学方程式で表すと

$$CH_4(気)+2O_2(気)=CO_2(気)+2H_2O(液)+891kJ \quad ……④$$

水の蒸発熱を熱化学方程式で表すと

$$H_2O(液)=H_2O(気)-44kJ \quad ……⑤$$

②$+2×$③$-$④$-2×$⑤ より，O_2（気），CO_2（気），H_2O（液），H_2O（気）
を消去すると

$$C(黒鉛)+2H_2(気)=CH_4(気)+75kJ$$

よって，メタン（気）の生成熱は，$7.5×10kJ/mol$ である。

21〜24．反応 1 の反応熱を y[kJ/mol] とすると，熱化学方程式は

$$CH_4(気)+2H_2O(気)=CO_2(気)+4H_2(気)+ykJ$$

$-$①$-2×$③$+$② より，C(黒鉛)，O_2（気）を消去すると

$$CH_4(気)+2H_2O(気)=CO_2(気)+4H_2(気)-165kJ$$

よって，反応 1 における反応熱は，$-1.65×10^2kJ/mol$ である。

28・29．1 mol の水素を完全燃焼させて液体の水が生成したときの熱化学
方程式は，③$-$⑤ より

$$H_2(気)+\frac{1}{2}O_2(気)=H_2O(液)+286kJ$$

よって，水素の燃焼熱は，286 kJ/mol である。

反応 1 について，1 mol のメタンの改質から 4 mol の水素が生成し，この
ときの反応熱は $-165kJ$ となる。さらに，4 mol の水素が完全燃焼した
ときの反応熱は，$4×286kJ$ である。よって，1 mol のメタンの改質から
水素の完全燃焼による反応熱は

$$-165+4×286=979[kJ]$$

反応 2 について，1 mol のメタンの熱分解から 2 mol の水素が生成し，こ
のときの反応熱はメタンの生成熱から -75 kJ となる。さらに，2 mol の
水素が完全燃焼したときの反応熱は，2×286 kJ である。よって，1 mol
のメタンの熱分解から水素の完全燃焼による反応熱は

$-75 + 2 \times 286 = 497$〔kJ〕

反応 3 について，1 mol のアンモニアの分解から 1.5 mol の水素が生成し，
このときの反応熱は，アンモニアの生成熱から -46 kJ となる。さらに，
1.5 mol の水素が完全燃焼したときの反応熱は，1.5×286 kJ である。よ
って，1 mol のアンモニアの分解から水素の完全燃焼による反応熱は

$-46 + 1.5 \times 286 = 383$〔kJ〕

以上より，各出発物質から水素の完全燃焼までの反応熱が，最も小さいの
は反応 3，最も大きいのは反応 1 である。

II **解答**　問 1．(1)c　(2)d　(3)b
　　　　　(4)$O_3 + 2KI + H_2O \longrightarrow O_2 + I_2 + 2KOH$

(5)25.4 mg　(6)2.24 mL　(7)1.24×10^{-6}
問 2．(1)ア．4　イ．4　エ．6　(2)面心立方格子　(3)c
(4)1.15×10^{-1} nm　(5)9.65×10^3 秒

━━━━━━◀解　説▶━━━━━━

≪酸化還元滴定によるオゾンの定量，塩化ナトリウムの結晶構造と溶融塩
電解≫

問 1．(4)　オゾンとヨウ化カリウムの反応において，オゾン O_3 は酸化剤，
ヨウ化カリウム KI は還元剤としてはたらく。このとき，オゾン O_3 は O_2
に，I^- は I_2 にそれぞれ変化する。オゾンの酸化剤のはたらきを示す半反
応式は，次のようにして組み立てられる。

　　　$O_3 \longrightarrow O_2$

両辺の酸素原子の数が等しくなるように H_2O を加える。

　　　$O_3 \longrightarrow O_2 + H_2O$

両辺の水素原子の数が等しくなるように H^+ を加える。

　　　$O_3 + 2H^+ \longrightarrow O_2 + H_2O$

両辺の電荷の合計が等しくなるように e^- を加える。

$$O_3+2H^++2e^- \longrightarrow O_2+H_2O$$

最後に，中性水溶液にオゾンを吸収させるため，両辺に OH^- を加えて左辺の H^+ を H_2O にすることにより，オゾンの半反応式が得られる。

$$O_3+H_2O+2e^- \longrightarrow O_2+2OH^- \quad \cdots\cdots①$$

ヨウ化カリウムの還元剤のはたらきを示す半反応式は，次のようにして組み立てられる。両辺のヨウ素の数が等しくなるように係数を付ける。

$$2I^- \longrightarrow I_2$$

両辺の電荷の合計が等しくなるように e^- を加えることにより，ヨウ化カリウムの半反応式が得られる。

$$2I^- \longrightarrow I_2+2e^- \quad \cdots\cdots②$$

①と②から電子を消去すると，イオン反応式が得られる。

$$O_3+2I^-+H_2O \longrightarrow O_2+I_2+2OH^-$$

両辺に K^+ を加えると，化学反応式が得られる。

$$O_3+2KI+H_2O \longrightarrow O_2+I_2+2KOH \quad \cdots\cdots③$$

⑸　与えられた反応式から，ヨウ素 1 mol はチオ硫酸ナトリウム 2 mol と反応することがわかる。よって，500 mL のヨウ化カリウム水溶液に生成したヨウ素の物質量を x[mol] とすると，0.100 mol/L のチオ硫酸ナトリウムの滴定で，終点までに 2.00 mL 必要であったことから，次式が成り立つ。

$$x : \left(0.100 \times \frac{2.00}{1000}\right) = 1 : 2$$

$$\therefore \quad x = 1.00 \times 10^{-4} \text{[mol]}$$

1.00×10^{-4} mol のヨウ素（分子量 253.8）の質量は

$$1.00 \times 10^{-4} \times 253.8 \times 10^3 = 25.38 \fallingdotseq 25.4 \text{[mg]}$$

⑹　③の反応式から，オゾン 1 mol がヨウ化カリウムと反応すると，ヨウ素 1 mol が生成することがわかる。よって，500 mL のヨウ化カリウム水溶液から生成したヨウ素が 1.00×10^{-4} mol であることから，吸収されたオゾンは 1.00×10^{-4} mol である。よって，標準状態における体積は

$$1.00 \times 10^{-4} \times 22.4 \times 10^3 = 2.24 \text{[mL]}$$

⑺　気体について，物質量比＝体積比から，気体 1800 L に対するオゾンの物質量の比の値は

$$\frac{2.24\times10^{-3}}{1800}=1.244\times10^{-6}\fallingdotseq1.24\times10^{-6}$$

問 2．(1)　塩化ナトリウムの単位格子に含まれるイオンの数は，それぞれ次のようになる。

$$Na^+:\frac{1}{4}\times12+1=4\ 個$$

$$Cl^-:\frac{1}{8}\times8+\frac{1}{2}\times6=4\ 個$$

Na^+ の配位数は，単位格子の中心にある Na^+ について，前後，左右，上下に Cl^- があることから 6 である。

(4)　ナトリウムイオンのイオン半径を r〔nm〕とすると，塩化物イオンのイオン半径 1.67×10^{-1} nm，単位格子の一辺 5.64×10^{-1} nm から，図のように表される。よって，次式が成り立つ。

$$2r+2\times1.67\times10^{-1}=5.64\times10^{-1}$$

$$\therefore\quad r=1.15\times10^{-1}\text{〔nm〕}$$

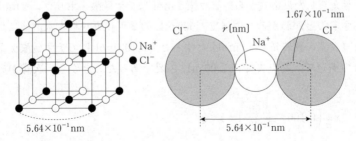

(5)　塩化ナトリウムの溶融塩電解で，陰極に Na が析出する。

$$Na^++e^-\longrightarrow Na\quad\cdots\cdots①$$

23.0 g の Na の物質量は

$$\frac{23.0}{23.0}=1.00\text{〔mol〕}$$

①式より，1.00 mol の Na が析出したことから，この溶融電解で 1.00 mol の電子が流れたことになる。1.00 mol の電子の電気量は，ファラデー定数から 9.65×10^4 C である。よって，23.0 g の Na を得るために必要な通電時間を t 秒とすると，電流〔A〕×時間〔s〕＝電気量〔C〕の関係から次式が成り立つ。

$$10.0 \times t = 9.65 \times 10^4$$

$$\therefore \quad t = 9.65 \times 10^3 \text{ 秒}$$

III 　**解答**　(1)A. $CH_3-C\overset{\displaystyle O}{\underset{\displaystyle O-\underset{\underset{\displaystyle CH_3}{|}}{CH}-CH_3}{<}}$

B. $CH_3-C\overset{\displaystyle O}{\underset{\displaystyle O-CH_2-CH_2-CH_3}{<}}$　　　　C. $H-C\overset{\displaystyle O}{\underset{\displaystyle O-\underset{\underset{\displaystyle CH_3}{|}}{CH}-CH_2-CH_3}{<}}$

D. $H-C\overset{\displaystyle O}{\underset{\displaystyle O-CH_2-\underset{\underset{\displaystyle CH_3}{|}}{CH}-CH_3}{<}}$　　　　E. $H-C\overset{\displaystyle O}{\underset{\displaystyle O-\underset{\underset{\displaystyle CH_3}{|}}{\overset{\overset{\displaystyle CH_3}{|}}{C}}-CH_3}{<}}$

F. $H-C\overset{\displaystyle O}{\underset{\displaystyle O-CH_2-CH_2-CH_2-CH_3}{<}}$

G. $CH_3-CH_2-C\overset{\displaystyle O}{\underset{\displaystyle O-CH_2-CH_3}{<}}$　　　　H. $CH_3-CH_2-CH_2-C\overset{\displaystyle O}{\underset{\displaystyle O-CH_3}{<}}$

I. $CH_3-\underset{\underset{\displaystyle CH_3}{|}}{CH}-C\overset{\displaystyle O}{\underset{\displaystyle O-CH_3}{<}}$

(2)C

━━━━━━◀解　説▶━━━━━━

≪エステルの構造決定，エステルの加水分解とアルコールの酸化反応≫

(1)　分子式 $C_5H_{10}O_2$ について，エステルの構造異性体は 9 種類存在する。
エステルの加水分解で生じるカルボン酸から次のことがわかる。

Ⅰ：AとBに該当するエステル

ア．$CH_3-C\overset{\displaystyle O}{\underset{\displaystyle O-CH_2-CH_2-CH_3}{<}}$　　　　イ．$CH_3-C\overset{\displaystyle O}{\underset{\displaystyle O-\underset{\underset{\displaystyle CH_3}{|}}{CH}-CH_3}{<}}$

アとイの加水分解で，ともに酢酸 CH_3COOH が生じる。

Ⅱ：C，D，E，Fに該当するエステル

ウ. $H-C{\overset{O}{\underset{O-CH_2-CH_2-CH_2-CH_3}{}}}$ エ. $H-C{\overset{O}{\underset{\underset{CH_3}{O-CH-CH_2-CH_3}}{}}}$

オ. $H-C{\overset{O}{\underset{\underset{CH_3}{O-CH_2-CH-CH_3}}{}}}$ カ. $H-C{\overset{O}{\underset{\underset{CH_3}{O-\overset{CH_3}{\underset{CH_3}{C}}-CH_3}}{}}}$

ウ～カの加水分解で，ともにギ酸 HCOOH が生じる。

Ⅲ：G, H, I に該当するエステル

キ. $CH_3-CH_2-C{\overset{O}{\underset{O-CH_2-CH_3}{}}}$ ク. $CH_3-CH_2-CH_2-C{\overset{O}{\underset{O-CH_3}{}}}$

ケ. $CH_3-\underset{\underset{CH_3}{}}{CH}-C{\overset{O}{\underset{O-CH_3}{}}}$

キ～ケの加水分解で，それぞれ異なるカルボン酸が得られる。

アルコールを酸化すると中性の化合物が生成するとき，該当するアルコールは第 2 級アルコールである。Ⅰ (A, B) の中で，イの加水分解で生成するアルコールが $CH_3CH(OH)CH_3$ であることから，A のエステルはイである。Ⅱ (C～F) の中で，エの加水分解で生成するアルコールが $CH_3CH_2CH(OH)CH_3$ であることから，C のエステルはエである。

アルコールを酸化すると，弱酸性の化合物が生成するとき，該当するアルコールは第 1 級アルコールである。Ⅰ (A, B) の中で，アの加水分解で生成するアルコールが $CH_3CH_2CH_2OH$ であることから，B のエステルはアである。Ⅱ (C～F) の中で，ウとオの加水分解で生成するアルコールはそれぞれ $CH_3CH_2CH_2CH_2OH$, $CH_3CH(CH_3)CH_2OH$ である。よって，D, F のエステルはウとオのどちらかになる。

酸化されないアルコールは第 3 級アルコールである。Ⅱ (C～F) の中で，カの加水分解で生成するアルコールが $(CH_3)_3COH$ であることから，E のエステルはカである。

Ⅲ (G, H, I) の中で，クとケの加水分解で CH_3OH, キの加水分解で CH_3CH_2OH が得られる。クとケのエステルは H, I のどちらかになる。Ⅲ の中で，エステルの加水分解から得られるアルコールの沸点が CH_3OH より CH_3CH_2OH の方が高いことから，キは G である。

Ⅲの中で，エステルの加水分解で得られるカルボン酸が直鎖構造である
Hは，Fから得られるアルコールを酸化したカルボン酸と同じである。ク
の加水分解で生じるカルボン酸とウの加水分解で生じるアルコールを酸化
させて生じるカルボン酸が二つとも同じ $CH_3CH_2CH_2COOH$ であること
から，クがH，ウがFになる。

最後に残ったオがD，ケがIである。

⑵　A～Fの中で，不斉炭素原子 *C をもつのはエに該当する C である。

$$H-C\underset{O-*CH-CH_2-CH_3}{\overset{\displaystyle O}{\diagdown}}$$

$$\underset{CH_3}{|}$$

❖講　評

　出題数は大問 3 題で，Ⅰがマークシート法，Ⅱ，Ⅲが記述方式であっ
た。

　Ⅰ　問 1 は，アンモニア水，塩化アンモニウム水溶液の電離平衡に関
する問題である。与えられた電離定数から〔H^+〕，〔OH^-〕を計算し，
pH を求める内容である。塩化アンモニウム水溶液の電離平衡では，ア
ンモニウムイオンの加水分解定数をアンモニアの電離定数と水のイオン
積から求めることができれば，比較的容易に解くことができる。解法の
方針が立たないようであれば，後回しにした方が無難といえる。問 2 は，
熱化学の問題であり，メタンの生成熱を求めることができれば，他の問
題は容易に解答できる。熱化学の解法は，与えられた熱量を熱化学方程
式で表し，ヘスの法則を利用して求めるのが基本といえる。

　Ⅱ　問 1 は，気体中のオゾンを定量する問題である。オゾンとヨウ化
カリウムの間で起こる化学反応を化学反応式で表すことが求められる。
反応式を書くためには，酸化剤，還元剤のはたらきを示す半反応式が必
要となる。普段から，半反応式を書けるように練習しておきたい。また，
オゾンとヨウ化カリウムの反応で生成したヨウ素は，チオ硫酸ナトリウ
ムの滴定量から求めることになる。この計算は，与えられた化学反応式
の係数比で比較的容易に解答できる。問 2 は，塩化ナトリウムの結晶構
造と溶融塩電解に関する問題である。結晶構造の問いは教科書レベルで
あり，確実に解答したい。また，溶融塩電解の問題も，陰極にナトリウ

ムが析出する反応を式で表すことができれば，比較的簡単に解答できる。Ⅱの 2 問は，両方とも基本問題であり，最初に取り組みたい。

　　Ⅲ　分子式 $C_5H_{10}O_2$ のエステルに関する構造決定の問題である。構造異性体が 9 種類存在し，これらの構造式を最初に書くことから解答を進めたい。問題文に示されている事項を丁寧に読み解いていくことで，比較的容易に解答できる。エステルの加水分解，アルコールの酸化反応から，対象となる各物質を決めていくことができる。反応や性質を各物質に当てはめていけば，解答に困難な点はあまりない。有機化学の対策として，構造異性体をしっかり書けるよう，普段から練習しておきたい。

　全体を通してみると，Ⅰの問 1 は思考力が求められ，時間を要する問題といえる。できれば，Ⅱ，Ⅲを着実に解答した上で，じっくりⅠに取り組みたい。

/////////////////// · memo · ///////////////////

/////////////////// · memo · ///////////////////

//////////////////// · memo · ////////////////////

教学社 刊行一覧

2025年版　大学赤本シリーズ

国公立大学（都道府県順）

374大学556点 全都道府県を網羅

全国の書店で取り扱っています。店頭にない場合は，お取り寄せができます。

1 北海道大学（文系−前期日程）
2 北海道大学（理系−前期日程） 医
3 北海道大学（後期日程）
4 旭川医科大学（医学部〈医学科〉） 医
5 小樽商科大学
6 帯広畜産大学
7 北海道教育大学
8 室蘭工業大学／北見工業大学
9 釧路公立大学
10 公立千歳科学技術大学
11 公立はこだて未来大学 総推
12 札幌医科大学（医学部） 医
13 弘前大学 医
14 岩手大学
15 岩手県立大学・盛岡短期大学部・宮古短期大学部
16 東北大学（文系−前期日程）
17 東北大学（理系−前期日程） 医
18 東北大学（後期日程）
19 宮城教育大学
20 宮城大学
21 秋田大学 医
22 秋田県立大学
23 国際教養大学 総推
24 山形大学 医
25 福島大学
26 会津大学
27 福島県立医科大学（医・保健科学部） 医
28 茨城大学（文系）
29 茨城大学（理系）
30 筑波大学（推薦入試） 医 総推
31 筑波大学（文系−前期日程）
32 筑波大学（理系−前期日程） 医
33 筑波大学（後期日程）
34 宇都宮大学
35 群馬大学 医
36 群馬県立女子大学
37 高崎経済大学
38 前橋工科大学
39 埼玉大学（文系）
40 埼玉大学（理系）
41 千葉大学（文系−前期日程）
42 千葉大学（理系−前期日程） 医
43 千葉大学（後期日程） 医
44 東京大学（文科） DL
45 東京大学（理科） DL 医
46 お茶の水女子大学
47 電気通信大学
48 東京外国語大学 DL
49 東京海洋大学
50 東京科学大学（旧 東京工業大学）
51 東京科学大学（旧 東京医科歯科大学） 医
52 東京学芸大学
53 東京藝術大学
54 東京農工大学
55 一橋大学（前期日程）
56 一橋大学（後期日程）
57 東京都立大学（文系）
58 東京都立大学（理系）
59 横浜国立大学（文系）
60 横浜国立大学（理系）
61 横浜市立大学（国際教養・国際商・理・データサイエンス・医〈看護〉学部）

62 横浜市立大学（医学部〈医学科〉） 医
63 新潟大学（人文・教育〈文系〉・法・経済科・医〈看護〉・創生学部）
64 新潟大学（教育〈理系〉・理・医〈看護を除く〉・歯・工・農学部） 医
65 新潟県立大学
66 富山大学（文系）
67 富山大学（理系） 医
68 富山県立大学
69 金沢大学（文系）
70 金沢大学（理系） 医
71 福井大学（教育・医〈看護〉・工・国際地域学部）
72 福井大学（医学部〈医学科〉） 医
73 福井県立大学
74 山梨大学（教育・医〈看護〉・工・生命環境学部）
75 山梨大学（医学部〈医学科〉） 医
76 都留文科大学
77 信州大学（文系−前期日程）
78 信州大学（理系−前期日程） 医
79 信州大学（後期日程）
80 公立諏訪東京理科大学 総推
81 岐阜大学（前期日程） 医
82 岐阜大学（後期日程）
83 岐阜薬科大学
84 静岡大学（前期日程）
85 静岡大学（後期日程）
86 浜松医科大学（医学部〈医学科〉） 医
87 静岡県立大学
88 静岡文化芸術大学
89 名古屋大学（文系）
90 名古屋大学（理系） 医
91 愛知教育大学
92 名古屋工業大学
93 愛知県立大学
94 名古屋市立大学（経済・人文社会・芸術工・看護・総合生命理・データサイエンス学部）
95 名古屋市立大学（医学部〈医学科〉） 医
96 名古屋市立大学（薬学部）
97 三重大学（人文・教育・医〈看護〉学部）
98 三重大学（医〈医〉・工・生物資源学部） 医
99 滋賀大学
100 滋賀医科大学（医学部〈医学科〉） 医
101 滋賀県立大学
102 京都大学（文系）
103 京都大学（理系） 医
104 京都教育大学
105 京都工芸繊維大学
106 京都府立大学
107 京都府立医科大学（医学部〈医学科〉） 医
108 大阪大学（文系） DL
109 大阪大学（理系） 医
110 大阪教育大学
111 大阪公立大学（現代システム科学域〈文系〉・文・法・経済・商・看護・生活科〈居住環境・人間福祉〉学部−前期日程）
112 大阪公立大学（現代システム科学域〈理系〉・理・工・農・獣医・医・生活科〈食栄養〉学部−前期日程） 医
113 大阪公立大学（中期日程）
114 大阪公立大学（後期日程）
115 神戸大学（文系−前期日程）
116 神戸大学（理系−前期日程） 医

117 神戸大学（後期日程）
118 神戸市外国語大学 DL
119 兵庫県立大学（国際商経・社会情報科・看護学部）
120 兵庫県立大学（工・理・環境人間学部）
121 奈良教育大学／奈良県立大学
122 奈良女子大学
123 奈良県立医科大学（医学部〈医学科〉） 医
124 和歌山大学
125 和歌山県立医科大学（医・薬学部） 医
126 鳥取大学 医
127 公立鳥取環境大学
128 島根大学 医
129 岡山大学（文系）
130 岡山大学（理系） DL 医
131 岡山県立大学
132 広島大学（文系−前期日程）
133 広島大学（理系−前期日程） 医
134 広島大学（後期日程）
135 尾道市立大学 総推
136 県立広島大学
137 広島市立大学
138 福山市立大学 総推
139 山口大学（人文・教育〈文系〉・経済・医〈看護〉・国際総合科学部）
140 山口大学（教育〈理系〉・理・医〈看護を除く〉・工・農・共同獣医学部） 医
141 山陽小野田市立山口東京理科大学 総推
142 下関市立大学／山口県立大学
143 周南公立大学 新 総推
144 徳島大学 医
145 香川大学 医
146 愛媛大学 医
147 高知大学 医
148 高知工科大学
149 九州大学（文系−前期日程）
150 九州大学（理系−前期日程） 医
151 九州大学（後期日程）
152 九州工業大学
153 福岡教育大学
154 北九州市立大学
155 九州歯科大学
156 福岡県立大学／福岡女子大学
157 佐賀大学 医
158 長崎大学（多文化社会・教育〈文系〉・経済・医〈保健〉・環境科〈文系〉学部）
159 長崎大学（教育〈理系〉・医〈医・歯・薬・情報データ科・工・環境科〈理系〉・水産学部） 医
160 長崎県立大学 総推
161 熊本大学（文・教育・法・医〈看護〉学部・情報融合学環〈文系型〉）
162 熊本大学（理・医〈看護を除く〉・薬・工学部・情報融合学環〈理系型〉） 医
163 熊本県立大学
164 大分大学（教育・経済・医〈看護〉・理工・福祉健康科学部）
165 大分大学（医学部〈医・先進医療科学科〉） 医
166 宮崎大学（教育・医〈看護〉・工・農・地域資源創成学部）
167 宮崎大学（医学部〈医学科〉） 医
168 鹿児島大学（文系）
169 鹿児島大学（理系） 医
170 琉球大学 医

2025年版 大学赤本シリーズ

国公立大学 その他

私立大学①

2025年版　大学赤本シリーズ
私立大学②

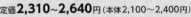

いつも受験生のそばに──赤本

入試対策も共通テスト対策も赤本で

入試対策
赤本プラス 赤本 PLUS＋

赤本プラスとは、**過去問演習の効果を最大に**するためのシリーズです。「赤本」であぶり出された弱点を、赤本プラスで克服しましょう。

大学入試 すぐわかる英文法 DL
大学入試 ひと目でわかる英文読解
大学入試 絶対できる英語リスニング DL
大学入試 すぐ書ける自由英作文
大学入試 ぐんぐん読める
　英語長文(BASIC) DL
大学入試 ぐんぐん読める
　英語長文(STANDARD) DL
大学入試 ぐんぐん読める
　英語長文(ADVANCED) DL
大学入試 正しく書ける英作文
大学入試 最短でマスターする
　数学I・II・III・A・B・C
大学入試 突破力を鍛える最難関の数学
大学入試 知らなきゃ解けない
　古文常識・和歌
大学入試 ちゃんと身につく物理
大学入試 もっと身につく
　物理問題集(①力学・波動)
大学入試 もっと身につく
　物理問題集(②熱力学・電磁気・原子)

入試対策
英検®
赤本シリーズ

英検®(実用英語技能検定)の対策書。
過去問集と参考書で万全の対策ができます。

▶過去問集(2024年度版)
英検®準1級過去問集 DL
英検®2級過去問集 DL
英検®準2級過去問集 DL
英検®3級過去問集 DL

▶参考書
竹岡の英検®準1級マスター DL
竹岡の英検®2級マスター CD DL
竹岡の英検®準2級マスター CD DL
竹岡の英検®3級マスター CD DL

CD リスニングCDつき DL 音声無料配信
新 2024年新刊・改訂

入試対策
赤本プレミアム

赤本の教学社だからこそ作れた、
過去問ベストセレクション

東大数学プレミアム
東大現代文プレミアム
京大数学プレミアム[改訂版]
京大古典プレミアム

入試対策
赤本メディカル
シリーズ

過去問を徹底的に研究し、独自の出題傾向をもつメディカル系の入試に役立つ内容を精選した実戦的なシリーズ。

[国公立大] 医学部の英語[3訂版]
私立医大の英語(長文読解編)[3訂版]
私立医大の英語(文法・語法編)[改訂版]
医学部の実戦小論文[3訂版]
医歯薬系の英単語[4訂版]
医系小論文 最頻出論点20[4訂版]
医学部の面接[4訂版]

入試対策
体系シリーズ

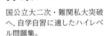

国公立大二次・難関私大突破へ、自学自習に適したハイレベル問題集。

体系英語長文　　体系世界史
体系英作文　　　体系物理[第7版]
体系現代文

入試対策
単行本

▶英語
Q&A即決英語勉強法
TEAP攻略問題集[新装版] DL 新
東大の英単語[新装版]
早慶上智の英単語[改訂版]

▶国語・小論文
著者に注目! 現代文問題集
ブレない小論文の書き方 樋口式ワークノート

▶レシピ集
奥薗壽子の赤本合格レシピ

入試対策 [共通テスト対策]
赤本手帳

赤本手帳(2025年度受験用) プラムレッド
赤本手帳(2025年度受験用) インディゴブルー
赤本手帳(2025年度受験用) ナチュラルホワイト

入試対策
風呂で覚える
シリーズ

水をはじく特殊な紙を使用。いつでもどこでも読めるから、ちょっとした時間を有効に使える!

風呂で覚える英単語[4訂新装版]
風呂で覚える英熟語[改訂新装版]
風呂で覚える古文単語[改訂新装版]
風呂で覚える古文文法[改訂新装版]
風呂で覚える漢文[改訂新装版]
風呂で覚える日本史[年代][改訂新装版]
風呂で覚える世界史[年代][改訂新装版]
風呂で覚える倫理[改訂版]
風呂で覚える百人一首[改訂版]

共通テスト対策
満点のコツ
シリーズ

共通テストで満点を狙うための実戦的参考書。
重要度の高いリスニング対策は
「カリスマ講師」竹岡広信が一回読みにも
対応できるコツを伝授!

共通テスト英語(リスニング)
　満点のコツ[改訂版] DL 新
共通テスト古文 満点のコツ[改訂版] 新
共通テスト漢文 満点のコツ[改訂版] 新
共通テスト生物基礎
　満点のコツ[改訂版] 新

入試対策 [共通テスト対策]
赤本ポケット
シリーズ

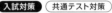

▶共通テスト対策
共通テスト日本史[文化史]

▶系統別進路ガイド
デザイン系学科をめざすあなたへ

2025 年版　大学赤本シリーズ　No. 221

青山学院大学
（理工学部 − 個別学部日程）

編　集　教学社編集部
発行者　上原　寿明
発行所　教学社
　　　　〒606-0031
　　　　京都市左京区岩倉南桑原町56

2024 年 7 月 25 日　第 1 刷発行
ISBN978-4-325-26278-7
定価は裏表紙に表示しています

電話　075-721-6500
振替　01020-1-15695
印　刷　共同印刷工業

- 乱丁・落丁等につきましてはお取替えいたします。
- 本書に関する最新の情報（訂正を含む）は，赤本ウェブサイト http://akahon.net/ の書籍の詳細ページでご確認いただけます。
- 本書は当社編集部の責任のもと独自に作成したものです。本書の内容についてのお問い合わせは，赤本ウェブサイトの「お問い合わせ」より，必要事項をご記入の上ご連絡ください。電話でのお問い合わせは受け付けておりません。なお，受験指導など，本書掲載内容以外の事柄に関しては，お答えしかねます。また，ご質問の内容によってはお時間をいただく場合がありますので，あらかじめご了承ください。
- 本書の無断複製は著作権法上の例外を除き禁じられています。本書を代行業者等の第三者に依頼してスキャンやデジタル化することは，たとえ個人や家庭内の利用でも著作権法違反です。
- 本シリーズ掲載の入試問題等について，万一，掲載許可手続等に遺漏や不備があると思われるものがございましたら，当社編集部までお知らせください。